Strukturwandel – Denkmalwandel

Umbau – Umnutzung – Umdeutung

Städtische und ländliche Räume unter Umnutzungsdruck

Verdichtung und Leerstand,
Segregation und Gentrifizierung,
Identität und Differenz

Veröffentlichung des Arbeitskreises Theorie und Lehre der Denkmalpflege e.V., Band 25.

Jahrestagung 2015 in Dortmund, 1. bis 3. Oktober 2015
im alten Museum Ostwall:

Strukturwandel – Denkmalwandel.
Umbau – Umnutzung – Umdeutung

Städtische und ländliche Räume unter Umnutzungsdruck
Verdichtung und Leerstand, Segregation und Gentrifizierung, Identität und Differenz

Bibliographische Information der Deutschen Nationalbibliothek
Die Deutsche Nationalbibliothek verzeichnet diese Publikation in der Deutschen Nationalbibliografie;
detaillierte bibliografische Daten sind im Internet über http://dnb.d-nb.de abrufbar.

ISBN 978-3-95954-014-8

Herausgeberinnen:
Birgit Franz und Ingrid Scheurmann

Redaktionelle Bearbeitung:
Birgit Franz, Ingrid Scheurmann und für den englischsprachigen Beitrag Johanna Blokker

Umschlagbilder:
Dortmund, Kokerei Hansa, Georg Maybaum 02.10.2015

Kapitelblatt „Studierendenprojekte" und Folgeseite:
Dortmund, ehemaliges Museum Ostwall, Georg Maybaum 02.10.2015

Layoutgestaltung:
Verlag Jörg Mitzkat, Berit Nolte

Verlag Jörg Mitzkat, Holzminden 2016
www.mitzkat.de

Arbeitskreis Theorie und Lehre der Denkmalpflege e.V. in Kooperation
mit der LWL-Denkmalpflege, Landschafts- und Baukultur in Westfalen
und der Fakultät Architektur und Bauingenieurwesen der TU Dortmund

Strukturwandel – Denkmalwandel

Umbau – Umnutzung – Umdeutung

Städtische und ländliche Räume unter Umnutzungsdruck

Verdichtung und Leerstand,

Segregation und Gentrifizierung,

Identität und Differenz

Herausgegeben von
Birgit Franz und Ingrid Scheurmann

Inhalt

Vorwort **8**
BIRGIT FRANZ UND INGRID SCHEURMANN

Grußwort der LWL-Denkmalpflege,
Landschafts- und Baukultur in Westfalen **10**
HOLGER MERTENS

Prolegomena zur Geschichte unserer Vereinigung **12**
HANS-RUDOLF MEIER

DenkmalPerspektiven

Gefühlssache **16**
GERHARD VINKEN

Zeitschichten eines Ortes **19**
INGRID SCHEURMANN

Ewige Jugend oder in die Jahre gekommen? **22**
BIRGIT FRANZ

Polyvalenz und Erzählung **25**
BERND EULER-ROLLE

Strukturwandel – Denkmalwandel

Zur Aktualität von Denkmalbegriff und Denkmalwerten **32**
INGRID SCHEURMANN

Stadtentwicklung in Dortmund **38**
STEFAN THABE

Welcher Strukturwandel – welcher Denkmalwandel? **43**
WOLFGANG SONNE

Strukturwandel als Herausforderung für Denkmalschutz
und Denkmalpflege in Westfalen-Lippe **53**
OLIVER KARNAU

Umnutzung und Weiterbau von Gebäuden und Ensemble

„umbauen statt neubauen" **64**
OLAF GISBERTZ

In jeder Stadt (k)ein Warenhaus **73**
SILKE LANGENBERG UND KATHARINA ILMBERGER

„Bunker beleben". **82**
PAUL KAHLFELDT

**Das ehemalige Verwaltungsgebäude
der Straßenbauverwaltung in Siegen** **84**
CHRISTIAN STEINMEIER

**Research and Projects for the Recovery
of the "Tifeo" Power Station in Augusta, Sicily** **89**
EMANUELE PALAZZOTTO, LAURA SCIORTINO, FLAVIA ZAFFORA

Umbau von Stadt und Land

Neue Leitlinien für die Denkmalpflege **96**
CARMEN M. ENSS

Was nach dem Kalten Krieg übrig bleibt **104**
JOHANNA M. BLOKKER

Im Strukturwandel **112**
TOBIAS BREER

Das Bemühen um den Erhalt des Koepchenwerks in Herdecke **120**
GEORG MAYBAUM

Deutung und Umdeutung

Kirchen im Wandel 130
BIRGIT FRANZ

Strukturwandel industriell geprägter Städte 142
HEIKE OEVERMANN

Piazza Augusto Imperatore in Rom 149
RALPH-MIKLAS DOBLER

Vom „Fremdwerden" und „neuen Erinnerungsorten" 156
HANS-RUDOLF MEIER

Erst Wunschtraum, heute Alptraum? 161
DANIELA SPIEGEL

Die Baťa-Kolonie in Möhlin 170
ISABEL HAUPT

Lehre und Strukturwandel

Denkmalpflege und Entwerfen in der universitären Lehre 180
JOHANNES WARDA

Ein Ort. Überall 184
SABINE COADY SCHÄBITZ

Studierendenprojekte

Schutzraum im Wandel der Zeit 193
KATHARINA GEESE

Transkulturalität als Grundlage für ein gemeinsames Erbe 196
MAXIMILIANE WENGE

Energieeffizientes Bauen in der Denkmalpflege –
Wie viel Sanierung ist verträglich? 199
CHRISTOPH JOESTER

Ensemble Zwillingspunkthochhäuser 201
SAMUEL HARMS

Nachgedanken zur Tagung

Zum (notwendigen) Wandel des Denkmalbegriffs 206
GERHARD VINKEN

Akteure der Jahrestagung 2015 in Dortmund

Referenten/-innen, Autoren/-innen, Organisatoren/-innen 212

**Working Group on Theory and Education in Heritage Conservation/
Arbeitskreis Theorie und Lehre der Denkmalpflege e.V.** 216

Vorstand 216

**Veröffentlichungen des Arbeitskreises
Theorie und Lehre der Denkmalpflege e.V.** 217

Vorwort

BIRGIT FRANZ UND INGRID SCHEURMANN

Nicht von ungefähr hat die Jahrestagung des Arbeitskreises Theorie und Lehre der Denkmalpflege e.V. zum Thema „Strukturwandel – Denkmalwandel" 2015 im Ruhrgebiet stattgefunden. Diese Region ist in besonderer Weise durch den Wandel von der Industrie- zur Dienstleistungsgesellschaft geprägt und bereits seit der Kohlekrise der 1960er Jahre gefordert, zukunftsorientierte Lösungen zu finden, die ihre kulturelle Identität bewahren und zugleich weiterentwickeln. Die IBA Emscher Park hat diesbezüglich in den 1980er und 90er Jahren Zeichen gesetzt, nachfolgend die Stiftung Industriekultur mit

Dortmunder Innenstadtimpression

Illuminierte Maschinenstrukturen in der heute als begehbare Großskulptur genutzten Kompressorenhalle der Kokerei Hansa

ihren wegweisenden Umnutzungsprojekten, aber auch lokale Institutionen, die exemplarische Revitalisierungen brach gefallener Industriestandorte in Gang gesetzt und – so in Dortmund-Hörde rund um den künstlich angelegten Phönix-See oder am Duisburger Binnenhafen – neues städtisches Leben ermöglicht. Heute markiert eine dichte und qualitätsvolle Bildungs- und Kulturlandschaft diese europäische Metropolregion, die, allen Erfolgen zum Trotz, aber nach wie vor auch zu kämpfen hat mit Schrumpfungsphänomenen, Arbeitslosigkeit, Leerstand und der Herausforderung, in einer infolge von Migration und Flüchtlingsbewegungen zunehmend heterogenen Gesellschaft das Projekt „Heimat NRW" zu realisieren.

Welche Bedeutung Denkmalen und Erinnerungsorten innerhalb solcher Transformationsprozesse zukommt oder zukommen könnte, hat die Arbeitskreis-Tagung im Dortmunder Museum am Ostwall vom 1. bis 3. Oktober 2015 diskutiert. Naturgemäß fokussierten die Vorträge nicht nur auf Entwicklung und Neuerung, sondern auch auf die ganz unterschiedlichen Auswirkungen dieses Prozesses auf einzelne Städte und Stadtteile, das gewandelte Verhältnis von Stadt und Land, exemplarische Umnutzungen, geglückten wie ausbleibenden Strukturwandel, Fragen von Identität und Transkulturalität – und das mit unterschiedlichen Akzentsetzungen und diversen regionalen Bezügen.

Dabei präsentierte sich das Tagungslokal – das seit 2009 weitgehend leerstehende ehemalige Museum am Ostwall – als anregender und in Manchem gar symbolträchtiger Rahmen für eine Diskussion über Struktur- wie Denkmalwandel. Das vormalige Königliche Landesoberbergamt (1872–1875, Architekt: Gustav Knoblauch) hat selbst diverse Umnutzungsphasen erlebt. Bereits seit 1911 als Museum für Kunst und Kulturgeschichte genutzt, erlebte es in dieser Zeit wichtige bauliche Veränderungen, unter anderem den Einbau des bis heute erhaltenen Lichthofs (Architekt: Friedrich Kullrich). Nach Kriegszerstörungen folgte verbunden mit dem

Mitgliederempfang im Industriedenkmal Kokerei Hansa in Dortmund-Huckarde

programmatischen Bekenntnis zur der von den Nationalsozialisten verfemten Kunst der Moderne ein kongenialer Wiederaufbau unter Bewahrung der vorhandenen Substanz (Architekt: Städtisches Hochbauamt mit Leonie Reygers). Heute gilt dieses nach 1945 mit Hilfe Dortmunder Bürger instandgesetzte Gebäude längst als wichtiger Erinnerungsort, in der stark kriegszerstörten Stadt ist es aber auch eines der ältesten öffentlichen Gebäude. Weit fortgeschrittenen Abrissplanungen zum Trotz konnte das vormalige Museum Am Ostwall dank des erfolgreichen Engagements einer Bürgerinitiative 2014 gerettet werden. Anerkennung als Denkmal hat das Gebäude ungeachtet seiner offenkundigen historisch-ästhetischen Werte indes noch nicht gefunden – ebenso wie die Umnutzung sind auch Umdeutung und Umbewertung nach wie vor nicht abgeschlossen.

Dieser offene und wieder zukunftsträchtige Ort hat dem Arbeitskreis eine konzentrierte und überaus diskussionsfreudige Tagung ermöglicht, deren Verlauf die vorliegende Publikation im Wesentlichen folgt. Sie deckt nach Einführungen in die lokale und regionale Problematik ein breites Themenspektrum ab und tangiert Fragen der Umnutzung wie der Umdeutung und denkmalpflegerischen Um-Bewertung. Hier boten sich nicht zuletzt vielfältige Anknüpfungspunkte an die Denkmal-Werte-Debatte der vorangegangenen Tagung in Cottbus.

Die Dortmunder Veranstaltung wurde von einer Arbeitsgruppe aus Vertreterinnen und Vertretern der drei Veranstalter vorbereitet und realisiert. Stellvertretend für das gesamte Team sei hier Samuel Harms genannt, der gefühlt überall gleichzeitig geholfen und so zum Gelingen der Tagung wesentlich beigetragen hat. Unser Dank gilt ferner den Referentinnen und Referenten – für ihre Vorträge, aber auch

für deren zügige und konstruktive Überarbeitung für das vorliegende Buch. Danken möchten wir ferner den Studierenden der TU Dortmund, die sich im Rahmen einer gleichnamigen Lehrveranstaltung des Themas engagiert angenommen haben. Ihre Ergebnisse – Plakate wie Kurzbeiträge – strukturieren die vorliegende Publikation und schließen sie ab.

Den Auftakt des Buches bildet jedoch ein tagungsunabhängiger Sonderteil, den die Mitglieder des Vorstands als Hommage an den scheidenden Vorsitzenden Hans-Rudolf Meier und als Vorabgeschenk für seinen bevorstehenden runden Geburtstag verfasst haben. Nach achtjähriger, überaus erfolgreicher Vorstandstätigkeit stellt sich Herr Meier in diesem Herbst nicht mehr zur Wahl. Stellvertretend für alle Mitglieder dankt ihm der „Restvorstand" mit dieser kleinen Festgabe für sein Engagement, die gute Zusammenarbeit und das freundschaftliche Miteinander.

Im Oktober 2016 kann der Arbeitskreis Theorie und Lehre der Denkmalpflege e.V. auf ein 40-jähriges Bestehen zurückblicken. In dieser Zeit hat sich der Verein von einer kleinen und weitgehend exklusiven Hochschullehrervereinigung zu einem viel beachteten Zentrum der Denkmaldiskussion im deutschsprachigen Raum entwickelt. Sein kritisches Potential wird angesichts der aktuellen Veränderungen der Denkmallandschaft weiterhin vonnöten sein. Deshalb ein herzliches ad multos annos AKTLD!

Abbildungsnachweis

1, 3   Mark Escherisch, 2. Oktober 2015

2   Georg Maybaum 2. Oktober 2015

Grußwort der LWL-Denkmalpflege, Landschafts- und Baukultur in Westfalen

HOLGER MERTENS

Die Idee, die Jahrestagung des Arbeitskreises Theorie und Lehre der Denkmalpflege e.V. einmal nach Westfalen zu holen, harrte schon seit einigen Jahren ihrer Realisierung und war der LWL-Denkmalpflege, Landschafts- und Baukultur in Westfalen ein echtes Anliegen. 2015 ist dies nun endlich gelungen. Das Jahr war – auch bedingt durch den Wechsel des Landeskonservators Markus Harzenetter in ein anderes Bundesland – kein einfaches für das westfälische Denkmalpflegeamt. Der Kontakt zum Arbeitskreis erschien uns aber unvermindert als so wichtig, dass wir nicht vom Vorhaben der Mitarbeit an der Tagung ablassen wollten: Das Fachamt war gern einer der Kooperationspartner bei der Organisation und natürlich auch bei der inhaltlichen Gestaltung der Tagung.

Warum war bzw. warum ist das so? Zunächst natürlich, weil die Hochschulen den Nachwuchs für die amtliche Denkmalpflege und die freiberuflich agierenden Partner ausbilden. Dabei geht es uns nicht ausschließlich um die Denkmalpflegestudiengänge. Ich darf zur Erläuterung auf mich selbst verweisen: Ich habe in Köln Kunstgeschichte studiert. Wäre ich Denkmalpfleger geworden, ohne den hochverehrten Doktorvater Günther Binding, der selbst einmal in der Denkmalpflege tätig war? Ohne den Honorarprofessor und Landeskonservator Udo Mainzer oder den Lehrbeauftragten Norbert Nußbaum, der damals noch als Bauforscher beim Rheinischen Amt für Denkmalpflege tätig war? Die Antwort ist erwartungsgemäß: Nein! Durch die Genannten habe ich nicht nur wichtige Grundlagen für mein späteres Berufsleben erworben, sondern vor allem auch gelernt, dass Denkmalpflege eine höchst spannende Materie ist. Das konnte und kann man (leider) nicht an allen kunsthistorischen Instituten lernen.

Die amtliche Denkmalpflege braucht die Hochschule aber nicht nur des Nachwuchses wegen. Gelegentlich hat sie auch Anstöße oder Kritik aus dem ‚Elfenbeinturm' nötig, welche Anlass sein können, die eigene Arbeit noch einmal zu reflektieren, oder einfach nur, Entscheidungen und Entscheidungswege der interessierten Öffentlichkeit so zu erläutern, dass diese dort nachvollzogen werden können. Ich selbst habe meine Bamberger Zeit als Lehrbeauftragter im Rahmen des Masterstudiengangs Denkmalpflege und besonders das Verhältnis zu Achim Hubel nicht als ein Gegeneinander, sondern als ein Miteinander in bester Erinnerung.

Schwierig wird es nur dann, wenn der Kommentar aus der Universität nicht anders als ‚von oben herab' wahrgenommen werden kann, und der ganze Unsinn, der an und um Denkmäler herum passiert, allein und selbstverständlich der amtlichen Denkmalpflege angelastet wird. Zu leicht wird dabei vergessen, dass die Fachämter eben doch nur einen (öffentlichen) Belang von vielen vertreten – und dass dieser am Ende trotz des allerhöchsten persönlichen Einsatzes der Referentinnen und Referenten nicht immer am schwersten wiegt. Das im Rahmen der Tagung von Christian Steinmeier vorgetragene Fallbeispiel aus Siegen konnte hierzu passend einen guten Einblick in die Irrungen und Wirrungen der täglichen Arbeit vermitteln.

Leider bietet das Ruhrgebiet und damit das Umfeld des Tagungsortes reichlich Anschauungsmaterial für die oft vergeblichen Mühen der Unteren Denkmalbehörden und der Fachämter. Diskussionen über das außer Nutzung geratene industrielle Erbe münden aktuell leider allzu häufig in den Abbruch oder den gänzlich entstellenden Umbau der baulichen Relikte der Montanindustrie. Das Beispiel des sog. Koepchenwerks in Herdecke war bestens geeignet, gerade die Probleme im Umgang mit großmaßstäblichen Anlagen zu veranschaulichen. Es erschien uns deshalb als sinnvoll, auf in der Öffentlichkeit wenig bekannte Strategien des Fachamtes zu verweisen, die Überlebenschancen für das bauliche Erbe zu verbessern. Michael Höhn erläuterte vor diesem Hintergrund das auf dem Raumordnungsgesetz aufbauende Instrument des kulturlandschaftlichen Fachbeitrags zur Regionalplanung am Beispiel des Regionalplans Ruhr. Die Regionalpläne haben erheblichen Einfluss auf die Bauleitplanung der Kommunen und bieten die Chance, die Belange der Denkmalpflege bereits sehr frühzeitig zu artikulieren und in die Planungsprozesse einzubringen.

Als wünschenswert erschien es uns, den Begriff des Strukturwandels in der ganzen Vielfalt seiner Phänomene und der daraus erwachsenden Aufgaben darzustellen – und sich also nicht allein auf die Folgen des Untergangs der Montanindustrie im Ruhrgebiet zu fixieren. Diese Aufgabe übernahm Oliver Karnau, der schon seit vielen Jahren als amtlicher Denkmalpfleger Mitglied des Arbeitskreises ist. Hier erwies sich die Kombination mit den Ausführungen Wolfgang Sonnes aus meiner Sicht als besonders glücklich. Spätestens jetzt zeigte sich: Die Kooperation von Hochschule und amtlicher Denkmalpflege war der richtige Weg, sich dem Tagungsthema zu nähern.

Holger Mertens

Für die Menschen.
Für Westfalen-Lippe.

Prolegomena zur Geschichte unserer Vereinigung

Zur Gründung des Arbeitskreises Theorie und Lehre der Denkmalpflege e.V.
vor vierzig (und mehr) Jahren

HANS-RUDOLF MEIER

Vor vierzig Jahren, am 23. Oktober 1976, ist die erste Satzung des Arbeitskreises Theorie und Lehre der Denkmalpflege nach einem vorangegangenen Beschluss der Mitgliederversammlung in Münster/W im Umlaufverfahren genehmigt worden.[1] Im Folgejahr haben die Professores Enno Burmeister, Otto Meitinger, Friedrich Mielke, Ingeborg Schild, Günter Urban, Herbert Nebel und Jürgen Lagemann als förmliche Gründungsmitglieder das Original unterzeichnet.

Der Arbeitskreis hatte aber vor dieser formalen Gründung als eingetragener Verein, der mit dem Eintrag ins Vereinsregister am Amtsgericht München am 10. August 1977 rechtskräftig wurde, bereits eine dreijährige Geschichte: Am 26. und 27. Oktober 1973 waren auf Einladung von Friedrich Mielke an der Technischen Universität Berlin 17 Hochschullehrer, eine Hochschullehrerin, der Ber-

Moodboard zur Schriftenreihe des Arbeitskreises Theorie und Lehre der Denkmalpflege e.V.

liner Landeskonservator sowie eine Journalistin zusammengekommen, um den „Arbeitskreis der Dozenten für Denkmalpflege in der Bundesrepublik Deutschland" zu gründen. Sie wählten Mielke, der 1959 als Pionier in der Bundesrepublik das Fachgebiet Denkmalpflege mit einer entsprechenden Professur an der Berliner TU begründet hatte,[2] zu ihrem Vorsitzenden.[3] Dieser legte ein von ihm selber als „Maximalprogramm" bezeichnetes Idealcurriculum für die Lehre im Fach Denkmalpflege vor, das er etwas modifiziert zwei Jahre später in seinem Handbuch zum Denkmalschutzjahr publizierte.[4] Es ist aufschlussreich zu vergleichen, was davon in den spezialisierten Studiengängen inzwischen verwirklicht und was neu hinzugekommen ist.

Als Stellvertreter Mielkes waren die beiden Münchner Enno Burmeister und Josef Wiedemann gewählt worden. Folgerichtig fand die nächste Konferenz des Arbeitskreises dann in München statt, im Denkmaljahr 1975 mit bereits siebzig TeilnehmerInnen in Nürnberg und 1976 in Münster. Dort ging der Vorsitz an Burmeister über und die Mitgliederversammlung beschloss die Satzung des nun „Arbeitskreis für Theorie und Lehre der Denkmalpflege" genannten Vereins. Die folgende Mitgliederversammlung am 5. November 1977 in Köln beschloss einen Mitgliederbeitrag von 100 DM und die Fortführung der Schriftenreihe, die Burmeister mit der „aus freien Stücken" erarbeiteten Dokumentation der Tagung in Münster faktisch bereits begründet hatte. Die Versammlung ergänzte überdies die Satzung, die seither zum vorerst letzten Mal an der Mitgliederversammlung am 3. Oktober 2008 in Straßburg geändert worden ist.

Von Anfang an war der Arbeitskreis bemüht, die Fachöffentlichkeit über seine Aktivitäten zu informieren. Zahlreiche Anschreiben des mit der Funktion des Pressereferenten betrauten Vorstandsmitglieds an Fachredaktionen des Bauwesens zeugen vom Bemühen um Publizität. Zum Abschluss der Jahrestagungen wurden jeweils kurze Zusammenfassungen als Pressemitteilung versandt. Erfolgreich Aufmerksamkeit erzeugte man dann im Nachgang der Darmstädter Tagung im Oktober 1979 mit den „Thesen zum Problem der Lehre für Architekten im Fach Denkmalpflege". Darüber berichteten mehrere Fachzeitschriften,[5] worauf zahlreiche Denkmal- und Bauämter, Architekten und Studierende die Thesen anforderten. Das spricht für den latent gewachsenen Bedarf an ausgebildeten Fachleuten, aber wohl auch schon vom Bedürfnis nach „Standards". Ein Viertel Jahrhundert später und unter sehr veränderten Prämissen hat der Arbeitskreis dann mit der Trierer Empfehlung erneut öffentlich Stellung zur Ausbildung und Lehre im Fachgebiet Denkmalpflege in der inzwischen größeren Bundesrepublik genommen.[6] Wenige Jahre vorher publizierte der Arbeitskreis mit dem Band über seine Bamberger Tagung 1998 ein Handbuch zur Ausbildung in der Denkmalpflege.[7]

Die von Burmeister mit der Dokumentation der Tagungen in Münster und Köln eröffnete Schriftenreihe ist mit dem vorliegenden Band bei der Heftnummer 25 angekommen.[8] Insbesondere die Tagungen der 1980er Jahre blieben weitgehend undokumentiert.

Zum Abschluss dieses kurzen auf die Frühzeit fokussierten Überblicks seien die bisherigen 1. Vorsitzenden des Arbeitskreises aufgelistet:

1973 – 1976	Prof. Dr.-Ing. Friedrich Mielke, TU Berlin
1976 – 1980	Prof. Dr. Enno Burmeister, FH München
1980 – 1984	Prof. Dr.-Ing. Jürgen Eberhardt, FH Köln
1984 – 1988	Prof. Marco Rubcic, FH Köln
1988 – 1998	Prof. Dr. Achim Hubel, Universität Bamberg
1998 – 2002	Prof. Thomas Will, TU Dresden
2002 – 2008	Prof. Dr.-Ing. Valentin Hammerschmidt, HTW Dresden
2008 – 2016	Prof. Dr. Hans-Rudolf Meier, Bauhaus-Universität Weimar

Abbildungsnachweis

1   Andrea Geisweid

Anmerkungen

1   Die vorliegenden Ausführungen basieren im Wesentlichen auf den Akten, die sich im Archiv des Arbeitskreises befinden, das als „Bundeslade" (Valentin Hammerschmidt) jeweils von einem ersten Vorsitzenden an den nächsten weitergegeben wird. Für Hinweise danke ich Johannes-Christian Warda.

2   Bereits im März 1950 wurde an der Staatlichen Hochschule für Baukunst und Bildende Kunst in Weimar ein Lehrstuhl für Denkmalpflege eingerichtet, den Hermann Weidhaas innehatte; 1957 erfolgte die Denominationsänderung in Lehrstuhl für Kunstgeschichte; vgl.: Winkler, Klaus-Jürgen: Baugeschichte für Architekten an der Weimarer Hochschule. Über ein Lehrfach seit dem Staatlichen Bauhaus bis zum ersten Jahrzehnt der Hochschule für Architektur und Bauwesen Weimar, in: Thesis. Wissenschaftliche Zeitschrift der Bauhaus-Universität Weimar, 48 Jg., H. 2/3, 2002, S. 6–40, hier: Anm. 84f. Noch früher, 1935, war an der Technischen Hochschule München (heute TU) erwogen worden, in die Denomination der Baugeschichts-Professur auch die „Denkmalspflege" aufzunehmen, was aber schließlich verworfen wurde (Vortrag von Manfred Schuller am 11.07.2014 an der TUM).

3   Vgl. auch: Blumert, Norbert / Schultheiß, Hans: Denkmalpfleger und „Scalaloge": Friedrich Mielke zum Neunzigsten, in: Forum Stadt H. 1, 2012, S. 84–86.

4   Mielke, Friedrich: Die Zukunft der Vergangenheit. Grundsätze, Probleme und Möglichkeiten der Denkmalpflege, Stuttgart 1975, S. 293–296.

5   Denkmalschutz Information (DSI) 4/1982, S. 4; Glasforum 3/1982, S. 49; Bauwelt 14/1982, S. 557; DAB 12/1982, S. 1467.

6   Siehe www.uni-weimar.de/de/architektur-und-urbanistik/ professuren/denkmalpflege-und-baugeschichte/ arbeitskreis/stellungnahmen/ trierer-empfehlung/#c47966 (12. Juni 2016).

7   Hubel, Achim (Hrsg.): Ausbildung in der Denkmalpflege. Ein Handbuch (= Veröffentlichung des Arbeitskreises Theorie und Lehre der Denkmalpflege e.V.), Bd. 11, Petersberg 2001.

8   Siehe www.uni-weimar.de/de/architektur-und-urbanistik/ professuren/denkmalpflege-und-baugeschichte/ arbeitskreis/publikationen/ (12. Juni 2016).

DenkmalPerspektiven

Hans-Rudolf Meier zum 60. Geburtstag

Im September 2016 verabschiedet sich Hans-Rudolf Meier als Vorsitzender des Arbeitskreises Theorie und Lehre der Denkmalpflege aus dessen Vorstand. Unter seiner achtjährigen Leitung ist es nicht nur gelungen, den Verein für junge Denkmalpflegerinnen und Denkmalpfleger attraktiv zu machen und zahlreiche Kolleginnen und Kollegen aus dem europäischen Ausland zur Mitarbeit zu gewinnen, auch haben wir im Rahmen unserer Jahrestagungen wichtige aktuelle Themen diskutiert – über histo-

Hans-Rudolf Meier – Bauhaus-Universität Weimar, Professur für Denkmalpflege und Baugeschichte sowie 1. Vorsitzender im Arbeitskreis Theorie und Lehre der Denkmalpflege e.V.

rische Grenz- und Kulturlandschaften, politisch unbequeme Baudenkmale, transkulturelles Erbe, Strukturwandel und Wiederaufbau, alte und neue Denkmalwerte, die Institution der Denkmalpflege und ihre Akteure, Fragen der Ausbildung und Lehre.

Ausgleichend, aber doch prononciert hat Hans-Rudolf Meier viele dieser Debatten initiiert, sie zuweilen auch nur ermöglicht oder im Hintergrund gesteuert – dies stets im Sinne eines Miteinanders von Theorie und Praxis, der Offenheit für neue Positionen und Akteure, aber auch der Verbindlichkeit denkmalpflegerischer Grundpositionen. Nach innen ein anregender und integrativer Vorsitzender hat er dem Arbeitskreis nach außen ein kompetentes Gesicht verliehen. Ausdruck dessen sind die diversen Kooperationen der vergangenen Jahre ebenso wie zahlreiche Stellungnahmen des Vorstands zu strittigen Denkmalthemen. Für diese Profilierung unserer Anliegen in der Öffentlichkeit sind wir Hans-Rudolf Meier zu großem Dank verpflichtet. Das gilt nicht zuletzt für die Mitglieder des Vorstands.

Da Denkmalpfleger ihre Wertschätzung bevorzugt durch materielle oder immaterielle Denkmalsetzungen zum Ausdruck bringen, reihen wir uns in diese disziplinäre Tradition ein und widmen Hans-Rudolf Meier vier Denkmal-Reflexionen – dies nicht zuletzt auch vor dem Hintergrund, dass er dem von ihm geschätzten österreichischen Generalkonservator Alois Riegl zufolge in Kürze selbst in den Zustand einer gewissermaßen automatisch erfolgenden, jedenfalls nicht weiter zu diskutie-

Kein Palimsest, sondern wahre Erstbeschreibung einer Serviette mit unseren Einfällen
zu den geplanten Jubiliäumstexten.

renden Denkmalwerdung tritt und dies – gewollt oder ungewollt – jedenfalls aber ganz unabhängig von seinem eventuellen Alterswert.

Die Assoziationen der Vorstandskolleginnen und -kollegen zu denkmalpflegerischen Kernfragen wie Alter, Ort, Erinnerung und Wahrnehmung erwiesen sich dabei als durchaus divers: das Spektrum der personenbezogenen Würdigungen reicht von der klassischen Denkmalsetzung über das ungeliebte Architekturerbe, den entrückten Kur- und Erholungsort bis hin zur Einladung ins Kloster. Als

Hommage für den Alteritätsforscher Hans-Rudolf Meier und als Dank an den scheidenden Vorsitzenden sind damit facettenreiche (Denkmal-)Perspektiven angedeutet.

Der Restvorstand:
Bernd Euler-Rolle, Birgit Franz, Ingrid Scheurmann und Gerhard Vinken

Gefühlssache

In der Ferne so nah: Heinrich Heine in der Bronx

GERHARD VINKEN

Dass die Denkmalpflege mit Alois Riegl „überwiegend bereits zur Gefühlssache geworden"[1] ist, verstehen wir am Besten in der Fremde. Beispielsweise, wenn wir überraschend in New York, genauer gesagt in einem städtebaulich eher ungeordneten und weiträumigen Areal der Bronx, auf ein strahlend weißes Fin-de-Siècle-Denkmal treffen, das im Duktus seltsam vertraut ist und das sich beim Näherkommen als das Denkmal eines Vertrauten herausstellt: nämlich als ein Denkmal für Heinrich Heine, das hier 1899 und leicht verspätet zu seinem hundertsten Geburtstag enthüllt worden ist. Spätestens jetzt stellt sich ein warmes Gefühl ein, zumal wenn der Gast aus Deutschland stammt, Heine verehrt und zeitweise in Düsseldorf gewohnt hat, mithin auf eine Art Mitbürger im Geiste und realiter trifft – vielleicht würde das Geburtstagskind ähnlich empfinden, würde es in der Peripherie Weimars überraschend auf ein durchaus monumentales Denkmal für Jakob Burckardt stoßen. Eine Gefühlssache sicherlich, und, wie wir sehen werden, auch ein komplexer Fall von sharing heritage.

Orte, Spuren. Die Räume des Denkmals
Weiß ragt das Denkmal aus einem Brunnenbecken, auf dem hohen Sockel kämmt sich die Loreley, zu ih-

Heine in der Bronx. Die restaurierte Loreley Fountain unweit des Yankee-Stadiums (2013)

ren Füßen räkeln sich drei nackte Meerjungfrauen, die Lyrik, Satire und Melancholie verkörpern sollen. Der vertraute Fin-de-Siècle-Duktus, das durch und durch Europäische des Denkmals generieren unversehens einen Vertrautheits-Choque, der auf die Umgebung zurückschlägt und sie ihrerseits nun sehr fremd wirken lässt. Der sehr aufgeräumte, sichtlich erst vor kurzem rekonstruierte Park ist noch gesäumt von den großen Blocks, die ihre bürgerliche Vergangenheit ahnen lassen, zumal eine noch zögerliche Gentrifizierung die Ghetto-Spuren zunehmend verblassen lässt; gegenüber das monumentale Bronx County Courthouse von 1931–34, das unwillkürlich faschistische Architekturen aufruft; und dahinter in Sichtweite das legendäre Yankee-Stadium, das, 1923 eingeweiht, der South-Bronx entscheidende Entwicklungsimpulse gegeben hat und ein Pilgerort des Volkssports Baseball geblieben ist. Und mitten drin also Heinrich Heine, oder genauer, die ihm geweihte Loreley Fountain. Wieso hier? Welche Gefühle haben ihn hierhergebracht – mit welchen wurde er empfangen? Nach ersten Recherchen war schnell klar, dass an diesem Ort vieles kulminiert, was in den Denkmaldebatten heute aufgerufen wird: Fremdheit und Ablehnung, Aneignung und Umdeutung – und auch die Emotionalität und der ‚Streitwert', der dem Denkmal innewohnt und der wohl dessen wichtigste Ressource ist.

Die Geschichte dieses Denkmals ist jedenfalls eine Geschichte voller Gefühle: von Liebe und Bewunderung, aber vor allem von Hass und Häme. Dass das Denkmal so eigenartig vertraut anmutet, liegt wohl auch daran, dass ein deutscher Künstler es geschaffen hat, der Berliner Bildhauer Ernst Gustav Herter.[2] Ursprünglich sollte es in Düsseldorf stehen, der Geburtsstadt des Dichters. Bereits 1887 wurde ein entsprechendes Komitee ins Leben gerufen, doch nach anfänglicher Unterstützung durch den Stadtrat und durch durchaus prominente Heine-Verehrer – die Sissi gerufene österreichische Kaiserin persönlich hatte finanzielle Unterstützung zugesagt und den Bildhauer persönlich ins Spiel ge-

Verleugnung und Aneignung:
Denkmalstreit in Deutschland (Karikatur aus
„Der wahre Jacob", Otto Marcus 1895)

Graffitis in New York (Loreley Fountain 1986)

bracht[3] – kam es bald zu einer wahren Hasskampagne, die, angeführt von Antisemiten und ‚Alldeutschen', weit über die Stadt hinausgriff. Ihnen galt das Denkmal als „eine Schandsäule für das deutsche Volk": „Blut ist in der That ein ganz besonderer Saft. (…) Heine ist eben durch und durch Jude, kein echter Deutscher; (…) der Prototyp des modernen, entarteten Judentums. Das (…) nirgends in der Welt fröhlicher gedeiht als in Deutschland."[4] Ein Brennpunkt der Auseinandersetzung war der neu gegründete ‚Kunstwart' – worauf der Heine-Verehrer Nietzsche sein Abonnement kündigte. Als der Düsseldorfer Stadtrat schließlich 1893 sein Angebot zurückzog, das Denkmal im Hofgarten errichten zu lassen (hier wird dann stattdessen ein Kriegerdenkmal für den deutsch-französischen Krieg 1870/71 eingeweiht), versuchten Frankfurt am Main und Mainz in die Bresche zu springen – doch das vergiftete Klima lässt beide Projekte scheitern.[5]

Ein Ortswechsel bietet schließlich den Ausweg: die deutsche Migrantengemeinde New Yorks nimmt sich der Sache an. Angeführt von einem Sängerbund wird 1893 eine Initiative gegründet, mit Basaren und Theaterabenden wird Geld für den Transport gesammelt. Mit der Aufschrift „Ihrem großen Dichter die Deutschen in New York" versehen soll der Brunnen zuerst in Manhattans Central Park aufgestellt werden. Doch ganz reibungslos verläuft Heines Sache auch in der Neuen Welt nicht. Der prominente Aufstellungsort ist nicht durchsetzbar, angeblich aus künstlerischen Gründen: Die New York Times beschrieb das Denkmal als ein „example of academic mediocrity, worthy of erection, but not worthy of erection as our chief municipal ornament."[6] Antisemitische Argumente mögen auch hier eine Rolle gespielt haben.[7] 1899 wird die Loreley Fountain mit leichter Verspätung enthüllt, „in einer Einöde an den Ausläufern der Stadt, umgeben von Sümpfen und trostlosen, unbebauten Bauplätzen".[8] Schon der erste Monograph des Denkmals, Rudolf Kahn, nannte den abgelegenen Ort in der Bronx ein „raffiniertes Versteck".[9] Allerdings sollte hier in den nächsten Dekaden mit dem – nach Vorbild der Pariser Champs Elysees – angelegten Grand Concourse ein mondänes Zentrum des jüdischen New York entstehen, dessen bevorzugtes Viertel die Bronx in den 1920er und 30er Jahren werden sollte.

Sharing Heritage – Aneignung und ihre Grenzen

Das Einweihungsfest aber war ein Ereignis voller Gefühle. Der anwesende Bildhauer schrieb von einer „imposanten Kundgebung" mit angeblich 4–6.000 Personen: „Alle deutschen Vereine mit ihren Fahnen umstanden das Denkmal des von ihnen am meisten gekannten und geehrten Dichters und bezeugten ihm ihre Dankbarkeit für sein Schaffen. Es muß seinen Freunden eine Genugtuung gewesen sein, daß gerade er, der als unpatriotisch und undeutsch im Vaterlande verketzert wurde, die Deutschen in der Fremde zum gemeinsamen Bekenntnis ihrer Gesinnung vereinte."[10] Die New York Times betont, dass keine deutschen Fahnen zu sehen waren, wohl aber amerikanische.[11] Doch findet der Reporter das Kunstwerk „disappointing" – und unamerikanisch: die Hauptfigur sei der amerikanischen Vorstellung der Loreley unangemessen und erinnere eher an eine Brünhild.[12] Stadtratsvorsitzender Randolph Guggenheimer feiert Heinrich Heine in seiner Festrede indessen als einen Fackelträger der Moderne. In der Aufstellung des Denkmals in New York sieht er einen Beweis deutscher Engstirnigkeit („dass Deutschland nicht vergessen könne, dass Heine Jude war") und amerikanischer Tugenden, namentlich Toleranz, Freiheit und wahrer Kosmopolitismus.[13]

Diese Anverwandlung des Heine-Andenkens in Form des Loreley Brunnens stieß nun in der „freien und kosmopolitischen" Neuen Welt an Grenzen, und zwar an solche, die in der deutschen Debatte bisher nicht Thema gewesen waren. Im puritanischen New York verletzte das Denkmal weniger politische als vielmehr sittliche Gefühle. Bereits bei der Diskussion um den Aufstellungsort sollen die ‚unzüchtigen' Nackten ein Argument gewesen sein.[14] Und schon im Januar 1900 wurde eine der Frauenfiguren, die Lyrik, enthauptet. Frauen der ‚Christian Association of Abstinence' nennen das Denkmal in der Gerichtsverhandlung „indecent"[15], andere Quellen sprechen von einem „pornographic spectacle".[16] Wegen fortwährender Beschädigung muss das Denkmal unter ständigen Polizeischutz gestellt werden. 1940 wird es an das Nordende des Parks verbannt.

Auch nachdem die South Bronx sich in einen Slum verwandelt hatte, blieb der Brunnen ein bevorzugtes Ziel von Attacken und Vandalismus. Köpfe und Arme wurden abgeschlagen, Gesichter und Brüste deformiert. Über die Beweggründe – antideutsche oder antisemitische Affekte, Hass auf die Hochkultur, auf das Fremde, auf (weiße, nackte?) Frauen – kann nur spekuliert werden. 1975 galt der über und über mit Graffitis überzogene Brunnen als das am stärksten von Vandalismus und Zerstörungswut betroffene Denkmal in der ganzen Stadt.[17] Doch sind dies auch Spuren einer – in ihrem Störungs- und Zerstörungspotential – durchaus ambivalenten Aneignung. In den 1990er Jahren (?) ist eine komplette ‚Neufassung' der Loreley als in prächtiges Rot gewandete Schwarze dokumentiert.[18]

Wo Hass ist, ist auch Liebe: Der Düsseldorfer Zahnarzt Hermann Klaas machte sich als „Heine-Schrubber" einen Namen, da er das Denkmal auf eigene Faust regelmäßig von Graffitis befreite.[19] Als der City Council 1987 für zwanzig besonders gefährdete Denkmale das erfolgreiche „Adopt-a-Monument-Programm" auflegte, blieb zunächst einzig der Loreley Brunnen verwaist. Erst als NRW-Ministerpräsident Johannes Rau sich engagiert, kamen durch größtenteils private Spenden insg. 700.000 Dollar zusammen und am 8. Juli 1999 konnte Heines Denkmal – restauriert und teilrekonstruiert – an seinen ursprünglichen Ort zurückversetzt und ein zweites Mal feierlich eingeweiht werden[20] – um uns Reisende unvermittelt mit Fernweh, Fremdheit und Freude zu überfallen.

Zeitschichten eines Ortes

Moderne in Marl

INGRID SCHEURMANN

Marl ist eine Industriestadt am nördlichen Rande des Ruhrgebiets, die heute in den Diskursen von Denkmalpflege, Architektur und Stadtplanung nur eine marginale Rolle spielt. Jenseits der Grenzen des Ruhrgebiets weiß man wenig über Marl, nimmt die Existenz der „Stadt im Grünen" lediglich immer dann mit einer gewissen Überraschung zur Kenntnis, wenn alljährlich die Grimme-Preise vergeben werden und zumindest kurzfristig für überregionale Aufmerksamkeit sorgen. Ansonsten hat der ökonomische Strukturwandel die Stadt nach wie vor fest im Griff; die im Dezember 2015 stillgelegte Zeche Auguste Victoria mag dafür als Symbol gelten und auch die lang andauernde Umstrukturierung der vormals prosperierenden Chemischen Werke Hüls, die der Stadt in den Jahren des Wiederaufbaus zu beachtlichem Wohlstand und damit zu planerischen Handlungsspielräumen verholfen hatten. Damals, d.h. in den 1950er Jahren war Aufbruch, alles auf Anfang gestellt, visionäre Konzepte sahen für die noch dörflichen Strukturen eine moderne Stadtkrone vor. Sozusagen auf der grünen Wiese sollte für die rasch wachsende Bevölkerung[21] ein offener Identifikationsort entstehen – ohne obrigkeitsstaatlichen Repräsentationsgestus, ohne Monumentalität, stattdessen zugänglich und einladend, ein demokratisches Zentrum der Nachkriegsgesellschaft.[22]

Orientiert an Hans Scharouns Überlegungen zur Stadtlandschaft, Rudolf Hillebrechts Konzepten für den Wiederaufbau von Hannover und mit Bezug auf unrealisierte Marl-Pläne Philipp Rappaports aus den 1920er Jahren waren auch für das vergleichsweise kleine, aber wohlhabenden Marl der 1950er und 1960er Jahre nur die Großen der Architekturmoderne als Impulsgeber im Gespräch: Scharoun, Hebebrand, Aalto, Jacobsen, Bakema und von den Broek. Einige von ihnen bauten schließlich das neue Marl; die hochmoderne Paracelsus-Klinik (Werner Hebebrand und Walter Schlempp 1952–55), das ehemalige Volksbildungsheim Insel, heute Adolf-Grimme-Institut (Günther Marschall 1953–56),[23] die Kirche St. Konrad (Emil Stefann u.a. 1956) und die Erlöserkirche (Otto Bartning und Otto Dörzbach 1956/57), den ersten Theaterneubau der Bundesrepublik (Heinz Kiel 1952–53), das Rathaus (Jacob B. Bakema und Johan H. van den Broek 1960–67), die Schule in Drewer (Hans Scharoun 1964–68), die innovativen Hügelhäuser (Peter Faller u.a. 1967).[24]

Bereits 1965 sollte die kühn geplante Zukunft indes jäh enden: Überraschend verstarb der spiritus rector von Marls architektonischem Aufbruch, Bürgermeister Rudolf Heiland (1910–1965), zur gleichen Zeit wurden verlustreiche Finanztrans-

Zeugnisse der Nachkriegsmoderne in Marl

aktionen evident.[25] Die technologische Transformation tat ein Übriges, um den Nachkriegsboom zu beenden. In Marl war die Moderne vorzeitig zum Erliegen gekommen und mit ihr eine Vision, die Demokratie im Sinne Adolf Arndts bauen wollte und auf die politische Bedeutung moderner Architektur und Stadtplanung setzte. Seither prägen

Vorplatz des Rathauses

der Hängekonstruktion, die weitgehende Vollständigkeit und Authentizität der Ausstattung, die berühmte Architektenleistung reichen offensichtlich nicht aus, um das zu schaffen, was Denkmalpfleger seit geraumer Zeit auch für das jüngere Erbe postulieren: Identität bzw. Identitätsstiftung. Nach wie vor fremdelt Marl mit seiner hochkarätigen Architektur und straft damit auch diejenigen Denkmalpfleger Lügen, die behaupten, Zeugnisse der Nachkriegsmoderne seien Denkmale wie Kirchen, Schlösser und Burgen und folglich auch genauso zu behandeln.

Möglicherweise – das mögen diese wenigen Bemerkungen andeuten – ist das unspektakuläre Marl ein geradezu exemplarischer Ort für das Studium des Projekts Nachkriegs-Moderne, seiner visionären Potentiale und Teilhabeversprechen, seiner Infragestellung wie auch für den denkmalpflegerischen Umgang mit Bauwerken, die sich dem tradierten Schönheitsverständnis bewusst verweigert haben und ebensolchen Vorstellungen folglich auch heute nicht genügen. Reicht es, solche Bauten, lediglich hinsichtlich ästhetischer, historischer und städtebaulicher Werte zu qualifizieren? Gibt es da nicht noch ein spezifisches „Mehr" im Sinne Albert Knoepflis, neue, andere Werte, die auch das Nicht-Realisierte mitdenken, den Wert von Utopie und Vision, deren Beispielhaftigkeit? Jedenfalls ist Marls weitläufige, architektonisch wie landschaftsplanerisch anspruchsvolle Mitte ein viel versprechender, wenn auch gebrochener historischer Ort, dem der Jubilar im Rahmen unseres gemeinsamen Forschungsprojekts „Welche Denkmale welcher Moderne?" im Dezember 2015 einen kurzen, aber eindrücklichen Besuch abgestattet hat.

Strukturwandel, Kosten- und Umbaudiskussionen den Stadtplanungsdiskurs. Durchaus symbolträchtig ist es, dass Marls spektakuläres Rathausprojekt mit seinem flachen Ratstrakt, den ursprünglich vier flankierenden, fünf- bis siebengeschossigen Verwaltungsbauten und dem verbindenden Zentralgebäude nie vollständig realisiert wurde, letzte Versuche zur Komplettierung des Ensembles scheiterten in den 1970er Jahren.[26] Immer wieder diskutierte man stattdessen über den Abriss des Rathauses, und das Bildnis des Bürgermeisters, der das neue Marl geplant und durchgesetzt hatte, verschwand vielsagend aus der Ratsgalerie.

Heute ist Marls Stadtkrone nicht nur in die Jahre gekommen, sie repräsentiert auch ein kulturelles Erbe mit anhaltendem Streitwertpotential, einer aufwändigen Sanierungsperspektive und einer fremd, wenn nicht befremdend wirkenden jüngeren Nachbarschaft. Die Unterschutzstellung des Rathauses 2013 unter Würdigung seiner „äußerst modernen, sorgfältigen und eleganten Gestaltung"[27] und mit Bezug auf die innovative Finesse

Wirkte in Marl die Idee der Stadtkrone überaus kühn, so deren Verknüpfung mit dem Konzept „Grüne Stadt" identitätspolitisch wie ökologisch zukunftsweisend. Insofern konstituiert sich die Mitte des „Stadtzwergs" ganz selbstbewusst aus dem weitläufigen Rathauskomplex und einem vorgelagertem, baumbestandenen See.[28] Hochkarätigen Skulpturen von Arp, Zadkine, Vostell, Serra und anderen unterstreichen in ihrem Umfeld, aber auch in den Stadtteilen Marls demokratisches Programm durch die Nivellierung der Schwellen zwischen Kunst und Alltag.[29] Im Interesse der Öffnung und Zugänglichkeit ist die Stadt-Krone zwar signifikant, aber nicht hoch auftrumpfend und eingebettet in eine weiträumige verkehrsfreie Zone konzipiert worden. Gewissermaßen als Satelliten und weitere Wahrzeichen der jungen demokratischen Stadtgesellschaft fungieren die übrigen Nachkriegsbauten in den Stadtteilen. Wie ein Netz verknüpfen sie die Vision der Moderne mit den Lebensbereichen der Bewohner, integrieren das Neue sozusagen in die überkommenen dörflichen Strukturen.

Das alles ist noch da, zum Teil – wie die Scharoun-Schule – gar vorbildlich saniert, und ist doch nahezu unsichtbar. Der Aufbruchsimpuls ist kaum mehr zu greifen, die demokratische Passion der Akteure nicht mehr evident. Dabei war Bürgermeister Heiland – sieht man von der unrühmlichen Finanztransaktion seiner späten Jahre einmal ab – ein Demokrat der ersten Stunde, Arbeiter, Widerstandskämpfer, Stadtverordneter, Mitglied des Parlamentarischen Rates, Kreistags-, Landtags- und Bundestagsabgeordneter und fast 20 Jahre lang Bürgermeister von Marl. Passioniert gestaltete er den Auf- und Ausbau seiner Stadt als ein geistig-architektonisches Projekt, setzte er auf die Bedeutung des Gebauten für das Selbstverständnis der Bürger, die „Sprache" der Architektur. Als Symbol der Demokratie und zugleich als Ort der Integration der heterogenen, mehrheitlich nach 1945 zugewanderten Einwohnerschaft war die neue Mitte konzipiert, mithin als Angebot, gemeinsam Neues zu gestalten.

Ist das alles heute „nur" Denkmal? Nur Geschichtsort? Kulturelles Erbe? Zeugnis? Oder nicht doch auch Botschaft, Impuls, Aufforderung, Anregung? „Lebendes", nicht „totes" Denkmal, um den belgischen Architekturdiskus um 1900 zu zitieren.[30] Und verkürzt eine rein architekturhistorische Vermittlung nicht das Potential des Vorhanden, das mögliche und notwendige Weiterdenken, Weiterentwickeln und Weiterleben des historischen Ortes?

In Marl ist die Nachkriegsmoderne in ihrer Zeitgebundenheit, aber auch ihren uneingelösten Potenzialen greifbar – mit transkulturell lesbaren historischen Bauten und Spielräumen für Zukunftsgestaltungen, die im Sinne Schinkels vielleicht auch als „Vorbilder" oder „Denk-Zeichen" für die Gegenwartsgesellschaft zu verstehen sind – als gebautes Labor der Nachkriegsmoderne. Um als solches wahr-

genommen werden zu können, müsste die neu-alte Mitte der innovativen „Stadt im Grünen" besser lesbar, müssten die stadthistorischen und allgemeinpolitischen Dimensionen besser wahrnehmbar sein. Eine Route der Ruhrgebietsmoderne könnte solche Kontexte erschließen helfen und Menschen nach Marl bringen, die den Wert des Vorhandenen durch ihr Kommen unterstreichen, die Versprechen des historischen Orts erkennen und weiterdenken. HR Meier war bereits dort – begeistert und nachdenklich zugleich – keine schlechten Voraussetzungen für ein neues Sehen des jungen Erbes.

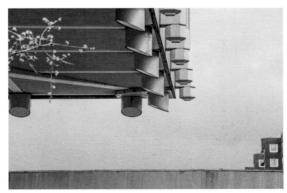

Konstruktionsdetails der Rathaustürme

Ewige Jugend oder in die Jahre gekommen?

Mythos Schatzalp

BIRGIT FRANZ

Das Anliegen, ein Baudenkmal zu finden, dessen Geschichte den Jubilar in meinen Augen spiegelt, als ‚den Anderen von Beiden'[31], und zudem mit dem mir für diesen Aufsatz zugeordneten Stichwort ‚Alter' spielt, begann mit der Sammlung von eigenen Assoziationen zu seiner Person: Verbindlichkeit und Fremdheit, Identität und Naturverbundenheit, Geschichte und Zeitschichten, Bahn und Reisen, Heimat auf Zeit und „Schweiz als Heimat?"[32] 2016 selbst zu Besuch in der Schweiz inspirierte mich zudem der Saisontitel des Theaters Chur „Grand Hotel Schweiz": „… für alle ist es eine Heimat auf Zeit. Nationen, Kulturen, Sprachen mischen sich, und nicht selten wird es zum Ort schicksalhafter Begegnungen. Es ist eine Insel im Getriebe der Welt. Ist auch die Schweiz ein Grand Hotel? Eine Insel der Seligen und Transitland zugleich? Eine Durchgangsstation für alle, denen die prunkvolle Hotelhalle zwar offensteht, aber eben nur auf Zeit?"[33] Und da fiel es (das Baudenkmal) mir ein: Die Schatzalp im schweizerischen Davos, ein Mythos vorübergehender Beheimatung in grandioser Naturkulisse.

Die Existenz des heutigen Baudenkmals „Schatzalp"[34], erbaut als Sanatorium, umgenutzt zum Hotel, ist einer Volkskrankheit geschuldet, der Tuberkulose, für deren Behandlung Luft und Sonne eine große Rolle spielten. Eine Erkenntnis, die insbesondere Alexander Spengler (1827–1901) nicht nur publik, sondern die ihn über sein Buch „Die Landschaft Davos als Kurort gegen Lungenschwindsucht" (1889) auch berühmt machte. Geboren in Mannheim floh er 1849 nach dem endgültigen Scheitern der bürgerlich-revolutionären Erhebung als einer der akademischen Hauptakteure der Märzrevolution von 1848 in die Schweiz und gehörte zu den wenigen politischen Flüchtlingen, die verbleiben durften. Nach seinem Medizinstudium in Zürich fand er als „Landschaftsarzt" Anstellung in Davos und hielt es fürderhin, da er bei den Einheimischen keine Tuberkulose fand, für einen immunen Ort und wurde alsbald zum Innovator der Davoser Kurortentwicklung. Später, als 1888 der deutsche Lungenfacharzt Karl Turban nach Davos kam und die erste geschlossene Heilstätte mit militärischer Disziplin baute, bezeichnete man Davos dann als disziplinierten Kurort.[35]

Die touristische und kulturelle Entwicklung des Kurortes beförderte der Niederländer Willem Jan Holsboer (1834–1898). Dieser war 1867 mit seiner an Schwindsucht erkrankten, aus England stammenden Frau angereist, der leider auch Alexander Spengler nicht zu helfen vermochte (sie verstarb noch im gleichen Jahr). Holsboer fand seine neue Heimat in Davos und gründete im Jahre 1871 den Kurverein Davos, der sich den großen Infrastrukturmaßnahmen in der Region verschrieb, wie der Bahnstrecke von Landquart nach Davos (1890), weshalb er als der Begründer der Rhätischen Bahn gilt, deren Albula- und Berninastrecke 2008 in die Welterbeliste aufgenommen wurden: „Beiden Bahnen gemeinsam ist eine besondere Beziehung zur umgebenden Landschaft."[36] Die sensationelle Streckenführung mit ihren waghalsig anmutenden Brückenbauwerken war landschaftsprägend und schmückte fortan zahlreiche Tourismusplakate, so beispielsweise „Der Weg zur Kraft und Gesundheit führt über Davos"[37] von Otto Morach, ca. 1926.[38]

Das Berghotel Schatzalp in Davos (2014) – ein Mythos

Mit der Schilderung des entrückten, geradezu überspannten Lebens im fiktiven Luxussanatorium setzte der in Lübeck geborene und in Zürich verstorbene Thomas Mann in „Der Zauberberg" 1924 dem Kurort Davos ein literarisches Denkmal (was er selber verneinte: sein Roman spiele lediglich in Davos und sei kein Davos-Roman), das entgegen der anfänglich vor Ort empfundenen Erbitterung letztlich der Attraktivität von Davos nicht schadete, sondern gar einen „nachhaltigen Standortvorteil verschaffte".[39] Manns Roman, in dem die Schatzalp mehrfach erwähnt wird, wie auch 1982 die Verfilmung „Der Zauberberg", die unter Regie des Augsburgers Hans W. Geißendörfer den überzeichneten Charakteren real erscheinende Antlitze verlieh, lassen den heutigen Rezipienten vergessen, dass die als Luxussanatorium konzipierte Schatzalp seinerzeit medizinisch die modernste Heilstätte für Tuberkulosekranke in Europa war: 1898–1900 von den Zürcher Architekten Otto Pfleghard und Max Haefeli im Auftrag von Luzius Spengler (Sohn des Kurortbegründers und zugleich Schwiegersohn von Willem Jan Hoelsboer) visionär und wegweisend erbaut. Auch der Kurort selbst wirbt mit dem Spiel von Dichtungen und Tatsachen. So war auf dem 1930 vom Münchner Carl Moos im Auftrag des Verkehrsvereins Davos gestalteten Tourismusplakat zu lesen: „DAVOS. Ein Jungbrunnen [sic] dank seiner Luft und Sonne".[40]

Nach der Entdeckung der antibiotischen Wirkung von Streptomycin verloren die Sanatorien ihre Bedeutung. Insbesondere ab den 1950er Jahren wurden ihrer viele zu Hotels umgebaut: so auch die Schatzalp! Doch der Mythos vom Jungbrunnen und vom Zauberberg bleibt fortan auch dem Hotel als emotionaler Wert ein- und in der Kunst fortgeschrieben. Vermutlich mitnichten das letzte Mal in der Altherren-Tragikomödie „Ewige Jugend", 2015 mit dem Europäischen Filmpreis gekürt. In diesem feinfühligen Handlungsmosaik des Neapolitaners Paolo Sorrentino über das Alter und das Altern, das Vergangene und das Vergängliche, die Melancholie des Erinnerns und Vergessen kommt die im baulichen Zustand überdeutlich in die Jahre gekommene Schatzalp wie selbstverständlich daher. „Der Alterswert ist ein emotionaler Wert mit dem Anspruch ‚auf die großen Massen zu wirken.' Er zeige sich in den Spuren der vergangenen Zeit und repräsentiere damit das Grundgesetz des Werdens und Vergehens. Dieses biologistische Modell entspricht gemäß Riegl der Wahrnehmung des modernen Menschen am Anfang des 20. Jahrhunderts, den

… und: steht sie denn wirklich still, die Zeit im Berghotel Schatzalp in Davos?

am frischen Menschenwerk Erscheinungen des Vergehens (vorzeitiger Verfall) ebenso störten wie am alten Menschenwerk Erscheinungen frischen Werdens (auffallende Restaurierungen)"[41] – erläutert Hans-Rudolf Meier. Dazu passt die Beobachtung anlässlich der eigenen Schatzalpbereisung, dass zwei Handwerker, erklärtermaßen für Sorrentinos Verfilmung, im Eingangsbereich die Metallprofile aus den Nachkriegsjahren weiß ‚weg'-streichen: als eine das alte Menschenwerk im Auge des Betrachters störende neuzeitliche Veränderung.

Das im Bildraum der ehemaligen Röntgenabteilung (heute Teil der Bar) mit Pius App, dem heutigen Eigentümer von Hotel, Standseilbahn (Baujahr 1899) und Skigebiet 2014 geführte Interview[42] startete unmittelbar mit der Ansage, dass seine Gäste keine (!) Veränderungen mögen: Selbst die Sessel in denen wir gerade säßen würden von vielen Gästen gerade deshalb so geliebt, weil sie sich in den Originalsesseln aus der Verfilmung „Der Zauberberg" wähnten (dabei sei dieser seinerzeit gar nicht in der Schatzalp gedreht worden, der damalige Eigentümer habe dies nicht gewollt). Er selbst ließe sie deshalb, wenn denn zerschlissen, wieder angepasst beziehen. Pius App, der sein Geld mit Computersystemen erworben hat, die für Banken die aktuell gezeichneten Unterschriften mit den dereinst hinterlegten abgleichen, also das Original trotz Wandel der Zeit erkennen, möchte aus diesem Blick heraus auch das gebaute Original so weit wie möglich authentisch belassen. „Die Gäste suchen das!" Viele Stammgäste würden stets ‚ihren' Tisch und unter den unterschiedlich gestalteten Zimmern stets das ‚ihrige' buchen: zeitlos, alles wie beim ‚vergangenen Mal'!

Dazu passt die Auszeichnung als „Historisches Hotel des Jahres 2008" durch ICOMOS Schweiz „in Anerkennung des weitgehend überlieferten und geschickt genutzten historischen Hotelbaus, seiner authentischen Einrichtung und der Wiederherstellung des Botanischen Gartens Alpinum Schatzalp" und in Würdigung des Elans, mit dem die Hotelleitung „die Geschichte des Ortes, seiner Gäste und des Mythos vom Zauberberg so überzeugend [vermittelt], dass der Besuch der Schatzalp zum bleibenden Erlebnis wird."[43] Für die Mitglieder der Kooperation Swiss Historic Hotels (die sich u.a. gegenseitig auch in denkmalpflegerischen Belangen unterstützen[44]) gehört Erlebnisfülle „die von der echten historischen Substanz ausgeht"[45] zum Marketing-Programm, u.a. beworben mittels der sog. „Zeitreisen"[46] zu touristischen, in die Jahre gekommenen Zeugen der Vergangenheit. Die Schatzalp lockt (übrigens auch per Bahn) am achten Reisetag der Zeitreise von Carona nach Zuort.[47]

Dazu passt Pius Apps Sinndeutung, wonach er die Kaufentscheidung eher spontan getroffen habe, als ein Investor auf dem Areal ein „Heididorf"[48] zu kreieren gedachte. Sein eigenes Betriebskonzept nennt er „Slow Mountain", dazu gehören für ihn u.a. „[Ski]Lifte, langsam wie früher!" Gerade für junge Familien punkte so das zeitweise totgesagte Skigebiet Schatzalp-Strela wieder.[49] Der Hotelbetrieb trage sich selbst, lässt er wissen, refinanziere jedoch nicht die Investition, weshalb er bereits kurz nach dem Kauf das Basler Architekturbüro Herzog und de Meuron mit der Planung eines die Schatzalp ergänzenden Neubaus mit Zweitwohnungen beauftragte. Dieses projektierte 2004 einen Wohnturm, dieser mit 105 Meter so hoch wie die Schatzalp lang.[50]

„Der Hofrat spricht vom Sanatorium, doch manchmal wie von einem Lustschlößchen. Die ungeheure Laxheit, die bestand, dass man über die Balkone von einem Zimmer ins andere kommt – es war schon in sittlicher Hinsicht dort oben alles nicht ganz einwandfrei" – schreibt Katia Mann in „Meine ungeschriebenen Memoiren" (1974).[51] Wer sich das Sanatorium im Zauberberg in Miniatur anschauen möchte, kann dies im Davoser Heimatmuseum tun; das Modell „geht in seiner Detailtreue so weit, dass sogar die Zimmernummerierung und -belegung der literarischen Vorlage entsprechen. Das Modell zeigt ausserdem, wie auf der einen Seite rauschende Feste gefeiert, gegessen, genossen und gelebt wurde, während auf der anderen Seite gleichzeitig das Leiden und Sterben der Patienten des Sanatoriums die Szene beherrschten."[52] Auch die am 17. März 2016 im Rätischen Museum in Chur eröffnete Ausstellung[53] der Sammlung „Der blaue Heinrich" (so wurde der gläserne Spucknapf für die an Lungentuberkulose Erkrankten benannt) knüpft an die zwei Seiten des Mythos Zauberberg an. Die Objekte stammen hauptsächlich von der Schatzalp und wurden von Benjamin D. Miller,[54] einem Nachkommen der Familien Spengler und Holsboer, zusammengetragen und dem Museum als Dauerleihgabe übergeben. Noch lange nach dem Verlassen hallte die Klanginstallation um den typischen Davoser Liegestuhl in meinen Ohren nach: das trockene, kurze Husten.

Doch wie geht es weiter mit der Schatzalp, zumal (nicht nur) die Tourismusbranche in den Alpen[55] auf der Suche nach weiterer Wertschöpfung zunehmend auf spektakuläre Berg- wie Turmbauten setzt: ob in Vals oder gar auf dem kleinen Matterhorn? Auf die Zukunft des geplanten Turms auf der Schatzalp mochte Pius App im Interview nicht näher eingehen; er reüssiert jedoch den Wert langen Atems: „Eine Baubewilligung läuft ab, aber eine Zonenplanänderung [Anm.: das Davoser Stimmvolk hatte diese Voraussetzung für den Turmbau noch in 2004 positiv beschieden] hat kein Verfallsdatum." Für den Geschäftsleiter der Stiftung Landschaftsschutz Schweiz käme dessen Realisierung allerdings einem „Mahnmal für den überbordenden Zweitwohnungsbau in den Schweizer Alpen"[56] gleich.

„Stille Tage in Davos" (vermutlich auf die überschäumende Lebenslust in Henry Millers Roman „Stille Tage von Clichy" rekurrierend) betitelt am 20. Februar 2016 die deutsche Tageszeitung „Die Welt" ihren Artikel zur Schatzalp (ebenfalls mit Pius App im Interview). Nicht zuletzt wird auch hier der Frage nachgegangen, ob wegen des (nach jahrelangem Gezerre) 2016 in Kraft getretenen Zweitwohnungsgesetzes, welches Zweitwohnungen dort verbietet, wo bereits 20 Prozent existieren, das Turmprojekt auf der Schatzalp endgültig ins Wanken gerät; oder ob Pius App, zurückgelehnt in seinem Klubsessel und gestützt auf die im Gesetz implementierte Ausnahmeoption sie genießt: „die Ruhe der Berge – und die Aussicht auf das neue Projekt."[57]

Selbst wenn es mit der großen Ruhe auf der Schatzalp dereinst vorbei sein könnte, den emotional mehrdeutigen Mythos vom Zauberberg wird das sicherlich nicht gefährden.

Polyvalenz und Erzählung

Die ehemalige Kartause Mauerbach im Spiegel der Denkmalpflege

BERND EULER-ROLLE

Was ist Mauerbach? Ein Erinnerungsort, ein Sehnsuchtsort, ein aufgeschlagenes Geschichts- und Geschichtenbuch, schließlich ein Leporello ungezählter Reparaturen, Restaurierungen und Rekonstruktionen der österreichischen Denkmalpflege in den vergangenen Jahrzehnten. Das alles ist die ehemalige Kartause vor den Toren Wiens, eingebettet in eine sanfte Talsenke im Wienerwald, 1314 durch den Habsburger Friedrich den Schönen gegründet, einst abgeschieden gelegen mit ihren anschließenden Teichwirtschaften, 1782 eingefroren durch die Klosteraufhebungen des anderen und anders gesonnenen Habsburgers Josef II., danach im 19. und 20. Jahrhundert unübersehbar transformiert durch profane Nachnutzungen.[58] Als 1961 der von Josef II. errichtete Religionsfonds aufgelöst wurde, fiel die Kartause an die Republik Österreich. Aus der Zeit gefallen, leer stehend und quer liegend zum konventionellen Nutzungsrepertoire von historischen Bauten, ist es nur dem damals noch geltenden Staatsverständnis der öffentlichen Verwaltung zu verdanken, dass Instandhaltungs- und Restaurierungsarbeiten sogar in dieser Phase veranlasst wurden. Damit ist die ehemalige Kartause in den 1960er Jahren in das Zeitalter der Denkmalpflege eingetreten. Daraus wurde eine lange und andauernde Beziehung, denn die Anlage wurde 1984 dem Bundesdenkmalamt zur Nutzung für ein Zentrum der Baudenkmalpflege und der historischen Handwerkstechniken übergeben.

Niemals dürfte man ein Projekt heute noch so beginnen. Wir haben die Kartause Raum für Raum erobert. In der kalten Jahreszeit, wenn die Denkmalbaustellen ruhten, gab es die ersten Kurse, Seminare und Arbeitstreffen im Kleinen Kaisersaal, dem einzigen Raum, in dem ein bullernder Kohleofen den Aufenthalt möglich machte. Mit heißem Gesicht und kaltem Rücken oder auch umgekehrt, je nach Sitzplatz, haben wir aufgesogen, was wir in der Amtsdenkmalpflege damals sonst kaum hören konnten: Materialität ist eine Facette der Authentizität und die Alterität der Denkmale ist auch ein

Mauerbach, ehem. Kartause, Großer Kreuzgarten, im Vordergrund Schauer'sche Kapelle vor Restaurierung, im Hintergrund Apsis der Stiftskirche nach Konservierung verschiedener Putzschichten

Ergebnis der historischen Materialität, entgegen der Egalität der Materialien und Techniken der Moderne. Wir lernten die Werthaltigkeit der materiellen Diversität kennen und wir lernten den Schlüssel zu ihrer Erhaltung: die Fortsetzung und das Fortschreiben in den historischen Parametern der Materialien, der Handwerkstechniken und der Bauphysik. Wir lernten ungeübte Dimensionen der Denkmalbedeutung. Die Eroberung des Ungeübten hatte anarchisches Potential. Mauerbach, faktisch und in den Köpfen weitab gelegen, beschützt durch seinen Gründungsvater, Karl Neubarth, bot den Hort für den Marsch durch die Institutionen, auf den sich der Mittelbau der österreichischen Amtsdenkmalpflege in den 1980er Jahren begeben wollte. Im Schutz dieses Ortes entstand Liebe zu diesem Ort, eine Denkmalliebe sui generis, die Alois Riegl oder Max Dvořák nicht schöner hätten erfinden können.

Und heute? Nachdem Instandsetzungen und Restaurierungen beinahe abgeschlossen sind, nachdem zeitgemäße Büros und moderne Seminartechnik Einzug gehalten haben, nachdem feine Übernachtungsmöglichkeiten in den Mönchszellen geschaffen wurden, nachdem Materialsammlungen und Lehrwerkstätten Gestalt angenommen haben,

Mauerbach, ehem. Kartause, Großer Kreuzgarten, Kreuzgang mit sandtoniger Verschließung der Putzfehlstellen, Kreuzgarten nach der Restaurierung

nachdem es im heute so benannten „Informations- und Weiterbildungszentrum Baudenkmalpflege – Kartause Mauerbach" ein ausgefeiltes Veranstaltungsprogramm gibt? Ist er noch da, der Geist von Mauerbach, der den Ort von anderen Orten, den „place" von anderen „places" unterscheidet, in Summe also Bedeutung generiert, „cultural significance" im breitesten Sinne der Wertesystematik? Machen wir doch die Probe aufs Exempel. Fragen wir doch jemanden, der dort keine Sozialisierung, keine Identitätsbindung, keine Beheimatung als Grundlage für Identitätsstiftung erfahren hat. Nehmen wir doch das Sensorium von Hans-Rudolf Meier, seines Zeichens Lehrstuhlinhaber für Denkmalpflege an der fernen Bauhaus-Universität Weimar, gewissermaßen mit allen Parametern der Wahrnehmung auf diesem Gebiet ausgestattet und zugleich mit der nötigen Distanz durch genaue Selbstreflexion der Wahrnehmung.[59] Eine erste Begegnung fand statt, als wir einen workshop, im ehemaligen Kloster muss man sagen eine „Klausur", für das Verbundprojekt „Denkmal – Werte – Dialog" mit seinem Projektsprecher Hans-Rudolf Meier 2012 in Mauerbach abgehalten haben,[60] dann entstand die Idee für eine zweite Klausur für das Verbundprojekt „Welche Denkmale welcher Moderne?" 2015 in Mauerbach und schließlich der Wunsch, mit seinen Studierenden wiederzukommen. Was war geschehen? Ein Denkmal entfaltet Wirkung. Und das an einem Objekt, an dem das geübte und habituell kritische Auge des Denkmalpflegers so viele unterschiedliche Restaurierziele, so wenig Konsequenz, so viele Pendelbewegungen zwischen Konservieren, Restaurieren und Rekonstruieren erkennen kann. Hat sich nicht da schon wieder die Praxis von der Theorie entkoppelt?

Hans-Rudolf Meier hat sich selbstverständlich immer auch mit dem denkmalpflegerischen Umgang auseinandergesetzt und in seinem Beitrag zur Jahrestagung der Vereinigung der Landesdenkmalpfleger in der BRD in Esslingen 2007 unter dem Titel „Konservatorische Selektion von Denkmalschichten" das Grundprinzip der Wertsetzung als Selektionsvorgang auch im praktischen Handeln verstehbar gemacht.[61] „Erst durch Selektion wird aus einem Gebäude ein Denkmal und werden aus Zeitschichten Denkmalschichten".[62]

In Mauerbach war die Denkmalpflege mit einem Amalgam von Zeitschichten konfrontiert: mittelalterliche Reste, eine barocke Klosteranlage, die nach den Zerstörungen der Türkenkriege 1683 umfassend erneuert und künstlerisch ausgestattet wurde, und schließlich das Versorgungshaus des 19. Jahrhunderts mit zahlreichen baulichen Veränderungen wie beispielsweise dem Umbau des Laienbrüderschiffs der Klosterkirche zu einem mehrgeschossigen Spitalstrakt oder der Unterteilung des Großen Kreuzgangs in einzelne Schlafräume. Ein größerer kultureller Strukturwandel, wie er durch die Kirchenreformen Josefs II. ausgelöst wurde, ist kaum vorstellbar. Erst heute stehen wir wieder vor einem ähnlichen Umbruch durch Funktionsentleerung und Konversion der Baudenkmale aus der sakralen Sphäre[63]; dies auch ein Thema des vorliegenden Bandes, der die Dortmunder Tagung des Arbeitskreises Theorie und Lehre der Denkmalpflege „Strukturwandel – Denkmalwandel" von 2015 dokumentiert. Der neuerliche Funktionswandel zum Informations- und Weiterbildungszentrum des Bundesdenkmalamtes brachte eine intensive Auseinandersetzung mit dem überlieferten Zustand mit sich, ausgelöst von Nutzungsanforderungen, aber auch von der Frage einer Inwertsetzung des Gebäudekomplexes, die in der denkmalpflegerischen Pendelbewegung zwischen Dokument und Monument auszuhandeln war.

Summa summarum sind die Gewichte – als Ergebnis von Gewichtung – in die Richtung des ästhetisch nachvollziehbaren Zusammenhangs der mächtigen barocken Klosteranlage hinuntergegangen[64]: Klosterkirche und Großer Kreuzgang sind räumlich wiederhergestellt und wahrnehmbar, die Häuschen der Mönche haben wieder eine zusammenhängende räumliche Struktur, die Freitreppe vor der Klosterkirche ist rekonstruiert. Und dennoch: an den Wänden der Klosterkirche sind die Spuren der ehemaligen Geschossteilung ablesbar und die Wiederherstellung der Pilasterkapitelle als Rohformen zurückgesetzt; mitten im Raum hat die jetzige Leiterin unseres Zentrums Baudenkmalpflege, Astrid Huber, einen begehbaren Würfel mit den alten Fotos aus der Spitalszeit übereck gestellt, einen „Stolperstein" eigener Art. Und weiter: nicht wenige Architekturoberflächen und Elemente der Bauausstattung aus der Spitalszeit haben ihren festen Platz im Restaurierziel; vieles, was nur reduziert und fragmentiert über das 19. Jahrhundert gekommen ist, bleibt reduziert und fragmentiert. Das setzt sich in den Restaurierzielen für die Architekturoberflächen fort, die in ihrer Mehrschichtigkeit und Heterogenität konserviert und repariert wurden und werden, wie sie in den Verwandlungsprozessen entstanden sind und in den Verfallsprozessen als Palimpsest sichtbar wurden. Zuletzt hatten wir Putzschäden an den Fassaden des Großen Kreuzgangs durch einen sandtonigen Neutralputz geschlossen, ohne die ockergelbe Tünche des 19. Jahrhunderts zu erneuern oder über die Ergänzungen hinwegzuziehen. Die „Erzählung"[65] des Rieglschen „Alterswerts" ist an diesen und anderen Stellen einprägsam erhalten geblieben.

Die Erzählung des „Alterswerts" ist in den letzten 30 Jahren der Instandsetzung in Mauerbach nicht das alleinig Maßgebende gewesen; die Erzählung der wiedergewonnenen Monumentalräume der barocken Klosteranlage reflektiert Riegls „Historischen Wert" und eine rekonstruierte Freitreppe kommt nicht ohne „Neuheitswert" aus. Entscheidend und nachhaltig ist der Erzählungsreichtum insgesamt, denn er spiegelt die Polyvalenz des Baudenkmals wider, ist also dem Baudenkmal in seiner historischen Vielschichtigkeit angemessen. Dem kann man nicht durch eine einzige Regel gerecht werden, sondern nur durch ein „management of change" an jedem einzelnen Punkt, an dem die Handlungsperspektiven und Handlungsoptionen immer wieder neu auf die Denkmalwerte referenziert werden müssen. So bildet sich stets eine Entscheidungsmatrix der Restaurierziele, die keine vordefinierten Ergebnisse kennt. Die „Konsequenz" der Restaurierziele – ein typisches Paradigma der Moderne – kann also nur in konsequenter Differenzierung liegen. Die Erzählung

Mauerbach, ehem. Kartause, Laienbrüderschiff der Klosterkirche, reduziert wiederhergestellte Gliederung nach Entfernung der Zwischengeschosse, Erinnerungswürfel 2013

eines Baudenkmals bleibt immer im Fluss, auch und gerade durch den Denkmalpfleger, denn selbst in der bloßen Konservierung gibt es keinen Stillstand.[66] Die historische Relativität des Denkmalpflegers bedeutet jedoch nicht Relativismus, nicht „anything goes". Die Erstellung einer Entscheidungsmatrix ist ja ein methodischer Vorgang, und zwar innerhalb der Leitplanken der Theorie der Denkmalpflege. Diese Theorie der Denkmalpflege ist eben kein Lehrgebäude, sondern Prozesswissen.[67] Theorie ist also immer, erst recht in der Praxis.

Das alles ist Mauerbach.
Herzlich willkommen, lieber Hans-Rudolf Meier!

Abbildungsnachweis

1   Deutsches Nationalkomitee für Denkmalschutz (DNK),
    18.11.2015

2   Vorstand Arbeitskreis Theorie und Lehre
    der Denkmalpflege, 05. Januar 2016

3   http://hdpixa.com/joyce+kilmer+national+park
    (3. März 2016)

4   Universität Heidelberg http://digi.ub.uni-heidelberg.de/
    diglit/wj1895/0164. (3. März 2016)

5   www.brooklyn11211.com/archive/000007.html
    (3. März 2016)

6 – 12   Samuel Harms, TU-Dortmund, 30.04.2016

13, 14   Birgit Franz, 21.05.2014

15 – 17   Bundesdenkmalamt Österreich (BDA)

Anmerkungen

1   Riegl, Alois: Neue Strömungen in der Denkmalpflege
    (1906), in: Kunstwerk oder Denkmal? Alois Riegls
    Schriften zur Denkmalpflege, hg. v. Ernst Bacher, Wien,
    Köln, Weimar 1995, S. 217–233, hier S. 232.

2   Die Ausführungen zur Geschichte des Heinedenkmals
    beruhen, soweit nicht anders angegeben, auf: Schubert,
    Dietrich: Der Kampf um das erste Heine-Denkmal.
    Düsseldorf 1887–1893, Mainz 1893–1894, New York
    1899, in: Wallraf-Richartz-Jahrbuch: Westdeutsches
    Jahrbuch für Kunstgeschichte 51. Jg., 1990, S. 241–272.

3   Später zog sich die Kaiserin, angeblich aus politischen
    Gründen, aus dem Projekt zurück. 1891 verwirklichte sie
    auf Korfu ein Heine-Denkmal.

4   Xanthippos (Pseudomyn für den Dichter Franz Sandvoß):
    Was dünkt euch um Heine? Ein Bekenntnis, Leipzig 1888.
    Zitiert nach: Schubert, Dietrich 1990 (wie Anm. 2),
    S. 251.

5   Erst 1913 wird (in Frankfurt) das erste deutsche Heine
    Denkmal enthüllt. Zum Schicksal der frühen Heinedenk-
    mäler vgl. Bergmann, Rudij: Die Loreley steht in der
    Bronx. Heine-Denkmäler gibt es in Amerika, in Afrika –
    und seit 1981 sogar in seiner Heimatstadt Düsseldorf,
    2006. Zitiert nach: www.juedische-allgemeine.de/article/
    view/id/5259 (8. Februar 2016).

6   Zitiert nach Gray, Christopher: Sturm und Drang Over a
    Memorial to Heinrich Heine, in: New York Times,
    27.05.2007.

7   In diese Richtung spekuliert Yale-Professor Jeffrey
    Sammons: http://bronxink.org/2011/11/24/20101-lorelei-
    fountain-survived-wars-and-vandals/ (5. März 2016).
    Vgl. auch, unter Berufung auf die – allerdings erst 1934
    gegründete – jüdische Emigrantenzeitung „Aufbau", den
    Artikel von Stefan Elfenbein („Die Lorelei in der Bronx") in
    der Berliner Zeitung vom 13.07.1999: „Natürlich wurde die
    antisemitische Tendenz schamhaft verschleiert (…). Erst
    nach heftigen Protesten des jüdischen Intellektuellen Carl
    Schurz kam es dann doch noch zur Aufstellung.
    www.berliner-zeitung.de/archiv/an-heinrich-heine-
    erinnert-in-new-york-jetzt-wieder-ein-brunnen-der-vor-
    hundert-jahren-an-dieser-stelle-schon-einmal-feierlich-
    eingeweiht-wurde-die-lorelei-in-der-
    bronx,10810590,9666214.html (1. Februar 2016).

8   Ebenda.

9   Kahn, Rudolf: Der Kampf um das Heine Denkmal, Leipzig
    1911, S. 39–40; Zitiert nach: Schubert, Dietrich 1990
    (wie Anm. 2), S. 267.

10   Ebenda.

11   Siehe den Bericht der New York Times vom 08.07.1899.
    Zitiert nach: http://query.nytimes.com/mem/archive-free/
    pdf?res=9803E2D81430E132A2575AC0
    A9619C94689ED7CF (1. Februar 2016).

12   Ebenda.

13   Ebenda (Übersetzung Autor).

14   Berliner Zeitung vom 12.07.1999, ohne Quellenangabe
    (wie Anm. 7)

15   Vgl.: The New York Heine Memorial in Court, in: Berliner
    Tageblatt, Nr. 92 vom 20.02.1900. Zitiert nach: Schubert,
    Dietrich 1990 (wie Anm. 2), S. 268.

16   Vgl. Reitter, Paul: Heine in the Bronx, in: The Germanic
    Review 74 Jg., H. 4, 1999, S. 327–336, hier S. 330.

17   Schubert, Dietrich 1990 (wie Anm. 2), S. 267f.

18   Diese Fassung und Bilder der Restaurierung auf:
    http://bronxink.org/2011/11/24/20101-lorelei-fountain-
    survived-wars-and-vandals/ (2. März 2016).

19   Ein Heine-Schrubber in New York, in: Focus Magazin,
    Nr. 38, 16.09.1996. https://de.wikipedia.org/wiki/
    Heinrich-Heine-Denkmal_(Bronx) (12. Februar 2016).

20   Dazu Sammons, Jeffrey L.: The Restoration of the Heine
    Monument in the Bronx, in: The Germanic review 1999
    (wie Anm. 16), S. 337–339.

21   Marl besaß 1900 4.700, 1925 19.000 und 1964 bereits
    95.000 Einwohner. Man rechnete bis in die 1970er Jahre
    mit einem Anstieg auf 120.000 Bewohner. Siehe dazu:
    www.nachkriegsmoderne.org/marl_insel.html.

22   Unter dem Stichwort „Niederländer bauen die ersten
    Hängehochhäuser der Bundesrepublik" und damit als
    transkulturelles Erbe dokumentiert die Ausstellung
    „Fremdes Erbe" das Marler Rathaus. Harzenetter, Markus
    u.a. (Hrsg.): Fremde Impulse. Baudenkmale im Ruhrge-
    biet, Münster 2010, S. 103.

23 Es handelte sich um das erste eigene Gebäude für eine Volkshochschule in der Bundesrepublik, siehe Georg Dehio. Handbuch der Deutschen Kunstdenkmäler. Nordrhein-Westfalen II, Berlin, München 2011, S. 617

24 Siehe dazu u.a.: Bakema, Jacob Berend: Bericht des Architekten. Eine Stadt baut sich ihr Haus, in: Bauwelt H. 3, 1962, S. 68; Ruhrberg, Karl: Eine werdende Stadt sucht ihre Form. Zum Rathauswettbewerb im westfälischen Marl, in: Architektur und Wohnform H. 5, 1958, S. 31.; Günter, Roland: Die Vision Marl des Bürgermeisters Rudolf Heiland. Vortrag Marl 01.09.2012, siehe www. deutscherwerkbund-nw.de/fileadmin/media/PROJEKTE/ Marl-Stadtentwicklung/Marl_Vortrag_RG_01-09-2012. pdf (5. März 2016).

25 Marl. Zinsen aus Berlin, in: Der Spiegel Nr. 32, 1965, S. 28.

26 Kleineschulte, Stefan: Das Rathaus in Marl. Zur Bedeutung der Architektur für die politische Sinnstiftung auf kommunaler Ebene, (phil. Diss.) Bochum 2003.

27 So die Denkmalbegründung, siehe www.lokalkompass. de/marl/politik/das-rathaus- der-stadt-marl-wird-unter- denkmalschutz-gestellt-d257903.html.

28 Die Grünplanung erfolgte 1963 durch Hermann Mattern, siehe http://architekturmuseum.ub.tu-berlin.de/index. php?set=1&p=79&Daten=107511.

29 Zwischen 1970 und 1972 wurde das Konzept eines Kunstorts entwickelt, heute sind etwa 100 Großskulp- turen im Stadtraum platziert.

30 Siehe dazu: Scheurmann, Ingrid: Reden über Denkmal- pflege – wieder gelesen. Ein Beitrag zur Denkmaldebatte um 1900, in: Die Denkmalpflege 1/2011, S. 17–24.

31 Vgl. Meier, Hans-Rudolf: Alterität, in: Werte. Begrün- dungen der Denkmalpflege in Geschichte und Gegen- wart, hg. v. ders., Ingrid Scheurmann, Wolfgang Sonne, Berlin 2013, S. 14–15.

32 Vgl. Frisch, Max: Schweiz als Heimat? Versuche über 50 Jahre, hg. v. Walter Obschlager, Frankfurt/M. 1990.

33 Haferburg, Ute / Arioli, Ann-Marie: Grand Hotel Schweiz, in: Grand Hotel Schweiz, Theater Chur Saison 2015/16, hg. v. Theater Chur, Juni 2015, S. 5.

34 Vgl. Kulturgüterschutzinventar, Kantonsliste Graubün- den, Kategorie A-Objekt, Stand 01.01.2016.

35 Vgl. Bergamin, Klaus: Davos von 1860–1950. Zeit des Krankseins – Zeit des Gesundens, Poschiavo 2013, S. 15.

36 Vgl. Martin, Oliver: Die Rhätische Bahn in der Landschaft Albula/Bernina – Schutz und Management einer Welterbestätte, in: Historische Kulturlandschaft und Denkmalpflege, hg. v. Birgit Franz und Achim Hubel, Holzminden 2010, S. 90–97.

37 Plakatsammlung auf der Homepage des Museums für Gestaltung Zürich.

38 Die Zubringerstrecke von Davos Platz mündet im Bahnhof Filisur in die Albulabahn und brachte bereits 1895 die ersten Skifahrer als reine Wintersportgäste in die R[h] ätischen Alpen. Möglicherweise war ein zu dieser Zeit gestaltetes Davoser Werbeplakat das erste in der Schweiz, das mit einem Skifahrer als Motiv warb, vgl. Item, Franco: Dritte Epoche: Der Sportort, in: Davos – zwischen Bergzauber und Zauberberg. Kurort, Sportort, Kongressort und Forschungsplatz, 1865–2015, hg. v. Franco Item, 2015 Zürich-Oerlikon, S. 95–116, Plakat S. 97.

39 Vgl. Papst, Manfred: Der Zauberberg. Genial gehustet, gelitten und gestorben, in: (wie Anm. 38), S. 244–253, Zitat S. 252.

40 Lithografie, Archivnummer 04-0472 der Plakatsammlung der Zürcher Hochschule der Künste / Museum für Gestaltung Zürich.

41 Vgl. Meier, Hans-Rudolf 2013: Alterswert (wie Anm. 31), S. 42–43, Zitat S. 42 (inkludiertes Zitat: Alois Riegl: Der moderne Denkmalkultus. Sein Wesen und seine Entstehung, Wien, Leipzig 1903).

42 Birgit Franz am 21.05.2014 im Interview mit Pius App: sofern nicht andere Quellen ausgewiesen werden, sind die Aussagen der eigenen Mitschrift entnommen.

43 ICOMOS Schweiz in Zusammenarbeit mit GastroSuisse, hotelleriesuisse und Schweiz Tourismus (Hrsg.): Historische Hotels und Restaurants in der Schweiz 2008, Baden 2007, Nr. 53.

44 Auf diesen Aspekt im persönlichen Netzwerk verweist Mark Linder, Direktor der Schatzalp, im Interview (wie Anm. 42).

45 Vgl. Bauer, Ursula / Frischknecht, Jürg: Zeitreisen. Unterwegs zu historischen Hotels der Schweiz, 2. Aufl., Winterthur 2013, Zitat: Schutzumschlag.

46 Homepage http://swiss-historic-hotels.ch/index.php (28. März 2016).

47 Vgl. Bauer, Ursula / Frischknecht, Jürg 2013 (wie Anm. 45), zur Schatzalp S. 134–137, S. 145.

48 Zur Erläuterung: Eine Art Heidi-Erlebniswelt – im Unterschied zum Heididorf Maienfeld, dem Schauplatz in Johanna Spyris weltberühmten Roman „Heidi".

49 Baugeschichtlich bleibt zu ergänzen, das seinerzeit (1937) der Skilift von der Schatzalp auf den Strelapass der zweite überhaupt in Davos war, während die Bobbahn von der Schatzalp hinunter nach Davos schon 1907 eingeweiht wurde. Vgl. Item, Franco 2015: Davos – the Pioneer of Winter Sports, S. 271–290 (wie Anm. 38).

50 Vgl. Baunetz, 27.02.2004, Rettung der Schatzalp. Herzog und de Meuron stellen Hochhaus in den Alpen vor. Siehe zum öffentlichen Diskurs auch Ragettli, Jürg: Berglandschaft, Hotelarchitektur und Heimatschutz, in: Turris Babel 84, hg. v. d. Architekturstiftung Südtirol, November 2010, S. 26–29.

51 Mann, Katia: Meine ungeschriebenen Memoiren, hg. v. Elisabeth Plessen und Michael Mann, Frankfurt/M. 1974, 4. Auflage 2001, Zitat S. 92.

52 Die Südostschweiz, 14.07.2012, S. 10.

53 Höneisen, Maya: Freiluftkuren gegen „böse Krankheiten". Unter dem Titel „Der blaue Heinrich. Höhenluft und Liegekur" eröffnet das Rätische Museum in Chur heute Abend eine neue Sonderausstellung", in: Bündner Tageblatt, 17.03.2016, S. 7.

54 Miller, Benjamin D.: Wie der „Blaue Heinrich" seinen Weg von Davos nach Chur fand, in: Jahresbericht 2014 der Stiftung Rätisches Museum Chur, S. 50–65.

55 Vgl. Bieger, Thomas: Vom flächendeckenden Tourismus zum punktuellen Destinationstourismus, in: forum raumentwicklung, Informationsheft 2, 2006 „Tourismus im Alpenraum. Chancen und Risiken eines bedeutenden Schweizer Wirtschaftssektors im Umbruch, hg. v. Bundesamt für Raumentwicklung (ARE), Eidgenössisches Departement für Umwelt, Verkehr, Energie und Kommunikation (UVEK), S. 5–8.

56 Rodewald, Raimund: Schatzalp-Turm – Übungsabbruch nötig. Leserbrief zum Artikel „Bundesrat bringt Turm auf Schatzalp nicht ins Wanken" in der Ausgabe vom 24. August, in: Die Südostschweiz, 28.08.2012.

57 Külz, Hannes: Stille Tage in Davos, in: Die Welt, 20.02.2016, S. R7.

58 Bundesdenkmalamt (Hrsg.): Kartause Mauerbach. Vom Kloster zum Zentrum für Baudenkmalpflege, FOKUS DENKMAL 3, Wien 2014.

59 Meier, Hans-Rudolf: Denkmalpflegepraxis im baukulturellen Kontext – oder: Die „Fälscherzunft" zwischen „Lebenslüge", Wunsch und Wirklichkeit, in: Zwischen Wunschtraum und Wirklichkeit? Denkmalpflegepraxis im baukulturellen Kontext, Dresden 2013, S. 9–13.

60 Meier, Hans-Rudolf / Scheurmann, Ingrid / Sonne, Wolfgang (Hrsg.): Werte. Begründungen der Denkmalpflege in Geschichte und Gegenwart, Berlin 2013.

61 Meier, Hans-Rudolf: Konservatorische Selektion von Denkmalschichten, in: Das Denkmal als Fragment – das Fragment als Denkmal, Stuttgart 2008, S. 355–362.

62 Ebenda, S. 356.

63 KirchenRäumen. Zukunftsperspektiven für die Nutzung von Sakralbauten, Österreichische Zeitschrift für Kunst und Denkmalpflege LXVII, 2013, Heft 3/4.

64 Euler-Rolle, Bernd: „Am Anfang war das Auge" – Zur Rehabilitierung des Schauwerts in der Denkmalpflege, in: DENKmalWERTE. Beiträge zur Theorie und Aktualität der Denkmalpflege, hg. v. Hans-Rudolf Meier und Ingrid Scheurmann, Berlin 2010, S. 89–100.

65 Meier, Hans-Rudolf: Denkmalschichten 2008 (wie Anm. 61), S.362; Verhoeven, Jenniver: Zwischen Erhalten und Gestalten. Die Restaurierungen des Limburger Domes seit 1869, Stuttgart 2006, S.9–10; Pescoller, Markus: Restaurierung und Erzählung. Vom Ablauf einer Restaurierung, Berlin 2010; Götz, Kornelius / Pescoller, Markus, Bedeutung, Sprache und Diskurs. Entwurf einer sozial-pragmatischen Theorie der Konservierung-Restaurierung, in: www.kunsttexte.de, Ausgabe 3/2011. Zuletzt zusammenfassend zum Begriff der Objektbiographie: Modl, Daniel / Fürhacker, Robert: Der „Kultwagen von Strettweg". Ein Beitrag zum Konzept der Objektbiographie in der Archäologie, in: Museum aktuell 226, 2015, S. 19–24.

66 Drachenberg, Thomas: Konversion statt Konservieren? Der Versuch einer Klärung, ob die aktuelle Denkmalpflege ein schlechtes Gewissen haben muss, in: Konversionen: Denkmal – Werte – Wandel, Hamburg 2014, S. 268–274.

67 Theorie & Empirie. Was soll Denkmalpflege leisten und wozu bedarf sie einer Theorie? Fachkolloquium anlässlich der Verabschiedung von Vertretungsprofessorin Dr. Ingrid Scheurmann, TU Dresden 12.07.2012, mit Beiträgen von Hans-Rudolf Meier, Erika Schmidt, Norbert Huse, Bernd Euler-Rolle, Andreas Schwartig (unveröffentlicht).

Strukturwandel – Denkmalwandel

Moderation: Thomas Will (Dresden)

Brotkorb
des Ruhrgebiets

**Die Küppersmühle im Duisburger Innenhafen
im wirtschaftlichen Wandel**

DIE DENKMALWERTE SIND
AUS ERINNERUNG UND GEGENWART
IN EIN GLEICHGEWICHT ZU BRINGEN

- im 19 Jhd. siedelten sich Getreidemühlen mit ihren markanten Speichergebäuden im Innenhafen an
- da sie die stetig angewachsene Bevölkerung im Revier mit Getreide versorgten, erhielt der Hafen den Beinamen „Brotkorb des Ruhrgebiets"
- 1908 ersetzte man die ersten Gebäude von 1860 durch einen dreiflügeligen Neubau
- 1912 Ergänzung von Kesselhaus und Schornstein
- 1930 Errichtung der Stahlsilos
- 1969 Fusion mit den Homberger Küpperswerken
- 1972 Stilllegung des Mühlenbetriebs
- 1997-1999 Umbau in ein Kunsthaus mit Ausstellungsfläche: Komplettentkernung unter Erhalt der denkmalgeschützten Fassade
- 1999 erste Übergabe des Museums an die Öffentlichkeit

Das ehemalige Speichergebäude wurde im Zeitraum von 1997 bis 1999 von dem Architekten Duo Herzog und de Meuron in ein Haus der Kunst verwandelt. Die charakterlichen Merkmale des Gebäudes sind im Wesentlichen seine historische Backsteinfassade, das beeindruckende Treppenhaus und die Klarheit der Ausstellungsräume. Das Gebäude wurde komplett entkernt und auf drei Etagen wurde eine große Ausstellungsfläche geschaffen die rund 3600m² beträgt. Die einzelnen Räume haben weiß gestrichene Wände, welche bis zu 6 m hoch sind und der Fußboden besteht aus grauem türkischem Basalt. Der einzige Eingriff der in die Denkmalgeschützte Fassade unternommen wurde sind die raumhohen Fensterschlitze, welche eine gewisse Verbindung zur Außenwelt schaffen. Das Treppenhaus ist ein separater Anbau an das bestehende Speicherhaus. Um einen Übergang von neu und alt zu schaffen, wurde die Dachneigung des Neubaus an die des Altbaus angepasst, sodass ein fließender Übergang entsteht. Die Einrichtung des Anbaus besteht komplett aus terracottafarbenem Beton, welcher deutlich die Spuren der Schalungsarbeiten erkennen lässt. Zu den unbehandelten Treppenwänden laden ebenfalls die Terazzostufen zum erklimmen ein. Die Wände des gesamten Raumes sind mit einer aufwendigen Wandbemalung dekoriert, welche ebenfalls den warmen Terracottaton wieder aufnimmt und somit das gesamte Gebäude als ein eigenständiges architektonisches Kunstwerk abrundet.

tu technische universität dortmund

Fakultät Bauwesen Lehrstuhl Geschichte und Theorie der Architektur
Einführung in Theorie und Praxis der Denkmalpflege
Lehrveranstaltungsleiterin: Hon. Prof. Dr. Ingrid Scheurmann

Karolina Dziubek
Simone Schmitz
Melanie Rausch

Plakat zum Thema „Umnutzung als Folge ökonomischen Wandels. Das Beispiel Küppersmühle im Duisburger Innenhafen", erarbeitet von Karolina Dziubek, Simone Schmitz und Melanie Rausch

Zur Aktualität von Denkmalbegriff und Denkmalwerten

Einführung in die Tagungsthematik

INGRID SCHEURMANN

Strukturwandel ist die conditio sine qua non der modernen Denkmalpflege. Ohne Wandel – ob politisch oder ökonomisch motiviert – gäbe es die Kraft des Beharrens nicht, die dem Konservieren zugrunde liegt, nicht den Wunsch, Bedeutungsvolles dem Strom der Zeit zu entreißen und gewissermaßen auf Dauer zu stellen. Brüche beziehungsweise Veränderungen sind es insofern, die Denkmalpflege

Eingang zur Maschinenhalle der Zeche Zollern, Dortmund, 1903 von Bruno Möhring. 1969 erstes Industriedenkmal in Deutschland, 2014

Oberhausen-Eisenheim. 1972 erste denkmalgeschützte Arbeitersiedlung in Deutschland, 2010

als gesellschaftlichen Belang nicht nur initiierten, die ihr Profil nachfolgend auch modifiziert und sie veranlasst haben, immer wieder neu über ihre Gegenstandsbereiche nachzudenken. Dabei hat das Fach selbst stets Unbehagen an der Modernität geäußert, Position ergriffen gegenüber zerstörerischen Umwälzungen und an deren Stelle den Erhalt und die Umnutzung historischer Gebäude zu ihrem Credo erhoben – dies als Ausdruck der gesellschaftlichen Wertschätzung von Kultur und Geschichte und gebunden an strikte Auflagen. Es liegt in der Logik der Sache, dass der sogenannte Fortschritt immer wieder neue Denkmale, neue Wertbegründungen und Erhaltensmethoden kreiert. Auch die Denkmalwelt ist somit in einem steten Wandel begriffen – ein Prozess, der ihre Gegenstände, geistigen Fundamente und Verfahren gleichermaßen umfasst und mit dem gängigen Terminus der „Erweiterung des Denkmalbegriffs"[1] bekanntermaßen nur unzureichend beschrieben ist.

Gegenwärtig ist die Disziplin gefordert, auf die aktuellen ökonomischen, ökologischen und digitalen Transformationsprozesse sachgerechte Antworten zu finden, und – angesichts der Grundsätzlichkeit dieses Wandels – auch aufgerufen, sich mit ihrem Nachdenken über die Zukunft der Denkmale und der Denkmalpflege einzureihen in die große Tradition theoretisch-praktischer Positionsbestimmungen, die Karl Friedrich Schinkel mit seinem wegweisenden „Memorandum zur Denkmalpflege" vor genau 200 Jahren begründete und die Georg Dehio, Alois Riegl, Camillo Boito und andere um 1900 erfolgreich fortgesetzt haben. Dortmund ist m.E. ein überaus passender Ort für eine solche Debatte, hat sich der Strukturwandel der Stadt und der Region seit der Kohlekrise der 1960er Jahren doch geradezu als Charakteristikum eingeschrieben. Die tiefgreifende Umformung von der Industrie- zur Dienstleistungsgesellschaft ging in der Region einher mit einem ähnlich fundamentalen Denkmalwandel, wurden hier doch in den 1970er Jahren infolge hartnäckigen bürgerschaftlichen Engagements[2] erstmalig Industriebauten und Arbeitersiedlungen unter Schutz gestellt. Die IBA Emscherpark überzeugte gut 20 Jahre später mit einer exemplarischen revitalisierenden Kulturlandschaftspflege und knüpfte den ökologischen Umbau der ehemaligen Bergbauregion an die Bewahrung von Zeugnissen und Strukturen der Bau- und Industriekultur des 19. und 20. Jahrhunderts. Dabei war die Denkmalerhaltung aufs Engste verknüpft mit dem elementaren Erinnerungs- und Identifikationsbedürfnis der Menschen in der Region – und dies für Einheimische, Zuwanderer und sog. Gastarbeiter gleichermaßen.

Der zitierte Strukturwandel des Ruhrgebiets ist bis heute keinesfalls abgeschlossen. Vieles ist nach wie vor im Umbruch, Polarisierungen zeichnen sich ab zwischen prosperierenden und schrumpfenden Städten, Wohlstandsoasen und sogenannten No-Go-Areas; einige Forscher sprechen gar von einer Zwei-Klassen-Gesellschaft[3] mit der traditionsreichen A 40 – dem früheren Hellweg – als „unsichtbare(r) Wohlstandsgrenze".[4] Trotz anhaltender struktureller Probleme ist in einer ‚Region im Wandel' aber auch Vieles möglich: Orte der Transformation sind bekanntlich stets auch Experimentierfelder für Neues. Für die Denkmal- und Kulturlandschaftspflege lässt sich das unter anderem an den Planungen für ökologische Gartenstädte beobachten, die Christa Reichardt in Hassel, Westerholt und Bertlich – Stadtteilen von Gelsenkirchen und Herten – als Beitrag der TU Dortmund zum Thema „Zukunftsstadt" im Rahmen des vom Bundesministerium für Bildung und Forschung ausgerufenen gleichnamigen Wissenschaftsjahres 2015 realisiert.

Solche und andere Konzepte zukünftiger Stadt- und Landschaftsentwicklung, neuer Lebens-, Wohn- und Kommunikationsformen haben den inhaltlichen Standort und sicherlich auch die Erwartungen an eine Tagung zum Thema „Strukturwandel – Denkmalwandel" markiert. Dabei lassen sich die einschlägigen Diskurse zurzeit (noch) nicht auf einen einheitlichen, die gegenwärtigen Transformationsprozesse hinreichend präzise beschreibenden Schlüsselbegriff zurückführen – einen Begriff, unter dem sich die diversen und durchaus disparaten Phänomene der aktuellen Entwicklung subsumieren lassen könnten. Gängige Schlagworte wie das von einer neuen Wissensgesellschaft greifen diesbezüglich ebenso zu kurz wie die Begriffe smart, resilient, post-fossil und bürgernah, unter denen Soziologen die evidenten Tendenzen subsumieren.

IBA Emscher-Park 1989–99. Landschaftspark Duisburg Nord. Bühne 6, 2011

Dass wir das ‚eine' Attribut dieses Wandels derzeit nicht benennen können, verweist auf unsere Zeitgenossenschaft und das Unabgeschlossene des zitierten Prozesses. Noch stehen die diversen Einzelphänomene im Fokus der Wissenschaften, das konservatorische Geschäft verändert sich aber schon jetzt. Das betrifft mit der zunehmenden Bedeutung des Immateriellen den Gegenstandsbereich der Denkmalpflege, mit der Kulturerbe-Debatte zugleich aber auch den Kreis ihrer Akteure und Bezugsräume. Erkennbar schreiten Diversifizierung und Pluralisierung des Erbes voran, relativiert sich die Prädominanz der Substanz, gewinnen subjektive Erinnerungen und Narrative an Bedeutung. Alles das verändert das Verständnis vom Denkmal und von Denkmalpflege – so viel ist jetzt schon gewiss. Wie sich hingegen das öffentliche Erhaltungsinteresse in der medienaffinen, partizipativen „Zukunftsstadt" manifestiert, ist noch gänzlich ungewiss.

Künftig soll die Stadt, so die Soziologen Timothy Moss und Oliver Ibert, vor dem Hintergrund politischer oder ökologischer Bedrohungsszenarien vor allem resilient, d.h. anpassungsfähig, flexibel und offen sein.[5] Historischen Bauwerken wird dabei als Ressourcen und marketingtauglichen urban icons Bedeutung attestiert – ob und inwiefern dafür aber Denkmalqualitäten nach wie vor eine Rolle spielen, bleibt abzuwarten. Im Konzert der Projekte des Wissenschaftsjahres wie auch in dem aktuellen Forschungsvorhaben der Universität Heidelberg „Nachhaltige Stadtentwicklung in der Wissensgesellschaft"[6] fehlt bis dato die Stimme der Konservatoren – wieder einmal, so muss man nach der Abstinenz der Denkmalpflege in den Debatten der

Erinnerungskultur und den diversen jüngeren turns der Geisteswissenschaften hinzufügen. Zurückhaltung sollte das Fach im Diskurs über den aktuellen Strukturwandel allerdings nicht üben. Hier geht es um denkmalpflegerische Kernthemen: um Substanz und Virtualität, um Identität und Fremdheit, um Erbe und Teilhabe sowie um die Bedeutung von Geschichte jenseits historischer Themenparks und allfälliger Re-Enactment-Szenarien. Auch Konservatoren sind aufgerufen, über die Zukunft der Städte, aber auch die Zukunft der einstigen Zukünfte, über die „Gleichzeitigkeit des Ungleichzeitigen" (Reinhart Koselleck) und damit über die Kontur von Lebensräumen und -möglichkeiten mitzudiskutieren.

Zu diesen Fragen hat im Frühjahr 2015 eine Arbeitsgruppe mit den Themen Ökonomie, Lebenskonzepte, Migration, Demografie, Identität und Ökologie die in Dortmund zur Diskussion gestellten und für die Denkmalpflege in unterschiedlicher Weise relevanten Gegenstandbereiche des gegenwärtigen Strukturwandels fixiert. Die Beispiele, Prognosen und Trends, die dazu als Referenz dienten, sollten allerdings nur wenige Monate später angesichts der dramatischen Ereignisse des Sommers 2015 teilweise bereits als überholt gelten. Belastbare Zahlen etwa zu Migration und Demografie gibt es zurzeit nicht, und Debatten über Umnutzung werden durch die schlichte Macht des Faktischen entschieden. So dienen denkmalgeschützte Rathäuser, Bahnhöfe und Kasernen inzwischen ebenso als Flüchtlingsunterkünfte wie Schulbauten, Kirchen, Hotels und Wohnbauten. Die gewaltige Fluchtbewegung nach Europa sowie die verheerenden Denkmalzerstörungen im Nahen Osten und in Afrika sind geeignet, die – allen programmatischen Reden zum Trotz – doch engen, noch immer westeuropäisch, wenn nicht national geprägten Grenzen denkmalpflegerischen Nachdenkens zu decouvrieren. Nun verrücken sie unsere Bezüge, deuten auf die Notwendigkeit einer Neujustierung anerkannter Referenzpunkte hin, bedingen möglicherweise nicht nur einen Struktur-, nicht nur einen erneuten Denkmalwandel, sondern – und das bleibt abzuwarten – möglicherweise auch einen Denkmalpflegewandel. Jedenfalls ist mit Hermann Parzinger zu konstatieren, dass der „globale Konsens über den Umgang mit dem Kulturerbe" brüchig geworden ist[7] und etablierte Fachbegriffe und Verlautbarungen auf die Probe gestellt werden. Das betrifft das traditionsreiche Credo vom „gemeinsamen Erbe der Menschheit" ebenso wie die

Bekenntnisse zu Transkulturalität, Identität und Fremdheit, Differenz und Toleranz, nicht zuletzt zum „Menschenrecht auf Kultur", das der Faro-Konvention zugrunde liegt.[8]

Angesichts einer Ideologie, die die Auslöschung der Zeugnisse jahrtausendealter Kulturen zum Programm erhoben hat und ganze Regionen in „eine neue Colonie in einem früher nicht bewohnten Lande" (Karl-Friedrich Schinkel)[9] zu verwandeln droht, ist zum einen der prinzipiell grenzenlose denkmalpflegerische Anspruch auf Anwaltschaft für historische Zeugnisse herausgefordert. Zum anderen unterstreichen die gegenwärtigen Migrationsbewegungen die Notwendigkeit, die institutionelle Zögerlichkeit gegenüber Forderungen nach Teilhabe aufzugeben, desgleichen den Anspruch auf Deutungshoheit. Mehr denn je müssen Denkmale zukünftig Referenzpunkte für Menschen unterschiedlicher kultureller Herkünfte darstellen – im wahrsten Sinne als „offene Objekte"[10] und als Angebote von Andersartigkeit. Ein solches Denkmalverständnis transzendiert den etablierten, durch Denkmalschutzgesetze und Denkmalpraxis fixierten, wert- und leistungsorientierten fachlichen Kanon. Nicht mehr als „Muster", „Modelle" und „Vorbilder" wie in Schinkels und Kuglers Tagen, nicht nur als „historische Zeugnisse", für die Ruskin und Dehio pietätvolle Achtung forderten,[11] kommt Denkmalen in einer stärker transkulturell orientierten Gesellschaft Relevanz zu, sondern als Wertofferten, für die der vorausschauende Alois Riegl bereits 1903 gefordert hat, dass sie für „alle ohne Ausnahme" gültig sein sollten.[12]

Im Sinne des US-amerikanischen Soziologen und Simmel-Schülers Robert Park ist überdies anzunehmen, dass die aktuellen Migrationsprozesse auch unsere eigene Kultur verändern werden, gilt es doch nicht nur, „Andere" bzw. „Fremde" in unsere Erbengemeinschaft zu integrieren, sondern deren unter traumatischen Bedingungen verlorenes Erbe auch als Teil eines neuen gemeinsamen Eigenen anzuerkennen. Park sprach deshalb im Rahmen seiner Forschungen über den zwischen den Kulturen wandernden „Marginal Man" bereits in den 1920er und 30er Jahren von „kultureller Hybridisierung".[13]

Vor genau 200 Jahren forderte Schinkel seine Zeitgenossen angesichts ähnlich grundlegender gesellschaftlicher Veränderungen auf, den zerstörerischen Gang der Dinge „zu hemmen"[14] und skizzierte das Profil einer zukünftigen Denkmalpflege als ein wesentliches Mittel auf dem Weg dorthin.

Stand für Schinkel das Denkmal als Projektion eines zukünftig nationalen „Eigenen" im Zentrum seiner Überlegungen, so muss heute das „Andere" und Verbindende die denkmalfachlichen Diskurse leiten, mithin die Notwendigkeit einer transnationalen Denkmalverantwortung – dies sowohl hinsichtlich der Objekte als auch bezogen auf die handelnden Akteure und deren Wertsetzungen.

In die Denkmalpraxis umgesetzt, würden solche „Wertinnovationen" (Wilfried Lipp) in der Tat einen Denkmalpflegewandel bedingen – weg von der Fokussierung auf Welterbe und Hochkultur und hin zu einer diskursiven kulturellen Praxis. Dabei wären die wenigen, in den Denkmalschutzgesetzen fixierten Wertkriterien zugunsten pluraler Wertbestimmungen zu erweitern und auf institutionelle Entscheidungsgewalt – zumindest teilweise – zugunsten partizipativer Mitgestaltungsprozesse zu verzichten. Anders als Schinkel vor 200 und Dehio vor 100 Jahren, die die Denkmale vor dem Zugriff der Menschen zu schützen suchten, ist die gegenwärtige Generation aufgerufen das umzusetzen, was der Schweizer Soziologe Lucius Burckhardt bereits 1974 gefordert hat: Wir müssen die Denkmale nicht länger „vor" den Menschen, sondern „für" sie und auch „mit" ihnen schützen.[15] Denn der aktuelle Strukturwandel ist grundlegend und wird nicht zuletzt auch die gesellschaftliche und kulturelle Praxis verändern.

Schon 2011 wähnte Alexander Kluge die Welt in einer vorrevolutionären Zeit; Jürgen Habermas hatte zuvor bereits von einer „entgleisten Moderne" gesprochen und das Gefühl einer Zeitenwende beschworen.[16] Diesen zunächst noch unscharf wahrgenommenen Transformationsprozess hat der Medienwissenschaftler Peter Weibel 2015 als „digitale Revolution" konkretisiert, die die alte, analoge Welt von der neuen, digitalen Welt scheide. Nach der Herrschaft der Maschinen, so Weibel, beginne nun die Herrschaft der Daten.[17] Das Internet der Dinge scheint ihm Recht zu geben – schon publizieren die Wissenschaftsseiten der Zeitungen Listen von Berufen, die zugunsten von intelligenten Technologien aussterben werden. Kunsthistorie gehört nicht dazu, vielleicht aber die Denkmalpflege, wenn – wie in Syrien und dem Irak – kommerziell verwertbare 3-D-Dokumentationen der wichtigsten Gebäude erstellt werden, um die Daten, nicht die Dinge vorzuhalten für den Tag nach der Katastrophe und um die touristisch und identitätspolitisch relevanten Bauwerke via 3-D-Drucker reproduzieren zu

können.[18]

Unabhängig von solchen prestige- und kostenträchtigen Großprojekten werden schon jetzt, so Bernhard Serexhe, für die Digitalisierung des Erbes weltweit mehr finanzielle Mittel aufgebracht als für deren materielle Bewahrung. Die UNESCO mache mit ihren Digitalisierungskampagnen auch vor Ländern nicht Halt, wo „noch nicht einmal die Originale substantiell erfasst, geschweige denn geschützt sind."[19] Von dieser Akzentverschiebung vom materiellen Erhalt zur immateriellen Dokumentation ist auch Deutschland nicht unberührt geblieben. So kündigt etwa das Bayerische Landesdenkmalamt in seiner 2015 erschienenen „Denkmalschutz und Denkmalpflege in Bayern 2020" überschriebenen „Standortbestimmung" die komplette Digitalisierung seiner Denkmaldokumentationen an. Dies, wie es heißt, als „Zugänglichmachung für die Öffentlichkeit".[20] Die Gründung eines „Deutschen Internet-Instituts" im Herbst 2015 ist geeignet, diesen Trend sinnfällig zu unterstreichen.[21]

Ist damit nun der Königsweg einer modernen Denkmalpflege vorgezeichnet? Heißt Vermittlung zukünftig in erster Linie Verfügbarkeit? Oder liegen die „revolutionären Energien" gegenwärtig – um Walter Benjamin zu zitieren – möglicherweise doch eher im „Veralteten", „in [...] den Gegenständen, die anfangen auszusterben"[22]? Ist „utopischer Überschuss" im Sinne Ernst Blochs nicht eher in den Zeugnissen der Kultur und weniger in deren Abbildern zu finden?[23] Nur scheinbar paradox liegen die Chancen einer „sinnstiftenden, avantgardemotivierten Denkmalpflege" – Wilfried Lipp zufolge – denn auch im Festhalten an gegenmodernen Orientierungen.[24] Vielleicht muss die Denkmalpflege in der heutigen digitalen Welt eher in einem solchen Sinne „Avantgarde" sein und die Dinge gegenüber dem „Internet der Dinge" behaupten? Widerständig wäre das Beharren auf Materialität in Zeiten von Big Data immerhin, dies im Sinne eines Nachweises von Alternativen zum Hier und Jetzt, von Unzeitgemäßem und Authentischen jenseits des binären Codes von 0 und 1. Im Jahr 2013 fragte die Jahrestagung der Vereinigung der Landesdenkmalpfleger in Erfurt nach dem Beitrag der Denkmalpflege „für die Bewältigung des gesellschaftlichen Wandels" und auch danach, „welche ihrer Grundsätze und Methoden [...] weiterhin Bestand" hätten.[25] Da diese Frage noch immer im Raum steht, wird unser Arbeitskreis im Rahmen seiner nächsten Jahrestagung in Weimar über die Chancen und Herausforderungen der Digitalisierung und damit über eine der elementaren gesellschaftlichen und kulturellen Umwälzungen unserer Zeit diskutieren.

Für die Beantwortung der ungelösten Fragen bietet es sich zunächst und nicht zuletzt an, die eigene Disziplingeschichte auf ihre „uneingelöste(n) Potentiale"[26] (Wilfried Lipp) hin zu untersuchen. Lange vor der Zeit der social media haben etwa Reinhard Bentmann und Roland Günter die Denkmalpflege in Richtung einer „sozialen Handlungswissenschaft" zu erneuern gesucht,[27] hatte Josef Lehmbrock die Forderung nach Partizipation in eine vielbeachteten Ausstellung übersetzt[28] und Willibald Sauerländer die Vision einer sozialverantwortlichen, an den Bedürfnissen der Gegenwartsgesellschaft orientierten Konservierung entwickelt.[29] Hieran wäre anzuknüpfen und auf den gegenwärtigen Strukturwandel nicht nur mit dem unvermeidlichen Denkmalwandel, sondern auch mit der Bereitschaft zu einem Denkmalpflegewandel zu antworten. Dabei wird es vor allem darum gehen müssen, in Zeiten eines erweiterten Denkmal- resp. Erbebegriffes und der unterschiedslosen Speicherung von Allem und Jedem tragfähige Wert- und Bewertungskriterien zu formulieren.[30]

Das gilt selbstverständlich auch für die Bereiche des gegenwärtigen Strukturwandels, die hier nicht im Einzelnen thematisiert worden sind: den ökologischen Wandel, die Veränderung der Lebenskonzepte sowie die mit Schrumpfung und Metropolenbildung verbundenen Akzentverschiebungen. Denkmale werden von all diesen Prozessen in Zukunft wohl noch stärker in Mitleidenschaft gezogen werden, zumal angesichts der Prognose, dass die aktuelle Migrationsbewegung nur den Auftakt darstellt für eine klimabedingte neue Völkerwanderung.[31] Im Vergleich dazu initiiert der gegenwärtig zu beobachtende Struktur- und Denkmalwandel Prozesse, die mit einer Mischung aus Beharrungsvermögen, Offenheit und Visionen steuerbar sind. Antizipieren muss die Denkmalpflege jedoch, dass Anpassungen an Fremdes und Neuartiges sowohl hinsichtlich ihrer Wertgrundlagen wie der Arbeitsprämissen immer dringlicher werden und die traditionsreiche „angewandte Geschichtswissenschaft"[32] im Angesicht einer zur Normalität werdenden Transformation zu einer ebenso zukunftsoffenen wie kritischen Positionsbestimmung herausgefordert ist.

Abbildungsnachweis

1   CEphoto, Uwe Aranas / CC-By-SA-3.0

2   Rainer Knäpper / Wikimedia Commons

3   Landschaftspark Duisburg Nord

Anmerkungen

1   Sauerländer, Willibald: Erweiterung des Denkmalbegriffs? In: Deutsche Kunst und Denkmalpflege Jg. 33, Heft 1/2, 1975, S. 117–130.

2   Siehe dazu u.a. Scheurmann, Ingrid: Roland Günter Wirken in der Denkmalpflege (2015), in: http://denkmaldebatten.de/protagonisten/roland-guenter/roland-guenter-wirken/ (15. Januar 2016).

3   So eine Studie der Ruhruniversität Bochum aus dem Jahr 2010 mit Bezug auf die Städte Wuppertal, Oberhausen und Essen. Siehe „Strukturwandel in NW. Ein Riss geht durch Wuppertal", Die Zeit, 08.05.2012.

4   Etwa die Amerikanistin Julia Sattler, zit. in: Pinetzki, Katrin: Es war einmal die Industriestadt – oder: Zechen als Zeichen der Zeit, in: Mundo 22/2015, S. 55–57, S. 57.

5   Zwischen Bewahren und Verändern – Auf dem Weg zur resilienten Stadt, in: Urbane Visionen. IRS aktuell, Nr. 83, Juni 2015, S. 8–10.

6   Das Forschungsprojekt ist auf drei Jahre angelegt und startet 2015. www.geog.uni-heidelberg.de/hca/reallabor.html. (20. September 2015)

7   Parzinger, Hermann: Baut die Tempel wieder auf! In: FAZ Nr. 216 vom 17.09.2015.

8   Siehe www.dnk.de/_uploads/media/184_2005_Europarat_Rahmenkonvention.pdf (15. Januar 2016)

9   Schinkel, Karl Friedrich: Memorandum zur Denkmalpflege (1815), in: Denkmalpflege – Deutsche Texte aus drei Jahrhunderten, hg. v. Norbert Huse: München 3. Aufl. 2006, S. 70–73, S. 70.

10   Scheurmann, Ingrid: Vom Kunstwert zum unbequemen Denkmal. Zum denkmalpflegerischen Nachdenken über das Verhältnis von Geschichte und Ästhetik, in: Umstrittene Denkmale. Der Umgang mit dem Erbe der Diktaturen (= Schriftenreihe des Arbeitskreises Theorie und Lehre der Denkmalpflege e.V. 22), hg. v. Birgit Franz und Waltraud Kofler Engl, Holzminden 2013, S. 25–35, S. 31.

11   Scheurmann, Ingrid: Denkmalpflege und Denkmal-
      bildung – eine Parallelgeschichte, in: Kommunizieren
      – Partizipieren. Neue Wege der Denkmalvermittlung
      (= Schriftenreihe des Deutschen Nationalkomitees für
      Denkmalschutz 82), Bonn 2012, S. 27–38, S. 30f.

12   Riegl, Alois: Wesen und Entstehung des modernen
      Denkmalkultus, in ders.: Kunstwerk oder Denkmal?
      Alois Riegls Schriften zur Denkmalpflege, hg. v. Ernst
      Bacher, Wien, Köln, Weimar 1995, S. 104.

13   Park Robert E.: „Human Migration and the Marginal
      Man", in: American Journal of Sociology, 1928, 33,
      S. 881–93.

14   Schinkel, Karl Friedrich 1815 (wie Anm. 9).

15   Burckhardt, Lucius: Fragen an die Denkmalpflege,
      in: archithese 11/1974, S. 37–54, S. 41.

16   Soboczynski, Adam: Entgleist das Jahrhundert? Alexander
      Kluge fürchtet den Untergang Europas in der Schulden-
      krise. Ein Werkstattbesuch bei dem Schriftsteller und
      Filmemacher, in: Die Zeit Nr. 39 vom 23.09.2011.

17   Kurzführer zur ZKM-Ausstellung „Infosphäre",
      S. 7f – Der Schriftsteller Jonathan Frantzen spricht in
      anderem Zusammenhang von dem „totalitären Zugriff",
      den das Internet auf „unser Dasein" habe. S. Kegel;
      Sandra: Das Internet ist die DDR von heute,
      in: FAZ Nr. 200 vom 29.08.2015, S. 11.

18   Bopp, Lena: Palmyra ? Bald als 3-D-Ausdruck,
      in: FAZ Nr. 204 vom 03.09.2015, S. 13. – Verkleinerte
      3-D-Drucke des Baal-Tempels von Palmyra sollen ab April
      2016 in London und New York zu sehen sein.
      Siehe Palmyra in London. Teilnachbau des Baal-Tempels,
      in: FAZ Nr. 301 vom 29.12.2015.

19   Serexhe, Bernhard: Zum Systemwechsel des kulturellen
      Gedächtnisses und zur Konservierung digitaler Kunst, in:
      Konservierung digitaler Kunst: Theorie und Praxis. Das
      Projekt digital art conservation, hg. v. ders. Karlsruhe
      2013, S. 77–87, S. 84.

20   Denkmalschutz und Denkmalpflege in Bayern 2020.
      Bewahren durch Erklären und Unterstützen. Standort-
      bestimmung und Maßnahmen, München 2015 (=
      Bayerisches Landesamt für Denkmalpflege Nr. 6), S. 15.

21   Mitteilung von Ministerin Johanna Wanka,
      am 17.09.2015, siehe www.bildungsspiegel.de/
      bildungsnews/projekte-forschung/3379-deutsches-
      internet-institut-den-digitalen-wandel-umfassend-
      erforschen.html (28. September 2015)

22   Benjamin, Walter: Der Sürrealismus. Die letzte
      Momentaufnahme der europäischen Intelligenz (1929),
      in: ders.: Gesammelte Schriften Bd. II.1, hg. v. Rolf
      Tiedemann und Hermann Schweppenhäuser,
      2. Aufl. Frankfurt 1989, S. 295–310, S. 299.

23   Bloch, Das Prinzip Hoffnung 1938ff, siehe u.a.
      http://uni-protokolle.de/Lexikon/Ernst_Bloch.html
      (28. September 2015).

24   Lipp, Wilfried: Vom modernen zum postmodernen
      Denkmalkultus? Aspekte zur Reparaturgesellschaft,
      in: ders., Petzet, Michael (Hrsg.): Vom modernen zum
      postmodernen Denkmalkultus? Denkmalpflege am Ende
      des 20. Jahrhunderts, München 1994 (= 7. Jahrestagung
      der Bayerischen Denkmalpflege, Passau 14.–16.10 1993),
      S. 6–12, S. 10.

25   Reinhardt, Holger: Vorwort, in: ders. (Hrsg.):
      Denkmalpflege: Kontinuität und Avantgarde.
      Erfurt 2013 (= Dokumentation der Jahrestagung
      der Vereinigung der Landesdenkmalpfleger in der BRD
      vom 06.–19.06.2013), S. 7.

26   Lipp, Wilfried 1994 (wie Anm. 24), S. 6.

27   Bentmann, Reinhard: Der Kampf um die Erinnerung.
      Ideologische und methodische Konzepte des modernen
      Denkmalkultus, in: Denkmalräume – Lebensräume
      (= Hessische Blätter für Volks- und Kulturforschung 2/3),
      hg. v. Ina-Maria Greverus: Gießen 1976, S. 213–246,
      S. 240. – Siehe dazu: Scheurmann, Ingrid: Erweiterung
      als Erneuerung. Zur Kritik des traditionellen Denkmal-
      begriffs im Denkmalschutzjahr 1975, in: Eine Zukunft
      für unsere Vergangenheit. Zum 40. Jubiläum des
      Europäischen Denkmalschutzjahres (1975–2015),
      hg. v. Michael Falser und Wilfried Lipp,
      Berlin 2015, S. 147–156.

28   Lehmbrock, Josef / Fischer, Wend: Profitopolis oder:
      Der Mensch braucht eine andere Stadt, Begleitbuch zur
      Ausstellung in der Neuen Sammlung, München 1971.
      Siehe auch: diess.: Von Profitopolis zur Stadt der
      Menschen, München 1979.

29   Sauerländer, Willibald 1975 (wie Anm. 1), S. 125. – Siehe
      auch Scheurmann 2015 (wie Anm. 27).

30   Scheurmann, Ingrid: Erinnern und Vergessen in Zeiten
      von „Big Data". Zu den Prämissen aktueller Denkmal- und
      Erbediskurse, in: Geschichtsbilder und Erinnerungskul-
      tur in der Architektur des 20. und 21. Jahrhunderts, hg.
      v. Kai Kappel und Matthias Müller, Regensburg 2014,
      S.131–148.

31   Siehe u.a. www.die-klima-allianz.de/klimabedingte-
      migration/ (15. Januar 2016). – Siehe auch Merkel,
      Reinhard: Das Leben der anderen – armselig und kurz,
      in: FAZ Nr. 220 vom 22.09.2015, S. 9.

32   Dehio, Georg: Vorbildung zur Denkmalpflege, in:
      Stenografischer Bericht, Vierter Tag für Denkmalpflege
      Erfurt 1903, S. 131–138, S. 138.

Stadtentwicklung in Dortmund

Stadtplanung im Spannungsfeld von Strukturwandel und Denkmalwandel

STEFAN THABE

ZUSAMMENFASSUNG

Die ehemalige Freie Reichs- und Hansestadt Dortmund erlebte eine erste Blüte während der Hanse. Mitte des 19. Jahrhunderts setzte die Industrialisierung der Stadt ein, die nachfolgend die Struktur und das Gesicht der Stadt entscheidend prägte. Der seit über 50 Jahren währende Strukturwandel ist auch künftig die bestimmende Größe in Dortmund. Neben der weiterhin hohen Arbeitslosigkeit sind vor allem zahlreiche Brachflächen als Resultat des strukturellen Wandels anzusprechen. Mit der Schließung eines der letzten großen Stahlwerke in der Stadt wurde Ende der 1990er Jahre klar, dass die Zeit „Montan" in Dortmund mehr oder weniger abgelaufen war. Die Stadt musste sich neu erfinden. Auf dem Weg zum „neuen Dortmund" ist es in Dortmund – angeknüpft an die Neuaufstellung des Flächennutzungsplans – gelungen, im Zusammenwirken zahlreicher lokaler Kräfte ein Bild für die Zukunft zu entwerfen und eine strategische Grundlage für die zukünftige Stadtentwicklung zu legen. Mit Blick auf die zahlreichen Projekte zur Flächenrevitalisierung spielen auch die Denkmäler in der Stadt eine beachtenswerte Rolle, vermitteln sie einer Stadt im Wandel doch Identität, geben ihr Orientierung und Heimat. Die Denkmäler sind aus dem Stadtbild nicht wegzudenken. Sie wirken sich positiv auf ihr Umfeld aus und sind beispielgebend für einen hohen Anspruch an Architektur und Städtebau, den es auch heute zu erreichen gilt.

Geschichte und Strukturwandel Dortmunds

Die Stadt Dortmund wurde im frühen Mittelalter gegründet. Die erste urkundliche Erwähnung erfolgte im Jahr 882. Dortmund hat sich nachfolgend zu einer relativ bedeutenden Stadt im Rahmen der Hanse entwickelt, sie war freie Reichs- und Hansestadt. Zwei wesentliche Handelswege trafen sich in der Stadt: einerseits die Verbindung von Norddeutschland in Richtung Rheinland (heute: Hansastraße) und andererseits die wichtige Ost-West-Verbindung, der sog. Hellweg (heute: Osten-/ Westenhellweg).

Dortmund verlor nach dieser ersten Blütezeit erheblich an Bedeutung. Die Stadt entwickelte sich zu einer „Ackerbürgerstadt", deren wirtschaftliche Grundlage neben dem Handel und dem Handwerk die Landwirtschaft bildete.

Die Industrialisierung, die nachfolgend im Wesentlichen das städtebauliche Erscheinungsbild und die Strukturen des heutigen Dortmund bestimmt, startete in der 2. Hälfte des 19. Jahrhunderts. Prägend und bedeutend waren der Bergbau, die Stahlindustrie sowie Brauereien. In jener Zeit setzte ein erhebliches Bevölkerungswachstum in der Stadt ein, die Stadt erweiterte sich ständig und es kam zu zahlreichen Eingemeindungen. Dortmund verfügt heute über rd. 80 Stadtteile, dies sind in der Regel ehemalige Dörfer oder (kleinere) Städte (Hörde).

Die Stadt Dortmund wurde im 2. Weltkrieg massiv zerstört. Rd. 95 % der Innenstadt lagen nieder. Der Wiederaufbau nach dem Zweiten Weltkrieg orientierte sich im Grundsatz am historischen Stadtgrundriss, folgte aber im Wesentlichen dem Leitbild der sog. „autogerechten Stadt", was auch heute noch im Stadtplan und in der Realität ablesbar ist. Die ökonomischen Grundlagen waren in der Zeit des Wiederaufbaus weiterhin im Montanbereich verortet. Die Dortmunder Trias aus Kohle, Stahl und Bier dominierte aber nicht nur ökonomisch das Leben in der Stadt, vielmehr fand dies auch räumlich eine deutliche Ausgestaltung und prägte bis weit in die 1990er Jahre auch die Stadtgesellschaft.

Das Jahr 1958 (Kohlekrise) gilt als Ausgangspunkt des Strukturwandels in der Stadt und der Region. In Dortmund sind seither mehrere 10.000 Arbeitsplätze in der Montanindustrie und im Brauereiwesen verloren gegangen. Allein seit 1980 hat die Stadt Dortmund rd. 80.000 Arbeitsplätze in der Produktion verloren. Der Strukturwandel in der Stadt zeigt sich seit über 50 Jahren. Hinsichtlich der Folgen des Strukturwandels sind konkret die weiterhin sehr hohe Arbeitslosigkeit (Quote aktuell rd. 12 %), die zahlreichen Brachflächen (ehemalige Montanflächen, Militär-/Konversionsflächen) sowie benachteiligte Stadtteile (soziale Stadt) zu benennen. Darüber hinaus ist das Image der Stadt wesentlich durch den Strukturwandel geprägt.

Diese schwierigen Rahmenbedingungen durch den Strukturwandel haben in der Vergangenheit starke soziale und demographische Veränderungen innerhalb des Stadtgefüges bewirkt und lassen mit Blick auf die Zukunft starke Brüche befürchten. Vor diesem Hintergrund ist eine ausgewogene Stadtentwicklung immer schwieriger (geworden), gleichfalls aber auch immer wichtiger, um die Zukunftsfähigkeit der Stadt zu erhalten.

Stadtentwicklung in Dortmund

Im Jahre 1999 wurde die Schließung eines der letzten großen Stahlwerke (Phoenix in Hörde) öffentlich bekannt. Innerhalb von Politik und Stadtgesellschaft sowie der Verwaltung fand nachfolgend eine intensive Auseinandersetzung über die Zukunft der Stadt statt. Wichtig war, dass zu diesem Zeitpunkt der Strukturwandel auch als eine Chance für die Zukunft begriffen wurde. Dies war neu. Statt „immer nur zu jammern" und nach Hilfe zu rufen, entstand ein Geist des Aufbruchs und des kreativen Wirkens, um das „neue Dortmund" aufzubauen. Ein wesentliches Element hierbei war die geplante Neuaufstellung des Flächennutzungsplans. Dieser wurde als Anlass genommen, um über die Zukunft der Stadt in einer bis dahin nicht bekannten Breite und Tiefe neu nachzudenken. Vorgesehen war die Einbeziehung aller Interessierten an der Ausgestaltung des neuen Dortmund. Es sollten viele Informationen an Politik und Bürgerschaft geben, Möglichkeiten der Teilhabe und Mitbestimmung geschaffen werden. Den Stadtplanern war für den neuen Flächennutzungsplan zudem wichtig, eine Planung für „Alle" auf den Weg zu bringen, das heißt, sie sollte verständlich, nachvollziehbar und handhabbar sein.

Wesentliche Zielsetzung einer so verstandenen Stadtentwicklung war es, eine breit abgestimmte und gut verankerte (strategische) Grundlage für die zukünftige Stadtentwicklung zu erhalten. Wichtige prozessbezogene Ziele hierbei waren eine starke Beteiligung und intensive Mitwirkung der Bürgerschaft, die Schaffung von mehr Identifikation und die Etablierung einer neuen Diskussions-/Planungskultur. Ergebnisbezogene Ziele waren vor allem die Sicherung und Definition einer zukunftsweisenden ökonomischen Entwicklung, die Ausgestaltung und Neuinterpretation des Wohnens, die Stärkung der Stadtbezirke und Zentren, der Schutz

Strukturwandel in Dortmund – in Dortmund sind im Laufe der Jahrzehnte des Strukturwandels etliche Flächen einer Flächenrevitalisierung zugeführt worden. Neben neuen Gewerbegebieten sind so auch attraktive Wohngebiete und neuer Freiraum entstanden.

Im Rahmen der Dortmunder Emscherwanderung wurde intensiv und vor Ort über den Strukturwandel und die zukünftige Stadtentwicklung informiert und diskutiert. Innerhalb von 10 Jahren ist so über 3.000 Menschen aus erster Hand der Wandel in der Stadt vor Ort erklärt worden.

und die Entwicklung der Landschaft, der Natur und der Umwelt sowie die Bewältigung der zum Teil widersprüchlichen Mobilitätsanforderungen. Zugleich galt das Ziel, möglichst einen Gleichklang aller Interessen herzustellen.

Wesentliches neues Merkmal bei der Vorgehensweise der Stadt Dortmund war es, eine Verknüpfung mit sog. „Masterplänen" und „Integrierten Stadtbezirksentwicklungskonzepten" herzustellen. Im Rahmen der Masterpläne zu den Bereichen Umwelt, Einzelhandel, Wirtschaftsflächen, Mobilität und Wohnen galt es, die jeweiligen Experten aus und in der Stadt in die Entwicklung dieser Gesamtkonzepte zur zukünftigen Entwicklung mit einzubinden und dabei ein gemeinsames Bild von der Stadt für die Zukunft zu zeichnen. Die Verknüpfung mit Integrierten Stadtbezirksentwicklungskonzepten zielte darauf ab, Leitlinien für die mittel- bis langfristige Entwicklung von Teilräumen der Stadt zu erreichen. Auf dieser Ebene ist die Ansprache der Bürgerschaft und der primär mikroräumlich Interessierten deutlich einfacher herzustellen. Grundlage der Integrierten Stadtbezirksentwicklungskonzepte war jeweils eine Analyse der räumlichen Entwicklungsbereiche (Potenziale) durch die Verwaltung. Im Rahmen der nachfolgenden Prozesse wurden Entwicklungsziele mit Bürgerinnen und Bürgern sowie den örtlichen Politikerinnen und Politikern formuliert. Zudem galt es, Maßnahmen zu formulieren und für die weitere Umsetzung vorzubereiten.

Durch diesen neuen Ansatz der Entwicklung des Flächennutzungsplans ist seitens der Stadt Dortmund eine neue fachliche Komplexität auf den Weg gebracht worden. Der Aufstellungsbeschluss für den neuen Flächennutzungsplan erfolgte am 14.12.2000 durch den Rat der Stadt Dortmund, die Genehmigung der Bezirksregierung bereits am 31.12.2004. Insgesamt ist somit nur vier Jahre an dem neuen Flächennutzungsplan gearbeitet worden. Dies ist so schnell gelungen, da sowohl die Bürgerschaft als auch die Lokalpolitik und andere lokale Experten intensiv einbezogen werden konnten.

Die aktuelle Entwicklung in Dortmund ist dadurch gekennzeichnet, dass der Strukturwandel weiterhin fortschreitet. Positiv ist für die Stadt festzuhalten, dass die Bevölkerungszahl seit nunmehr fünf Jahren steigt. Dortmund ist die größte Stadt im Ruhrgebiet und wird voraussichtlich im Jahr 2016 wieder über 600.000 Menschen eine Heimat bieten. Die Zahl der Arbeitsplätze und Beschäftigten ist weiter ansteigend. Zahlreiche neue Arbeitsplätze sind entstanden. Insbesondere bietet die Dienstleistungsbranche eine hohe Vielzahl und Vielfalt an zukunftsweisenden Arbeitsplätzen (80 % aller sozialversicherungspflichtig Beschäftigten). Darüber hinaus sind mit der Informationstechnologie, der Mikrosystemtechnik, der Biotechnologie und der Medizintechnik neue Führungsbranchen auf dem Vormarsch. Dortmund verfügt zudem über viele große (ehemalige Montan-) Flächen und erweist sich zunehmend als ein Schwerpunkt der Logistik-Branche innerhalb Deutschlands. Der Strukturwandel spiegelt sich allerdings auch im Wohnen wider, zahlreiche qualitativ hochwertige neue Wohngebäude (Ein- und Zwei-Familien-Häuser, aber auch Geschosswohnungsbau) sind in den letzten Jahren entstanden. Dies macht deutlich, dass es im Strukturwandel auch erhebliche Fortschritte gibt und nicht nur „Verlierer auf der Strecke bleiben".

Die Situation in den sehr unterschiedlichen und zum Teil schwierigen Stadtteilen der sozialen Stadt verbessert sich sukzessive. So ist es in den vergangenen Jahren gelungen, mehreren Stadtteilen eine positive Entwicklung zu geben; gleichwohl entstanden an anderer Stelle neue Brennpunkte. Als neue Herausforderungen in der Stadtentwicklung sind seit etlichen Jahren der Wandel im Einzelhandel, der beispielsweise einen Verlust von Nahversorgungsstandorten und einen Zuwachs an Verkaufsfläche mit sich bringt, ein Wandel in der Wohnungswirtschaft, der neue Partner für die Stadtentwicklung auf die Tagesordnung setzt, sowie ein Wandel in der Bevölkerung (demografischer Wandel) zu benennen.

In der Gesamtbetrachtung kann Dortmund weiterhin als eine „Stadt im Wandel" bezeichnet werden. Dortmund ist ein äußerst attraktiver Wohnstandort. Es gibt funktionsfähige Nachbarschaften; neue Wirtschaftsbranchen sind im Aufbau. Es existiert ein dichtes Netz landschaftsbezogener Naherholungsmöglichkeiten, es gibt zahlreiche Kultureinrichtungen und ein hervorragendes Sport- und Freizeit-Angebot über den Fußball hinaus. Das Bildungsangebot wird allgemein als hervorragend betrachtet, was sich auch darin zeigt, dass zahlreiche bildungsbezogene Zuzüge zu verzeichnen sind (TU Dortmund).

(Flächen-) Projekte zur Stadtentwicklung und zum Strukturwandel

In Dortmund sind in den vergangenen rund 30 Jahren zahlreiche Projekte zur Stadtentwicklung im Kontext des Strukturwandels entwickelt worden. Als prominentestes Beispiel kann an dieser Stelle das Phoenix-Projekt in Dortmund-Hörde Erwähnung finden. Die östliche Fläche des Phoenix-Projektes beinhaltet den heutigen Phoenix-See. Hierbei handelt es sich um die ehemalige Hermannshütte mit einer Gesamtfläche von 96 ha. Es fand in den vergangenen rd. 10 Jahren eine Reaktivierung der Fläche statt, die eine Entwicklung für Büro- und Dienstleistungsbetriebe, für kultur- und freizeitorientierte Nutzungen, für Gastronomiebetriebe sowie für ein attraktives Wohnen am Wasser rund um den See beinhaltet hat. Insbesondere im Osten des Areals sind zudem größere Flächenanteile für die Natur und Umwelt umgesetzt worden. Der See verfügt über eine Fläche von rd. 24 ha (ca. 1.270 m lang und bis zu 360 m breit, Tiefe durchschnittlich 2,5 m, Wassermenge 600.000 Kubikmeter). Um den See zu realisieren, mussten Bodenmassen in einer Größenordnung von 2,7 Mio. Kubikmeter ausgegraben werden. Es handelt sich um einen Grundwasser-See. Die Wasserqualität gilt als „gut", gleichwohl ist der Phoenix-See kein Badegewässer. Insgesamt ist eine Gewässerlandschaft von rd. 37 ha (See und Emscheraue) mit verschiedenen Biotop-Typen entstanden.

Bei der Entwicklung des Geländes Phoenix-West handelt es sich ebenfalls um die Reaktivierung einer brach gefallenen Fläche. Hier befand sich das frühere Stahlwerk Phoenix mit mehreren Hochöfen. Erhalten geblieben sind zwei der Hochöfen, die unter Denkmalschutz stehen und eine wichtige Funktion als Landmarken ausfüllen. Die Entwicklung zielt darauf ab, auf Phoenix-West einen multifunktionellen Standort zu entwickeln. Vorgesehen ist die Ansiedlung von Unternehmen aus den Bereichen Mikrosystemtechnik, Informationstechnologie sowie Freizeit- und Kulturwirtschaft. Verschiedene Baufelder konnten bereits mit neuen Unternehmen belegt werden. Zugleich galt es, mit dem Phoenix-Park als integraler Bestandteil des Gesamtprojektes Landschaft zurückzugewinnen. Der Phoenix-Park verbindet den Westfalenpark im Norden mit dem Botanischen Garten Rombergpark im Süden und schafft so ein nicht nur für die Naherholung wertvolles Landschaftskreuz im Zusammenhang mit dem Hauptlauf der Emscher.

Als weitere Flächenrevitalisierungen ehemaliger Montanflächen sind beispielsweise die Zeche Hansa in Huckarde (Entwicklung zu einem Gewerbegebiet), die Zeche Gneisenau in Derne (Gewerbegebiet), die Zeche Crone (großflächiger Einzelhandel, Gewerbe, Wohnen), die ehemalige Zeche Minister Stein in Eving (Gewerbegebiet) oder die ehemalige Zeche Fürst Hardenberg in Lindenhorst (Gewerbegebiet) zu erwähnen. Mit der Stadtkrone-Ost in Schüren (Wohnen und Gewerbe) und dem Alten Flughafen in Brackel (Wohngebiet Hohenbuschei) sind aber auch ehemalige Militärflächen einer Nachfolgenutzung zugeführt worden. Zudem sind auch Flächen von Güterbahnhöfen (Güterbahnhof-Süd, Güterbahnhof-Ost) oder die Brauerei-Flächen Dortmunder Union in der Innenstadt (Dortmunder U) sowie Thier-Brauerei (heute

Auf der Fläche der ehemaligen Hermannshütte im Stadtteil Hörde ist der Phoenix-See entstanden. Naherholung und Wohnen stehen rund um den ca. 24 ha großen See im Vordergrund. Büronutzungen und gastronomische Angebote finden sich im Hafenquartier, das direkt an den alten Hörder Ortskern angrenzt.

Thier-Galerie) und viele andere mehr zu erwähnen. In der Summe sind so mehrere hundert Hektar Fläche neuen Nutzungen zugeführt worden. In vielen Fällen ist es gelungen, zumindest Teile der historischen Bausubstanz – teilweise auch als Denkmal geschützt – zu erhalten, die den „neuen Gebieten" ein Gesicht geben.

Ein wichtiges Projekt für den Strukturwandel und die Stadtentwicklung ist der Umbau der Emscher. Sie ist der Fluss in unserer Stadt und gilt als ein wichtiges Symbol für den Strukturwandel, da mit dem Umbau eine erhebliche Rückgewinnung von Freiraum und die Entwicklung von Naherholungsräumen möglich wurde. Die Emscher bekommt eine völlig neue Qualität und es entstehen komplett neue Vernetzungen. Beispielsweise ist die gesamte Emscher im Dortmunder Stadtgebiet mittlerweile mit dem Fahrrad erlebbar. Es gibt einen Spazier-/ Wanderweg in unmittelbarer Nähe zum Fluss. Zugleich sind moderne abwassertechnische Lösungen realisiert worden. Das Projekt des Emscher-Umbaus ist das größte Investitionsprojekt in der Stadt und in der Region.

Denkmäler in der Stadtentwicklung

Innerhalb Dortmunds gibt es rd. 1.000 Denkmäler: prominente und bekannte, aber auch kleinere, fast unbekannte, die weniger im Licht der Öffentlichkeit stehen. Für die alltägliche Arbeit sind in Dortmund zudem denkmalgeschützte technische Bauten von größerer Bedeutung sowie die Werkssiedlungen, die im Kontext der Industrialisierung entstanden sind. Die (ehemaligen Werks-) Siedlungen sind in einigen Stadtteilen auch für den Wohnungsmarkt von größerem Gewicht (z.B. Eving, Dorstfeld, Nette) und geben den Stadtteilen zudem ein Gesicht.

Denkmäler haben für die Stadtentwicklung eine hohe Bedeutung. Als Stadt im Wandel vermitteln sie in Dortmund Identität, geben Orientierung und Heimat. Sie sind aus dem Stadtbild nicht wegzudenken. Denkmäler wirken sich positiv auf ihr Umfeld aus. Die Bedeutung von Denkmälern in der Stadtentwicklung wird in Dortmund daher „eigentlich" nicht (mehr) in Frage gestellt und der Umgang mit dem Denkmalschutz wird seitens der Investoren und Projektentwickler nicht ausschließlich als Störfaktor wahrgenommen. In einigen Fällen hat sich ein denkmalgeschütztes Objekt gar als Anker einer zukunftsweisenden Entwicklung gezeigt.

Nachnutzungen von Denkmälern sind in den allermeisten Fällen sehr gut möglich. Hierzu ist teilweise eine recht pragmatische Herangehensweise an die Herausforderung, die sich bei der Weiternutzung von Denkmälern ergeben, an den Tag zu legen. Denkmäler sind zweifelsohne als ein Markenzeichen zu verstehen, sie bilden Adressen aus und geben Unverwechselbarkeit. Sie haben zudem eine sehr große Bedeutung für den wachsenden Tourismus in der Stadt, der sich insbesondere auf die Industriekultur stützt und angesichts steigender Übernachtungszahlen mittlerweile größere Wirkungen entfaltet.

Für die heutige Stadtplanung haben die Denkmäler eine wichtige Vorbild-Funktion. Sie sind Kennzeichen und Ausdruck früherer Baukultur und zeigen heutigen Architekten auf, welche architektonisch und städtebaulich hohe Qualität in der Vergangenheit erreicht wurde. Dies gilt insbesondere auch für gewerbliche/ industrielle Bauwerke (z. B. Zeche Zollern II/IV).

Abbildungsnachweis

1–3 Verfasser

Hochöfen in Dortmund-Hörde – die beiden verbleibenden Hochöfen auf der Fläche Phoenix-West sind Symbole für die einstige (wirtschaftliche) Stärke der Stadt Dortmund. Die Denkmäler geben als Landmarken Orientierung, sie verbinden das alte mit dem neuen Dortmund und geben dem neuen Technologiegebiet ein Gesicht.

Welcher Strukturwandel – welcher Denkmalwandel?

WOLFGANG SONNE

Bei einer Tagung im Ruhrgebiet mit dem Stichwort „Strukturwandel" im Titel ist es unvermeidlich, an die Deindustrialisierung der letzten Jahrzehnte zu denken. Gleichwohl, dieser Strukturwandel ist im Wesentlichen vollzogen und bereits Geschichte, was sich auch in den entsprechenden Denkmalausweisungen widerspiegelt: Bereits 1969 wurde die Maschinenhalle der Zeche Zollern in Dortmund von Bruno Möhring als erstes Industriedenkmal in Deutschland ausgewiesen; 1972 wurde die von einer Bürgerinitiative unter der Leitung von Roland Günter vor dem Abbruch gerettete Siedlung Eisenheim in Oberhausen zum Denkmal; und spätestens mit der Auszeichnung der Zeche Zollverein in Essen von Schupp und Kremmer als UNESCO-Weltkulturerbe 2001 sind die Relikte des

Industriezeitalters als Denkmale in der Mitte der Gesellschaft angekommen. Welches sind die aktuell zu beobachtenden Facetten des Strukturwandels und welche Herausforderungen stellen sie an die Denkmalpflege? Ich möchte 10 Themen nennen und sie mit naheliegenden Beispielen aus dem eigenen Erfahrungskreis erläutern.

Dechristianisierung – Kirchenleerstand

Die seit Jahrzehnten abnehmende Zahl der Mitglieder der Amtskirchen hat zu erheblichen Umstrukturierungen der Gemeindeorganisation geführt. Im Ruhrgebiet sind die Zahlen dramatisch. Allein im Bistum Essen stellte die katholische Kirche 2005 96 Kirchen außer Dienst, viele davon aus der Wiederaufbauzeit der 1950er und 1960er

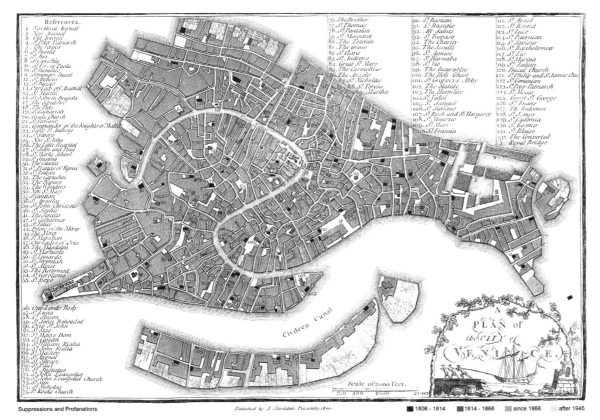

Kirchenleerstand als historisches Phänomen: Karte der seit 1806 profanierten Kirchen in Venedig

Jahre. Selbst wenn sie als herausragende Architekturwerke wie die Heilig-Kreuz-Kirche von Rudolf Schwarz in Bottrop (1955–57) bereits unter Denkmalschutz stehen, ist ihr Erhalt mit einer adäquaten Umnutzung keineswegs gesichert. Noch schwieriger sieht es für die zahllosen kleinen Kirchen aus, die nicht einmal durch architekturhistorische Wertschätzung einen Schutz erheischen können. Gleichwohl waren auch sie Jahrzehnte lang Repräsentanten eines regen Gemeindelebens meist im Herzen ihrer Quartiere und prägten somit das Stadtbild ebenso wie den sozialen Zusammenhalt.

Längst haben sich Institutionen, wie die Landesinitiative Stadtbaukultur NRW, der Frage nach Umnutzung und Umbau dieser Kirchen angenommen.[1] Zahlreiche positive Beispiele wie etwa der Umbau der Liebfrauenkirche hier in Dortmund zu einem Kolumbarium nach den Plänen von Volker Staab sind bereits entstanden. Nichtsdestotrotz leiden die bestehenden Bauten nach wie vor unter einer der heutigen Lage unangemessenen Heiligsprechung der Bausubstanz, die auch einer gewissen historischen Kurzsichtigkeit entspringt. Denn Kirchenentweihungen und -umnutzungen sind keineswegs ein neues Phänomen. Große Wellen der Profanierung erfolgten in Europa jeweils nach der Reformation und der Säkularisierung unter Napoleon nach der Französischen Revolution. Am Beispiel von Venedig hat Markus Jager im Rahmen der jährlichen Sommerakademie unserer Fakultät dieses Phänomen in den letzten 200 Jahren untersucht. Dort sind seit Napoleon ca. 70 Kirchen profaniert worden, ca. 30 wurden abgerissen, ca. 40 wurden umgenutzt und von diesen wurden ca. 20 nach einer Umnutzungsphase gar wieder rechristianisiert.[2] Eines der drastischsten Beispiele stellt sicherlich die Kirche San Girolamo dar, die zwischenzeitlich als Zuckerfabrik genutzt wurde, wobei ihr Campanile als Schornstein diente Doch diese „entwürdigende" Umnutzung hat den Bau erhalten und die Wiedernutzung als Kirche ermöglicht.

Man muss also nicht nur an die Hagia Sophia in Istanbul denken, um eine Umnutzung von Kirchen für grundsätzlich besser als einen Abriss zu halten. Hier ist ein stärkeres Umdenken der Amtskirchen nötig: Denn keineswegs nimmt ja die Religionsausübung generell ab – was läge näher als einen meist zentral im Quartier gelegenen Sakralbau für die Ausübung der im Quartier vorhandenen Religionen zu nutzen – und dies nicht etwa durch ein Nutzungsverbot von ehemaligen Kirchen als Moscheen

Denkmalerhaltung durch Umnutzung: San Girolamo in Venedig als Dampfmühle und Zuckerfabrik, 1840–1932, Resakralisierung 1953

oder Synagogen zu verhindern. Wohl auch die allseits geforderte Integration wäre eher gefördert, wenn Moscheen nicht abseits neu im Gewerbegebiet entstehen, während etablierte Quartiersmittelpunkte abgerissen werden.

Wandel im Handel – Kaufhausleerstand

Der Trend zu Markengeschäften hat zu starken Veränderungen in der Handelslandschaft geführt. Die aus einzelnen Markenläden zusammengesetzte Shopping Mall ist in die Städte eingebrochen und hat die traditionellen Kaufhäuser mit ihrem Gesamtangebot partiell verdrängt. Dies hat zu einem großen Kaufhaussterben und einem Leerstand von zentral gelegenen Kaufhausbauten geführt. Im Falle so mancher Hertie- oder Kaufhofkiste mag das für die betroffene Innenstadt und ihr Stadtbild sogar eine Chance sein, dennoch sind unter den Kaufhausimmobilien auch architektonische Preziosen. Unverzeihlich ist es, wenn einer Shopping Mall ein bedeutendes Baudenkmal wie das ehemalige Warenhaus Althoff von Wilhelm Kreis in Essen (1911–12) sang- und klanglos zum Opfer fällt – und dies in einer Innenstadt des Ruhrgebiets, das ohnehin arm an überlebenden Exemplaren dieser anspruchsvollen Großstadtarchitektur des frühen 20. Jahrhunderts ist. Dramatisch ist es, wenn sich auch für ein ausgewiesenes und anerkanntes Baudenkmal der Nachkriegszeit wie das ehemalige Kaufhaus Althoff/Karstadt/Hertie von Emil Fahrenkamp in Herne (1960–61) keine tragfähige Nachnutzung finden lässt, die einen Erhalt des Baus ermöglicht. Auch hier hat sich die Landesinitiative Stadtbaukultur NRW des Themas angenommen und bereits erste positive Strategien und Beispiel zusammengestellt.[3]

Da ja die Kaufkraft momentan keineswegs abnimmt, ist auch für Kaufhausbauten eine kommerzielle Umnutzung keinesfalls kategorisch ausgeschlossen. Es bedürfte hier der Anpassung an aktuelle Kauf- und Vermarktungswünsche. Einzelhandel im Erdgeschoss und Büronutzung in den Obergeschossen könnten hier eine stadtverträgliche Strategie sein. Hier ist die Denkmalpflege sicherlich gut beraten, sich auf die baukünstlerisch herausragenden Kaufhäuser zu konzentrieren, denn grundsätzlichen bilden die lichtlosen Riesenklötze der 1960er und 1970er Jahre meist keine urbanitätsfördernden Stadtmitspieler. Im Gegenteil – sie trugen nicht selten zur Zerstörung der kleinteiligen Stadtstruktur und des feingliedrigen Stadtbildes bei, für das sich die Denkmalpflege der 1970er Jahre so vehement einsetzte.

Auch ist es schwerlich denkbar, dass mit Hilfe der Denkmalpflege der Erhalt von suburbanen Shopping Malls – so zeittypisch sie für die 1960er und 1970er Jahre auch waren – befördert werden sollte. Es ist nicht im Sinne der Denkmalpflege, die mit dieser Zersiedlung einhergehende Zerstörung von Landschaftsraum, die Zunahme von Autoverkehr und die Ausdünnung des Innenstadthandels zu unterstützen. Da reicht es wohl, wie im Falle des Ruhrparks in Bochum geschehen, das zeittypische Werbeschild unter Schutz zu stellen.

Alternde Bevölkerung – Barrierefreiheit und Fußläufigkeit

Das zunehmende Alter der Bevölkerung, verbunden mit der Politik der allgemeinen Inklusion, führt zu erhöhten Ansprüchen an den barrierefreien Zugang insbesondere von öffentlichen Bauten, aber auch von Wohnungen. Gerade ältere öffentliche Bauten bilden mit ihrem architektonischen und städtebaulichen Anspruch zentrale Denkmale der Gemeinwesen – und verwendeten dafür gerne auch inhaltlich erhöhende Mittel wie den Sockel und den heraushebenden Zugang über Stufen und

Treppen. Hier ist die Denkmalpflege gefordert, den monumentalen Eindruck des Baudenkmals nicht einer kurzfristigen Verfügbarmachung zu opfern. Die umbauenden Architekten wiederum sind gefordert, Barrierefreiheit möglichst an prominenter Stelle, aber auf alle Fälle im Einklang mit der Erscheinung des Hauses zu organisieren. Die Umbauplanung für das Haus, in dem wir tagen, mag dies verdeutlichen. Obwohl kein Denkmal und durch Bestandsschutz eigentlich nicht notwendig, lässt sich im Foyer der 1950er Jahre ein Aufzug einbauen, der einen barrierefreien Zugang zum zukünftigen Baukunstarchiv NRW direkt durch die Eingangshalle ermöglicht, ohne die Fassade oder die zentralen Räume des Hauses anzutasten.

Auch bietet der zunehmende Wunsch älterer Menschen, ihr alltägliches Leben ohne Abhängigkeit vom Auto zu bewältigen, große Chancen für die Stadtplanung und die städtebauliche Denkmalpflege. Nicht nur die creative class der urban hipsters, auch die Ü60-Generation zieht es wieder in die dichten und gemischten städtischen Quartiere. Dies ermöglicht die Weiternutzung und Erhaltung dieser stadtbildprägenden Quartiere mit sozialer Mischung in einer Weise, wie man sie vor 50 Jahren nicht für möglich gehalten hätte. Ob dieser Trend eines Tages dazu führen wird, dass einmal der letzte verbliebene suburb aus Einfamilienhäusern unter Schutz gestellt werden müsste, ist momentan nicht zu erwarten – auch wenn es vielleicht zu erhoffen wäre.

Migration – Denkmalvermittlung

Die zunehmende Migration, auch ohne die aktuelle Flüchtlingssituation, hat vielfältigste Folgen. Eine zentrale Folge für die Denkmalpflege liegt in der zunehmenden Notwendigkeit, die vorhandenen Denkmale an zugewanderte Bevölkerungsgruppen zu vermitteln. Dass eine Stadtkirche auf Grund ihrer Lage, Größe, Höhe und speziellen Form ein besonderes Gebäude ist, kann jedem ohne Vorkenntnisse einleuchten. Doch das Wissen darum, worin ihre architektonische, künstlerische, religiöse oder stadtgesellschaftliche Bedeutung im Konkreten liegt, kann bei einer Bevölkerung, die nicht mit diesem Bau aufgewachsen ist oder dort gar Gottesdienste besucht, nicht mehr vorausgesetzt werden. Die Vermittlung grundlegender kultureller Kenntnisse ist dabei nicht allein bei Zuzüglern aus anderen Kulturkreisen notwendig, sondern zunehmend auch bei hier aufwachsenden Kindern bildungsferner Schichten.

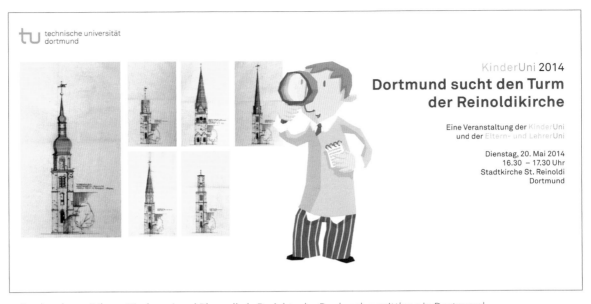

Denkmalvermittlung: Kinderuni und Planvoll als Projekte der Denkmalvermittlung in Dortmund, Turmvarianten des Wiederaufbaus von St. Reinoldi von Herwarth Schulte, 1954

Beispielhaft versuchen hier die Projekte von Barbara Welzel, fokussiert auf die mittelalterliche Geschichte und die Stadtkirche St. Reinoldi in Dortmund, durch kunst- und kulturgeschichtliche Wissensvermittlung bereits im Grundschulalter die Teilhabe aller Schichten und Herkünfte am kulturellen Erbe zu ermöglichen. Formate wie die Kinder-Uni, bei der die Kirche zum Hörsaal wird, oder das Lehr-Projekt „Planvoll", bei dem mit Hilfe der Zeichnungen zum Wiederaufbau von St. Reinoldi nach dem Zweiten Weltkrieg von Herwarth Schulte aus dem Archiv für Architektur und Ingenieurbaukunst NRW der TU Dortmund die Diskussionen um die Varianten des Wiederaufbaus nachvollzogen werden, leisten aktive Denkmalvermittlung mit Multiplikatorenwirkung: Das im Rahmen der Universität von Lehrenden und Studierenden erworbene Wissen wird an Lehrerinnen und Lehrer sowie Schülerinnen und Schüler weitergegeben.[4]

Neben der Herausforderung durch die Migration, auch klassische Denkmale erst einmal in ihrer Bedeutung einsichtig machen zu müssen, sollte man aber auch die Chancen der Migration nicht übersehen. So ist es durchaus denkbar, dass für Migranten neue Orte und Gegenstände einen Denkmalcharakter erhalten. Ebenfalls könnte die städtebauliche Denkmalpflege durchaus von den vielfältig genutzten kleinteiligen Ladenlokalen profitieren, die es ermöglichen, ein lebendiges Quartiersleben durch Einkaufs- und Versammlungsmöglichkeiten in den Erdgeschossen der Stadthäuser zu erhalten bzw. wieder einzurichten.

Energiewende – Wärmedämmung

Eine Gefahr für ganze Stadtbilder erwächst aus den Forderungen der Energiewende und der Klimapolitik nach einer Verringerung des Energieverbrauchs der Häuser. Hier hat die Fokussierung auf den Heizenergieverbrauch und die Durchlässigkeit der Wand zur Folge, dass auch wertvollste Fassaden mit dauerhaften Materialien und schöner Ornamentik, die den Charakter ganzer Quartiere prägen, hinter Dämmplatten und monotonen Wärmedämmputzen verschwinden. Ein abschreckendes Beispiel aus Dortmund, das es bis in „Die Zeit" gebracht hat, bildet die Verpackung der gemeinnützigen Wohnbauten von Dietrich und Karl Schulze in der Kronprinzenstraße von 1926, bei denen nicht nur die hochwertigen und prägnanten Backsteinfassaden hinter banalen Styroporplatten verschwanden, sondern auch noch die plastische Backsteinornamentik abgeschlagen wurde, um der Standarddicke der Platten Platz zu machen.[5] Irreparabel sind die Schäden: Nicht nur muss die folgende Generation ohne die Möglichkeit zur Wertschätzung der historischen Fassaden aufwachsen, sondern auch nach der nur kurzfristigen Lebensdauer der Schaumstoffverpackung sind die ursprünglichen Fassaden nicht wieder herstellbar. Und mit nicht geringer Wahrscheinlichkeit ist die Substanz der Wand durch Schimmelbefall unter der luftdichten Verpackung dauerhaft angegriffen.

Allein aus ökologischer Sicht ist das Wärmedämmverbundsystem (WDVS) bei Bestandsbauten Irrsinn – weitaus mehr Heizenergieeinsparung kann durch Heizungs- und Fensterrenovierung erreicht werden. Zudem muss auch der Heizenergieverbrauch im Zusammenhang mit allen anderen Energieverbräuchen inkl. der Herstellung und Entsorgung der verwendeten Materialien oder der durch die städtebauliche Situation erzeugten Verkehrsströme betrachtet werden – nicht zu vergessen die Vermeidung von Schadstoffen. Zumeist zahlt sich dann Dämmung weder ökologisch noch ökonomisch aus. Aus denkmalpflegerischer Sicht ist das WDVS ebenfalls kontraproduktiv, zerstört es doch die Erscheinung des Denkmals und damit die durch die Erscheinung wahrnehmbare Geschichtlichkeit des Denkmals. Hier muss die Denkmalpflege offensiv Konzepte für die qualitätswahrende Überlieferung der Baudenkmale fordern und entwerfen. Dazu zählt ein Verbot des WDVS ebenso wie eine Konzeptualisierung der Denkmalpflege als Musterdisziplin der Nachhaltigkeit. Denn nichts ist von der Idee her nachhaltiger als die Überlieferung und Weiternutzung bestehender Bauten – in kultureller, ökonomischer, gesellschaftlicher und zumeist sogar ökologischer Hinsicht.

Denkmalzerstörung durch Wärmedämmung: Wohnblock Kronprinzenstraße in Dortmund von Dietrich und Karl Schulze, 1926

Finanznot der Kommunen – Ausverkauf der Denkmale

Die vor allem durch die Abwälzung der steigenden Sozialkosten auf die Kommunen entstehende strukturelle kommunale Finanznot stellt eine zunehmende Herausforderung für die Denkmallandschaft in Deutschland dar. Während der private Denkmalbesitzer durch gesetzliche Vorschriften durchaus an enger Leine geführt werden kann, erlaubt sich der Gesetzgeber auf der Ebene der Kommunen nicht selten aus Not oder Unkenntnis geborene Freiheiten, die dem Denkmalschutzgesetz eigentlich widersprechen. Das Muster ist dabei zumeist, dass aus Einsparungsgründen die kontinuierliche Pflege des Denkmals unterbleibt, bis durch den Sanierungsstau eine so dramatische Lage entsteht, dass eine kostenintensive Grundsanierung erforderlich wird, für die dann erst Recht kein Geld da ist. Als naheliegender Ausweg erscheint dann der Verkauf des Denkmals, das damit zumeist aus seiner angestammten Nutzung entlassen wird, einem unausweichlichen Umbau entgegensieht oder gar dem Abriss preisgegeben wird.

Von großer Tragweite für die Denkmallandschaft ist die Finanznot der Kommunen deswegen, weil gerade die öffentlichen Bauten, als Bauten des auch gestalterisch kulminierten Gemeinsinns, die zentralen, stadtbildprägenden und identitätsstiftenden Denkmale in den Städten und Gemeinden sind. Und wenn sie nicht im Besitz der Kirchen sind, sind sie zumeist im Besitz der Kommunen. In Dortmund etwa steht das bedeutendste und schönste Gebäude des Wiederaufbaus, das Gesundheitshaus von Will Schwarz (1958–61), seit Jahren unter dem Damoklesschwert des Verkaufs.[6] Aus Einsparungsgründen jahrzehntelang untergepflegt, fehlt der Kommune seit Jahren das Geld, um den Bau angemessen zu sanieren. Errichtet wurde der Bau als allgemein zugängliches Gesundheitshaus mit einladendem Treppenhaus und einem aufwändigen künstlerischen Bildprogramm, das die Funktion des Hauses thematisierte. Obwohl es den räumlichen Anforderungen der Behörde nach wie vor bestens entspricht, wurde nun doch entgegen jahrelangen Bemühungen der Ratsbeschluss gefasst, die Behörde umzuziehen und das Haus zu verkaufen. Für welche Nutzung eine denkmalgerechte Sanierung möglich und wirtschaftlich wäre, steht in den Sternen – und so kann der Verfall, wenn sich kein passender Käufer findet, soweit voranschreiten, dass auch das Denkmalschutzpapier dem Haus nichts mehr nützt.

Kommunales Denkmal in Gefahr durch Verkauf: Gesundheitshaus von Will Schwarz Dortmund, 1958–61

Trotz knapper Kassen müssen sich hier die Kommunen ihrer Verantwortung bewusst werden, wenigstens die prägendsten und identiätsstiftendsten Denkmale ihres Stadtbildes zu bewahren und pflegen – eine stete Herausforderung an eine architektur- und stadtgeschichtliche Aufklärung.

Wandel sozialer Leitbilder – Umwandlung monofunktionaler Großstrukturen

Ob unsere Gesellschaft tatsächlich durchlässiger, mobiler, instabiler – oder wie auch immer man eine nicht mehr gefestigte Gruppenzugehörigkeit auch beschreiben möchte – geworden ist, sei einmal dahingestellt. Sicher aber ist, dass die sozialen Leitbilder sich gewandelt haben von der Propagierung idealer sozialer Gruppenzugehörigkeiten (Adel, Klerus, Bauern, Bürger, Proletarier) hin zu einer Idealisierung von Bildung, Mobilität, Diversität und Urbanität. Viele städtebauliche Großprojekte des 20. Jahrhunderts gingen implizit von den Idealen einer sozialen Segregation aus, sei es der großbürgerliche Villenvorort oder die Siedlung im sozialen Wohnungsbau für die Arbeiterschaft. Gerade im Bereich

des Großsiedlungsbaus sind gewaltige monofunktionale und monosoziale Anlagen entstanden, die für spezielle soziale Gruppen, Schichten und Lebensweisen zugeschnitten waren. Den heutigen Idealen einer sozial mobilen und gemischten Lebensweise entsprechen sie nicht mehr; ihr eigentlicher Siedlungscharakter widerspricht den heutigen Wünschen nach Urbanität.

Der hieraus entstehende Veränderungsdruck kann durchaus auch zu einer Herausforderung für die Denkmalpflege werden, wenn auch bekannte und prominente Großsiedlungen baulich verändert, ergänzt, d.h. verbessert werden sollen. Einer solchen baulichen Verbesserung monofunktionaler Großsiedlungen hin zu gemischten Stadtquartieren kann und will sich die Denkmalpflege nicht entgegenstellen. Gleichwohl muss sie ein Auge darauf haben, dass diese Verbesserungen nicht genau jene Qualitäten zerstören, die einen Denkmalwert begründen könnten. Dies mag im einen Fall die gute Materialität oder die prägnante Form eines einzelnen Gebäudes sein, im anderen Fall die markante Gesamtstruktur oder Gesamtfigur. Für die Gropiusstadt in Berlin etwa versuchte Christoph Mäckler in einer Studie, durch die Einfügung winkelförmiger Baukörper an Blockecken den Straßenraum sowie die Trennung öffentlicher und privater Bereiche zu akzentuieren, ohne dabei den Charakter der offenen Bauweise zu negieren.

Eine besondere denkmalpflegerische Herausforderung schaffen die Großstrukturen meist dadurch, dass sie in ihrer Gänze wegen ihrer Größe nicht ohne Abwandlungen zu erhalten sind, dass

Urbanisierung der Großsiedlung: Studie zur Transformation der Gropiusstadt in Berlin von Christoph Mäckler, 2013

aber zugleich ihr Denkmalwert meist in ihrer Gesamtkonzeption und Größe liegt. Hier kann und will die Denkmalpflege nicht verhindern, dass monofunktionale Dinosaurier wie Campusuniversitäten, Kongresscenter oder Shopping Malls durch die Einführung von potentieller Kleinteiligkeit und Umnutzbarkeit reurbanisiert werden. Andererseits muss sie genau analysieren, was im Einzelfall von solchem kulturhistorischen Wert ist, dass es bewahrt werden sollte. Im Rahmen eines Teilprojekts des Forschungsverbunds „Welche Denkmale welcher Moderne?" untersucht Sonja Hnilica unterschiedliche Qualitäten und Interventionsmöglichkeiten vor dem Hintergrund der unterschiedlichen Konzeptionen von Großstrukturen der 1960er und 70er Jahre.[7] Im Falle der Ruhr-Universität Bochum etwa ist es sicherlich die prägnante Großform mit der Reihung gleichgroßer Baukörper und der damit verbundenen Wirkung dieser Ordnungsfigur, die denkmalwürdig ist. Wird diese erhalten, kann durchaus die Veränderung der Bausubstanz wie etwa bei der Sanierung eines Baues durch Eckhard Gerber möglich sein, ohne den Denkmalwert zu schädigen. Im Falle des Marburger Systems der Universität Marburg etwa ist die Gesamtform der Anlage sekundär; sie war nie definitiv geplant, sondern sollte aus den sich wandelnden Anforderungen resultieren. Wirklich erhaltenswert wäre hier letztlich nur ein Baumodul, aus dem sich die Anlage additiv zusammensetzen sollte.

Zudem ist im Kontext der Resozialisierung von Stadtmonstern die Denkmalpflege zu schwierigen Abwägungen gezwungen. Keinesfalls kann sie mit dem Argument, etwas sei ein typisches historisches Zeugnis, notwendig dessen Erhaltung fordern. Am Beispiel des Tausendfüßlers, einer Hochstraße durch die Düsseldorfer Innenstadt, lässt sich dies verdeutlichen. Sicherlich war der Tausendfüßler ein signifikantes Zeugnis der autogerechten Stadt der 1960er Jahre. Doch wenn heute – aus sehr guten Gründen – dieses Leitbild nicht mehr verfolgt wird, kann auch die Denkmalpflege nicht verlangen, dass die Stadträume einer Großstadt dauerhaft unbrauchbar und unschön bleiben, nur weil ein Mahnmal an die Fehler einer vergangenen Epoche erinnern soll. Hier muss der Denkmalpfleger zugleich auch projektiv denken lernen und das schlechtere Alte auch einmal gegen das bessere Neue aufgeben können. Im besten Falle hat dieses bessere Neue dann auch die Chance, einmal denkmalwert zu werden.

Tourismus – Stadtmarketing

Vielleicht kein ganz großes Problem, aber doch ein interessantes mit paradoxen Facetten, entsteht aus der weiterhin zunehmenden Wertschätzung von Altstädten, dem damit zusammenhängenden Altstadttourismus und dem Stadtmarketing. Dies führt zu einer Eventisierung und Festivalisierung von historischen Stadträumen, die für eben diese Stadträume in zweierlei Hinsicht bedrohlich werden kann. Zum einen kann eine Übernutzung der historischen Häuser, Plätze und Straßen buchstäblich an die Substanz gehen; zum anderen drohen diese Stadträume und Stadtbilder durch die permanente gegenwärtige Neuinszenierung ihren eigentlichen historischen Charakter zu verlieren.

Paradox ist diese Situation in mehrfacher Hinsicht. Erstens droht hier gerade das Interesse am Historischen, das Historische zu zerstören: Weil so vielen Menschen nach authentischem Erleben in Altstadträumen suchen, verlieren diese Altstadträume ihre geschichtliche Aura und werden zu Räumen des permanenten Gegenwartsvergnügens. Zweitens ist es gerade der Erfolg der Denkmalpflege, der seit dem Denkmalschutzjahr 1975 durch eine Sensibilisierung für die Qualitäten der Altstädte zu eben jener Mobilisierung der Massen geführt hat, die nun auch eine Bedrohung für den weiteren Erhalt ebendieser Altstädte als Denkmale werden kann. Drittens zeigt die neue Altstadtliebe paradoxe städtebauliche Phänomene: Während monofunktionale Shopping Malls als Großbaukörper in die Altstädte eindringen und dort die vorhandene Kleinteiligkeit im Straßenverlauf, im Parzellenzuschnitt, in der Architektur, im Stadtbild und in der Nutzung zerstören, ziehen Outlet-Center ihre Kunden weit draußen auf dem Land an einem Autobahnkreuz mit einer Altstadtkulisse an, die wiederum jene Kleinteiligkeit und Vielfalt inszeniert. Wir verbringen also unsere Freizeit in städtischer Kulisse auf dem Land (mit weiter Autofahrt), während wir nicht selten in der Stadt in funktional segregierten und aufgelockerten Zonen in ländlicher Kulisse arbeiten (ebenfalls mit weiter Autofahrt). Würde man in der Kultur an biologische Gesetzmäßigkeiten glauben, könnte man diese Situation pervers nennen – so sagen wir einfach nur: Sie ist verrückt.

Lokale Identitätsbildung – Kontrast, Rekonstruktion, Analogie

Das im Kontext von ökonomischer und architektonischer Globalisierung immer stärker werdende politische, soziale und psychologische Bedürfnis, der alltäglichen Lebensumgebung statt einer ubiquitären Austauschbarkeit den Eindruck von ortsspezifischer Besonderheit zu geben und somit eine Identitätsbildung zu betreiben, hat vielfache Wirkung auf die Denkmalpflege. Förderlich für denkmalpflegerische Belange können solche Identitätsbestrebungen sein, wenn sie die überlieferten Denkmale – seien es Einzelbauten oder ganze Stadtbilder – nutzen und deren Schutz und Bewahrung vorantreiben.

Doch gibt es auch ganz andere Bestrebungen, Identität zu schaffen, die auf neue bauliche Manifestationen setzen. Hier eignen sich vor allem die extremen Pole, um eine identitätsfördernde Aufmerksamkeit zu gewinnen. Den einen Pol bildet der Kontrast, die größtmögliche Unterscheidung des Neubaus vom bestehenden Umfeld. Architektur setzt dabei zumeist auf Neuheit (und sei es mit dem Risiko der baulichen Unsinnigkeit), um sich vom Alten zu unterscheiden und den kurzfristigen Wow-Effekt zu erreichen. Ein Beispiel, bei dem diese Bilbao-Strategie zu einer sinnlosen Teilzerstörung eines Denkmals geführt hat, ist der Neubau der EZB von Coop Himmelblau durch die Großmarkthalle von Martin Elsaesser in Frankfurt. Ohne ästhetischen oder semantischen Mehrwert schlägt sich der Neubau durch die alte Halle, die damit innen und außen ihres Charakters beraubt wird. Den andern Pol bildet die Rekonstruktion, die größtmögliche Angleichung des Neubaus an das vormals Bestehende. Hier setzt die Identitätsbildung gerade auf die Wiedererkennbarkeit des Neuen durch die formale Identität mit dem Alten, wofür die zahlreichen prominenten Schlossrekonstruktionen der letzten Jahre in Hannover, Potsdam oder Berlin stehen mögen. Dies nützt zwar denkmalpflegerischen Bestrebungen nichts, da ja kein Denkmal erhalten wird, schadet ihnen aber auch nicht, da ja kein Denkmal zerstört wird. Bekämpfen kann die Denkmalpflege solche Rekonstruktionen nicht, da sie ihnen nicht absprechen kann, eine authentische Kulturleistung ihrer Zeit zu sein. Und ob diese Kulturleistung dereinst gar selbst Denkmal werden wird, wie das bereits bei vielen früheren Rekonstruktionen der Fall ist, kann die heutige Denkmalpflege getrost der zukünftigen Denkmalpflege überlassen.

Weitaus spannender sind die Bestrebungen, durch Analogie Neubauten in bestehende Stadtbilder einzufügen und diese damit zugleich weiterzuentwickeln. Jüngere Beispiele für die Haltung, durch altstadtanaloge Entwurfsweisen Altstädte weiterzubauen, bilden das Dom-Römer-Projekt in Frankfurt oder das Gründungsviertel-Projekt in Lübeck, wo jeweils auf dem historischen Stadtgrundriss (Straßenverlauf und Parzellenaufteilung) Neubauten mit Rücksicht auf bestehende Typen entstehen. In Frankfurt ist dabei das Neubaugebiet mit zahlreichen Rekonstruktionen durchsetzt, in Lübeck wird es keine einzige Rekonstruktion geben. In beiden Fällen war der Altstadtbezug der Neubaumaßnahme stark von den Bürgern der Stadt unterstützt und sollte der Identitätsbildung vor Ort dienen. Vielfach wird diese analoge Fortschreibung der Stadt heute noch von der Denkmalpflege mit Ablehnung oder Naserümpfen begleitet, weil sie dem Diktum der Charta von Venedig, dass Neubauten sich erkennbar vom Denkmal absetzen sollten, zu widersprechen scheint. Wenn man aber

Analoge Fortschreibung des Stadtdenkmals: Stadthaus in Bad Mergentheim von Eingartner Khorrami, 2010–11

bedenkt, dass die Charta von Venedig zugleich die Harmonie des Neubaus mit dem Denkmal fordert, so entspricht gerade diese analoge Fortschreibung des Stadtgrundrisses und des Stadtbilds den Grundsätzen der Charta: weder radikaler Kontrast noch ununterscheidbares Mimikry, sondern erinnerungsbewahrende Fortschreibung des Historischen.

Wandel des Geschichtsverständnisses – Wandel des Denkmalverständnisses

Der letzte Punkt betrifft weniger einen unaufhaltsam auf die Denkmalpflege wirkenden äußeren Einfluss, sondern eine aus der Reflexion und Aufklärung innerhalb des Faches resultierende Veränderung. Ein Wandel des Geschichtsverständnisses entsteht dadurch, dass die zwar kaum noch explizit vertretene, aber umso häufiger implizit vorhandene Vorstellung einer Zeitstilkunstgeschichte als Entwicklungsgeschichte eigentlich nicht mehr haltbar ist. Aus einer solchen Geschichtskonzeption des „Gänsemarschs der Stile“, bei der jeder Epoche ihr eigener Stil zugeschrieben wurde, folgte notwendig, dass eine neue Epoche auch einen neuen Stil haben müsse. Im Zirkelschluss ließ sich dann sagen, dass in einer neuen Epoche Bauformen, die bekannt aussahen, gar nicht zeitgemäß seien und damit nicht nur falsch, sondern gar ein Verstoß gegen die Gesetze der Geschichte. Doch eine solcherlei verabsolutierte Stilgeschichte ist durch die vielfältigen Forschungen in der Architekturgeschichte, die alle Arten von Reprisen, Renaissancen, Kontinuitäten, Traditionen oder Traditionalismen in den Architekturen der Weltgeschichte untersucht und festgestellt haben, nicht mehr überzeugend. Architekturgeschichte ist nicht mehr als zielgerichtete Entwicklungsgeschichte darstellbar; alle Arten von Rück- oder Querbezügen sind denkbar, machbar und erlaubt. Mithin kann somit auch ein sehr bekannt aussehendes neues Werk zeitgemäß sein – und zwar schlicht dann, wenn es entsteht.

Um es an einem konkreten Beispiel zu verdeutlichen: Das Haus, in dem diese Tagung stattfindet, das Alte Museum am Ostwall, wird nicht als Denkmal geführt, da es für keine seiner Entstehungszeiten einen zeittypischen Gesamtentwurf aufweist: Vom Ursprungsbau von 1875 steckt zwar noch ca. 70% Bausubstanz im heutigen Bau, die alten Formen sind aber kaum noch erkennbar; vom Umbau von 1911 ist zwar noch der Lichthof in wesentlichen Zügen erhalten, hier aber fehlen die historischen Oberflächen; der Umbau der 1950er

Transformation des Monuments: Baukunstarchiv NRW in Dortmund (seit 2015), ehemaliges Museum am Ostwall (1945–2010), ehemaliges Museum für Kunst und Gewerbe (1911–1945), ehemaliges Oberbergamt (1875–1910)

Jahre ist zwar in wesentlichen Teilen innen wie außen erhalten, er scheint aber nicht zeittypisch, da er nur ein Umbau ist, der sich an den vorhandenen Formen orientierte.[8] Eine solche Argumentation geht von einem jeweils zeittypischen Stil aus, der in möglichster Reinheit verwirklicht sein muss, um denkmalwürdig zu sein. Dies bedeutet im Umkehrschluss, dass ein Neubau aus den 1950er Jahren, der zeittypisches Nierentischdesign aufweist, unter Denkmalschutz steht, obwohl für ihn ein bestehender Altbau abgerissen werden musste. Damit prämiert aber die Denkmalpflege eine Haltung, die auf Abriss und Neubau setzt, anstatt Vorhandenes in Anverwandlung sinnvoll weiterzunutzen und weiterzubauen und damit in weiten Zügen zu erhalten – paradox!

Der Wandel des Denkmalverständnisses besteht darin, nicht nur die stilreine Gesamtverwirklichung als Denkmal anzuerkennen, sondern auch die bewahrende Veränderung, die zwar ihrerseits keinen denkmalwerten Gesamtentwurf hervorbringt, aber doch die Erhaltung historischer Substanz, historischer Formen und historischer Bedeutungen ermöglicht. Dies ist ein durchaus rutschiges Terrain, denn es lässt sich nicht juristisch lupenrein definieren, bis zu welchem Grad die Veränderung noch bewahrend wirkt. Und doch kann diese Haltung weitaus denkmalaffiner sein, als die angeblich zeitgemäße, will sagen: kontrastierende Erneuerung oder Ergänzung.

Schluss

Wegen dieser Unschärfe eignet sich eine solche auf transformierende Bewahrung setzende Strategie, in der jedes Denkmal als Teil eines sich unendlich fortsetzenden Recyclingprozesses verstanden wird, sicherlich nicht als Basis einer neuen Denkmaldefinition. Dies führt abschließend zu der grund-sätzlichen Frage, ob die hier genannten, aus dem heutigen Strukturwandel resultierenden Heraus-forderungen der Denkmalpflege eine Veränderung oder eine erneute Erweiterung des Denkmalbegriffs erfordern. Ich denke: nein. Viele der hier genann-ten Herausforderungen und Unschärfen trägt die Denkmalpflege in ihren Diskursen seit zweihundert Jahren mit sich. Statt neuer Erweiterungen oder Grenzziehungen scheint mir vielmehr eine Besin-nung auf ein klassisches Verständnis des Denkmals

hilfreich: das Denkmal als materiell kristallisierte anspruchsvolle Kulturleistung. Dieses klassische Denkmalverständnis ist jedoch nicht ausschließend gemeint, sondern der magnetische Kern in einem Feld, dessen Ränder nicht abschließend bestimmt werden können und dessen Richtungen unter-schiedlichste Aspekte aufweisen können. Auch für die Herausforderungen an die Denkmalpflege durch heutigen Strukturwandel kann dieses klassische Verständnis als Richtschnur, Zielpunkt oder Leit-planke dienen.

Abbildungsnachweis

1, 2   Markus Jager, Silvia Malcovati, Wolfgang Sonne (Hrsg.),
       Chiuso al Culto. Secular Transformations of Church
       Buildings in Venice. Venice Summer Academy 2014,
       Dortmund 2014

3   Einladungskarte Lehrstuhl Kunstgeschichte,
       TU Dortmund

4   Lehrstuhl Geschichte und Theorie der Architektur, TU
       Dortmund

5   Sonja Hnilica, Markus Jager, Wolfgang Sonne,
       50 Jahre Architektur und Kunst. Das Gesundheitshaus
       in Dortmund, Dortmund 2009

6   Büro Christoph Mäckler

7   Büro Eingartner Khorrami

8   Detlef Podehl

Anmerkungen

1   Beste, Jörg / Landesinitiative Stadtbaukultur NRW
    (Hrsg.): Kirchen geben Raum. Empfehlungen
    zur Neunutzung von Kirchengebäuden,
    Gelsenkirchen 2014.

2   Jager, Markus / Malcovati, Silvia / Sonne, Wolfgang
    (Hrsg.): Chiuso al Culto. Secular Transformations of
    Church Buildings in Venice. Venice Summer Academy
    2014, Dortmund 2014.

3   Junker, Rolf / Pöppelmann, Nicole /
    Pump-Uhlmann, Holger / Landesinitiative Stadtbaukultur
    NRW (Hrsg.): Neueröffnung nach Umbau. Konzepte zum
    Umbau von Warenhäusern und Einkaufscentern,
    Gelsenkirchen 2015.

4   Welzel, Barbara (Hrsg.): Weltwissen Kunstgeschichte.
    Kinder entdecken das Mittelalter in Dortmund,
    Dortmunder Schriften zur Kunst/Studien zur Kunstdidak-
    tik 10, Norderstedt 2009; Welzel, Barbara / Franke,
    Birgit: Warum ist hier kein Einkaufszentrum? Die
    Reinoldikirche in Dortmund, Dortmunder Schriften zur
    Kunst/Studien zur Kunstgeschichte 3, Norderstedt 2011;
    Welzel, Barbara: Wissen und Erbe. Die Vermittlung
    baukulturellen Erbes an Kinder und Jugendliche mit und
    ohne Migrationshintergrund, in: Informationsdienst
    Städtebaulicher Denkmalschutz, Bd. 38, 2013, S. 34–41;
    Welzel, Barbara: Living together in dignity in cultural

    diverse societies, in: Shared histories for a Europe
    without dividing lines, http://shared-histories.coe.int, hg.
    v. Europarat 2014, S. 458–473; von Möllendorff,
    Nathalie-Josephine / Welzel, Barbara / Wittmann, Regina:
    Planvoll an der Technischen Universität Dortmund, in:
    Objekte wissenschaftlicher Sammlungen in der
    universitären Lehre: Praxis, Erfahrungen, Perspektiven,
    Tagungsbericht zur Arbeitstagung 2015, erscheint 2016.

5   Mäckler, Christoph / Sonne, Wolfgang (Hrsg.): Konferenz
    zur Schönheit und Lebensfähigkeit der Stadt 2. Stadt und
    Handel. Stadt und Energie, Sulgen 2012.

6   Hnilica, Sonja / Jager, Markus / Sonne, Wolfgang: 50
    Jahre Architektur und Kunst. Das Gesundheitshaus in
    Dortmund, Dortmund 2009;
    Schilp, Thomas / Zupancic Andrea (Hrsg.):
    Das neue Dortmund. Das Dortmunder Gesundheitshaus
    von Will Schwarz. Fotografiert von Gerd Kittel, Tübingen,
    Berlin 2014.

7   Hnilica, Sonja / Sonne, Wolfgang: Gebaute Großobjekte
    der Moderne: Denkmal, Mahnmal, Hypothek,
    Ressource?, in: Forum Stadt, Bd. 42,
    H. 1, 2015, S. 21–38.

8   Hnilica, Sonja: Das Alte Museum am Ostwall.
    Das Haus und seine Geschichte, Essen 2014.

Strukturwandel als Herausforderung für Denkmalschutz und Denkmalpflege in Westfalen-Lippe

OLIVER KARNAU

ZUSAMMENFASSUNG

Der gegenwärtige Strukturwandel ist auch in Westfalen-Lippe umfassend, aber vielfältig und keineswegs einheitlich. Der strukturelle Wandel erfasst wie anderswo auch fast alle wirtschaftlichen, politischen und sozialen Lebensbereiche. Besondere Herausforderungen für Denkmalschutz und Denkmalpflege in den urbanen Gebieten sind die Gentrifizierung, die kernsanierte Baudenkmale mit entsprechenden Veränderungen verlangt, und die Nachnutzung leer stehender Großstrukturen. Aber man wird auch auf die Vorstädte der urbanen Zentren achten müssen, die vom Strukturwandel nicht ausgenommen sind. Im ländlichen Raum von Westfalen-Lippe hat es seit Mitte des 20. Jahrhunderts bereits einige Transformationsprozesse gegeben. In den Außenbereichen entstehen immer neue Wohngebäude und die historischen Ortskerne verlieren ihre ursprüngliche Bedeutung, weshalb dann auch denkmalgeschützte Gebäude leer stehen. Die ländlichen Gemeinden sehen sich unter Druck, aber es ist noch keineswegs nachgewiesen, dass der Denkmalschutz-Status die Ursache für den Leerstand von Gebäuden ist.

Der umfassende Strukturwandel unserer Gegenwart[1] führt zu Veränderungen bei der Erhaltung und Nutzung von historischen Quartieren und Baudenkmalen. Zwar haben Baudenkmale in der Vergangenheit immer wieder durchgreifende strukturelle Wandlungen überstanden und konnten in veränderten gesellschaftlichen Verhältnissen neue Bedeutung finden und ihren Wert bewahren. Man hat gesagt, dass Baudenkmale ihre Identität aus ihrer geschichtlichen Entwicklung erhalten, und meint damit auch ihr Änderungspotenzial in Umbruchzeiten.[2] Und Denkmalobjekte können sogar noch mehr: Sie sind ein Aktivposten im Änderungsprozess, weil sie Architektur und Stadtplanung für die bauliche Entwicklung wertvolle Orientierungshilfen geben, sowohl hinsichtlich architektonische Qualität und Maßstäblichkeit als auch für Nutzungsideen und Verwertbarkeit von Materie.[3] Der hier vorgelegte Beitrag konzentriert sich im Folgenden auf die Herausforderungen für denkmalgeschützte profane Bauten; die Auswirkungen auf Sakralbauten werden in der hier vorliegenden Dokumentation im Aufsatz von Birgit Franz beleuchtet.

Zuständigkeitsbereich der LWL-Denkmalpflege, Landschafts- und Baukultur in Westfalen

Westfalen-Lippe umfasst die Städte und Gemeinden in den Zuständigkeitsbereichen der Bezirksregierungen Arnsberg, Detmold und Münster. Die LWL-Denkmalpflege betreut in den 231 Gemeinden von Westfalen-Lippe 28.700 eingetragene Denkmale; hinzu kommen 66 Denkmalbereiche. Wir gehen davon aus, dass damit etwa 1% des gesamten Baubestandes denkmalgeschützt ist.[4]

Westfalen-Lippe ist im Wesentlichen das Gebiet der ehemaligen, vor 200 Jahren gegründeten preußischen Provinz Westfalen[5] und eine heterogene Region, in der es ländliche Gebiete neben urbanen Räumen gibt. Gegenwärtig leben in den acht westfälischen Regionen Tecklenburger Land, Münsterland, Hellwegbörde, Ostwestfalen-Lippe, Sauerland, Wittgensteiner Land und Siegerland sowie im westfälischen Teil des Ruhrgebietes rund 8,2 Millionen Menschen – das entspricht ungefähr der Einwohnerzahl der Schweiz.

Betrachtet man die drei Bereiche Bevölkerungsentwicklung, Wirtschaft und Energiewende wird deutlich, wie umfassend und vielfältig der Strukturwandel ist.[6] Auch Westfalen-Lippe wird in den kommenden 20 bis 30 Jahren weniger, älter und bunter sein.

Was bedeutet das für Denkmalschutz und Denkmalpflege? Es scheint so, als hätten die inzwischen sichtbaren gesellschaftspolitischen Veränderungen schon zu einem umfangreicheren Regelungsbedarf geführt, mit welchem man sich bereits heute auseinandersetzen muss.[7] Sozioökonomische und räumliche Wandlungen als Folge von strukturellen Veränderungen sind nichts Neues. Von der karolingischen Landnahme bis zur Nutzung von Baulichkeiten als Freizeitlandschaften sind in Westfalen-Lippe sieben prägende Umbrüche verzeichnet worden. Im 19. und 20. Jahrhundert hat die Beschleunigung des Änderungstempos zu besonders heftigen strukturellen Veränderungen geführt.[8] Geschichte und Gestalt des Ruhrgebiets sind bekanntlich in besonderem Maße von tiefgreifenden Umbrüchen charakterisiert. Oft sind solche Veränderungen als Krise wahrgenommen worden, so auch jetzt aktuell.[9]

Der bislang als schleichend empfundene Strukturwandel soll in den nächsten Jahren noch schneller werden.[10] In Westfalen-Lippe haben sich den vergangenen 200 Jahren fast alle Trends der Bevölkerungsentwicklung umgekehrt. Während die Bevölkerung im 19. Jahrhundert rasant wuchs und jung war, ist das inzwischen entgegengesetzt. Der Alterungsprozess wird zu einer Veränderung der Bevölkerung führen. Die Bevölkerung der kreisfreien Städte wird 2040 im Durchschnitt jünger sein als die der Kreise. Schon daran sieht man, dass es in den verschiedenen Regionen ganz unterschiedliche Wanderungsprozesse und Schrumpfungs- oder Wachstumstendenzen zu erwarten sind.[11] So wird die kreisfreie Stadt Münster bis 2040 eine Bevölkerungszunahme von mehr als +10 Prozent erleben; hingegen wird im Märkischen Kreis mit -19%, im Kreis Höxter mit -16% und im Hochsauerlandkreis mit -16% zum Teil mit erheblichen Bevölkerungsabnahmen gerechnet.

Ähnlich ist es mit der ökonomischen Entwicklung. Die Spannbreite der Wirtschaftskraft[12] zwischen den nordrhein-westfälischen Regionen ist groß. Nach einer Studie der HELABA[13] lag das höchste Bruttoinlandsprodukt pro NRW-Einwohner 2014 in Düsseldorf und der niedrigste Wert in Bottrop. Das entspricht nicht den Erwartungen, weil man normalerweise von einem Stadt-Land-Gefälle ausgeht. Aber im Ruhrgebiet hat der Strukturwandel in vielen Städten zu einer sehr niedrigen Wirtschaftsleistung geführt.[14]

Die 2011 eingeleitete Energiewende dürfte den nächsten großen Strukturwandel eröffnen. Das Land ist Standort von großen Energieversorgungsunternehmen. In Westfalen-Lippe gibt es große Kohlekraftwerke wie im ostwestfälischen Petershagen-Lahde, wo eine der leistungsstärksten Anlagen Europas steht und seit mehr als 60 Jahren Strom aus Steinkohle produziert wird. Die letzte Stunde für den deutschen Steinkohlenbergbau wird übrigens nicht im Ruhrgebiet schlagen, sondern in Ibbenbüren im Tecklenburger Land, wo Ende 2018 Schluss ist.

So wird der strukturelle Wandel in Westfalen-Lippe fast alle wirtschaftlichen, politischen und sozialen Lebensbereiche erfassen – allerdings mit sehr unterschiedlichen Auswirkungen in den Regionen. Die Bevölkerungszahl sinkt, die Bedeutung von Kohle und Stahl nimmt ab, Logistik wird wichtiger und sucht attraktive Verbundstandorte, alte Industrie- und Militärflächen müssen umgenutzt werden.[15]

Urbane Gebiete, Großstrukturen und Vorstädte

Eine bekannte Form des sozioökomischen Strukturwandels in den urbanen Gebieten ist die Gentrifizierung,[16] eine in immer anderen Formen und Quartieren auftretende Herausforderung für Denkmalschutz und Denkmalpflege, und keineswegs auf die Metropolen an der Rheinschiene beschränkt. Wir kennen Gentrifizierung schon seit längerem aus dem Dortmunder Kaiserstraßenviertel und auch im Münsteraner Kreuzviertel. Das Kreuzviertel ist ein von der Wende zum 20. Jahrhundert bis zum Beginn des Ersten Weltkriegs entstandenes Quartier mit zwei- bis dreigeschossigen Wohnhäusern mit repräsentativen Fassaden in historisierenden (Jugend-)Stilformen. Hier ist die Gentrifizierung übrigens von den Städtebauprogrammen der 1970er Jahre noch befördert worden.[17] Nach Modernisierung der Altbausubstanz und Neubauten gab es in nur zwanzig Jahren immer weniger preiswerten Wohnraum und immer mehr hochqualifizierte, häufig besser verdienende und zumeist in kleineren Haushalten lebende Menschen. Für sie verlangt der hochpreisige Immobilienmarkt kernsanierte Baudenkmale mit angepassten Grundrissen, mit komfortablen Heizungs-, Sanitär-, Elektro- und Aufzugsanlagen und mit entsprechenden Veränderungen an Fassaden, Dach und Fenstern[18]. Bei solchen Anforderungen sind die ökonomischen Interessen bekanntlich nur schwer mit denkmalpflegerischen Vorstellungen zu vereinbaren.

Und die Gentrifizierung geht weiter. In Münster steht schon das nächste Quartier vor der Transformation: Das Hafenviertel am Dortmund-Ems-Kanal war bereits fast verfallen, als es zum Gegenstand neuer Ideen und Nutzungen wurde. Unter dem besorgten Motto „Was von der Technik übrig blieb"[19] ist der historische Flechtheim-Speicher am Tag des offenen Denkmals 2015 diesbezüglich präsentiert worden.

Eine andere wichtige Aufgabe in den urbanen Gebieten ist die Nachnutzung frei gewordener

Großstrukturen. Das Forschungsprogramm „Experimenteller Wohnungs- und Städtebau" (ExWoSt) hat 2015 ein Projekt zum Abschluss gebracht, dass sich genau dieser Fragestellung widmet. Leerstände von Großimmobilien entstehen in der Folge von strukturellen Veränderungen,[20] die dazu führen, dass die Großbauten meist komplett ihre bisherige Nutzung verlieren. Betroffen sind Gewerbe-, Bahn- und Postgebäude, Standorte ehemaliger Brauereien und Schlachthöfe ebenso wie Büro- und Verwaltungskomplexe. An den leer stehenden Bauten besteht oft großes öffentliches Interesse: allein wegen ihrer Größe oder wegen ihres Standortes, teilweise auch wegen einer ursprünglich für die Innenstadt wichtigen Funktion sind sie stadtbildprägend und bisweilen eben auch denkmalgeschützt.

Ein besonders markantes Beispiel sind die Warenhäuser. Wenn sie aufgegeben werden, sind die Innenstädte vor große Herausforderungen gestellt. Die Anzahl der Bauten der ehemals vier großen Warenhausketten Karstadt, Kaufhof, Hertie und Horten ist von 1990 bis 2012 um fast ein Drittel gesunken, der Umsatz ist im gleichen Zeitraum sogar um fast zwei Drittel zurückgegangen. Man spricht von „Großleerständen", die nicht nur eine immobilienwirtschaftliche Herausforderung, sondern oft auch Ausgangspunkt für Attraktivitätsverluste im Umfeld mit der Folge von weiteren Leerständen und Trading-down-Tendenzen sind.[21] Das 1960 bis 1961 errichtete Warenhaus Karstadt an der Bahnhofstraße in Herne, ein Entwurf von Emil Fahrenkamp, ist 1995 in die Denkmalliste der Stadt eingetragen worden.[22] Seit einigen Jahren leer stehend, wird der Erhaltungszustand des Kaufhauses nicht besser, die Fassade bröckelt, es verwahrlost und der Denkmalstatus wird als Hindernis angesehen.[23] Inzwischen ist die Stadt Eigentümerin, will das Gebäude verkaufen und den Denkmalschutz eventuell aufheben.

Ein Beispiel der Konversion von militärischen Liegenschaften in Westfalen-Lippe soll nicht fehlen. Das ehemalige Luftwaffenbekleidungsamt in Bielefeld zeigt aber auch die Potenziale der denkmalgeschützten Bauten. Nach dem Rückzug der militärischen Nutzung wurden riesige Produktionshallen, ein Verwaltungstrakt, Garagen und Gleisanschluss mit 45.000 qm Nutzfläche frei: In einem ersten Schritt sind Büros für die Zentrale Ausländerbehörde der Stadt Bielefeld und eine Außenstelle des Bundesamtes für Migration und Flüchtlinge eingerichtet worden, in einem zweiten Schritt zwei Fachbereiche der Bielefelder Fachhochschule. 2009

Herne, Bahnhofstraße 65–71, ehem. Warenhaus Karstadt/Althoff, Emil Fahrenkamp 1960–61, Zustand 2009

erwarb ein Bielefelder Investor die übrigen Flächen und entwickelte hier ein Areal zum Wohnen und Arbeiten, das am Ende 400 bis 500 Menschen Arbeits- und Lebensraum bieten soll.[24]

Frei werdende Großimmobilien sind also keineswegs nur Problemfälle, sondern prinzipiell vielfach nutzbare und attraktive Entwicklungsflächen, die eine neue, innenstadtadäquate Nutzung ermöglichen und gleichzeitig positive Ausstrahlungseffekte für ein Quartier haben können. Die Denkmalqualität mit ihrer besonderen architektonischen und historischen Aura kann dabei förderlich sein.

Künftig werden wir in den urbanen Gebieten aber auch auf die Vorstädte achten müssen, die ähnlichen Entwicklungen wie Innenstadtbezirke ausgesetzt sind. Auch hier werden Wohnhäuser verlassen und die Infrastruktur wird von immer weniger Menschen genutzt. In Westfalen-Lippe kann man das zum Beispiel in Bochum-Langendreer beobachten, wo die Opel-Werke II und III der wirtschaftlich und strukturell bedeutendste Faktor sind. Nach Aufgabe der Automobilproduktion 2016 sollen etwa 3.000 Stellen entfallen. Der Bereich Alter Bahnhof in Langendreer ist zwar eines der am besten erhaltenen wilhelminischen Stadtquartiere in Westfalen-Lippe, aber er ist auch schon von Überformung, Leerstand und sozialen Problemen geprägt. Wir haben darum 2013 mit dem Deutschen Nationalkomitee für Denkmalschutz einen Studenten-Workshop durchgeführt, um Konzepte zur Nutzung und Revitalisierung des Quartiers zu diskutieren. Im Nachgang zu diesem Workshop wurde im Jahr 2014 eine Vertie-

Bochum-Langendreer, StudentInnen des DNK-Workshops vor der Kirche, 2013

fungsstudie für den Bereich erstellt, die wiederum die Grundlage für die Erarbeitung eines integrierten städtebaulichen Entwicklungskonzeptes ist.

Der ländliche Raum

Der ländliche Raum von Westfalen-Lippe hat seit Mitte des 20. Jahrhunderts mehrere Transformationsprozesse durchgemacht, die weitreichende Auswirkungen auf die Wirtschaft, die Sozialstruktur und die bauliche Situation in den Dörfern hatten. Man hat festgestellt,[25] dass die Dörfer heute im Wesentlichen nur eine Wohnfunktion erfüllen und die Bewohner zum Arbeiten in die Städte fahren. Die Ortskerne verlieren ihre ursprüngliche Bedeutung als sozialer und wirtschaftlicher Mittelpunkt und gleichzeitig entstehen in den Außenbereichen der Orte immer noch neue Wohngebäude. In der Folge stehen zunehmend Gebäude leer und von den Strukturveränderungen im ländlichen Raum sind sämtliche Denkmalgattungen betroffen: kleinere Wohnhäuser, Wirtschaftsgebäude, technische Kulturdenkmale, Herrenhäuser und Klöster. Hierzu drei konkrete Beispiele:

Nach der Errichtung von Pastoralverbünden[26] fallen – glücklicherweise – meist nicht die Kirchbauten aus der Nutzung, aber immer öfter die Pfarrhäuser. So steht in Niederntudorf, einem Ortsteil von Salzkotten im Kreis Paderborn, das Pfarrhaus zum Verkauf. Es befindet sich in bester Lage im sehr behutsam und gestalterisch anspruchsvoll umgestalteten Umfeld der Pfarrkirche St. Matthäus und hat einen großzügig geschnittenen Pfarrgarten mit bester Süd-Ausrichtung. Die Gebäudestruktur kann man nach zeitgemäßen Bedürfnissen einrichten, der Preis ist moderat, aber das Haus steht seit mehr als fünf Jahren leer.

Durch Veränderungen im Tourismus-Geschäft stehen immer wieder auch Gasthäuser leer, von den prägenden Gastwirtschaften in den Dörfern ganz zu

Salzkotten-Niederntudorf, Matthäus-Ring 4,
verkäufliches Pfarrhaus mit Pfarrgarten

schweigen. An der Fürwiggetalsperre in Meinerz-hagen (Märkischer Kreis) wurde 1902 das soge-nannte Wärterhaus sowohl zu Wohnzwecken sowie als Einkehrhaus für Touristen errichtet. Es steht in reizvoller Einzellage am unmittelbaren Nordufer der Talsperre, in direkter Nähe zur Staumauer, ist gut erreichbar und hat einen eigenen Parkplatz. Das Gebäude wurde bis 1999 als Gastronomie betrieben und steht seither leer.

Als Folge von Schulschließungen und Verän-derungen im Bereich der Freizeitkultur stehen in den ländlichen Regionen auch Sportgebäude leer. In Lüdenscheid (Märkischer Kreis) wurde 1921 ein Umkleidegebäude für den Sportplatz Kaiserallee er-richtet. Dieser Sportplatz wird heute nur noch gele-gentlich genutzt und die angrenzende Schule ist ge-schlossen. Trotz guter Anbindung in die Innenstadt der Kreisstadt steht das Gebäude seit längerem leer und ist nun sanierungsbedürftig.

Die ländlichen Gemeinden sehen sich unter Druck.[27] Sind die Auflagen der Denkmalpflege der Grund für den Leerstand? Wie sollen die Bau-denkmale genutzt werden? Aber es ist keineswegs nachgewiesen, dass der Denkmalschutz-Status zu Leerstand führt. Eine – leider unveröffentlich-te – Befragung von Unteren Denkmalbehörden in Südwestfalen hat gezeigt, dass die Zahl der leer ste-henden denkmalgeschützten Objekte nicht gene-rell höher ist als die der nicht denkmalgeschützten Objekte. Auch wenn es in anderen Regionen anders aussehen mag: hierzu fehlen noch weitergehende Untersuchungen. Bis zum Beweis des Gegenteils darf behauptet werden, dass denkmalgeschützte Bauten wegen ihrer besonderen Qualitäten sogar bessere Chancen auf Umnutzung haben.[28] Die Ar-chitektenkammer Nordrhein-Westfalen ist jeden-falls der Ansicht, dass die historischen Dorfstruk-turen aus sich selbst heraus überlebensfähig sind, während sie Probleme vor allem auf die ehemaligen Neubaugebiete zukommen sieht.[29] Es lohnt sich also gewiss, öffentliche Mittel mehr auf die Ent-wicklung der historischen Dorfstrukturen und auf die Erhaltung der Baudenkmale zu richten.

Nachkriegsmoderne

Aber Obacht ist geboten. In den Neubaugebieten der ländlichen Gebiete sind bereits denkmalwerte Bauten der Nachkriegsmoderne erkannt worden. Sollten sie nicht mehr genutzt oder bewohnt sein, ist auch ihre Erhaltung gefährdet. Die katholische Kirche St. Anna in Höxter-Bödexen (Mühlenberg 9)

wurde 1966–68 außerhalb des gewachsenen Dorf-kerns errichtet und liegt in einem großzügig neu erschlossenen Bereich oberhalb des Dorfes. Sie ist 1985 in die Denkmalliste eingetragen worden. Höx-ter soll nach der Bevölkerungsprognose der Bertels-mann Stiftung schon in den kommenden fünf Jah-ren mehr als 5% seiner Bevölkerung verlieren. Die Stadt liegt in einem strukturschwachen, ländlichen Raum und ist geprägt von wirtschaftlicher Stagnati-on, Schrumpfung und niedriger Kaufkraft.

Ein anderes Beispiel ist das 1972 errichtete Wohnhaus „Habiflex" (Jägerstraße 1) in der Sied-lung Barkenberg in Dorsten zwischen dem süd-lichen Münsterland und dem nördlichen Ruhr-gebiet. Das innovative Konzept ermöglichte den Bewohnern, im Innern nach Belieben Wände zu versetzen. Das Haus gehört zu dem städtebaulichen Großprojekt „Neue Stadt Wulfen" der 1960er und 70er Jahre, als Wohnraum für 60.000 Einwohner und 8.000 Beschäftigte im Bergbau geplant wurde. Diese Zahl wurde jedoch bei weitem nicht erreicht: bis 1994 wuchs die Bevölkerung auf knapp 13.000 Anwohner an, seitdem schrumpft die Siedlung. Der Versuchsbau „Habiflex" ist als Baudenkmal erkannt, aber noch nicht eingetragen und gegenwärtig ver-wahrlost und vermauert.

Sowohl die Kirche St. Anna als auch das Wohn-haus „Habiflex" liegen als Schöpfungen der Nach-kriegsmoderne außerhalb von historischen Stadt-oder Ortskernen. Bei einem Rückbau der zu ihnen gehörenden Siedlungen würden sie endgültig von ihren Siedlungszusammenhängen, Funktionen und Infrastrukturen abgeschnitten. Ihre Erhaltung wäre dann kaum mehr sinnvoll möglich. Im schon genann-ten Dorstener Stadtteil Wulfen-Barkenberg gibt es zudem größere Bestände an Ein- und Zweifamilien-häusern sowie Reihenhäusern, die vielfach als Bau-gruppen ‚aus einem Guss' entstanden sind.[30] Unsere Kenntnisse über den Siedlungsbau der Nachkriegs-moderne werden wir deshalb weiter ausbauen müs-sen wie auch die gesellschaftliche Akzeptanz für ih-ren Schutz und ihre Erhaltung. Nachkriegsmoderne ist eben keineswegs nur ein urbanes Phänomen.

Neue Wohn- und Lebensformen
im Baudenkmal

Die sozioökonomischen Strukturveränderungen werden absehbar auch zu einer Individualisierung und Ausdifferenzierung der Lebensstile führen. Das „normale" Wohnangebot wird dann den verän-derten Bedürfnissen nicht mehr entsprechen. Der

Hagen-Delstern, Am Berghang 30, Eduard-Müller-Krematorium,
Peter Behrens 1906–08, Zustand 2013

Wandel des Wohnens ist gekennzeichnet von der
Abkehr von der Kernfamilie und von der Aufhebung
der Trennung von Wohnen und Arbeiten. Neue, innovative Wohnformen sind die Folge, für die dann
auch die Baudenkmale eingerichtet werden müssen.
Hierzu im Folgenden einige Beispiele.

Die ehemalige Maschinenhaus der Zeche Ha-
senwinkel[31] aus dem Jahre 1890 in Bochum ging
nach Stilllegung der Zeche 1926 in den Besitz der
Stadt über. Es wurde lange als Notunterkunft genutzt, bis sich die Stadt für den Verkauf entschied.
In dem riesigen Industriedenkmal sind Decken
eingezogen worden und die ursprünglich großen
Maschinenhallenfenster wurden durch Wohnungs-
fenster ersetzt. Auf diese Weise konnten eine Fa-
milienwohnung mit offenem Grundriss und ein Architekturbüro untergebracht werden, das durch ein
separates Treppenhaus erreichbar ist.

Mit Zunahme der Zahl älterer Menschen wird
die Zeitspanne des Alters zur längsten Lebensphase,
in der das Leben in Gemeinschaft und familienähn-
lichen Strukturen eine große Rolle spielen wird.
Dafür gibt es neben den bekannten stationären Einrichtungen seit mehreren Jahren auch ambulante
Angebote, die von bürgerschaftlichem Engagement
getragen werden. So beispielsweise die Tagespfle-
ge „Haus Benteler" in Münster,[32] die seit 1992 eine
Tagesbetreuung außerhalb der eigenen Wohnung
bietet und dafür ein denkmalgeschütztes Einfamili-
enwohnhaus nutzt, das 1935 errichtet wurde.

Beide Projekte sind inzwischen über 10 Jahre
alt und haben sich in dieser Zeit bewährt. Sie zeigen, dass in denkmalgeschützten Gebäuden sehr
wohl Potenziale für die neuen Wohnformen liegen.
Die Erhaltung und Nutzung von Baudenkmalen
könnte gefördert werden, wenn öffentliche Mittel
gezielt die Verbindung von neuen Wohnformen und
Denkmalpflege unterstützen würde.

Natürlich lassen sich die neuen Wohnvorstel-
lungen nicht ohne eine Anpassung der Baudenkmale realisieren.[33] Eine besonders komplexe Aufgabe ist vor dem Hintergrund der älter werdenden
Gesellschaft die Barrierefreiheit, die individuell
für jedes einzelne Baudenkmal „höchste Ansprüche an den Planungsprozess, den Entwurf und die
Realisierung" stellt: es geht um ein „Design for
all" und um ein „soweit wie möglich".[34] Denkmalschutz und Barrierefreiheit sind gleichberechtigte
öffentliche Anliegen.

Von solchen Anforderungen werden künftig
auch die Spitzendenkmale von Westfalen-Lippe in
Anspruch genommen, die besondere Planungssorg-
falt erfordern. Nach einem längeren und verant-
wortungsvoll zwischen funktionalen, denkmalpflegerischen, baulichen und finanziellen Interessen
abwägenden Planungsprozess hat das Krematori-
um von Peter Behrens in Hagen 2012 eine barri-
erefreie Erschließung bekommen. Dafür ist an der
Südwestseite vor einem jüngeren Anbau ein barri-
erefreier Zugang geschaffen worden, ohne Eingriff
in die denkmalgeschützte Bausubstanz und auch
ohne Veränderung des Erscheinungsbildes der markanten Nordseite.

Die Berücksichtigung von Mobilitätseinschrän-
kungen wird auch Veränderungen im öffentlichen Raum erfordern. Mit Naturstein gepflasterte
Straßen und Wege in den historischen Stadt- und
Ortskernen sind vielfach nicht durchgängig barri-
erefrei und bisweilen nur unsicher nutzbar.[35] Hier

wird es darauf ankommen, die Funktionalität der Straßenbeläge anzupassen, ohne das Erscheinungsbild der historischen Bereiche zu beeinträchtigen.

Trotz Bevölkerungsrückgang wird angenommen, dass der Bedarf an Bildung und Bildungsbauten künftig zunehmen wird. Umbau oder Erweiterung von bestehenden Schulbauten werden auf absehbare Zeit wichtiger werden.[36] Betreuung und Ganztagsschule werden auf absehbare Zeit zum Regelfall, ebenso Inklusion. Auch denkmalgeschützte Schulbauten und Universitätsbauten müssen für diese Entwicklung eingerichtet werden.

Denkmalschutz und Kulturtransfer

Fragen rund um das Thema Migration und Denkmalschutz sind natürlich auch in Westfalen-Lippe akut. Man vermutet sie vor allem im Ballungsraum Ruhrgebiet, akut sind sie aber auch in Städten wie Bielefeld oder Siegen, und auch in den ländlichen Regionen. Sieht man auf die Zuwanderung allein nach Dorsten-Wulfen seit 1960 wird deutlich, wie vielfältig „Zuwanderung" in Westfalen-Lippe ist: von britischen Soldaten über „Gastarbeiter"-Familien und vietnamesische Boat People bis hin zu AussiedlerInnen aus der ehemaligen Sowjetunion.[37]

Schließlich wird man auch in Westfalen-Lippe fragen, welche Bedeutung der Umgang mit dem bauhistorischen Erbe bei der Integration von Menschen mit Migrationshintergrund haben kann. Für die historischen Ortskerne ist schon festgestellt worden, was für Denkmalobjekte generell gilt: Sie sind „Orte der Begegnung" und verfügen über „erhebliches gesellschaftliches Integrationspotenzial".[38] Ein Beispiel ist das Fachwerkdorf Burbach-Holzhausen im Siegerland, das bis in die 1980er Jahre hinein zu verfallen drohte, bevor überwiegend türkische Familien leer stehende Fachwerkhäuser im Ortskern kauften und sie instandsetzten.[39] Sie sind damit zu Akteuren der Denkmalpflege geworden. Das oft noch im Konzeptionellen vermutete Thema „Integration und Erbe" ist in der alltäglichen Praxis angekommen. Für die Wertschätzung und Identifikation mit der regionalen Baukultur und den Belangen von Denkmalschutz und Denkmalpflege müssen ZuwanderInnen als Nutzer, als Eigentümer und schließlich auch als Träger eines eigenen baukulturellen Erbes anerkannt und einbezogen werden.[40] Überhaupt könnten die Potenziale von Menschen mit Migrationshintergrund für Stadtentwicklung und Denkmalschutz stärker genutzt werden. Kommunen könnten eingewanderten Familien gezielt

den Erwerb von Wohneigentum ermöglichen, um sie langfristig zu binden und dafür dann auch den historischen Wohnungsbestand nutzen.[41]

Dabei ist zunächst wichtig aufzuzeigen, dass das bauhistorische Erbe in Westfalen-Lippe schon immer von außen beeinflusst und von Kulturtransfers geprägt ist. 2010 haben die Denkmalämter und Industriemuseen des LVR und LWL zur Kulturhauptstadt Europas RUHR.2010 mit dem Projekt „Fremde Impulse – Baudenkmale im Ruhrgebiet" erstmalig diese vielfältigen Wechselbeziehungen herausgestellt. In Dortmund arbeitet die Universitäts-Professorin Dr. Barbara Welzel bereits seit vielen Jahren an konkreten Strategien zur Vermittlung des baukulturellen Erbes an Kinder und Jugendliche mit und ohne Migrationshintergrund.[42] Solche Projekte und Aktionen sind aber noch unverbunden und sollten weiter und auch institutionell gefördert werden.

Fazit

Abschließend darf man feststellen, dass der Strukturwandel eine wichtige Zukunftsaufgabe für Denkmalschutz und Denkmalpflege in Westfalen-Lippe ist. Im laufenden Änderungsprozess sind Bau- und Bodendenkmale ein Aktivposten, die als Identitätsangebote zur gesellschaftlichen Stabilisierung[43] und zur Attraktivitätssteigerung möglicherweise leerlaufender Räume beitragen; sie bieten Chancen für eine maßstäbliche Quartiersentwicklung und als Potenzial in der Konkurrenz der Ballungsräume.

Dafür gibt es in Nordrhein-Westfalen bereits eine Reihe von Möglichkeiten und Handlungsinstrumenten. Nach § 23 DSchG NW besteht die Möglichkeit, bei der Obersten Denkmalbehörde einen Landesdenkmalrat einzurichten; gerade mit Blick auf die Änderungen durch Strukturwandel könnte ein solcher Beirat Denkmalschutz und Denkmalpflege stärken. § 25 DSchG NW gibt den Kommunen durch die Aufstellung von Denkmalpflegeplänen die Daten und Fakten an die Hand, mit deren Hilfe der Schutz und die Pflege des baulichen Erbes gerade in Zeiten des Strukturwandels besser vorzubereiten und zu vermitteln sind. Schließlich sollten die bereits vielerorts genutzten Möglichkeiten von integrierten städtebaulichen Entwicklungskonzepten (ISEK) auch für kleine Kommunen erschlossen werden, ggf. im Wege von Gemeindeverbünden.[44]

Die Denkmalbehörden könnten prüfen, ob und in welchem Umfang bislang von ihnen übernommene Aufgaben an Ehrenamtliche und Freiwillige abgegeben werden können (z.B. citizen science, crowdsourcing). Mit der Nutzung von partizipativen Methoden könnte eine Ergänzung ihrer gesetzlich begründeten Machtbefugnis angestrebt werden.

Die westfälischen Regionen schließlich könnten die Bedeutung ihrer Denkmalobjekte als Medien zur Stiftung von europäischer Identität herausstellen. Zu den sich konkretisierenden Chancen gehört die Perspektive auf das für 2018 in Aussicht genommene „Europäische Jahr des Kulturellen Erbes".

Abbildungsnachweis

1   © LWL-Denkmalpflege, Landschafts- und Baukultur in Westfalen

2   © Hartwig Dülberg / LWL-Denkmalpflege, Landschafts- und Baukultur in Westfalen

3   © Gregor Senin

4   © Danae Votteler / LWL-Denkmalpflege, Landschafts- und Baukultur in Westfalen

Anmerkungen

1   Unter Strukturwandel versteht man bereits eingetretene Veränderungen oder angestrebte Anpassungen, die grundsätzlicher Natur sind, und eine völlig neue Ordnung verlangen; vgl. www.bpb.de/nachschlagen/lexika/politiklexikon/18313/strukturwandel (7. September 2015).

2   Vgl. Harzenetter, Markus: Vom Nutzen des Umnutzens, in: Vom Nutzen des Umnutzens. Umnutzung von denkmalgeschützten Gebäuden, Neuss o.J., S. 12–13, hier S. 13.

3   Lienenkämper, Lutz: Vorwort, in: Vom Nutzen des Umnutzens o.J. (wie Anm. 2), S. 7.

4   Vgl. Harzenetter, Markus: Denkmalpflege in Westfalen, in: Heimatpflege in Westfalen 21. J., H. 3, 2008, S. 1–7, hier S. 1.

5   Vgl. dazu Westfalen in der Moderne 1815–2015. Geschichte einer Region, hg. v. LWL-Institut für westfälische Regionalgeschichte; mit Beiträgen v. Karl Ditt u.a., Münster 2015.

6   Vgl. u.a. Kißler, Leo / Wiechmann, Elke: „Weniger – älter – bunter"? Der sozio-demografische Wandel als Herausforderung für Kommunalpolitik und Kommunalverwaltung, in: WSI-Mitteilungen 11/2009, S. 596–603.

7   Vgl. Neubauer, Barbara: Denkmalpflege im Umbruch – Die Herausforderungen des 21. Jahrhunderts, in: Konversionen Denkmal – Werte – Wandel. Jahrestagung der Vereinigung der Landesdenkmalpfleger in der Bundesrepublik Deutschland Hamburg 2012, Hamburg 2014 (= Arbeitshefte zur Denkmalpflege in Hamburg Nr. 28), S. 57–61, hier S. 57.

8   Vgl. dazu z.B. Henkel, Gerhard: Strukturwandel des Dorfes in Westfalen seit 1950, in: www.lwl.org/westfalen-regional-download/PDF/S100_Dorfstruktur.pdf (8. September 2015).

9   Bereits in den 1980er Jahren hat die sogenannte „Münsteraner Schule" um Joachim Ritter und Hermann Lübbe im „Vergnügen an historischen Gegenständen" eine Kompensationsmöglichkeit für belastende Entfremdungserfahrungen gesehen. Dazu Lübbe, Hermann: Der Fortschritt und das Museum. Über den Grund unseres Vergnügens an historischen Gegenständen, London 1982. Viele Denkmale begründen ihren Wert gerade auch in der umfassenden Geschichte ihrer Veränderungen: „Neu ist aber wohl der Umfang von explodierenden Bauvorschriften und Reglements – begründet in ausgeprägten wirtschaftlichen Interessen und schwerwiegenden gesellschaftspolitischen Veränderungen – denen sich die Denkmalpflege stellen muss"; Neubauer, Barbara 2014 (wie Anm. 7), hier 57.

10   Vgl. Demografischer Wandel in Deutschland, Wiesbaden 2011 (= Bevölkerungs- und Haushaltsentwicklung im Bund und in den Ländern, H. 1), S. 3.

11   Nach einer aktuellen Berechnung soll die Bevölkerung in Nordrhein-Westfalen zunächst noch einige Jahre leicht ansteigen, danach wird mittel- und langfristig ein Bevölkerungsrückgang prognostiziert (bis 2060 etwa -6%). Vgl. Cicholas, Ulrich / Ströker, Kerstin: Vorausberechnung der Bevölkerung in den kreisfreien Städten und Kreisen Nordrhein-Westfalens 2014 bis 2040/2060, Düsseldorf 2015 (= Statistische Analysen und Studien NRW. Bd. 84), S. 19.

12   Auch wenn Nordrhein-Westfalen gegenwärtig den stärksten Strukturwandel der alten Bundesländer durchmacht, ist der wirtschaftliche Output des Landes aktuell immer noch fast so groß wie in den benachbarten Niederlanden. 2013 erwirtschaftete Nordrhein-Westfalen zwar rund 22% des deutschen Bruttoinlandsprodukts und damit den größten Anteil innerhalb der Bundesrepublik. Hierzu vgl. Nordrhein-Westfalen. Wachstum im Strukturwandel, hg. v. d. Helaba Landesbank Hessen-Thüringen. Dezember 2014.

13 Hierzu vgl. Nordrhein-Westfalen. Wachstum im Strukturwandel, hg. v. d. Helaba Landesbank Hessen-Thüringen. Dezember 2014.

14 Dass die Wirtschaftskraft nicht noch stärker schrumpfte, ist den Dienstleistungsunternehmen inklusive Staat zu verdanken, die gegen den Trend besonders schnell wachsen. Konnte zu Beginn der 1970er Jahre das Produzierende Gewerbe noch 52% zur Wirtschaftsstruktur des Landes beitragen, so ist inzwischen der Anteil des Produzierenden Gewerbes, zu dem die traditionsreichen Branchen Bergbau und Metallerzeugung/-bearbeitung, aber auch die chemische Industrie gehören, auf 29% gesunken. Die drei großen Dienstleistungsbereiche „Handel, Gastgewerbe, Verkehr, Information/Kommunikation", „Finanzierung, Vermietung, Unternehmensdienstleister" sowie „öffentliche und private Dienstleister", die Sektoren mit der größten Dynamik, sind in NRW seit dem Jahr 2000 real um 15% bis 23% gewachsen und damit zum Teil schneller als bundesweit; vgl. ebenda.

15 „Dies betrifft insbesondere die absehbare Bevölkerungsentwicklung in Nordrhein-Westfalen (‚Demographischer Wandel'), die fortschreitende Globalisierung der Wirtschaft, den Klimawandel sowie die Entwicklungen im Einzelhandel"; Landesentwicklungsplan Nordrhein-Westfalen, Entwurf Juni 2013, Düsseldorf 2013, https://land.nrw/sites/default/files/asset/document/lep_nrw_flieaytext_internet.pdf (16. September 2015]. Angemerkt sei aber auch, dass sich die Realität möglicherweise nur bedingt an die Schrumpfungsprognosen halten wird; vgl. Schwägerl, Christian: Deutschland will einfach nicht veröden, in: Frankfurter Allgemeine Zeitung Nr. 221 vom 23.09.2015, N 1.

16 Bei diesem Transformationsprozess werden einkommensschwache Einwohner allmählich aus Stadtquartieren verdrängt, Wohnhäuser aufwendig saniert oder sogar neu gebaut, die Mieten steigen und immer mehr einkommensstarke Bewohner wohnen hier. Zur Kritik an der Gentrifizierungsdebatte vgl. Thiesen, Andreas: Neue Spießer. Warum die übliche Kritik an der Gentrifizierung provinziell ist und zu nichts führt, in: Die Zeit Nr. 5 vom 26.01.2012.

17 Vgl. Krajewski, Christian: Gentrification in innenstadtnahen Wohnquartieren. Das Kreuzviertel in Münster, www.lwl.org/LWL/Kultur/Westfalen_Regional/Siedlung/Gentrification (16. September 2015).

18 Vgl. www.volksbank-muenster.de/immobilien/immobilienangebot_neu.html (18. September 2015).

19 Vgl. Stadt Münster: Tag des offenen Denkmals am 13. September 2015.Handwerk, Technik, Industrie, www.muenster.de/stadt/denkmal/pdf/denkmaltag2015.pdf (18. September 2015).

20 Hierzu vgl. Innovationen für Innenstädte .Nachnutzung leer stehender Großstrukturen, o.O. (Bonn) 2015, S. 10–11, www.bbsr.bund.de/BBSR/DE/Home/Topthemen/Downloads/nachnutzung_grosstrukturen.pdf?__blob=publicationFile&v=1 (20. September 2015).

21 Vgl. www.bbsr.bund.de/BBSR/DE/FP/ExWoSt/Forschungsfelder/2011/InnovationenInnenstaedte/02_Konzept.html;jsessionid=65C333DCDA66B-5CE4881B985B9584915.live1042?nn=440404 (18. September 2015).

22 Vgl. LWL-DLBW Objektakten.

23 Vgl. WAZ vom 23.04.2015 und vom 19.05.2015.

24 Vgl. dazu enervision. Informationen für Geschäftskunden der Stadtwerke Bielefeld 2013, H. 2, 6–7; auch Hoebel, Christian: Das Luftwaffenbekleidungsamt in Bielefeld. Konversion in drei Schritten, in: Konversionen Denkmal-Werte-Wandel 2014 (wie Anm. 7), S. 115.

25 Hierzu vgl. Leifeld, Felix: Leerstand im ländlichen Raum – Konzept im Umgang mit Leerständen im ländlichen Raum am Beispiel der Stadt Lichtenau (Westf.), o.O. [Siegen], am 16.09.2014 eingereichte Masterarbeit, www.lichtenau.de/medien/3655/original/68/Masterarbeit-Felix-Leifeld.pdf (24. September 2015).

26 Im Erzbistum Paderborn wurden 214 Pastoralverbünde bei 773 Kirchengemeinden errichtet, vgl. www.erzbistum-paderborn.de/487-von-A-bis-Z.html?az-Suche=P#inhalt-3757 (24. September 2015).

27 Die Gemeinde Bestwig im Sauerland wusste sich 2009 nur mit dem Beschluss zu helfen, eine Abrissprämie von bis zu 5.000 Euro für den Abbruch alter, leer stehender Häuser zu zahlen; auch wenn versichert wurde, dass das Geld nicht für Baudenkmale ausgezahlt werde, geworben wurde doch mit einem historischen Fachwerkbau. Es sei darauf hingewiesen, dass die Deutsche Stiftung Denkmalschutz mit Hilfe einer Anschubförderung des Landes Hessen und der Europäischen Union ein „Netzwerk Ländlicher Raum" auf die Beine gestellt hat. Im Mai 2014 hat die DenkmalAkademie in Westfalen-Lippe im Wege einer Kooperation mit dem AK Leerstandsmanagement Lippe ein Seminar über „Umnutzung historischer Bausubstanz zur Vermeidung von Leerständen" veranstaltet.

28 Vgl. das Baudenkmal „Alte Schule" in Lügde-Hummersen in: Arbeitskreis Leerstandsmanagement Lippe: Umgang mit Leerständen. Maßnahmenvorschläge für Kommunen. Erfahrungen und Empfehlungen des Leerstandsmanagements Lippe, Detmold 2014, S. 44–45, online abrufbar http://leerstandsmanagement-lippe.de/wp-content/uploads/2014/12/Leerstand-Broschuere-net.pdf (25. September 2015).

29 Vgl. Demografischer Wandel. Positionspapier der Architektenkammer Nordrhein-Westfalen, 2012. O.O., o.J. (Düsseldorf 2012), S. 19, www.aknw.de/fileadmin/user_upload/Stellungnahmen-Positionen/aknw-position_dem-wandel.pdf (25. September 2015).

30 Vgl. Quartiersanpassung Wulfen-Barkenberg, www.regionale2016.de/de/projekte/projekte/projektkategorie-heimat-landschaft-freizeit/quartiersanpassung-wulfen-barkenberg.html (20. September 2015).

31 Hierzu vgl. IBA Berlin 2020. Kurzüberblick/Projektrecherche „Besondere Wohnformen", Aachen 2012, S. 25/44–26/44 u. s. 46/64; www.baukunst-nrw.de/objekte/Ehemalige-Maschinenhalle-der-Zeche-Hasenwinkel--1173.htm (25. September 2015).

32 Vgl. www.haus-benteler-muenster.de/ (25. September 2015), dort wird mit dem Denkmalstatus geworben: „Die denkmalgeschützte Villa hat einen besonderen Charme […]".

33   An dieser Stelle sei einmal auf das Nutzungsgebot im Denkmalschutzgesetz von Nordrhein-Westfalen hingewiesen: „Denkmäler sind zu schützen, zu pflegen, sinnvoll zu nutzen [...]"; vgl. DSchG NW § 1, Satz 1.

34   Vgl. Mazzoni, Ira: Neue Wege zum Denkmal. Barrierefreiheit im Baudenkmal, Bonn o.J., 2013 (= Deutsches Nationalkomitee für Denkmalschutz, Faltblattreihe F 23).

35   Vgl. Fritzsche, Susanne / Heimeshoff, Jörg (Hrsg.): Barrierefreiheit in historischen Stadt- und Ortskernen. Teilhabe für Alle!, Lippstadt-Nideggen 2008.

36   Vgl. Leitlinien für leistungsfähige Schulbauten in Deutschland, hg. v. d. Montag Stiftung Urbane Räume gAG u.a., Bonn-Berlin 2013, S. 6.

37   Vgl. Schwingenheuer, Reinhard: Zuzug von Migranten nach Dorsten – Wulfen zwischen 1960 und 2010, o.O., 2013, als pdf-Dokument unter http://repositorium. uni-muenster.de/document/miami/79840422-efc0-4d30-aead-0808d70fc7b4/fremde_ heimat_westfalen_03_migration_dorsten.pdf (27. September 2015).

38   Vgl. Cârstean, Anca: Migration und baukulturelles Erbe in der Stadt, in: Individueller, aktiver und bunter. Historische Stadtquartiere zwischen Bedeutungsgewinn und Schrumpfung, Berlin 2013 (= Informationsdienste Städtebaulicher Denkmalschutz. 38), S. 20–27, hier S. 20.

39   Vgl. ebenda, S. 24.

40   Vgl. ebenda, S. 26.

41   Vgl. Schader-Stiftung (Hrsg.): Interkulturelle Öffnung und Willkommenskultur in strukturschwachen ländlichen Regionen. Ein Handbuch für Kommunen, 2. Aufl. Darmstadt 2014, S. 139.

42   Vgl. Welzel, Barbara: „Warum hat uns das bisher noch niemand gezeigt?" – Einige Anmerkungen zu kulturellem Erbe und Teilhabe, in: Zukunft braucht Herkunft, hg. v. Eva Dietrich, Magdalena Leyser-Droste, Walter Ollenik, Christa Reicher und Yasemin Utku, Essen 2011 (Beiträge zur städtebaulichen Denkmalpflege, Bd. 3), S. 142–154; Welzel, Barbara: Wissen und Erbe. Die Vermittlung baukulturellen Erbes an Kinder und Jugendliche mit und ohne Migrationshintergrund, in: Individueller, aktiver und bunter. Historische Stadtquartiere zwischen Bedeutungsgewinn und Schrumpfung, Berlin 2013 (= Informationsdienste Städtebaulicher Denkmalschutz, Bd. 38).

43   Globalisierungs- und Integrationsprozesse, wie sie sich derzeit in Europa ereignen, werden häufig als Bedrohung von Identitäten verstanden, vgl. Lübbe, Hermann: Politische Aspekte einer europäischen Identität, in: Europäische Geschichtskultur im 21. Jh., hg. v. d. Stiftung Haus der Geschichte der Bundesrepublik Deutschland, Bonn 1999, S. 35–40.

44   Vgl. dazu die Kooperation der Gemeinden in der Region Oberes Volmetal in Südwestfalen; www.staedtebaufoerderung.info/StBauF/DE/Programm/ StaedteGemeinden/Praxis/Massnahmen/Volme/ volme_node.html#Start (20. Januar 2016); siehe dazu auch Integrierte städtebauliche Entwicklungskonzepte in der Städtebauförderung. Eine Arbeitshilfe für Kommunen. 2015: www.staedtebaufoerderung.info/StBauF/ SharedDocs/Publikationen/StBauF/Arbeitshilfe_ISEK. pdf?__blob=publicationFile&v=3 (20. Januar 2016).

Umnutzung und Weiterbau von Gebäuden und Ensemble

Moderation: Gabi Dolff-Bonekämper (Berlin)

Wir vernichten Denkmäler, indem wir sie durch fragwürdige Kompromisse erhalten

Bahnhof Dortmund Süd

Wertewandel

„Wertewandel" beschreibt einen Prozess der Verhaltens- und Einstellungsänderung infolge gesellschaftlicher, politischer und religiöser Entwicklung oder der Neudefinition von Moral. Mit einhergehender Entwicklung unseres Geschichtsverständnisses ist auch die Definition von Werten in einem ständigen Wandel. Folglich ist es die Obliegenheit der Denkmalpflege stets kritisch und allumfassend hinsichtlich künftiger Generationen und Weltanschauungen zu beurteilen.

Vorkriegszeit

Der südöstlich von Dortmund gelegene Bahnhof diente sowohl dem Personen-, als auch dem Güterverkehr. Das dazugehörige Bahnhofsgebäude wurde Ende des 19. Jahrhunderts eröffnet.

Aufgrund des erhöhten Verkehrsaufkommens verbreiterte man zu Beginn des 20. Jahrhunderts die an das Gelände grenzende Straße „Heiliger Weg". Etwa zur selben Zeit wurde der Grundstein für den Wasserturm gelegt, der zusätzlich zur Unterbringung von Wohn- und Betriebsräumen angedacht war.

Das großflächige Areal mit vielen Gleistrassen und Lagergebäuden verdeutlicht die Funktion als Knotenpunkt im Ruhrgebiet, die der Bahnhof Anfang des 20. Jahrhunderts innehatte. Diese Gegebenheit wurde von den Nationalsozialisten missbraucht um Juden zu deportieren.

Kriegszerstörung

Im Jahr 1945 zerstörten Luftangriffe einen Großteil des Bahnhofareals, unter anderem das Bahnhofsgebäude und Teile des Aufgangs vom „Heiligen Weg".

Ein notdürftiger Wiederaufbau ermöglichte die unmittelbare Nutzung wichtiger Verkehrsstrecken.

Die Folgen des britischen Bombardements waren verheerend. Das Bahnhofsareal mitsamt seiner dichten Bebauung lag in Trümmern. Der hier markierte Wasserturm blieb von dem Angriff annähernd unbeschadet.

Nachkriegszeit

Infolge der Zerstörungen des Zweiten Weltkriegs war nur noch ein Bruchteil des Bestandes nutzbar. Nachdem der Betrieb des Bahnhofs zu Beginn der 1960er komplett eingestellt wurde, nutzte man den gut erhaltenen Ringlokschuppen als Lager- und Ausstellungsraum.

Der Wasserturm verlor seine ursprüngliche Funktion während sich in den übrigen Räumen ein Büro und Kleinhandel niederließen. In diesem Zuge wurden Teile der Fassaden erneuert. Zur Erinnerung an deportierte Juden wurde eine Gedenktafel angebracht, die aus dem Wasserturm ein Mahnmal macht.

Inmitten einer dichten Stadtbebauung sticht das verwahrloste Areal des ehemaligen Bahnhofs deutlich hervor. Nur wenige Gebäude des Geländes überdauerten den Krieg.

Über den heutigen Umgang mit dem Gelände „Kronprinzenviertel"

Das leer stehende Gelände des Bahnhofs Dortmund Süd mit einer Größe von etwa 100.000 m² soll in naher Zukunft zum Wohngebiet werden. Einfamilienhäuser, Doppelhaushälften und mehrgeschossige Wohnungsbauten sind auf einer Fläche von 60.000 m² geplant. Das generationsübergreifende Konzept zeigt sich in einer Kindertagesstätte und Seniorenwohnheimen. 30.000 m² sind für ein Gewerbegebiet vorgesehen. Die restlichen Flächen werden großzügig begrünt und das Zentrum der Siedlung als Spielplatz ausgebildet.

Fazit

Wird keine Lösung für die Nutzung eines leerstehenden Denkmals gefunden, ist der Erhalt der Bausubstanz oberste Maxime. Nach Norbert Huse kann dies jedoch auch „leere Orte" in all ihrer „Anstößigkeit, Stilwidrigkeit und Hässlichkeit" bedeuten. Der vollzogene großteilige Abriss widerspricht diesem Grundgedanken. Ebenso wird die alleinige Anbringung einer Gedenktafel den Ansprüchen eines Mahnmals nicht gerecht. Die dennoch erwünschte Wiedernutzung eines solchen „leeren Ortes" bedarf einer intensiven Auseinandersetzung gestalterischer und funktionaler Art. Eine sinnvolle Umnutzung ist der richtige Ansatz zur Wahrung eines Denkmals und geht mit einem unbedingten Werterhalt einher.

 technische universität dortmund   Fakultät Architektur und Bauingenieurwesen   Einführung in Theorie und Praxis der Denkmalpflege   Stefan Klaus · Sarah Müller · Michael Pawelczyk · Randi Schneider · Malina Wehner · David Wilk

Plakat zum Thema „Werte- und Bewertungswandel. Das Beispiel des Bahnhofs Dortmund-Süd", erarbeitet von Stefan Klaus, Sarah Müller, Michael Pawelczyk, Randi Schneider, Malina Wehner und David Wilk

„umbauen statt neubauen"

Weiterbauen im (Denkmal-)Bestand der (Nachkriegs-)Moderne*

OLAF GISBERTZ

ZUSAMMENFASSUNG

Im Bruch mit der Architekturtradition erschien das Thema „Weiterbauen" im frühen 20. Jahrhundert obsolet geworden. So verwundert es nicht, wenn Konstanty Gutschow (gemeinsam mit H. Zippel) in seinem Buch „Umbau", in dem er Fassadenveränderungen, Ladeneinbauten, Erweiterungen, Aufstockungen und Zweckveränderungen thematisiert, 1932 schreibt: „dieses Buch propagiert nicht umbauen statt neubauen. Anlaß, dieses Buch herauszubringen, sind die Zeitverhältnisse, die die Prognose berechtigt erscheinen lassen, daß künftige Umbauten im gesamten Bauwesen an Bedeutung gewinnen werden."

Bis heute haben sich die „Zeitverhältnisse" in verschiedenen Transformationsprozessen wiederum mehrfach geändert, vor allem mit Blick auf den Gebäudebestand der Boomjahre, wo der Begriff „Masse" und das städtebauliche Leitbild „Urbanität durch Dichte" die ästhetischen Konzepte der Architektur weitgehend bestimmten. Heute wie damals wird der Architektur aber nicht selten ein Scheitern für urbanes Leben in der Stadt angelastet.

Der Beitrag von Olaf Gisbertz geht der Frage nach, inwieweit das „umbauen statt neubauen" im schützenswerten Bestand bei heutigen Anforderungen an Nutzung, Barrierefreiheit, Energieeffizienz und Brandschutz möglich erscheint. Lässt sich das Paradoxon von Denkmalpflege und Weiterbauen in der Fortschreibung jener Moderne lösen, der man eine Zukunftsfähigkeit schon aufgrund der verwendeten Konstruktionen und Materialien grundsätzlich abgesprochen hatte?

Lübeck, Ulrich-Gabler-Haus, Schüsselbuden / Afrastraße, Architekten Georg Konermann-Dall und Ingo Siegmund 2013–2014

Herausforderung: Weiterbauen

Inmitten der als Welterbe geschützten Altstadt von Lübeck – direkt gegenüber der mittelalterlichen Marienkirche – haben die Architekten Georg Konermann-Dall und Ingo Siegmund auf fünf historischen Parzellen einen Neubau errichtet.[1] Vorangegangen war ein Wettbewerb, aus dem die Architekten mit einem Entwurf als Sieger hervorgingen. Die Aufgabe bestand darin, einen Ort neu zu bebauen, an dem sich bis 1943, vor den schweren Kriegszerstörungen der Stadt, auf dem Eckgrundstück zwischen Schüsselbuden und Afrastraße, ein historisches Bauwerk von besonderer Güte befand: das älteste in Nordeuropa nachgewiesene Saalgeschosshaus – erbaut im frühen 13. Jahrhundert noch vor Fertigstellung der Marienkirche. Fragmente des historischen Baus wurden durch die Archäologie freigelegt und stehen seitdem unter Denkmalschutz.

Der 3.400 qm große Baukörper greift die historische Struktur der Lübecker Parzellenbebauung auf und will sich passgenau in das historische Gefüge der Stadt einfügen, nicht ohne in Kubatur und Maßstab auf die giebelständige Nachkriegsbebauung in der Nachbarschaft Rücksicht zu nehmen. Welche Herausforderungen der Status als UNESCO-Weltkulturerbe in der Lübecker Innenstadt mit sich bringt, lässt sich ermessen, wenn man auch die Debatten um das Europäische Hansemuseum von Andreas Heller (eröffnet 2015) oder den Wettbewerb um das Gründungsviertel westlich von St. Marien verfolgt hat.[2]

Doch schon im frühen 20. Jahrhundert – als ein Welterbestatus noch in weiter Ferne lag, aber die Denkmalpflege erste Inventarbände für Lübeck anfertigte – wurde im Bestand der Hansestadt weitergebaut. Es war der spätere Rektor und Prorektor, Architekt und Hochschullehrer der TH Braunschweig, Carl Mühlenpfordt, der zwischen 1907 und 1914 beinahe nicht weniger als 50 Bauprojekte im Städtischen Bauamt der Hansestadt verwaltete, darunter auch das Hauptzollamt an der Untertrave auf Höhe der Jacobikirche.[3] Auf den ersten Blick ist der Neubau von 1910 – noch heute wohl erhalten – kaum also solcher auszumachen. Dies wird erreicht durch eine Baufügung, die den Typus eines giebelständigen Lübecker Kaufmannshauses aufgreift: den Anschluss der Traufhöhe an den benachbarten Bestand, eine schmale lanzettartige Befensterung, eine schlichte Backsteinfassade und eine Giebelform im Rückgriff auf die Zeit „um 1800".[4]

Zwischen diesen beiden hier vorgestellten Projekten in Lübeck, die mit ähnlichen Mitteln des Weiterbauens agieren, liegen nicht weniger als rd. 100 Jahre, zwei Weltkriege, der Wiederaufbau und unzählige Diskussionen um geeignete Strategien der Denkmalpflege, der Wandel der Denkmalwerte und die Kritik an einer Moderne, die für unfähig gehalten wurde, angemessene Lösungen für das Weiterbauen zu finden. Es folgte ihre Revision durch die Postmoderne[5] und deren Revision[6] durch eine „zweite Moderne".[7] Für die Denkmalpflege war 1964 die „Charta von Venedig"[8] erschienen, die bis heute als ein Grundsatzpapier gelten kann, wenn es um die Angemessenheit der Mittel geht. Denn beim Um- und Weiterbauen schwingt stets auch die Frage nach „Authentizität" mit, inwieweit die verschiedenen Ansätze zeitgemäß und nachhaltig sind. Es geht also auch um das Abwägen des Für und Wider von architektonischen Konzepten, wenn nicht gar um eine integrierte Theorie der Denkmalpflege unter Aspekten des Weiterbauens.

Ein verbindliches Vorgehen und eine überzeugende Strategie lassen sich aber nur selten ausmachen, zumal wenn aktuelle Positionen mehrdeutige Wege für ein Weiterbauen beschreiben. Wie wäre der enorm breite Bestand, der in den 1960er und 1970er Jahren für die ‚Massen' gebaut wurde, weiterzuentwickeln? Nach welchen Kriterien soll das Weiterbauen geschehen? Welche Optionen birgt das Weiterbauen in sich, jenseits einer Tabula-

Lübeck, Hauptzollamt, Carl Mühlenpfordt 1904

rasa-Mentalität, die der Nachkriegsära selbst häufig nachgesagt wird? Gibt es eine Strategie oder gar eine Theorie des Weiterbauens, die den Erhalt wesentlicher Gestaltungsmerkmale der Architektur 1960+ einschließt? Wo sind dann die Grenzen zwischen Denkmalschutz und dem Weiterbauen zu ziehen? Ist das Weiterbauen gar eine neue Option für die Denkmalpflege?

Es ist bei diesem Thema üblich geworden, dem Publikum einzelne Projektschritte von Umbau-Planungen in einem Vorher-Nachher-Effekt vorzuführen.[9] Der folgende Beitrag würde in einer diachronen Zusammenstellung gerne darauf verzichten und noch einmal zurückblicken auf die Geschichte des ‚Weiterbauens' in den Architekturdebatten zwischen früher Moderne und Gegenwart, um dann daraus mögliche strategische Überlegungen abzuleiten.

Rückblicke

Im Bruch mit der Architekturtradition erschien das Thema „Weiterbauen" in der frühen Moderne des 20. Jahrhunderts lange Zeit obsolet geworden. Im Curriculum der Architekturlehre hat es damals kaum Raum eingenommen; daran hat sich mit Bezug auf den jüngeren Gebäudebestand aus den Jahren 1950–1980 bis heute wenig geändert, trotz zahlreicher Initiativen um das Ressourcen schonende Bauen, das gebaute Architektur als Kapitale nachhaltiger Wertschöpfung versteht: so wie zuletzt publikumswirksam auf den Architekturbiennalen in Venedig (2004, 2012), wo besonders in den deutschen Beiträgen die Bestände der Moderne auf ihre Wandelbarkeit für Weiter- und Umnutzungen hin überprüft wurden. Rem Koolhaas' Beitrag „Absorbing Modernity" im Rahmen der Architektur-Biennale 2014 kann schließlich als Appell der Prominenz gewertet werden, sich wieder den Grundlagen der Architektur zu widmen, sich verloren geglaubte Traditionen zurück zu erschließen und für die Baukultur zukünftig nutzbar zu machen, auch in Hinblick auf ihre Potenziale für den Bauunterhalt der einmal gebauten Kapitalien.

Diese Gedanken erinnern an Ideale des ausgehenden 19. und frühen 20. Jahrhundert, als man die Frage nach Bewahrung und Neugestaltung von alten Ortbildern und Altstädten erstmals in breiten Diskursen der Architektur und Denkmalpflege verhandelte.[10]

Es wurde in den letzten Jahren zu Recht darauf hingewiesen, dass das Begriffspaar ‚Erhaltung' und ‚Gestaltung' die Debatten um die Pflege des Alten in der Stadt immer wieder auf unterschiedliche Weisen befeuert hat. Erstaunlich, dass aber auch die Neuerer in Architektur und Städtebau sich in ihren Positionen nur in Nuancen voneinander unterschieden: Altmeister Theodor Fischer und der junge Frankfurter Stadtbaurat Ernst May waren sich weitgehend doch einig darüber, dass es vor allem auf die Kunst und den Takt des Architekten ankäme, die „wertvolleren Teile der Altstadt in den lebendigen Organismus der modernen Großstadt einzugliedern."[11]

Dieser Diskurs, der maßgeblich auch von der Heimatschutzbewegung in Deutschland vorangetrieben wurde, hatte neben der historischen Legitimation des Alten vor allem das ‚Bild' der Altstadt im Sinn, ihre Ästhetik nach Kriterien einer gestalterischen Harmonie. Es sind Nachhaltigkeitsaspekte, die auf der Vorstellung von Erhaltung und Fortschreibung der Stadt nach Kriterien der ‚Schönheit' gründen, so wie es etwa Camillo Sitte 1889 in seinem Buch „Der Städtebau nach seinen künstlerischen Grundsätzen"[12] für die räumlichen Qualitäten der historischen Städte konstatiert hatte.

Im frühen 20. Jahrhundert wurde aber das „Weiterbauen" im architektonischen Entwurf, das auch das Umbauen von Bestehendem für neue Nutzungen implizierte, selten überhaupt theoretisch in Erwägung gezogen, trotz der über große Zeitspannen hin überlieferten Bautraditionen, die im 19. Jahrhundert verstärkt in den Enzyklopädien das Architekturwissen verfügbar machten: angefangen von David Gillys „Handbuch der Land-Bau-Kunst" (1797–1811) über Friedrich Weinbrenners „Architektonisches Lehrbuch" (1810–1819) bis hin zu Georg Gottlieb Ungewitters „Lehrbuch der gotischen Konstruktionen" (1853/1903).[13] Das Weiterbauen galt als selbstverständlich, der Ausbildung von angehenden Architekten nicht würdig, es wurde schlichtweg nicht gelehrt, wenn man sich auch an den etablierten Architekturschulen – noch bis in die 1920er Jahre hinein – intensiv mit historischen „Stilen" und Bauweisen beschäftigte und beim Kopieren früherer Bau- und Dekorationsformen auf den mimetischen Effekt der Nachahmung des Vorhandenen setzte. So verwundert es nicht, wenn Konstanty Gutschow (gemeinsam mit H. Zippel) in seinem Buch „Umbau", zu dem er u.a. Fassadenveränderungen, Ladeneinbauten, Erweiterung, Aufstockung und Zweckveränderung zählte, schrieb: „dieses Buch propagiert nicht umbauen statt neubauen. Anlaß, dieses Buch herauszubringen, sind die Zeitverhältnisse, die die Prognose berechtigt erscheinen lassen, daß künftige Umbauten im gesamten Bauwesen an Bedeutung gewinnen werden."[14] Schließlich erschien das Buch 1932 inmitten schwerer wirtschaftlicher Repressionen der Weltwirtschaftskrise, die ein „Neubauen" weitgehend unmöglich werden ließ.

Bis heute haben sich die „Zeitverhältnisse" in verschiedenen Transformationsprozessen der Politik, Wirtschaft und Kultur wiederum mehrfach geändert, vor allem mit Blick auf den Gebäudebestand der Boomjahre, wo der Begriff „Masse" und das städtebauliche Leitbild „Urbanität durch Dichte"[15] die ästhetischen Konzepte der Architektur in ganz Europa weitgehend bestimmten. Welche Potenziale birgt der Bestand der (Nachkriegs-)Moderne für das Weiterbauen dieser inzwischen in die Jahre gekommenen ‚neuen Stadt', auch hinsichtlich ästhetischer, kultureller oder sozialer Faktoren, nicht zuletzt auch mit Verweis auf die Erfordernisse zur Integration einer hohen Anzahl von Flüchtlingen, die derzeit in Europa Zuflucht sucht?[16]

Vor diesem Hintergrund bleibt es vor allem der Frage nachzugehen, inwieweit das „umbauen statt neubauen" im schützenswerten Bestand bei heutigen Anforderungen an Nutzung, Barrierefreiheit, Energieeffizienz, Brandschutz und Komfort überhaupt möglich erscheint? Lässt sich das Paradoxon von Denkmalpflege und Weiterbauen in der Fortschreibung jener Moderne lösen, der man eine Zukunftsfähigkeit schon aufgrund der verwendeten Konstruktionen und Materialien grundsätzlich abgesprochen hatte? Ließe sich daraus unter transdisziplinärer Perspektive sogar eine Theorie des Weiterbauens für diesen Baubestand ableiten?

Strategische Überlegungen

Der überwiegende Teil der zukünftig benötigten Infrastrukturen in Europa ist bereits gebaut. Schätzungsweise werden der Spätmoderne heute allein in Deutschland 60% des gesamten Baubestandes zugerechnet.[17] Nicht alles davon erscheint aus denkmalpflegerischen Gründen schützenswert. Bei dem immens großen Gesamtbestand stellt sich aber allein schon angesichts der „Masse" die Frage, nach welchen Kriterien eine denkmalpflegerische Strate-

gie vorgehen sollte. Die Erforschung von kulturellen Phänomenen damals, die Analyse der Bau- und Planungsprozesse von einst, sind für das Verständnis der spätmodernen Baukultur heute von großem Nutzen. Anderseits geht es um Potenziale für Sanierung und Weiternutzung des Baubestandes, nicht nur darum, materialgerechte Verfahren zu entwickeln, sondern auch gestalterische, also ästhetische, soziale, ökonomische und ökologische Qualitäten im vorhandenen Bestand zu erkennen, um den Baubestand der Boomjahre mittels Ressourcen schonender Methoden und Bauverfahren weiterzuentwickeln. Wenn von theoretischen Ansätzen des Weiterbauens dieser neueren Bestände heute überhaupt die Rede sein kann,[18] dann ließe sich vielleicht ein „Dreiklang" beschreiben, der dem „Weiterbauen" des Vorhandenen zunächst vorausgehen müsste:

Erstens Aneignung: Das Beispiel ‚Riesen in der Stadt' – Großwohnkomplexe

Besonders Großkomplexe der 1960er und 1970er Jahre sind in den letzten Jahren in den Blick geraten; stehen die heutigen Planer doch bei diesen Objekten, die wie ‚Giganten' die Stadt beherrschen, vor besonderen Herausforderungen:[19] so wie beim sog. Ihme-Zentrum in Hannover, über das schon zur

Hannover, „Bauland im Ihme-Zentrum", Entwurf, Frank Eittorf & Friends, Hannover, 2014

Bauzeit kontrovers diskutiert wurde. Auf dem größten zusammenhängenden Betonfundament Europas 1971–75 errichtet, stand es damals für die Utopie der Architekten, für rd. 2.500 Bewohner einen Lebensraum mit hohen Wohn- und Freizeitwerten am Ufer der Ihme zu gestalten. Mittlerweile ist die Infrastruktur zum Einkaufen (mit einer Verkaufsfläche von ehemals rund 60.000 m²) verschwunden, verkommt das Zentrum und hat einen schlechten Ruf. Für die einen Grund genug der Abneigung, für die anderen Ansporn der Aneignung – schon vor dem Hintergrund der „Nachhaltigkeitsdebatte" um Ressourcenschonung und langfristige urbane Konzepte. Das „Wohnen im Brutalismus" avancierte für manche unter ihnen – wie Constantin Alexander – sogar zum Selbstversuch. Er wird nicht müde, in Vorträgen und Podiumsdiskussionen auf die Situation in Hannover aufmerksam zu machen: „Wie können wir die Stadt neu denken?" [20] Er ist dabei nicht allein: Junge Architekten der Universität Hannover illustrieren mit plakativen Renderings den Aneignungsprozess und bieten durch ihre Planungsvorschläge einige Optionen der Revitalisierung an. Durch künstlerische Intervention wird den Großwohnkomplexen dieser Jahre aber auch anderswo vermehrt Aufmerksamkeit zu Teil. [21]

Viele Ideen bleiben Utopie und Vision, weil es eben erhebliche finanzielle Hürden zu überwinden gibt, die Zuständigkeiten nicht immer klar sind und die Beteiligten in Interessenskonflikte geraten. Auch die Politik und Bauindustrie müsste überzeugt werden, um eine architektonische Planung und solide Baufinanzierung für den „Bauunterhalt" und das „Weiterbauen" zu ermöglichen. Was bleibt ist häufig Ernüchterung, wie zuletzt bei den City-Höfen in Hamburg, die trotz eines tragfähigen Konzepts zum Um- und Weiterbauen dem Abriss geweiht sind. Seit Oktober 2014 hatte sich eine Initiative junger engagierter Bürger um Alexander Hosemann mit zahlreichen Aktionen und Veranstaltungen eingesetzt für den Erhalt und die Fortschreibung von „Hamburgs wohl umstrittensten Denkmal, den vier grauen Hochhäusern mit Ladenpassage gegenüber dem Hamburger Bahnhof." [22]

Zweitens Partizipation:
Das Beispiel ‚Plätze und Freiflächen'
Um bei „ungeliebten" Baudenkmalen der (Nachkriegs-)Moderne öffentliche Aufmerksamkeit zu generieren und sukzessive Aneignung zu ermöglichen, hat sich inzwischen eine ‚Guerilla-Taktik' bewährt,

die mit allen Mitteln der sozialen Netzwerke für Bündnisse der Erhaltung und Partizipation wirbt.

Für die Bildungsbauten der Spätmoderne stellen sich besondere Anforderungen, vor allem auch hinsichtlich eines pädagogischen Anspruchs an eine Bildungsarchitektur von heute. [23] Wie soll man hier mit den Potenzialen von Frei-, Platz und Nutzflächen für den ruhenden Verkehr umgehen? Auch hier steht im Idealfall eine Aneignung durch die Nutzer und Benutzer am Anfang, wie beim Forumsplatz der TU Braunschweig. Das den Platz mit Audimax und Universitätsgebäude flankierende Forumsgebäude vis-à-vis des Hauptgebäudes von Konstantin Uhde wurde in den Jahren 2010–2015 vor allem aus Gründen des Brandschutzes ertüchtigt. Vollkommen unklar ist allerdings die Zukunft des Forumsplatzes selbst: Studierende haben sich der Sache angenommen und initiierten einen „Self-made-Campus" [24], eine Online-Plattform, auf der jeder seine Ideen für eine „lebenswerte Universität" einbringen kann. Das Projekt startete mit einem Baukasten für ein Sitzmöbel aus EURO-Paletten, umgebauten Telefonzellen als Büchervitrinen oder dem Bau vertikaler Gemüsebeete.

Drittens Integrale Planung:
Das Beispiel ‚Entwurfsseminare'
Begleitet werden die Aneignungsprozesse an der TU Braunschweig von Entwurfsseminaren mit bauhistorischen Vertiefungen, die den Bestand genauer in den Blick nehmen und die ‚Gestaltungsideen von morgen' auf ihre Denkmalverträglichkeit hin überprüfen. Dabei spielt die Diskussion um ‚Zeitschichten' im überlieferten Bestand eine wesentliche Betrachtungsebene. Es gilt nach einer genauen Befund- und Schadenskartierung, d.h. einer dezidierten Dokumentation des Vorgefundenen, bis ins Detail hinein jeden Planungsschritt für ein Weiterbauen abzuwägen.

Geht man so vor, hat man gute Chancen, architektonische Qualitäten zu erkennen, den Bestand mit dessen prägenden Gestaltungsmerkmalen zu erhalten und den Bauten ihre Identität und Aura zu lassen. Dass dabei rekonstruierende Verfahren für die Reparatur oder der Austausch maroder Bauteile zum Einsatz kommen, versteht sich von selbst, wenn bauzeitliche Baumaterialien über den Handel nicht mehr zu beziehen sind. Aber es eröffnen sich auch Möglichkeiten, durch bauliche Interventionen neue Räume im Bestand zu erschließen, die den Bedürfnissen der Nutzer heute mehr entgegenkommen als der überlieferte, u.U. ‚denkmalgeschützte' Gebäudebestand.

Substanzerhalt – Substanzverlust

Das Weiterbauen gehört für die Baugeschichte seit Jahrhunderten zur gebauten Realität. Schon immer werden Gebäude oder Gebäudeteile weitergenutzt, um- oder weitergebaut, ob der Tradition des Ortes folgend am genius loci oder ob durch Translokation an einem anderen, mitunter entfernten Ort.[25]

Der Umgang mit dem Bestand der (Nachkriegs-) Moderne impliziert neben der denkmalgerechten Sanierung unter möglichst großem „Substanzerhalt" durch ein Weiterbauen aber auch „Substanzverlust", die Transformation des Gebäudebestandes in die Jetztzeit, wohl wissend, dass nicht jedes schutzwürdige Gebäude der jüngeren Vergangenheit auch nach denkmalgerechten Kriterien saniert werden kann.

Nicht zuletzt schwankt auch die Denkmalpflege, die in ihrer praktischen Arbeit häufig in Konflikt gerät, wie ein Baudenkmal der Nachkriegsmoderne substanziell und materiell im überlieferten Zustand überhaupt zu erhalten, denkmalgerecht instand zu setzen und weiterzubauen wäre.[26]

Besonders für die Baudenkmale der Zeit nach 1960 fehlen in der Praxis noch Erfahrungswerte, die überlieferten Bestände bautechnisch zu konservieren. Dabei sind neue, auch bauphysikalische Verfahren zu entwickeln, um ein möglichst Substanz schonendes Reparieren an den Beständen durchführen zu können. Obwohl die „Konservierung der Moderne"[27] schon vom Rat für Denkmalpflege (ICOMOS) 1998 erörtert wurde, sind seither kaum überzeugende Erhaltungsstrategien entwickelt worden.[28] Schon für das ‚Neue Bauen' hatte Norbert Huse der Denkmalpflege konstatiert, über „wenig gesichertes Wissen"[29] in Bezug auf die Reparaturfähigkeit der angewandten Baukonstruktionen und verwendeten Baumaterialien zu verfügen. Gleiches lässt sich auch für die Nachkriegsarchitektur der 1960er und 1970er Jahre feststellen, wo – nicht minder experimentell – neue Bautechniken erprobt wurden. Viele Bauteile wurden sogar in seriell-industrieller Großfertigung hergestellt. Doch diese ehemaligen Serienprodukte sind heute meist nicht mehr verfügbar. Das Gebaute – das bauzeitlich Überlieferte und wenig Veränderte – avancierte daher in vielen Städten schon zum einzigartigen ‚Unikat' der Bau- und Technikgeschichte. Dennoch oder gerade deshalb gehören Materialaustausch,

mitunter die Rekonstruktion ganzer Gebäudeteile, zum üblichen Repertoire denkmalpflegerischer Sanierungen, nicht immer mit identischen detailgetreuen Ergebnissen.[30]

Weit im Vorfeld der eigentlichen Baumaßnahmen erfordert das Bauen im (denkmalgeschützten) Bestand eine weitsichtige Vorplanung, die eine objektbezogene Quellenforschung und Bauschadenserhebung genauso umfasst wie – daraus resultierend – die Objektbewertung und die Aufstellung eines individuellen Sanierungskonzepts. Dabei werden Aspekte der „Denkmalwürdigkeit" und „Denkfähigkeit" in die Vorplanungen einbezogen, zumal sich die Nachkriegsmoderne von Seiten der institutionellen Denkmalpflege kaum in Gänze ausreichend genug erfassen lässt. Doch wie auch immer der breite Gebäudebestand inventarisiert und dokumentiert wird, jede Baumaßnahme im Bestand – ganz gleich ob minimal, reversibel oder auch gebäudeverändernd – bedeutet einen Verlust von ‚originaler' Substanz und historischer Authentizität.

Umso mehr bedarf es einer Systematik für Sanierung und Pflege der gefährdeten Baubestände der (Nachkriegs-)Moderne[31] unter Berücksichtigung ihrer gestalterischen Qualitäten für eine nachhaltige Nutzung und bauliche Fortschreibung. Dabei hat immer noch das Bestand, was führende Denkmalpfleger schon vor zwei Jahrzehnten für ein Erhalten und Weiternutzen der Moderne eingefordert hatten: die „exakte Kenntnis des Bestandes und, (...) neben methodischer Sorgfalt ein großes Maß an planerischem Einfallsreichtum".[32]

Ausblicke

Wer baut, führt einen Diskurs mit dem Bestand und seinen Bedingungen, mit Gebautem und Erdachtem für einen individuellen Ort, dem „genius loci".[33] Das gilt für ein Neubauen im Bestand genauso wie für ein Bauen im und am Bestand, das auch ein Weiterbauen einschließt. Den Grad von Substanzerhalt, -verlust oder -kompensation durch das Neue im Kontext des Alten gilt es dabei immer wieder neu abzuwägen.

Architekten und Denkmalpfleger müssen sich heute vor allem auch zunehmend mit den breiten Baubeständen der (Nachkriegs-)Moderne auseinandersetzen. Die Grundlage für die Entwicklung geeigneter Erhaltungs- oder Umbaustrategien erfordert zunächst ein möglichst tiefgreifendes Verständnis der baukünstlerischen wie konstruktiven Besonderheiten, nicht zuletzt aber auch ihre adäquate Einordnung in größere baukulturelle Zusammenhänge:

„Heimatkunde – Eure Stadt / Eure Ideen", Bundesministerium für Bildung und Forschung,
Projektgruppe Wissenschaftsjahr 2015 – Zukunftsstadt

Die tatsächliche ,Bedeutung' eines Bauwerks für die (Bau-)Geschichte der Moderne erschließt sich wie bei den Beständen früherer Epochen erst vor dem Hintergrund vielfältiger Kontexte seiner Entstehung, Geschichte und Nutzung. Diesen Aspekten geht nach Abschluss verschiedener Veranstaltungen und Symposien zur Sanierungsressourcen und Identifikationspotenzialen[34] seit 2013/14 ein fächerübergreifendes Forschungs- und Lehrprojekt an der TU Braunschweig nach. Am Beispiel des Braunschweiger Hochschulbestandes aus den Jahren 1945–1980 werden sukzessive historische Grundlagen, theoretische Diskurse wie auch praktische Aspekte der Denkmalpflege und Bauwerkserhaltung für das jüngere Bauerbe erarbeitet.[35]

Auch wenn mitunter Architekten der Nachkriegsjahrzehnte – von Asplund bis Snozzi – oder mit zeitgenössischen Projekten – von Brandlhuber bis Staab – prägende Referenzfiguren für ein ,Weiterbauen' zitiert werden können:[36] Es erscheint lohnend – trotz einer Fülle von gebauten Projekten und Hochglanz-Publikationen zum Thema – eine Theorie zu schreiben über etwas, was im 19. Jahrhundert noch als selbstverständlich galt, der Worte wenig bedurfte, und was erst das 20. Jahrhundert aufgab und schließlich die Denkmalpflege mit Verweis auf die ,Charta von Venedig" – das Neue müsse sich deutlich vom Bestand unterscheiden – beinahe doktrinär ablehnte. Heute unterliegen viele Bauten der Ära zwischen Wiederaufbau und Ölkrise

vielfältigen Aneignungsprozessen, Interventionen durch die bildende Kunst, auch Aktionen, die mitunter sogar von offiziellen Stellen gefördert werden, wie zuletzt das Projekt „Heimatkunde – Eure Stadt / Eure Ideen", wo Schülerinnen und Schüler zwischen 12 und 16 Jahren aufgefordert wurden, eigene Vorschläge zur Gestaltung und Nutzung von Freiflächen in ihren Heimatorten einzubringen.[37]

Wie hoch der Anspruch an das ,Weiterbauen im Bestand' ist, hängt also von vielen Faktoren ab. Die Abkehr von alten Dogmen der Denkmalpflege hin zu einer entspannten Haltung – einer „harmonischen, subtilen Differenz"[38] zwischen Alt und Neu – bietet bei der Masse an Bauten einige Chancen auf Substanzerhalt im (Denkmal-)Bestand der (Nachkriegs-)Moderne, birgt jedoch auch Gefahren, dass die denkmalpflegerische Losung nach Ablesbarkeit zeitgenössischer Eingriffe und Zutaten im Weiterbauen älterer Denkmalschichten verloren geht. Jedenfalls erscheint die Rückbindung der Bau- und Stadtbaugeschichte an den architektonischen Entwurf einerseits und die Erforschung von historischen Bautechniken der Moderne anderseits im Dialog mit Experten aus Theorie und Praxis für ein nachhaltiges Weiternutzen von Bestehendem dringend geboten, vor allem auch dann, wenn Nachhaltigkeit im Strukturwandel nicht nur als ökologische und wirtschaftliche, sondern auch als soziale und kulturelle Verpflichtung verstanden wird.[39]

Abbildungsnachweis

1   Markus Dorfmüller und Johanna Klier, Hamburg

2   Postkarte, Nachlass Carl Mühlenpfordt, Braunschweig

3   Frank Eittorf & Friends, Hannover, 2014

4   Bundesministerium für Bildung und Forschung:
    www.wissenschaftsjahr-zukunftsstadt.de/
    index.php?id=324 (28. März 2016)

Anmerkungen

*   Der vorliegende Beitrag basiert in Auszügen auf der
    Habilitationsschrift des Verfassers zum Thema: Reflexion
    und Transformation. Erhalten und Weiterbauen der
    (Nachkriegs-)Moderne. Braunschweig 2015.

1   Ortsspezifisches Bauen im Bestand. Konermann
    Siegmund Architekten BDA, Ulrich-Gabler-Haus, Lübeck
    2010–2014, in: german-architects, Review:
    www.german-architects.com/de/projects/ 45238_Ulrich_
    Gabler_Haus (15. Juni 2015).

2   Vgl. Dechau, Wilfried: Mythos Hanse, in: Frei 04
    Publizistik, 10.06.2015. 1/11-11/11.
    Vgl. Dokumentation zum Wettbewerb Gründungsviertel,
    http://stadtentwicklung.luebeck.de /stadtplanung/
    altstadt/20120418.html (15. Juni 2015). Vgl. Finke,
    Manfred: So wird es nicht gehen, in: Die Bauwelt,
    Nr. 215, 12.2015: Die Europäische Stadt – eine Chimäre?,
    S. 9–10.

3   Gisbertz, Olaf: Carl Mühlenpfordt: Reformarchitekt und
    Hochschullehrer der Zeitenwende, in: INSITU. Zeitschrift
    für Architekturgeschichte, 2/2013, S. 45–62.

4   Mebes, Paul: Um 1800. Architektur und Handwerk im
    letzten Jahrhundert ihrer traditionellen Entwicklung,
    München 1908.

5   Klotz, Heinrich: Revision der Moderne. Postmoderne
    Architektur 1960–1980. Ausst.-Kat. DAM,
    München 1984.

6   Flagge, Ingeborg / Schneider, Romana (Hrsg.): Revision
    der Postmoderne. Ausst.-Kat. DAM 2005, Hamburg 2004.

7   Klotz, Heinrich: Kunst im 20. Jahrhundert. Moderne,
    Postmoderne, Zweite Moderne, München 1994; Ders.
    (Hrsg.): Die Zweite Moderne. Eine Diagnose der Kunst
    der Gegenwart. Tagungsband ZKM Karlsruhe,
    München 1996.

8   Birgit Franz: 50 Jahre Charta von Venedig – Geschichte,
    Rezeption, Perspektiven – ein Bericht, in: Berichte zur
    Denkmalpflege in Niedersachsen. Nr. 4, 2014,
    S. 175–178, vgl.: www.blfd.bayern.de/medien/charta_
    von_venedig_1964.pdf (15. Juni 2015).

9   Cramer, Johannes / Breitling, Stefan: Architektur
    Entwurf, Ausführung. Basel, Boston, Berlin 2007;
    Bielefeld, Bert / Wirths, Mathias: Entwicklung und
    Durchführung von Bauprojekten im Bestand.
    Analyse, Planung Ausführung, Wiesbaden 2010.

10 vgl. o.A.: Tag für Denkmalpflege und Heimatschutz.
    Würzburg und Nürnberg 1928. Tagungsbericht mit
    Sonderbeiträgen zur Heimat- und Kunstgeschichte
    Frankens, Berlin 1929, S. 72; auch in: Fischer, Theodor:
    Altstadt und neue Zeit,
    in: Gegenwartsfragen künstlerischer Kultur, hg. v. dems.,
    Augsburg 1931, S. 7–24.

11 Ernst May, 1928, zit. nach Sonne, Wolfgang:
    Stadtbild und Denkmalpflege. Weiterbauen im
    historischen Kontext, in: Online-Dokument, S. 9,
    http://buddenbrookhaus.de/file/wolfgangsonne_
    stadtbildunddenkmalpflege.
    weiterbauenimhistorischenkontext.pdf
    (13. September 2015).

12 Sitte, Camillo: Der Städtebau nach seinen künstlerischen
    Grundsätzen. Ein Beitrag zur Lösung modernster
    Fragen der Architektur und monumentalen Plastik unter
    besonderer Beziehung auf Wien, 2. Aufl.,
    Wien 1889, S. 1.

13 Hassenewert, Frank: Deutsche Lehrbücher des Entwer-
    fens im 19. Jahrhundert. Entwerfen als Handwerk und
    Formbildungsprozess, in: Johannes, Ralph. Entwerfen,
    Hamburg 2009, S. 511–525.

14 Gutschow, Konstanty / Zippel, H.: Umbau, Stuttgart 1932.

15 Sonne, Wolfgang: Urbanität und Dichte im Städtebau des
    20. Jahrhunderts, Berlin 2014.

16 Making Heimat. Germany, Arrival Country. Deutsches
    Architekturmuseum. Deutscher Beitrag auf der
    Architekturbiennale Venedig 2016, www.dam-online.de/
    portal/de/News/Start/0/0/82551/mod1131-details1/
    1595.aspx (16. Januar 2016).

17 Vgl. Hassler, Uta: Umbau. Die Zukunft des Bestandes,
    in: Der Baumeister 4/98, S. 34–41; Vgl. Baukulturbericht.
    Gebaute Lebensräume der Zukunft – Fokus Stadt
    2014/2015, hg. v. d. Stiftung Baukultur. Potsdam 2015,
    S. 25.

18 Warda, Johannes: Wiederaneignung. Versuch über eine
    Entwurfstheorie der Transformation, in: Am Strand,
    2015, S. 77–85; Licata, Gaetano: Transformabilität
    moderner Architektur. Über die Disposition moderner
    Gebäude transformiert zu werden, (Diss.) Kassel 2005.

19 Beckmann, Karen: Urbanität durch Dichte? Geschichte
    und Gegenwart der Großwohnkomplexe der 1970er
    Jahre, Bielefeld 2015.

20 Constantin Alexander unterhält eine eigene Internetseite
    zu diesem Projekt, vgl. https://experimentihmezentrum.
    wordpress.com (14. September 2015).

21 Vgl. Von der Ablehnung zur Aneignung? Das architek-
    tonische Erbe des Sozialismus in Mittel- und Osteuropa.
    The Architectural Heritage of Socialism in Central and
    Eastern Europe, hg. v. Arnold Bartetzky, Christian Dietz
    und Jörg Haspel, Wien, Köln, Weimar 2014,
    bes. S. 195–288.

22 Im Dezember 2015 erfolgte die Gründung eines Vereins,
    siehe http://www.city-hof.org (29. Oktober 2015).

23   Gisbertz, Olaf: Bildungsbauten der Sechziger und Siebziger Jahre. Chancen für Nachhaltigkeit durch Transformation, in: Zukunft für die Vergangenheit, hg. v. Stefan Kraemer und Philip Kurz für die Wüstenrot Stiftung anlässlich des Gestaltungspreises 2012, Stuttgart 2014, S. 130–153.

24   Weitere Informationen zu dem Projekt siehe http://sandkasten.tu-braunschweig.de (23. Januar 2016).

25   Bauten in Bewegung. Vom Verschieben und vom Handel mit gebrauchten Häusern, von geraubten Spolien, Kopien und wiederverwendeten Bauteilen. Bearb. v. Fred Kaspar, hg. v. Markus Harzenetter u.a., Darmstadt 2007 (= Denkmalpflege und Forschung in Westfalen Bd. 47).

26   Hansen, Astrid: Substanz und Erscheinungsbild – Chancen eines denkmalgerechten Umgangs mit der Nachkriegsmoderne, in: Nachkriegsmoderne kontrovers. Positionen der Gegenwart, hg. v. Olaf Gisbertz, 2012, S. 152 (152–165). Zuletzt: Skalecki, Georg: „Neue" alte Grundsätze für die Konservierung der Bauten der Nachkriegsmoderne, in: DNK.de, PDF-Dokument, Abruf, 11.07.2015. Vgl. Hild, Andreas: Genotyp und Phänotyp, in: Der Architekt, H. 4/2015, S. 29–33.

27   Konservierung der Moderne? Über den Umgang mit den Zeugnissen der Architekturgeschichte des 20. Jahrhunderts. Tagungsband Deutsches Nationalkomitee, Dresden 1996. Hrsg. v. ICOMOS Deutsches Nationalkomitee. München 1998.

28   Vgl. Schmidt, Hartwig: Denkmalpflege und moderne Architektur. Zwischen Pinselrenovierung und Rekonstruktion, in: Restauro, 2/1998, S. 114–119.

29   Huse, Norbert: Facetten eines Baudenkmals, in: Ders. (Hrsg.): Der Einsteinturm. Die Geschichte einer Instandsetzung. Stuttgart 2000, S. 15.

30   Weller, Bernhard / Jakubetz, Sven / Fahrion, Marc-Steffen: Fassaden der Nachkriegsmoderne – Konstruktion und Sanierung, in: Gisbertz 2012 (wie Anm. 26), S. 166–177.

31   Wüstenrot Stiftung (Hrsg.): Denkmalpflege der Moderne. Konzepte für ein junges Architekturerbe. Red. Andreas Schwarting et al., Stuttgart, Zürich 2011.

32   Grunsky, Eberhard: Ist die Moderne konservierbar? In: Konservierung der Moderne, 1998, S. 37 (wie Anm. 27).

33   Norberg-Schulz, Christian: Genius loci. Landschaft, Lebensraum, Baukunst, Stuttgart 1982.

34   Siehe hierzu: Hotze, Benedikt: Masterpiece der Braunschweiger Schule. Gerkan für Zivilcourage der Architekten, in: Baunetz: 04.02.2010, siehe www.baunetz.de/meldungen/Meldungen-Gerkan_fuer_Zivilcourage_der_Architekten_942069.html (1. Oktober 2015) sowie Dokumentation zweier sich anschließender Tagungen in Braunschweig 2011/2012: Gisbertz, Olaf (Hrsg.): Nachkriegsmoderne kontrovers – Positionen der Gegenwart, Berlin 2012.

35   Interdisziplinäres Studien- und Lehrprojekt an der Fak. 3 der TU Braunschweig, „Bauen im Bestand I/II", seit Wintersemester 2013/14, Idee und Konzeption für das zweisemestrige Modul: Alexander von Kienlin, Olaf Gisbertz, Christina Krafczyk, Sebastian Hoyer, TU Braunschweig.

36   Rellensmann, Luise: Denkmalschutz ohne Denkmalpfleger, in: Baunetzwoche 28.01.2016, S. 8–19, siehe www.baunetz.de/meldungen/Meldungen-BAUNETZWOCHE_439_4680993.html (31. Januar 2016).

37   Initiative des Bundesministeriums für Bildung und Forschung Wissenschaftsjahr 2015: Zukunftsstadt, siehe www.wissenschaftsjahr-zukunftsstadt.de/index.php?id=324 (24. September 2015).

38   Will, Thomas: Grenzübergänge. Weiterbauen am Denkmal, in: werk, bauen und wohnen, 6/2003, S. 50–57.

39   Krainer, Larissa: Kulturelle Nachhaltigkeit. Konzepte, Perspektiven, Positionen, München 2007.

In jeder Stadt (k)ein Warenhaus

SILKE LANGENBERG UND KATHARINA ILMBERGER

ZUSAMMENFASSUNG

Warenhäuser stellen gegen Ende des 19. Jahrhunderts eine neue Bauaufgabe in Deutschland dar, deren Entwicklung eine direkte Folge der industriellen Revolution, des Wachstums der Städte, zunehmender Warenverfügbarkeit und steigenden Wohlstandes ist. Die frühen, an französischen und englischen Vorbildern orientierten Großbauten entstehen in enger Zusammenarbeit zwischen Architekten, Ingenieuren und Unternehmern und dienen neben der Warenpräsentation vor allem auch der Repräsentation. Das gleiche gilt für die wenigen in der Zwischenkriegszeit entstandenen Warenhausbauten, obwohl diese eine stark reduzierte Formensprache und Sachlichkeit zeigen.

Infolge des wirtschaftlichen Aufschwungs und zunehmenden Erfolgs der Unternehmen verändert sich in den ersten Jahrzehnten nach Ende des Zweiten Weltkrieges nicht nur die Warenhausarchitektur deutlich, auch Verkaufskonzepte und Standortwahl werden verstärkt den Bedürfnissen der Kunden angepasst. Bis Mitte der 1980er Jahre expandieren die Konzerne in ungeahntem Ausmaß und überziehen Deutschland – unter anderem als Reaktion auf die zunehmende Konkurrenz durch Einzelhandelszentren vor den Städten – mit einem Netz unterschiedlicher Warenhaustypen.

Viele der an kontinuierlichem Wachstum und Umbau orientierten Konzepte sind mittlerweile überholt. Vor allem die in den 1960er und 1970er Jahren in großer Masse entstandenen „neutralverpackten" Warenhäuser in den Großstädten sowie die Anfang der 1970er Jahre entwickelten Systembauten für Klein- und Mittelstädte sind für Kunden und Konzerne nicht mehr attraktiv. Sowohl Standorte als auch Bauwerke werden vermehrt aufgegeben. Die für eine Nachnutzung der größeren, meist innerstädtischen Objekte entwickelten Konzepte sind aus ökologischen und ressourcen-ökonomischen, gegebenenfalls auch denkmalpflegerischen Gründen sicher sinnvoll und einem vollständigen Abbruch der Bauten vorzuziehen – dennoch scheinen sie nur teilweise geeignet, den großen Bestand an Warenhäusern in Deutschland nachhaltig und langfristig zu erhalten.

Entwicklung der Warenhausarchitektur

Mit der Übernahme des von ihren Eltern ein Jahr zuvor eröffneten Ladens für Kurz- und Posamentierwaren werden die Brüder Georg und Hugo Wertheim 1876 zu Begründern des ersten deutschen Warenhausunternehmens.[1] Ihrem Beispiel folgt Leonhard Tietz 1879 mit der Eröffnung eines kleinen Ladenlokales in Stralsund, im welchem er „Garn-, Knopf-, Posamentier- und Wollwaren- […] en gros & en detail" zu Festpreisen und gegen Barzahlung verkauft.[2] 1881 eröffnet der gelernte Einzelhandelskaufmann Rudolph Karstadt sein erstes Geschäft

Warenhaus Tietz an der Leipziger Straße in Berlin, erbaut 1899–1900 (Beispiel der ersten Warenhausgeneration)

Warenhaus Schocken in Stuttgart von Erich Mendelsohn, 1926–28
(Beispiel der zweiten Warenhausgeneration)

in Wismar, welchem schnell weitere Filialen im norddeutschen Raum folgen.[3] In Gera begründet Oscar Tietz, der jüngere Bruder von Leonhard, 1882 zusammen mit seinem kapitalgebenden Onkel Hermann Tietz[4] unter dessen Namen[5] ein Textilgeschäft – und damit den späteren Hertie-Konzern. Theodor Althoff übernimmt 1885 von seiner verwitweten Mutter ein „Kurz-, Weiß- und Wollwarengeschäft" in Dülmen und eröffnet bereits ein Jahr später die erste Filiale.[6]

Anders als die meisten der französischen, englischen und amerikanischen Vorbilder haben die deutschen Warenhausunternehmen ihren Ursprung in der Provinz und gehen alle auf kleinere Gründungsgeschäfte zurück. Erst mit zunehmendem Erfolg und Ausweitung des Filialnetzes auf größere Städte werden in Deutschland die ersten Warenhausbauten errichtet. Charakteristisch für die frühen Großbauten der sogenannten ersten Warenhausgeneration[7] ist neben der innerstädtischen Lage insbesondere die Integration von Lichthöfen in meist rechteckigem Gebäudegrundriss zur natürlichen Belichtung und Erschließung der oberen Geschosse, ein hoher Glasanteil in den Fassaden sowie eine möglichst hoch- und neuwertige technische Ausstattung.

Die vergleichsweise wenigen Warenhausbauten der zweiten Generation entstehen in den 1920er und 1930er Jahren und distanzieren sich in ihrer architektonischen Formensprache deutlich von der Prunk- und Repräsentationsarchitektur der früheren Großbauten. Dennoch nutzen auch sie die in diesem Fall der klassischen Moderne verpflichtete

Architektur zur Darstellung ihrer Fortschrittlichkeit. Als wichtigster Vertreter der zweiten Warenhausgeneration gilt Erich Mendelsohn, welcher mit der Errichtung des Kaufhauses Schocken in Nürnberg 1926 neue Maßstäbe setzt.[8] Die Inszenierung der Waren, das Mobiliar sowie die in den Obergeschossen deutlich reduzierten Schaufensterflächen unterschieden sich nicht nur deutlich von den früheren Großbauten, sie sind auch wegweisend für die Warenhauskonzepte der frühen Nachkriegszeit.

Anders als die frühen Großbauten sind die kleineren Warenhäuser der zweiten Generation vor allem in mittelgroßen Städten zu finden. In den Großstädten zeichnet sich mit den Einheitspreisgeschäften zur gleichen Zeit eher die Entstehung eines weiteren Typus ab, in welchem Artikel des täglichen Bedarfs in festgesetzten Preisklassen verkauft werden.[9] Mit Machtergreifung der Nationalsozialisten und Verfolgung der meist jüdischen Warenhausbesitzer kommt es jedoch schon bald zum Boykott und schließlich Ende jeglicher Neubautätigkeit oder Expansion von Warenhausunternehmen in Deutschland.

Die frühen Nachkriegsjahre sind zunächst vom Wiederaufbau zerstörter Gebäude geprägt. Horten, das jüngste der vier nach Ende des Zweiten Weltkriegs verbliebenen großen Warenhausunternehmen, eröffnet bereits 1948 nach nur 100 Tagen Bauzeit den ersten Abschnitt seines Duisburger Warenhauses an der Königstraße, was als herausragende Wiederaufbauleistung vermarket und publiziert wird.[10] Ihm folgen in den 1950er Jahren zahlreiche Objekte der dritten Warenhausgeneration, welche zur Hälfte in den Hauptgeschäftszentren großer Städte, oftmals als Erweiterungsbauten noch existierender oder wiedererrichteter Häuser entstehen. Die Architektur ist von einer kubischen Gestaltung geprägt, welche Elemente der vorhergehenden Baugeneration – wie beispielsweise weit auskragende Vordächer über Eingangsbereichen und Schaufenstern im Erdgeschoss, Flachdächer oder zurück versetzte Dachgeschosse – wieder aufgreift. Neu hinzu kommen Parkhäuser, deren Auf- und Abfahrtsrampen häufig als Gestaltungelement der rückwärtigen Fassaden genutzt werden.[11]

In den 1960er und 1970er Jahren expandieren die Warenhausunternehmen infolge des wirtschaftlichen Aufschwungs stark und verdoppeln ihren Bestand in nur zwanzig Jahren. Die fast vollständig geschlossenen, neutral verpackten „Warenhauskisten" der vierten Generation sollen in erster Linie der Präsentation einer immer größer werdenden

Warenhaus Horten (zuvor Merkur) in Neuss, eröffnet 1962 als „das modernste Warenhaus Westdeutschlands"
(Beispiel der dritten Warenhausgeneration)

Menge und Fülle an verfügbaren Waren dienen. Obwohl die Architektur und Gestaltung der Warenhäuser in den Hintergrund zu rücken scheint, treten die Bauten durch Entwicklung standardisierter Corporate-Identity-Fassaden sowie der Integration großer Parkhäuser im Stadtbild recht dominant in Erscheinung. Die Unternehmen errichten ihre Bauten zunächst weiterhin vor allem in Großstädten, schließlich aber auch in Mittel- und sogar Kleinstädten. Sowohl Karstadt als auch Kaufhof entwickeln hierfür standardisierte SB-Warenhaus-Typen mit eingeschränktem Sortiment, welche vor allem an den kleineren Standorten,[12] aber auch im Zusammenhang mit Großwohnsiedlungen oder Einkaufszentren eröffnet werden.

Anfang der 1980er scheint der Markt mit einem Warenhaus in fast jeder Stadt schließlich gesättigt. In Großstädten sind häufig nicht nur ein, sondern sogar mehrere Häuser jedes großen Unternehmens zu finden.[13] In den folgenden Jahren kommt es zur Stagnation und infolge zunehmender Konkurrenz durch Einkaufszentren zum wirtschaftlichen Einbruch und teilweise Imageverlust. Die Unternehmen sind gezwungen, mit neuen Konzepten, aber auch der Schrumpfung des Filialnetzes durch Aufgabe unrentabler Standorte, auf die veränderte Situation zu reagieren. Die Horten AG beginnt bereits 1975 damit „Flächenkapazitäten zu bereinigen" und schließt bis 1980 insgesamt 14 Filialen. 1994 übernimmt Karstadt den „in Seenot geratenen" Hertie-Konzern.[14] Die Mehrheit der Anteile der Horten Warenhaus AG, welche vor allen durch das Galeria-„Shop-in-Shop"-Konzept in Deutschland noch immer zu den erfolgreichsten Warenhausunternehmen zählt, ist bereits nach und nach von der zu diesem Zeitpunkt zum Metro-Konzern gehörenden Kaufhof Warenhaus AG erworben worden.[15] Neue Warenhausbauten entstehen erst infolge der Wiedervereinigung. Hierbei kehren die Unternehmen verstärkt zum Motiv der „Glaspaläste" zurück, auch wenn sich die Gebäude gestalterisch deutlich von der ersten Warenhausgeneration unterscheiden. Das prominenteste und größte der wenigen Beispiele ist der Kaufhof-Neubau in Chemnitz.

Auswertung des Warenhausbestandes

Rund 125 Jahre nach Gründung des ältesten, heute noch existierenden deutschen Warenhausunternehmens Kaufhof hat die Zahl der Warenhäuser in Deutschland ihren höchsten Stand erreicht: Zu Be-

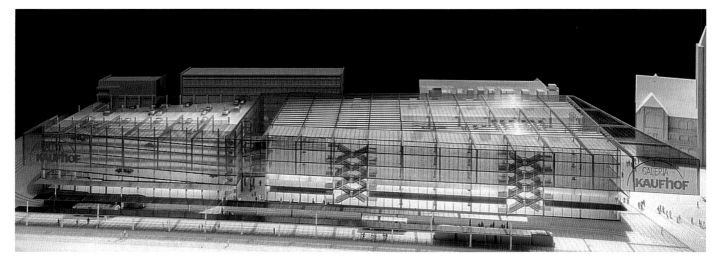

Modell des „gläsernen Kaufhauses" in Chemnitz von Helmut Jahn, 1998 – 2001

ginn des 21. Jahrhunderts bewirtschaften die beiden verbliebenen deutschen Großkonzerne Kaufhof und Karstadt einen Bestand von 330 Warenhäusern. Hiervon entfallen 185 Häuser auf den Karstadt- und 145 Häuser auf den Kaufhof-Konzern.[16]

Obwohl die großen Bauten der vor 1920 entstandenen ersten Generation bis heute das Bild des klassischen Warenhauses prägen, macht ihr Anteil am Bestand der beiden Großkonzerne nur rd. 10% aus (Tab. 1). Substantiell ist ihr Anteil allerdings sehr viel geringer, da die Bauten aufgrund von Kriegsschäden sowie zahllosen Veränderungen im Inneren kaum noch als Altbauten zu bezeichnen sind.[17] Allein ihr äußeres Erscheinungsbild erweckt durch den weitgehenden Erhalt der ursprünglichen Fassaden den Eindruck, dass es sich um ein Warenhaus der ersten Generation handeln könnte.

Auch die Warenhäuser der zweiten Generation treten infolge zahlreicher Umbauten und aufgrund gestalterischer Überformung im Gesamtbestand der Großkonzerne kaum in Erscheinung, auch wenn es bei der Auswertung nach Baujahr noch acht Häuser gibt, die mit einem Entstehungsjahr zwischen 1924 und 1933 geführt werden. Ihr Anteil am Gesamtbestand der beiden Großkonzerne beträgt damit rd. 2%. (Tab. 1) Einzelne Warenhäuser der zweiten Generation, wie beispielsweise das Chemnitzer Schocken-Warenhaus von Erich Mendelsohn, sind zwar darüber hinaus noch vorhanden, werden aber nicht mehr als Warenhaus genutzt oder befinden sich nicht mehr im Bestand der Großkonzerne.

Die im Zuge des Wiederaufbaus und in den 1950er Jahren entstandenen Bauten der dritten Warenhausgeneration haben zu Beginn des 21. Jahrhunderts einen Anteil von rd. 15% am noch bewirt-schafteten Warenhausbestand (Tab. 1). Sie befinden sich in der Regel in attraktiven Innenstadtlagen und werden daher nach wie vor bewirtschaftet. Bauliche Veränderungen aufgrund von Anpassungen an neue Verkaufskonzepte oder Gestaltungsregeln haben aber auch diese Generation gezeichnet. Vor allem die ursprünglich leichten Vorhangfassaden sind mittlerweile häufig verändert.

Die vierte Generation, welche vor allem aufgrund ihrer neutralen Gitterstein- oder großformatigen Betonfassaden zu den bekanntesten – wenn auch eher negativ wahrgenommenen – Repräsentanten der Warenhausarchitektur gehört, machen rund die Hälfte des Warenhausbestandes von Karstadt und Kaufhof aus. 21% der im Referenzjahr 2003 bewirtschafteten Warenhäuser sind zwischen 1960 und 1969 entstanden, weitere 29% in nur 10 Jahren zwischen 1970 und 1980 (Tab. 1). Dabei fallen insbesondere auch die kleineren ab 1970 verstärkt errichteten Typenbauten mit rd. 5.000 Quadratmetern Verkaufsfläche und Parkplätzen auf dem Dach ins Gewicht. Allein Karstadt eröffnet im Jahr 1970 gleichzeitig drei Häuser nach identischem Bauplan an unterschiedlichen Standorten, nur ein Jahr später folgen 13 weitere Häuser des gleichen oder dem Standort leicht angepassten Typs. In den folgenden Jahren werden kontinuierlich weitere Filialen eröffnet – 1977 allein 19 Karstadt-Häuser in nur einem Jahr. Die in den folgenden zwei Jahrzehnten ab 1980 eröffneten 11 Warenhäuser haben im Referenzjahr 2003 nur einen Anteil von 3,5% am Bestand der beiden Großkonzerne.

Im Jahr 2015 wurde eine erneute Auswertung des Warenhausbestandes von Karstadt und Kaufhof durchgeführt.[18] Diese ergab, dass sie noch 240

Warenhäuser bewirtschaften (Tab. 2). Demnach haben die Unternehmen aufgrund von Umsatzeinbußen, zunehmender Konkurrenz und verschiedener struktureller Probleme in nur zwölf Jahren mehr als ein Drittel ihrer Warenhausstandorte auf- oder abgegeben. Von den insgesamt 90 geschlossenen Häusern entfällt dabei mit 68 aufgegebenen Standorten der Großteil auf Karstadt. Diese Zahl wird sich in den kommenden Jahren voraussichtlich noch deutlich erhöhen.[19]

Problematische Bauten und Standorte

Obwohl die vielen Bauten der zwischen 1960 und 1980 entstandenen vierten, wie auch die Nachkriegswarenhäuser der dritten Generation zu den jüngeren Teilbeständen zählen, bereiten gerade diese den Unternehmen als auch Kommunen die größten Schwierigkeiten. Während die kleineren, mit dem PKW gut erreichbaren SB-Warenhäuser an zweitklassigen Standorten noch eher unproblematisch sind, da sie sich leicht an Detailhändler vermieten oder verkaufen lassen, scheinen vor allem die Großbauten in Innenstadtlagen mittelgroßer Städte schwierig zu bewirtschaften oder nach Aufgabe als Warenhausstandort anderweitig nachzunutzen. Gründe hierfür sind einerseits sicher grundsätzliche Probleme der kleineren Gewerbezentren und Änderungen im Kaufverhalten, andererseits die zunehmende Konkurrenz der Städte untereinander oder durch den Online-Handel. Darüber hinaus trägt auch die architektonische Gestaltung der weitgehend geschlossenen „Kisten" kaum zur Attraktivität und Akzeptanz der jüngeren Warenhausgenerationen bei.

Aufgrund ihrer das Stadtbild prägenden Architektur, ihrer zeitgeschichtlichen Bedeutung oder gesellschaftlichen Relevanz als traditioneller Handelsstandort sind viele der innerstädtischen Warenhäuser Schutzobjekte. Die Möglichkeiten zur

330 Warenhäuser gesamt, 62 ohne Angabe (20 %)			
	Jahr	Anzahl Warenhäuser	Anteil am Warenhausbestand
1. Generation	bis 1914	34	10 %
2. Generation	1924–1933	8	2 %
3. Generation	1946–1949	5	1,5 %
	1950–1959	44	13 %
4. Generation	1960–1969	70	21 %
	1970–1979	96	29 %
	nach 1980	11	3,5 %

Warenhausbestand der Unternehmen Karstadt und Kaufhof im Referenzjahr 2003,
Verteilung nach Eröffnungs- oder Baujahr

330 Warenhäuser gesamt (2003), 240 Warenhäuser gesamt (2015)			
	Karstadt		**Kaufhof**
2003	185 Warenhäuser (inkl. ehem. Hertie-Häuser)	**2003**	145 Warenhäuser (inkl. ehem. Horten- Häuser und Kaufhalle-Filialen)
2015	117 Warenhäuser (inkl. 29 Karstadt-Sport-Filialen)	**2015**	123 Warenhäuser (inkl. 17 Saturn- und Sportarena-Filialen)
	68 Warenhäuser auf- oder abgegeben		22 Warenhäuser auf- oder abgegeben

Veränderungen im Warenhausbestand, Vergleich der Referenzjahre 2003 und 2015

baulichen Veränderung sind damit eingeschränkt – ein Abbruch in aller Regel ausgeschlossen. Dabei steht der Denkmalschutz unter Umständen in direktem Widerspruch zu dem auf volle Flexibilität ausgelegten Grundkonzept vieler Warenhäuser der dritten und vierten Generation. Denn die fast vollständig geschlossenen Fassaden sollen einen kontinuierlichen Umbau im Inneren begünstigen, was durch eine Unterschutzstellung der baulichen Grundsubstanz unmöglich würde.[20] Hier scheinen neue denkmaltheoretische Ansätze und ein konstruktiver Diskurs mit den Unternehmen oder Projektentwicklern notwendig.

Anders als die jüngeren Bestände, sind die Großbauten der ersten Warenhausgeneration von drohenden Schließungen kaum betroffen. Obwohl sie weniger flexibel und damit schwieriger an neue Verkaufskonzepte anpassbar sind, scheint vor allem ihre repräsentative Gestaltung den aktuellen Ansprüchen und Wünschen der Kunden zu entsprechen. Wie zum Zeitpunkt ihrer Entstehung haben Warenpräsentation und Einkaufserlebnis wieder einen hohen Stellenwert, welchem die großen Altbauten mit ihren eventuell noch vorhandenen oder wieder geöffneten Lichthöfen entgegenkommen. Die erfolgreichsten Standorte in Deutschland sind daher nicht ohne Grund die alten und luxuriösen Großstadtwarenhäuser – wie beispielsweise das KaDeWe in Berlin, der Oberpollinger in München oder das Alsterhaus in Hamburg.[21] Gleichzeitig befinden sich diese Altbauobjekte aber auch an erstklassigen und begehrten Lagen, die sowohl von Kunden als auch Unternehmen geschätzt werden. Auch eine Unterschutzstellung wird bei den Warenhäusern der ersten Generation selten in Frage gestellt, da ihr historischer Wert einerseits leichter zu vermitteln, anderseits als besonderes Merkmal sogar zu vermarkten ist.[22]

Konzepte zur Nachnutzung

Der Leerstand eines Warenhauses ist nicht nur für das Unternehmen, sondern in erster Linie für die Städte sowie benachbarten Geschäfte ein Problem, da ihnen die ursprüngliche Anziehungskraft und Kundenwirkung des großen Warenhauses entzogen wird. Folgen sind verödende Innenstadtbereiche, Wertminderungen von Geschäftsliegenschaften und eine Abwärtsspirale des Einzelhandelsstandortes.[23] Um solchen Trading-Down-Tendenzen frühzeitig entgegenzuwirken, suchen Städte und Kommunen relativ schnell nach Investoren und entwickeln ver-

schiedenste Strategien für den Umbau der Objekte oder die Nachnutzung des Standortes. Die vorgeschlagenen Konzepte erscheinen im Hinblick auf eine nachhaltige Bewirtschaftung und langfristige Werterhaltung des Warenhausbestandes allerdings nur teilweise geeignet. Vor allem die an fast allen Standorten schnell auftauchenden Vorschläge zur Umwandlung von Warenhäusern in innerstädtische Einkaufszentren könnten auf lange Sicht problematisch werden.

Mit Eröffnung des „CentrO" in Oberhausen sind die Folgen großer Einkaufszentren für die nahegelegenen Innenstädte deutlich geworden.[24] Um einen vollständigen Abzug der Kaufkraft aus den historischen Geschäftszentren zu vermeiden, kommt es in der Folge zu Forderungen nach einer Beschränkung von Handelsflächen auf der grünen Wiese. Die großen, ehemaligen Warenhausstandorte bieten sich seitdem als innerstädtische Alternative für einen Umbau in Einkaufszentren an und der Erfolg einiger Beispiele zieht immer mehr Folgeprojekte nach sich.[25] Die Entwickler der Einkaufszentren scheinen dabei mittlerweile ähnlich zu agieren wie die Warenhausunternehmen in den Boomjahren und beginnen ihr Filialnetz ebenfalls auf mittelgroße Städte auszuweiten. Ihr Boom hat unmittelbar mit dem Ende der Expansion der Warenhausunternehmen eingesetzt: Seit 1980 wurde die Zahl der Einkaufszentren in Deutschland mindestens verfünffacht.[26] Dabei stellt sich die Frage, ob ein Einkaufszentrum wie ein Warenhaus nicht eigentlich eine großstädtische Handelsform ist und hier ein Fehler der Warenhausunternehmen im nächstgrößeren Maßstab wiederholt wird.

Neben den Umbauten in Einkaufszentren finden sich aber auch einige Projekte, die Warenhäuser als kulturelle Einrichtungen, zu Wohnzwecken oder durch Mischung verschiedener Angebote nachnutzen. Je nach Gebäudetyp und Lage scheint dies unter Umständen erheblich sinnvoller zu sein, als an einer rein gewerblichen Nutzung festzuhalten. Im Fall des 2009 geschlossenen Hertie-Warenhauses im Gelsenkirchener Stadtteil Buer – 1912 als zweite Filiale von Althoff eröffnet – bildete sich eine Initiative aus Kaufleuten, Unternehmern, Handwerkern und Immobilienbesitzern, welche das unter Denkmalschutz stehende Warenhaus der ersten Generation erwarben und erfolgreich zu einem Geschäftshaus mit einer Mischung aus Handel, Wohnen und Dienstleistungen umwandelten.[27] Auch wenn das Gebäude vollständig entkernt wurde, bleibt es

Umbau des ehemaligen Merkur- bzw. Horten-Warenhauses in Neuss, Ingenhoven & Ingenhoven Architekten, 1998–2000

durch die weitgehende Erhaltung und Sanierung der ursprünglichen Fassade als historischer Warenhaus-standort im Stadtbild wahrnehmbar.

Ein weiteres interessantes Beispiel stellt der Umbau des ehemaligen Merkur- beziehungsweise Horten-Warenhauses in Neuss dar. Obwohl hier durch den weitgehenden Rückbau auf den Rohbau-zustand und die Aufgabe der ursprünglichen Git-tersteinfassade weder das Erscheinungsbild noch die Originalsubstanz des ehemaligen Warenhauses erhalten blieb, kann die Nutzung als Kultur- und Dienstleistungszentrum durchaus positiv bewertet werden.[28] Sinnvoll erscheint auch das Projekt zum Umbau des ehemaligen Kaufhof-Warenhauses in Köln-Kalk. Das 1958 eröffnete und als Denkmal ge-schützte Gebäude mit der für das Unternehmen ty-pischen grünen Glas-Vorhangfassade soll zukünftig Raum für Handel, Büros und Arztpraxen bieten.[29] Im hinteren Bereich werden außerdem Gebäudeteile abgebrochen und durch neue Wohnbauten ergänzt. Um das Projekt realisieren zu können, wurden die denkmalpflegerischen Auflagen gelockert. Erhalten bleibt die historische Fassade zur Hauptstraße und das Flugdach.[30] Ein ähnliches Konzept wird in Lünen verfolgt. Hier soll das 1969 eröffnete und seit 2007 leerstehende Hertie-Warenhaus zu einem Wohn-

und Geschäftskomplex umgebaut werden. Geplant ist eine Mischung aus Einzelhandel, Gastronomie und Wohnen.[31] Da die Gebäudestruktur des Waren-hauses in seiner ursprünglichen Form nicht für eine Wohnnutzung geeignet ist, wird das Gebäude voll-ständig entkernt und teilweise abgebrochen. Hier-durch entsteht in der Mitte ein begrünter Hof, der zweiseitig von einem drei- und einem viergeschos-sigen Riegel auf dem Sockel des ehemaligen Waren-hauses eingefasst wird. Wie bei dem Umbau des Wa-renhauses in Neuss wird das Gebäude gestalterisch vollkommen verändert und anschließend kaum noch als ehemaliges Warenhaus wahrnehmbar sein. Obwohl dieses Vorgehen unter denkmalpflege-rischen Aspekten kaum zu vertreten ist, scheint es als Konzept für nicht geschützte Warenhäuser wie in Lünen oder Neuss aus ressourcen-ökonomischen Überlegungen durchaus sinnvoll.[32]

Der Warenhausbestand in Deutschland ist noch immer relativ groß und die Zahl der von den Un-ternehmen erfolgreich bewirtschafteten Bauten nimmt infolge veränderten Kaufverhaltens und zunehmender Konkurrenz vermutlich weiter ab. Auch wenn die Umwandlung eines nicht rentablen Warenhauses in ein Einkaufszentrum naheliegen mag, ist die Wahrscheinlichkeit eher gering, dass

Umbau-Projekt des ehemaligen Hertie-Warenhauses in Lünen,
Wiedereröffnung 2016, Architekt Christian Christensen

dieses Konzept an allen Standorten auf lange Sicht erfolgversprechend ist. Das Problem des großen innerstädtischen Leerstandes wird in den kleineren und mittelgroßen Städten vermutlich nur vertagt. Um größere Teile des Warenhausbestandes langfristig zu erhalten und erfolgreich zu bewirtschaften, scheinen die auf Misch- oder öffentliche Nutzungen setzenden Konzepte eher geeignet. Wünschenswert wäre dabei jedoch der Verzicht auf vollständige Überformung auch bei nicht geschützten Objekte, um die ursprüngliche Vielfalt an Warenhausarchitektur in Deutschland erlebbar zu lassen.

Abbildungsnachweis

1, 2, 4	Pressearchiv, Kaufhof Warenhaus AG, Köln
3	Stadtarchiv Neuss
5	Urheberrechtsfrei
6	Bauverein zu Lünen
Tab. 1	Silke Langenberg 2006
Tab. 2	Verfasserinnen 2015

Anmerkungen

1   Fischer, Erica / Ladwig-Winters, Simone: Die Wertheims. Geschichte einer Familie, Berlin 2004, S. 48.

2   Kaufhof Warenhaus AG (Hrsg.): Erlebniswelt Kaufhof. Ein Warenhaus in Deutschland, Köln 2001, S. 14.

3   Firmen-Chronik Hundert Jahre Karstadt-Geschichte, in: Karstadt Magazin. Hauszeitschrift für die Mitarbeiter der Karstadt Aktiengesellschaft und der Kepa-Kaufhaus GmbH, hg. v. d. Karstadt AG Essen, Beilage zur Ausgabe 2/1981.

4   Laut Chronik der Hertie-Unternehmensgruppe erfolgt die Gründung auf Initiative und nicht nur mit Kapital des Onkels, siehe Hertie-Gruppe Vorstandsbüro (Hrsg.): Seit über 100 Jahren Hertie, Berlin 1991, S. 4.

5   Aus den Anfangsbuchstaben des Onkels setzt sich der später verwendete Firmenname Hertie zusammen, siehe Köhler, Friedrich W.: Zur Geschichte der Warenhäuser. Seenot und Untergang des Hertie-Konzerns, Frankfurt a. M. 1997, S. 11.

6   Firmen-Chronik Hundert Jahre Karstadt-Geschichte, in: Karstadt AG Essen (Hrsg.): Karstadt Magazin. Hauszeitschrift für die Mitarbeiter der Karstadt Aktiengesellschaft und der Kepa-Kaufhaus GmbH, Beilage zur Ausgabe 2/1981.

7   Die Unterteilung in drei beziehungsweise vier Warenhausgenerationen findet sich in nahezu allen Publikationen zum Thema Warenhaus. Definiert werden sie erstmals von: Irrgang, Thomas: Deutsche Warenhausbauten. Entwicklung und heutiger Stand ihrer Betriebs-, Bau- und Erscheinungsformen, (Diss.) Berlin 1980.

8   Palmer, Renate: Der Stuttgarter Schocken-Bau von Erich Mendelsohn. Die Geschichte eines Kaufhauses und seine Architektur, Tübingen 1995, S.15.

9   Die Leonhard Tietz AG gründet 1925 die Ehape-Einheitspreisgeschäfte als Tochterunternehmen nach amerikanischem Vorbild. Nur ein Jahr später folgt das Unternehmen Althoff mit Gründung der EPA Einheitspreis AG. Kaufhof Warenhaus AG (Hrsg.): Erlebniswelt Kaufhof. Ein Warenhaus in Deutschland, Köln 2001, Zeittafel im Anhang, S. 232. Firmen-Chronik Hundert Jahre Karstadt-Geschichte, in: Karstadt AG Essen (Hrsg.): Karstadt Magazin. Hauszeitschrift für die Mitarbeiter der Karstadt Aktiengesellschaft und der Kepa-Kaufhaus GmbH, Beilage zur Ausgabe 2/1981.

10 Simon, Kurt: Im Dienste Merkurs. Portrait: Helmut Horten (23. Juli 1965), Zeit Online, www.zeit.de/1965/30/im-dienste-merkurs (9. Februar 2016).

11 Irrgang, Thomas 1980 (wie Anm. 7), S. 167.

12 Eglau, Hans Otto: „Flachmänner" für die Provinz. Warenhaus mit Selbstbedienung: Karstadts Waffe gegen Verbrauchermärkte, in: Die Zeit Nr. 41, 2. Oktober 1970. Online unter: www.zeit.de/1970/41/flaechmaenner-fu-er-die-provinz (9. Februar 2016). Flachmänner mit Pfiff. Karstadt eröffnet die ersten drei Warenhäuser in Selbstbedienung, in: Karstadt Magazin 2/1971, S. 8–9.

13 In Dortmund beispielsweise verfügt 1980 jeder Konzern über ein großes Haus. Hinzu kommen Einrichtungs- und Spezialhäuser. In Berlin gibt es 1980 allein 12 Her-tie-Häuser, dazu kommen fünf Karstadt-Warenhäuser, siehe Erbstößer, Peter: Warenhaus und Stadtstruktur. Geschichte, funktionale Anforderungen und gegenwär-tiger Stand der Beziehungen zwischen Warenhaus und umgebender Stadtstruktur, (Diss.) Hannover 1979, S. 210–211.

14 Zitate und Angaben nach: Köhler, Friedrich W. 1997 (wie Anm. 5), S. 45.

15 Horten AG Abteilung Presse und Öffentlichkeitsarbeit (Hrsg.): 1936–1986. 50 Jahre Horten. Ein Warenhauskon-zern auf dem Weg in die Zukunft, Düsseldorf 1986.

16 Im Jahr 2004 wurde der Bestand der Warenhauskonzerne Kaufhof und Karstadt untersucht und ausgewertet. Referenzjahr war dabei der Bestand von 2003, siehe Langenberg, Silke: Bauten der Boomjahre. Architekto-nische Konzepte und Planungstheorien der 60er und 70er Jahre. (Diss.) Dortmund 2006, 2. Aufl. Dortmund 2011.

17 Zum Dortmunder Karstadt-Gebäude am Westenhellweg (1904 von Althoff errichtet) finden sich beispielsweise 58 Baugenehmigungen allein im Zeitraum von 1953 bis 1989. Liste publiziert in: Langenberg, Silke 2006 (wie Anm. 16), S. 169–169.

18 Im Rahmen einer Masterarbeit an der Professur für Bauen im Bestand, Denkmalpflege und Bauaufnahme der Hochschule München wurde der Warenhausbestand der Unternehmen Karstadt und Kaufhof im Jahr 2015 erneut erhoben und mit dem Bestand im Referenzjahr 2003 verglichen, siehe Ilmberger, Katharina: Leerstehende Warenhäuser. Problem oder Perspektive für deutsche Innenstädte? Theorie-Arbeit zur Masterthesis, Hochschule München 2015.

19 Laut Manager-Magazin hat Karstadt eine „Streichliste" erstellt, auf der insgesamt 77 Warenhäuser verzeichnet sind, siehe: Karstadt-Sanierung, Die Streichliste, in: Manager-Magazin (3. Oktober 2004). Online unter www.manager-magazin.de/unternehmen/ artikel/a-320609.html (9. Februar 2016).

20 Im Jahr 2007 wurde im Rahmen eines Fachgutachtens für das ehemalige Merkur-Warenhaus in Duisburg erstmals auf den denkmalpflegerischen Konflikt im Falle einer substanziellen Unterschutzstellung des auf Flexibilität ausgelegten Gebäudes hingewiesen. Der Schutzumfang wurde daraufhin „auf die beiden Umfassungswände mit der vorgehängten Gitterfassade aus Kunststein-Ele-menten" reduziert, siehe hierzu: http://bz-duisburg.de/ DU_historisch_heute/galeria%20Kaufhof.htm (9. Februar 2016).

21 „KaDeWe, Oberpollinger und Alsterhaus erzielten 2013 einen Umsatz von 600 Millionen Euro." Dittmer, Diana: Luxus als Leitbild. Benko gründet die KaDeWe-Gruppe, n-tv, 11. September 2013.

Online unter www.n-tv.de/wirtschaft/Premium-Haeuser-sollen-wachsen-Benko-baut-eine-schicke-Gruppe-um-KaDeWe-article13587411.html (9. Februar 2016).

22 Eines der wenigen, schon länger leerstehenden Beispiele ist das Warenhaus in Görlitz, welches derzeit vollständig saniert und umgebaut wird. Es soll als „neues Premium-Kaufhaus" im Jahr 2017 wiedereröffnet werden. http://www.kaufhaus-goerlitz.eu/ (9. Februar 2016).

23 Takim, Jasmin: Verlassene Läden, Auf der Berger Straße weht ein Hauch von Detroit, in: Die Welt vom 7. April 2015. Online unter www.welt.de/regionales/hessen/ article139197851/Auf-der-Berger-Strasse-weht-ein-Hauch-von-Detroit.html (9. Februar 2016).

24 Brune, Walter / Pump-Uhlmann, Holger: Centro Oberhausen. Die verschobene Stadtmitte. Ein Beispiel verfehlter Stadtplanung, Wiesbaden 2009. Mader, Thomas: Centro hat Oberhausener Innenstadt zur Randlage gemacht, in: WAZ vom 26. September 2012. Online unter www.derwesten.de/staedte/oberhausen/ centro-hat-oberhausener-innenstadt-zur-randlage-gemacht-id7137504.html (9. Februar 2016). Berreßen, Christian: Der Einfluss des Centro Oberhausen auf die Stadtzentren Alt-Oberhausen und Sterkrade, (Diplomarbeit) Bonn, 2014.

25 Als eines der letzten Vorzeigeobjekte kann der Umbau des ehemaligen Horten-Warenhauses in Krefeld genannt werden, dessen Erfolg jedoch vermutlich in erster Linie auf den momentan sehr kundenwirksamen Hauptmieter, das irländische Unternehmen Primark, zurückzuführen ist. Primark wird momentan von vielen Kommunen als der Wunschmieter zur Nutzung aufgegebener Waren-hausstandorte genannt, siehe hierzu beispielsweise: Rickers, Andrea: Kaufhof-Ende ist Todesstoß für Marktstraße in Oberhausen-Mitte, in: WAZ (14. Juni 2011). Online unter www.derwesten.de/staedte/ oberhausen/kaufhof-ende-ist-todesstoss-fuer-marktstras-se-in-oberhausen-mitte-id4762151.html (9. Februar 2016).

26 Die Daten zur Anzahl von Einkaufszentren in Deutsch-land variieren stark. An einer Stelle ist von 160, an anderer Stelle von 372 Einkaufszentren die Rede. Verlässliche Daten konnten bislang nicht recherchiert werden.

27 Siehe hierzu: Meinert, Georg: Kaufhaus Tradition endet. In Westdeutsche Allgemeine Zeitung vom 23. Juli 2009.

28 Winkler, Olaf: Metamorphose eines Warenhauses. München 2002, S. 6

29 Christ, Tobias: Siegerentwurf steht fest. Kaufhof-Haus soll erhalten bleiben, in: Kölner Stadt-Anzeiger vom 26. Mai 2015.

30 Fassadenerhalt oder doch mehr? Investor stellt neue Pläne für das Kaufhof-Gebäude vor, in: Kölner Wochenspiegel vom 8. Oktober 2015.

31 Quiring-Lategahn, Magdalene: Arbeit hinter den Kulissen. Altes Hertie-Haus: Umbau soll im Sommer starten, in: Allgemeine Zeitung vom 13. Mai 2014.

32 Sponholz, Katja: Vom Schandfleck zum Vorzeigeobjekt. Lob für gelungenen Hertie-Umbau in Lünen. WDR, Studio Dortmund. Online unter www1.wdr.de/studio/ dortmund/themadestages/hertie-umbau-in-luenen-100. html (9. Februar 2016).

„Bunker beleben"

Luftschutzbunker in innerstädtischen Lagen – ein gemeinsames Forschungsprojekt mit der Bundesanstalt für Immobilienaufgaben[1]

PAUL KAHLFELDT

Der Forschungsbegriff ist in den klassischen Naturwissenschaften klar definiert, für die Architektur fehlt eine eindeutige Bestimmung. Neuerungen entstehen zwar beispielsweise in der Baustofftechnologie oder bei den technischen Ausbaugewerken, jedoch bei den zentralen Aufgaben der Baukunst wie der Raumbildung oder der Grundrissdisposition gibt es lediglich Veränderungen und Anpassungen aber keine Entwicklungsmöglichkeiten zu etwas Neuem, Unbekanntem.

Für die Architektur kann man nichts erfinden, in diesem Metier kann man nur entdecken: eine Suche nach dem Unbekannten oder eine Erforschung des Vergessenen. Dieses Abenteuer bieten Bunker.

Der Bundesanstalt für Immobilienaufgaben verdankt mein Lehrstuhl an der Technischen Universität Dortmund den Hinweis auf diese untergegangene Bautypologie, deren architektonisches Potenzial und die Ermöglichung der wissenschaftlichen Erforschung einer neuzeitlichen Nutzung. Im Rahmen eines gemeinsamen Projektes konnten wir die Bauwerke erfassen, untersuchen, bewerten und Vorschläge zu einem sinnvollen Umbau erarbeiten. Zusammen mit neugierigen Professoren anderer Universitäten konnten wir engagierte Studierende zur Teilnahme an einer experimentellen Entwurfsbearbeitung verschiedener Bunkerstandorte motivieren. Das hier dargestellte Resultat zeigt das nahezu unerschöpfliche baukünstlerische Reservoir in diesen Bauwerken. Trotz großer technischer Herausforderungen lassen sich außergewöhnliche

Räume von hoher Qualität herausarbeiten, ohne den Charakter des historischen Bestandes zu negieren. Es ist zu hoffen, dass einige der vorgestellten Lösungen ihre Potenziale durch eine Realisierung verdeutlichen können.

Ihr physischer Erhalt resultiert letztlich aus ihrer fast unzerstörbaren Konstruktionsart. Heutige Bautechnologien ermöglichen die für andere Nutzungen erforderlichen Veränderungen und verlangen neben dem Respekt vor der geschichtlichen Bedeutung auch die architektonische Vorgehensweise. Wie bei aufgelassenen Industrieanlagen fast niemand mehr den Schmutz, Lärm, Geruch harter Arbeitswelten persönlich kennt und dadurch ein neutraler Blick auf die räumlichen Qualitäten und baulichen Missstände möglich ist, verhält es sich mit den Bunkeranlagen. Krieg, den gewaltsamen Tod und die elementare Angst ums Überleben kennen die meisten nur aus Erzählungen und Berichten. Daher soll auch beim Umbau von Bunkeranlagen – mit Respekt vor der geschichtlichen Komponente – die architektonische Herangehensweise im Vordergrund stehen.

Die hier im Vortrag anlässlich der Jahrestagung des Arbeitskreises Theorie und Lehre der Denkmalpflege vorgestellte Publikation „Bunker beleben"[2] zeigt auch, dass durch eine qualifizierte und intensive Forschung unter Einbeziehung verschiedener Akteure auch für scheinbar nicht umnutzbare Bauwerke sinnvolle Lösungen gefunden werden können.

Anmerkungen

1 Mein Vortrag anlässlich der Jahrestagung 2015 des Arbeitskreises Theorie und Lehre der Denkmalpflege e.V. in Dortmund präsentierte die bereits publizierten Forschungsergebnisse des Projektes in all seinen Facetten. Diese sind erschienen unter: Bundesanstalt für Immobilienaufgaben (Hrsg.): Bunker beleben, Berlin 2015. Die hier im Kurzbericht zusammengestellten Statements sind mit Genehmigung des Verlags Zitationen der eigenen Textbeiträge – hier: Vorwort S. 8–9 sowie Aufsatz Umnutzung, S. 105–107.

2 Bundesanstalt für Immobilienaufgaben 2015 (wie Anm. 1).

3 Schmitz, Alexandra: Bunkertypologie. Typen und Charaktere, in: (wie Anm. 1), S. 26–35, Fotocollage S. 26.

Bunkertypen[3] in Deutschland:
Neuss | Adolf-Flecken-Straße, Wuppertal | Große Hakenstraße, Dortmund | Ritterhausstraße, Gelsenkirchen |
Steinmetzstraße, Remscheid | Bliedinghauserstraße, Duisburg | Steinsche Gasse, Wuppertal | Siedlungsstraße,
Hannover | Karlstraße, Berlin | Eiswaldtstraße, Hannover | Brantanostraße, Remscheid | Stahlstraße, Oberhausen |
Bottroper-Straße, Bochum | Günnigfelder Straße, Emden | Bahnhofsplatz, Hamm | Ostenallee
(Ortszuweisung spaltenweise von links nach rechts, von oben nach unten)

Abbildungsnachweis

1   Alexandra Schmitz

Das ehemalige Verwaltungsgebäude der Straßenbauverwaltung in Siegen

CHRISTIAN STEINMEIER

ZUSAMMENFASSUNG

Die Stadt Siegen ist Verwaltungssitz des im Süden Nordrhein-Westfalens gelegenen Kreises Siegen-Wittgenstein. Die erstmals im Jahr 1079 urkundlich erwähnte Stadt hatte im Jahr 2015 knapp 100.000 Einwohner. Während der Endphase des Zweiten Weltkriegs erfuhr die Stadt starke Zerstörungen. Der Wiederaufbau erfolgte im Zeitgeist von Architektur und Städtebau der Nachkriegsjahre und schloss die Erstellung eines modernen Verwaltungszentrums an der Koblenzer Straße ein.

Teil des hier entstandenen Ensembles ist das ehemalige Verwaltungsgebäude der Straßenbauverwaltung des Kreises Siegen, ein 1961 errichtetes zwölfgeschossiges Hochhaus mit steinerner Vorhangfassade, das im Jahr 2014 in die Denkmalliste der Stadt Siegen eingetragen wurde. Um das seit 2012 leer stehende Gebäude entstand zeitgleich eine öffentliche Diskussion, nachdem ein Kaufinteressent eine Sanierung und Nachnutzung des Bestands verwarf und den Abbruch des Hochhauses zur Disposition stellte.

Der nachfolgende Streit um die Zukunft des Baudenkmals geriet auch in den Fokus der Politik auf regionaler und ministerieller Ebene. Die lokalen Medien berichteten zunächst polemisch und mit fehlender Sachkenntnis. Das große Interesse der Bevölkerung am Erhalt des Hauses wurde durch ein hohes Aufkommen an Leserbriefen dokumentiert. Auch während der Vorbereitungen zur Aufstellung eines neuen Bebauungsplanes für das Areal, in dem sich das ehemalige Verwaltungshochhaus befindet, votierten die Bürger einstimmig für den Erhalt des Hauses. Einen zwischenzeitlich gestellten Antrag auf denkmalrechtliche Erlaubnis zum Abbruch des Gebäudes lehnte die Bezirksregierung Arnsberg als zuständige Denkmalbehörde ab. Das Baudenkmal befindet sich weiterhin im Besitz des Landes Nordrhein-Westfalens, eine Veräußerung ist bislang nicht erfolgt.

Einführung

Seit 1966 befindet sich der Verwaltungssitz des südlichsten Landkreises Westfalens[1] in Siegen. Ab 1975 galt Siegen mit mehr als 100.000 Einwohnern als Großstadt, büßte diesen Status jedoch ein, als die Volkszählung (Zensus) des Jahres 2011 nur noch 99.187 Einwohner bilanzierte. Die Tendenz ist weiter sinkend: Für den Zeitraum von 2012 bis 2030 prognostizierte die Bertelsmann-Stiftung einen relative Bevölkerungsverlust von 7% bei steigendem Altersdurchschnitt.[2]

Der wirtschaftliche Aufschwung der Nachkriegszeit ging auch an Siegen nicht vorbei und hinterließ entsprechende architektonische Zeugnisse dieser Epoche. Auch die Neuaufstellung der Stadt als regional wichtiger Verwaltungssitz ist am überlieferten baulichen Erbe noch heute ablesbar. Die Hochhäuser jener Zeit belegen als Landmarken das einstige städtebauliche Selbstverständnis mit besonderer Strahlkraft. Wie auch an anderen Standorten sind aber genau diese wichtigen Zeitzeugen in Siegen existenziell bedroht. Mit dem Abriss des 1957 fertiggestellten Verwaltungshochhauses der Stahlwerke Südwestfalen AG im Stadtteil Geisweid verlor die Stadt nach einem Ministerentscheid 2009 ein Baudenkmal, das erst zehn Jahre zuvor in die Denkmalliste aufgenommen worden war. Im Zentrum der Stadt finden sich heute noch weitere besonders prägnante Häuser dieser Epoche in unmittelbarer Nachbarschaft.[3]

Die Überprüfung der Denkmaleigenschaft der Bebauung dieses Bereiches führte zum Eintrag eines weiteren Hochhauses in die Denkmalliste der Stadt Siegen. Der Denkmalwert des hier befindlichen, 1961 für die öffentliche Verwaltung errichteten vielgeschossigen Gebäudes mit der Adresse „Koblenzer Straße 76" fußt insbesondere auf städtebaulichen und wissenschaftlichen Gründen. Als Teil eines neuen städtebaulichen Konzeptes sollte durch die hier errichtete Dominante bewusst die moderne Verwaltungsstadt repräsentiert werden. Die normalerweise geltenden bauordnungsrechtlichen

Luftbild von Siegen, 1977

Bestimmungen für Gebäudehöhe und Abstandsflächen wurden zu diesem Zweck außer Kraft gesetzt. Ausweislich der Baubeschreibung wurde für das Gebäude in Anspruch genommen, „daß bei öffentlichen Bauten lediglich künstlerische Gesichtspunkte für die Höhenbestimmung ausschlaggebend sind."[4] So entstand nach einem Entwurf von Kreisoberbaurat Herbert Kienzler ein zwölfgeschossiges Gebäude mit geschwungenen konvexen und konkaven Konturen unter einem sehr flach gewalmten Dach mit schmalem und weit auskragendem Traufabschluss. Diese durchaus moderne Formensprache erhielt durch die vorgehängte, gegliederte und ornamentierte Werksteinfassade ein eher traditionelles Kleid. Nicht erhalten ist die ursprüngliche Gestaltung des Inneren, das zahlreichen Modernisierungen unterlag. Errichtet wurde das Haus als Bürogebäude für das Landesstraßenbauamt, das Katasterbauamt und das Kreisbauamt.

Als im Inneren Schimmelbefall diagnostiziert wurde – hervorgerufen durch einen Baufehler der 1990er-Jahre[5] – verließ der letzte Nutzer, der Landesbetrieb Straßen NRW, zum 1. Januar 2012 das Hochhaus. Das Verfahren zur Eintragung in die Denkmalliste begann im darauffolgenden Jahr.[6] Der Landesbetrieb, der hohe Sanierungskosten be-

fürchtete, bezog derweil eine andere Immobilie. Das Hochhaus hatte seine angestammte Nutzung als Verwaltungsgebäude bis auf Weiteres verloren, sodass nun der Verkauf durch den Bau- und Liegenschaftsbetrieb NRW (BLB NRW) erfolgen sollte. Nach dem Haushaltsgesetz des Landes Nordrhein-Westfalen[7] dürfen landeseigene Grundstücke ohne öffentliches Ausschreibungsverfahren „an einen bestimmten Adressatenkreis und für bevorzugte Vorhaben"[8] veräußert werden. Zu diesem besonders bevorzugten Käuferkreis gehören neben Gemeinden, Gemeindeverbänden und mehrheitlich kommunalen Gesellschaften auch Studentenwerke, sofern diese mit dem Erwerb ihre gesetzlich festgelegten Zwecke, insbesondere die Errichtung von studentischem Wohnraum, verfolgen. Eine weitere Voraussetzung ist die Zustimmung des Haushalts- und Finanzausschusses des Landtages. Auf Nachfrage des BLB NRW bekundete das Siegener Studentenwerk Interesse an der Immobilie und reichte noch 2013 eine Bauvoranfrage zur Umnutzung für studentisches Wohnen ein. Die Planungen sahen den Erhalt der prägenden und für den Denkmalwert wichtigen Werksteinfassade vor. Ein durch das Studentenwerk in Auftrag gegebenes Gutachten[9] stellte dies alsbald in Frage und bilanzierte nach stichpunktartiger Überprü-

Hochhaus 2003

Hochhaus 2015

fung zwar verschiedene Defizite, stellte jedoch keine signifikanten Verwitterungserscheinungen am Stein und ein korrosionsfreies, aber nicht normkonformes (sic!) Verankerungssystem der Vorhangfassade fest. Die abschließende Beurteilung wies auf die Notwendigkeit einer kurzfristigen Sanierung der Fassade hin, die die Entfernung aller Werksteinplatten und einen Neuaufbau unter Berücksichtigung der Anforderungen der aktuellen Wärmeschutzverordnung umfassen solle.

Das Hochhaus befand sich zu diesem Zeitpunkt noch im Besitz des Landes. Das Studentenwerk hatte von seinem Vorkaufsrecht noch keinen Gebrauch gemacht, prüfte aber weiter die Möglichkeiten der Instandsetzung und Umnutzung und meldete u.a. Bedenken in Bezug auf die Werksteinfassade an. Im Rahmen eines Ortstermins am 28. Februar 2014[10] erklärte das Studentenwerk, dass sich die ursprünglich geplante Kernsanierung des Gebäudes wirtschaftlich nicht darstellen ließe. Vorstellbar seien lediglich der Abriss des Bestandes und der Neubau einer Studentenwohnanlage. Die in diesem Gespräch geleistete fachliche Hilfestellung der Unteren Denkmalbehörde der Stadt Siegen, die den Erhalt der Fassade als möglich erachtete und einen konkreten Restaurierungsvorschlag[11] erläuterte, blieb im Folgenden ebenso unberücksichtigt wie die Anregung der LWL-Denkmalpflege, Landschafts- und Baukultur in Westfalen (LWL-DLBW), ein zweites Gutachten einzuholen. Erschwerend fiel ins Gewicht, dass eine „Förderung von Wohnraum für Studierende" seitens des Landes nur für ein Neubauvorhaben, nicht jedoch für die Umnutzung und Sanierung des Hochhauses in Aussicht gestellt wurde; der Erhalt eines erkannten Baudenkmals wäre also nicht förderfähig, sein Abriss hingegen sehr wohl!

Kurze Zeit später wurde das denkmalrechtliche Eintragungsverfahren abgeschlossen.[12] Sechs Wochen später stellte das Studentenwerk einen Antrag auf Abbruch[13] – obgleich es das Hochhaus noch nicht erworben hatte. Eine Grob-Kostenschätzung sollte belegen, dass die Kosten einer Kernsanierung die des Abbruches mit anschließender Errichtung eines Neubaus bei Weitem überstiegen. Herausgestellt wurde abermals die Notwendigkeit des Austausches der Vorhangfassade, deren Kosten bei ca. 12% der Gesamtsumme lägen – das Alternativkonzept zur Erhaltung der Fassade wurde nicht berücksichtigt. Den Anforderungen an eine Wirtschaftlichkeitsberechnung zur Darlegung der Unzumutbarkeit wur-

Fassade 2014

den die vorgelegten Unterlagen nicht gerecht. Die Feststellung des Kaufinteressenten, die Sanierungskosten lägen über den Abrisskosten, ist kein Beleg der Unzumutbarkeit im Sinne des DSchG NRW. Im Zuge der Überprüfung der Zumutbarkeit sind die Sanierungskosten den Erträgen des Denkmals gegenüberzustellen.[14] Ferner kann der Nachweis der Unzumutbarkeit nicht durch einen Kaufinteressenten erbracht werden, denn grundsätzlich kann nur der aktuelle Eigentümer, nicht jedoch ein Kaufinteressent durch die Ablehnung der Abbrucherlaubnis unzumutbar belastet werden.

Die Bezirksregierung Arnsberg als zuständige Denkmalbehörde beschied den Antrag im Benehmen mit dem Denkmalpflegeamt des Landschaftsverbandes negativ mit der Begründung, dass die nachzuweisende Unzumutbarkeit der Sanierung nicht erbracht worden sei, da keine ernsthaften Verkaufsbemühungen stattgefunden hätten und die Schaffung studentischen Wohnraumes möglicherweise auch an anderer Stelle realisiert werden könne. Obgleich private Investoren wiederholt ernstes Interesse am Erwerb und Erhalt des Hochhauses geäußert haben,[15] ist ein öffentliches Veräußerungsverfahren nach jetzigen Informationen noch

immer nicht eingeleitet worden. Das Ministerium für Bauen, Wohnen, Stadtentwicklung und Verkehr des Landes Nordrhein-Westfalen setzte die LWL-DLBW Anfang 2015 davon in Kenntnis, dass das Finanzministerium den BLB NRW angewiesen habe, Grundstück und Haus an das Studentenwerk zu veräußern.[16] In einer Vorlage an den Haushalts- und Finanzausschuss des Landtages vom 26. Oktober 2015 erklärte das Finanzministerium des Landes Nordrhein-Westfalen, dass aufgrund des abgelehnten Abbruchantrages ein Verkauf an das Studentenwerk nicht in Betracht käme und der BLB-NRW den Verwertungsprozess fortsetzen werde.[17]

Die regionalen und überregionalen Medien (Printmedien und TV) wurden früh auf die Geschehnisse rund um das Hochhaus aufmerksam. Die lokale Berichterstattung hatte dabei zunächst eine einseitig negative, von Polemik („Schimmelhochhaus") und fehlender Sachkenntnis geprägte Tendenz zum Abbruch. Früh setzte ein hohes Aufkommen an Leserbriefen ein, welches das Interesse der Öffentlichkeit belegt. In großer Mehrheit sprachen sich die Bürger für den Erhalt des Gebäudes aus, anhand dieser Eingaben sind auch die Positionen der Fraktionen des Stadtrates ablesbar. Im weiteren Verlauf ist eine deutliche Steigerung der positiven Berichterstattung der Printmedien zu verzeichnen. Das Thema hatte durch eine dringliche Anfrage der CDU- und FDP-Fraktion mittlerweile auch den Landtag erreicht.

Die Positionierung der Bürgerschaft zum Erhalt des Baudenkmals spiegelt sich mittlerweile auch auf anderen Ebenen wider: In Vorbereitung eines neuen Bebauungsplanes für die Nachverdichtung und Wei-

terentwicklung des Areals „Kochs Ecke", in dem sich auch das Hochhaus befindet, lud die Stadt Siegen Mitte 2015 zu einer Planungswerkstatt unter Einbeziehung der Bevölkerung, des Beirates für Stadtgestaltung und Behördenvertretern ein. Eine der zahlreichen Übereinstimmungen der sechs Arbeitsgruppen ist ein klares Plädoyer für das Denkmal:

Alle sprachen sich für den Erhalt des Hochhauses aus!

Abbildungsnachweis

1   Droste-Verlag

2   LWL-DLBW

3   LWL-DLBW (Overhageböck)

4   LWL-DLBW (Christian Steinmeier)

Anmerkungen

1   1966 Zusammenschluss der kreisfreien Stadt Siegen mit dem gleichnamigen Landkreis; 1975 Eingliederung des ehemaligen Kreises Wittgenstein; 1984 Umbenennung des Kreises in „Siegen-Wittgenstein".

2   Quelle: Wegweiser Kommune, Bertelsmann-Stiftung; Stand: 15.09.2015.

3   Vgl. Luftbild 1977, in: „Siegen" – Paul Steinebach, Düsseldorf 1991, S. 17; abgebildete Gebäude: Gerichtsgebäude (Prüfung des Denkmalwertes steht aus), Volksbank, Hochhaus Landesbehörde, Kreishaus (kein Denkmalwert), Fernmeldeamt (Prüfung des Denkmalwertes steht aus).

4   Vgl. Baubeschreibung, Objektakte LWL-DLBW.

5   Anbringung von Gipskartonplatten an den Außenwänden, Auskunft des Architekten Christian Welter.

6   Schreiben LWL-DLBW an die Bezirksregierung Arnsberg als zuständige Denkmalbehörde vom 16.12.2013 mit der Bitte um Eintrag in die Denkmalliste; Objektakte LWL-DLBW.

7   Vgl. §15 Abs. (3) Haushaltsgesetz NRW; Veräußerung und Überlassung von Vermögensgegenständen.

8   Zitiert nach www.blb.nrw.de/Downloads/Dokumente_Verkaeufe_ohne_Ausschreibungsverfahren (19. August 2015). Bau- und Liegenschaftsbetrieb NRW; Information zur Veräußerung landeseigener Grundstücke gem. § 15 III Haushaltsgesetz (HHG); Stand 8.1.2015.

9   Prüfbericht TÜV Rheinland LGA Bautechnik GmbH vom 30.01.2014.

10   Vgl. Protokoll BLB-NRW vom 04.03.2014, Objektakte LWL-DLBW.

11   1. Einbau von Dehnungsfugen aufgrund von Fassadenflächen bis rd. 180 m² – gemäß Gutachten sind diese nur als Oberfuge und somit ohne Funktion ausgebildet. 2. Neue Verfugung mit weicher eingestelltem Fugenmaterial – vorhanden sind zementhaltige Fugen, die zu starr für diese Fassadenkonstruktion sind; hierdurch und aufgrund der fehlenden Dehnungsfugen Rissbildung zwischen Travertinplatte und Fuge, sodass Feuchtigkeit in die Konstruktion eindringen kann. 3. Statische Ertüchtigung durch den Einbau von Edelstahlankern, vollflächige Verkleidung der Innenwände mit Calcium-Silikat-Dämmplatten; vgl. Vermerk der Unteren Denkmalbehörde zum Ortstermin vom 28.02.2015; Objektakte LWL-DLBW.

12   Vgl. Eintragungsbescheid vom 31.03.2014; Objektakte LWL-DLBW.

13   Vgl. Abbruchantrag vom 12.05.2014; Objektakte LWL-DLBW.

14   „Ob das Denkmal „sich selbst trägt", ist mittels einer Wirtschaftlichkeitsberechnung festzustellen (vgl. VGH BW, Urt. vom 11.11.1999 – 1 S 413/99 –, EzD 2.2.5, Nr. 8 mit zust. Anm. von Kapteina), wobei eine seriöse Einzelfallprüfung nur auf Grundlage eines denkmalverträglichen Gesamtkonzeptes erfolgen kann (vgl. VG Magdeburg, Urt. vom 10.12.2005 – 4 A 69/04 MD –, EzD 2.2.6.1 Nr. 30 mit Verweis auf Martin in Ders./Krautzberger, Teil G RdNr. 161). Dimitrij Davydov / Ernst-Rainer Hönes / Thomas Otten / Birgitta Ringbeck, Denkmalschutzgesetz Nordrhein-Westfalen – Kommentar, 4. Auflage, Wiesbaden 2009/2014; S. 205, 3.2.2.2 Wirtschaftlichkeitsberechnung.

15   Vgl. Anschreiben Werner Pfeiffer vom 29.10.2014, Objektakte LWL-DLBW.

16   Vgl. Schreiben MBWSV, Konegen/Friemann vom 15.01.2015, Objektakte LWL-DLBW.

17   Vgl. Vorlage an den Haushalts- und Finanzausschuss; Objektakte LWL-DLBW.

Research and Projects for the Recovery of the "Tifeo" Power Station in Augusta, Sicily

EMANUELE PALAZZOTTO, LAURA SCIORTINO, FLAVIA ZAFFORA

SUMMARY

Even nowadays, the buildings of the Augusta "Tifeo" Power Station (Province of Syracuse) tell us, in a significant way, the history of the Sicilian industrial dream at the end of the 1950s. Now it reveals the remarkable contradictions of its founding, which exist in Augusta even today due to the harsh contrast with its polluted environment and the oppressive petrochemical plants that settled here in those times.

The Augusta Tifeo Power Station became operative on February 17th, 1959. The power plant covered around 150,000 square meters and provided, at operating speed, 210 MW of power, with three oil-fired groups. The recovery of the Tifeo Power Station cannot be accomplished without an open and multidisciplinary approach that locates it in the current and future reality of the wider territory in which it is situated. The authorial style of the building is guaranteed by the cultural and professional importance of its designers – among them Giuseppe Samonà and Riccardo Morandi – but the quality of its architectural values should be enough to avoid careless demolition due to the loss of its primary productive function.

With these convictions and acknowledging the architectural qualities of this complex (which received the In/Arch Prize in 1961), the Department of Architecture and the PhD program in Architecture/Architectural Design at the University of Palermo, along with ENEL (Italy's national electric company), have started a partnership aimed at completing a feasibility study on the recovery of the Tifeo Power Station.

The initial knowledge and design work aims at defining a place of exchange between different project ideas in order to find a real way to change. This

A view of the polluted industrial area surrounding the Augusta Power Station (far right).

transformation must guarantee the safeguarding and enhancement of the architectural object and, at the same time, must suggest new and useful changes in the wider context where it is situated.

Contradictions of industrial dreams in Sicily

The issue of recovering decommissioned industrial complexes has for some decades been a strategic field of reflection for disciplinary research on architecture and on the recovery of buildings, especially where it aims at the redevelopment and environmental restoration of wasted territories as well as economic and social rescue policies for communities that have often become poor.

As a consequence of these overlapping concerns, those involved face the real difficulty of identifying the most correct way, among several

Plan of the Augusta area. In red, the Augusta Power Station, located inside the industrial area. To the south, the archaeological site of Megara Hyblaea.

possibilities, to achieve a complete enhancement of the potential of places and artifacts and to start the most advantageous redevelopment processes allowed by the specific case.

The case discussed here is in Sicily and its core is the recovery of an exquisite architectural work, that is an important power station, now about to be demolished: the Augusta "Tifeo" Power Station, a few kilometers away from Syracuse.

Today the buildings of the Tifeo[1] power plant tell the story of the Sicilian industrial dream of the late 1950s. It was a dream that, at that time, was the real chance for the revival of a territory deeply marked by the post-war crisis, a crisis related to its historically rural character, and, at the same time, to the great increase in migration towards richer and better-equipped areas of Italy.

The ongoing electrification process in Sicily and the huge increase in power supply in those years, intended to spur economic development, had, among their protagonists, the Società Generale Elettrica della Sicilia – the General Electric Society of Sicily (SGES)[2]. This society, before being absorbed by ENEL – Italy's national electric company[3] – was distinguished not only by its clear ambition and management ability in achieving its industrial goals, but also by its particular care for its own public image, which is evident throughout the architectural expressions of its production facilities.

This sensitivity was expressed in a very effective way, above all due to the tight relationship between the above-mentioned Society and the architect Giuseppe Samonà.[4]

With the passage of time, however, the Sicilian industrial dream revealed the underlying contradictions still present in Augusta today, together with the polluting and oppressive petrochemical plants built during those times.

These industrial plants are near the power station and have developed to almost totally fill Augusta's wonderful bay. They are almost exclusively detrimental in nature: they represent a hard core of resistance against an effective economic and environmental recovery of the whole area, keeping very little original significance as important production resources, which in the past promised a future of sustainable employment for a territory of great natural, historic and cultural richness.

The site of the power station

The area where the power station is sited is a place with a long and troubled history, as witnessed by Thucydides, Herodotus and Diodoro Siculo and revealed, even today, in the ruins of the archaic settlements of Thapsos[5] or the civilization of Mègara Hyblaea,[6] which succeeded in building a town here that at that time was competitive with the growing city of Syracuse.

At the crossing point of principal Mediterranean and Asian routes, on a natural peninsula extending to the south towards the Thapsos promontory and, a few kilometers farther, towards Syracuse, the city of Augusta faces on two natural gulfs. The inner one extends into a wide closed bay and is characterized by a deep sea floor that has always made this a very important place strategically, both from a military[7] and from a commercial point of view.

A wonderful environment surrounds Augusta. Its mountains, water flows and sea define a possible system of parks that is already planned and has its natural conclusion in the "wet areas": huge salt marshes that existed here before the industrial settlements and that, as early as 1200 AD, gave Augusta the name of "maremortum".

Any proposals for the post-industrial future of these places should encompass a Mediterranean and European[8] perspective and should involve a vi-sion that combines development and employment, as well as guarantees the recovery of identity and the urgently necessary measures for environmental redevelopment.

In this complex situation, where huge problems are mixed with great potentialities, the recovery of the Augusta Tifeo Power Station can be one of the first significant elements in a program of redevelopment for the whole area, becoming the possible starting point for much larger processes.

The power station's complex, its quality and duality

The Augusta Tifeo Power Station covers an area of around 150,000 square meters and provided, at full operating speed, 210 MW of power with three oil-fired groups. The oil came from the neighboring refinery Rasiom (now ESSO) through an oil pipeline. In 1961, it produced almost 60% of the entire power demand of the region. Located in a vast natural valley between the Cantera and Marcellino rivers, the Tifeo Power Station is still distinguished by its particular architectural shape, which represents a significant redeeming quality, even given the powerful contrast with its natural context.

The system of buildings composing the power station[9] was conceived by the architect Samonà as a "little city" of energy, structured along an axis and following recognizable rules that describe sequen-

General view of the complex.

The massive pillars supporting the turbine hall.

ces of hierarchical and functional relations within an "open" composition.

This "little city" can be described, starting from one of its most evident characteristics, as a succession of recomposed dualities operating on various levels of relationship. These result from the great synthesizing abilities shown by the designers of this architecture, but also from research into more appropriate spatial expressions for the technical functions needed. With this in mind, the first duality can be seen in the contrast between the principal volume's horizontality and the verticality of the boiler-towers and chimneys.[10] This relationship is typical of this kind of building (being technically determined) but, in this case, it is underlined by the covering of the principal volume, a light horizontal plate that protrudes slightly and is articulated by the different shadow effects of the fork-like structures supporting it, which recall, moreover, primordial archetypal forms.

Another obvious dialectic is that between the structural and material solutions and the different functions of the parts of the complex, solutions that distinguish the turbine building from the three boiler-towers. The "ethical" aim of achieving structural honesty is shown here by the choice of steel for the towers and concrete for the turbine building. Through the sensitive use of structural materials, the designers distinguished the architectural space of turbine hall from the purely technical space of the boiler-towers.

Another dialectical declination of structural expressions occurs between the inside and the outside of the principal building, in the independence of content from container. The articulated structural shell (characterized by thin, fork-like columns) supports only the roof-covering and the long beams for the overhead travelling crane, but not the middle floor. All of the massive inner technical equipment is sustained by a totally autonomous structural system, which discharges vibrations and transmits the weight of the engines onto a massive central core comprised of "titanic pillars".

In the primary building, yet another dialectic experience is to be found in something that can be described as "passing from shadow into light". The designer clearly used light as a medium of spatial and architectural articulation, creating a progression of highlights in the wide turbine hall; there one can experience an almost total dematerialization of the walls into light behind the ceiling beams.

As an interpretation of the project intentions, the will to "enlighten" also characterizes the shoulder of the building, here ingeniously realized through architectural means.

Possible scenarios and project visions

The owner's decision to shut down the primary production function of Tifeo by 2015 has made it impossible to delay the finding of some other solution in order to prevent the unfortunate (but likely) demolition of the power station.

What solutions are desirable for this fine system of buildings, and what role could it have in meeting the urgent need for enhancement felt in the wider territory in which it is located?

In order to answer these questions, the Department of Architecture and the PhD program in Architecture/Architectural Design at the University of Palermo, altogether with ENEL (Italy's national electric company), have started a collaboration aimed at supporting a feasibility study on the recovery of the Tifeo Power Station. The goal is to define some possible project scenarios for an intervention, perhaps involving more specific architectural projects.

In this, the PhD program in Architecture can take advantage of more than 10 years' experience with the general issue of the restoration of "Modern" architecture; an experience proved by around fifty theses (dealing with buildings located in Europe, in Italy and above all in Sicily) and witnessed by the publication of three "notebooks" dedicated to the topic.[11]

Starting from an initial phase establishing a metrical, material and critical knowledge of the buildings, our work has gone deeply into the various themes concerning the management and complex recovery of this artifact and its area.

The hypothesis, based on a typical method used in PhD research, starts from the matching of restoration and development intention and considers the architectural project not as an aim but as a knowledge "tool", because of its ability to establish a critical movement back and forth, referring both to historical and critical studies and to the comprehension of the specific architecture to be recovered. For this, the project is like a necessary device for the critical interpretation of the work and for showing the various features of the artifacts and the places to be reused. Dealing with the issue of the "restoration of the Modern" (although the argument could apply to the general issue of the restoration) the "crux of the problem" becomes evident: only by starting from an acknowledgment of its nature (and, therefore, from the specific case) it is possible to make conscious and informed decisions toward a solution.

In case of the Tifeo Power Station it is amply clear that, whatever one might envision for its recovery, it must be tied to an open and multidisciplinary approach that situates the power station in the present and the future of its wider territory. The past, present and, of course, future of the Augusta area are deeply connected with the sea and the particular geographical condition of these places; even today they could play a strategic role in the new global trade system connected to them, as well as a potential change in energy supply production, to be rethought in a sustainable way.

Conscious of the complexity of the issue, it is evident that only through a comparison of different ideas can the best pathways to be followed be determined[12] in order to recover the artifact in a way that supports the requalification of the entire territorial context; this could contribute to its safeguarding. The knowledge-gathering and project-development process, already started within the framework of the PhD, has been oriented towards a "call for ideas", a place for a dialogue between different cultural bases in architectural and restoration design.

To this end, ten European and Italian groups have been invited to participate, and each has been asked to develop its own project.

The differing design hypotheses eventually compose an alternative mosaic of possibilities, an open system providing clear, immediate solutions and different concrete scenarios for the short, medium and long term.

The next step is not to choose the "best" proposal among the submissions; the projects are not executive and they do not aim to solve definitively a very difficult problem that is changing more and more and will involve plenty of different actors. Starting from a critical synthesis of the requalification principles and the logic of these ideas, it should be possible to find, in cooperation with the client and local stake-holders, a concrete and shared way to change and recover these places; a way to safeguard and value the architectural property and, at the same time, to realize, in different steps, concrete and significant consequences for the whole context.

Illustrations

1   Laura Sciortino

2   Laura Sciortino

3   Flavia Zaffora

4   Emanuele Palazzotto

Annotations

1   According to myth, Tifeo (Typhon) was the son of Tartarus (the personification of Hell) and Gaia (Mother Earth). He was a horrible giant who was condemned by the will of Zeus to lie pinned underneath the island of Sicily in a sort of crucifixion, with his mouth becoming the volcanic cone of Mount Etna.

2   The energy supply plan created by SGES encompassed an electric connection to the Continent via a 220 MV line, the construction of two big power plants (the Augusta plant to supply the eastern part of Sicily, and another near Termini Imerese PA to supply the western part), the construction of a big hydroelectric plant in Guadalami, and some minor works, among them the Trapani Power Plant. See Scimemi, Cesare: La centrale termoelettrica Orso Mario Corbino nel complesso produttivo elettrico della Sicilia, in: Sicilia Elettrica. Magazine of the general electric society of Sicily, no. 14, September – October 1959, pp. 3–5.

3   The nationalization of the electric field happened with Law no. 1643 in 1962, after which the Ente nazionale per l'energia elettrica (ENEL), the national electric company, was created.

4   It was a relationship that started with the SGES Director eng. Cesare Scimemi. Giuseppe Samonà, at that time Dean of the IUAV (Istituto Universitario di Architettura di Venezia), was given responsibility for the architectural design of all of the principal buildings of SGES: the power station in Augusta (SR) (1955–60); the power station in Termini Imerese (PA) (1960–64); the SGES offices in Syracuse (1960–64); the SGES building in Palermo (1960–64); the power station in Trapani (1963); and the SGES offices in Milazzo and Patti (ME) (both 1963). To these buildings should be added the private house of eng. Scimemi in the seaside town of Mondello (PA), which pre-dates all of the other projects (1950–54). See Ajroldi, Cesare: La Sicilia, i sogni, le città. Giuseppe Samonà e la ricerca di architettura, Il Poligrafo, Padova 2014, pp. 235–242.

5   Thapsos is the site of an ancient Neolithic village where several tholos graves from the Middle Bronze Age are preserved today.

6   Mègara Hyblaea (8th century BC to 3rd century AD) was founded by colonists from Megara (coming from Attica). It was destroyed during the Second Punic War and never rebuilt.

7   Augusta is a very important strategic and military site; this is demonstrated by the presence of the ancient Federician castle, the fortresses of Garcia, Vittoria and Avalos (16th century), and also the huge hangar for zeppelins (1918) and the area nearby. Since 1934, Augusta has grown to become an important base for the Italian navy as a stronghold in the Mediterranean Sea; indeed it is the second most important harbor in Italy after Taranto. Since 2002 Augusta harbor has been a primary site for the Comando Militare Autonomo della Sicilia, making Augusta an important base for organizations of the Atlantic Alliance.

8   One of the most relevant hypotheses for the future of Augusta's bay sees the transformation of its harbor into a great Mediterranean hub for transshipment.

9   The complex was awarded the In/Arch prize in 1961 for its outstanding architectural qualities.

10   The rhythm of succession among the chimneys is not consistent across the three sections: rather, the first two sections are mirrored (and more space is left between the first two towers) and the pattern is simply repeated in the third.

11   Palazzotto, Emanuele (ed.): Il progetto del restauro del Moderno, l'Epos, Palermo 2007; Palazzotto, Emanuele (ed.): Il restauro del Moderno in Italia e in Europa, Franco Angeli, Milano 2011; Palazzotto, Emanuele (ed.): Esperienze nel restauro del Moderno, Franco Angeli, Milano 2013.

12   Culotta, Pasquale: La sonda del progetto per un Centro di coordinamento e documentazione degli archivi dell'architettura del XX secolo in Sicilia, in Culotta, Pasquale/ Sciascia, Andrea: Archivi dell'architettura del XX secolo in Sicilia. Il Centro di coordinamento e documentazione, L'Epos, Palermo 2006, pp. 11–15.

Umbau von Stadt und Land

Moderation: Bernd Euler-Rolle (Wien)

Plakat zum Thema „Identitätswandel. Dortmunds Nordstadt: Arbeiterviertel – Problemviertel – Künstlerviertel", erarbeitet von Thao Nham, David Overbeck und Ronja Sporning

Neue Leitlinien für die Denkmalpflege

Theodor Fischers Planungen zur Vereinbarkeit von Stadt,
Denkmal und Landschaft und deren Transformationspotentiale

CARMEN M. ENSS

ZUSAMMENFASSUNG

Strukturwandel führt in größerem Maßstab zu
Transformationen der Stadt, der Peripherie und der
Landschaft. Im Städtebau ist es heute wichtige Aufgabe, diese Veränderungen zu leiten. Das schlägt
sich auch in der aktuellen Städtebautheorie nieder.
Großräumige Transformationsprozesse, die zu Veränderungen der Infrastruktur an Straßen, Industrieanlagen oder Wohn- und Arbeitsstätten führen,
bringen auch neuartige Aufgaben für die Denkmalpflege. Während über die formalen und ästhetischen Besonderheiten jüngerer Baudenkmäler und
ihrer Materialien schon viel nachgedacht wurde,
stellen etwa städtebauliche Großanlagen, die einem
Nutzungswandel unterliegen, noch immer Herausforderungen für die Denkmalkunde und praktische
Denkmalpflege dar. Denn sie lassen sich nicht leicht
in den bisherigen Kategorien Einzeldenkmal oder
Ensemble bzw. Denkmalbereich fassen.

Noch bevor sich im deutschsprachigen Gebiet
im frühen 20. Jahrhundert das Denkmalensemble
als Einheit etablierte, stellten Stadtplaner beim „Tag
für Denkmalpflege" in Erfurt 1903 systematische
Überlegungen zu Verbindung von Stadterweite-
rungsplanungen der historischen Stadt mit denkmalpflegerischen Zielen an. Heute lohnt der Blick
auf diese frühen Überlegungen wieder, und zwar
insbesondere auf die damalige Vorstellung, die Straße könne gleichzeitig eine Erlebnisraum mit Bezug
zur Vergangenheit sein und eine Entwicklungs- und
Wachstumslinie für die Gegenwart und Zukunft.
Schon vor dem erwähnten Datum, bereits seit 1893,
nahm Theodor Fischer in München beispielhafte Planungen zur Inneren und Äußeren Stadterweiterung
vor. Er arbeitete in innovativer und experimenteller
Weise mit mehreren parallelen Baulinien und adaptierte vorhandene Straßen- und Grundstücksformen
für neue Bauformen. Zusätzlich zu den anerkannten
Denkmälern wollte Fischer auch solche Gebäude
erhalten und transformieren, die er für besonders
wertvoll für die künftige Stadtgestalt hielt.

Im folgenden Text wird mit aktuellen Planungs-
beispielen die Übertragbarkeit von Fischers Ideen,
ihr Transformationspotenzial für heute, gezeigt.

Einführung

Im Städtebau haben wir es heute in Europa seltener
mit dem Neubau ganzer Stadtviertel zu tun, den der
ältere Begriff im Wortsinne anspricht. Meist sind
es Transformationen der bestehenden Stadt. Diese
können etwa eine energetisch sinnvolle Bebauung
betreffen, sozialen Missständen entgegenwirken,
das Verkehrsnetz ändern oder Verdichtungen zur
Unterbringung neuer Einwohner bewirken. Der
Strukturwandel, der diese Transformationen hervorruft, – sei er durch innere, durch äußere Veränderungen oder durch politische Entscheidungen
verursacht – betrifft einzelne Baudenkmäler, deren
Umfeld und ganze Anlagen oder Stadtteile, Denk-
malensembles oder jüngere schützenswerte Baube-
reiche, die unter „Denkmalverdacht" stehen.

Transformation erfordert heute Planungs- und
Entscheidungsinstrumente, die außerhalb des klassischen Kanons der Stadtplanung liegen, der in den
Nachkriegsjahrzehnten festgelegt wurde.[1] Unser
Planungsinstrumentarium ist entweder für den
Neubau ganzer Stadtteile am Rand der Stadt oder
für die Sanierung der Altstädte ausgelegt. Auch die
bewährten Methoden der praktischen Denkmalpflege und Denkmalkunde orientieren sich seit der
Einführung der Denkmalgesetzgebung um 1975 am
Modell der modernen Stadt und sind bis heute stark
auf historische Stadtkerne oder einheitliche Grün-
derzeitviertel ausgerichtet. Die Transformation der
Nachkriegsstadt erfordert nun eine neue Form der
Fortschreibung der historischen Stadt, die inzwischen weit über die inneren Stadtteile hinausge-
wachsen ist. Nicht nur die praktische Denkmalpflege muss sich mit den anstehenden Veränderungen in
der baulichen Umwelt, also auch mit den aktuellen
Schutzaufgaben, auseinandersetzen. Im Hinblick
auf die Stadt erfordern Transformation und Wandel
auch neue denkmalkundliche Überlegungen.

Viele Aufgaben unserer Denkmalpflegegeneration sind jedoch nicht einmalig. So werfe ich hier einen Blick in die Stadtbaugeschichte, und zwar etwas mehr als 100 Jahre zurück. Die damalige Phase der Konsolidierung und Arrondierung heterogener Baustrukturen, die während der Gründerjahre entweder vernachlässigt oder aus dem Boden gestampft worden waren, weist einige Ähnlichkeiten zu gegenwärtigen Transformationen im Städtebau auf.[2]

In der produktiven Frühzeit der modernen Denkmaldisziplin um das Jahr 1900 wurden wichtige Planungsinstrumente zum Umgang mit dem baulichen Erbe der Stadt vorgedacht. Der Städtebauer Theodor Fischer, geboren 1862 in Schweinfurt, gestorben 1938 in München, arbeitete am Münchner Stadtkern mit seinen Baudenkmälern. Er überplante zwischen 1893 und 1901 auch den Stadtrand, dessen ältere Dorfkerne und Strukturen im Gelände. Theodor Fischer war damit Fachspezialist und gleichzeitig Vordenker in Sachen Äußere und Innere Stadterweiterung. Seine Planungen mündeten 1904 in die Münchner Staffelbauordnung, einen Stadterweiterungsplan, der Bau- bzw. Fluchtlinienangaben enthielt, sowie auch Bauhöhenvorgaben.[3] Als Architekt war er von heute aus betrachtet auch Akteur in der Denkmalpflege. Fischer beteiligte sich an den Fachdebatten von Konservatoren und Kulturvereinigungen.[4] Einige Planungsansätze des Städtebauers und einflussreichen Hochschullehrers, die nach dem Zweiten Weltkrieg zunächst in Vergessenheit gerieten – und die die gegenwärtige Debatte zum Strukturwandel befruchten können –, stellt der folgende Text vor. Damit soll die Aktualität und Übertragbarkeit von Planungsgedanken und denkmalpflegerischen Überlegungen, die über den Kontext der Zeit hinausgehen, unterstrichen werden.

Fischers Aufgabe war seit 1893, als Leiter des Münchner Stadterweiterungsbüros, ein städtebauliches Konzept für die gesamte Stadt vorzulegen, also nicht nur für die äußeren Stadterweiterungsgebiete.[5] Anders als bei Erweiterungsplanungen anderer Städte, wie etwa der Wiener Ringstraßenplanung oder der Straßburger oder Kölner Stadterweiterung, erfolgte die Planung nicht nur für solche Gebiete, die der Stadt oder dem Staat gehörten, sondern erstreckte sich auch auf Stadtbereiche, die sich aus einer Vielzahl von Privatgrundstücken zusammensetzte.[6] Der neue Münchner Chef-Planer konnte sich bei seinen Entwürfen ab 1894 auf die Ergebnisse eines Planungswettbewerbs berufen. Erstmals knüpfte er für eine Großstadt an Camillo Sittes Ideen zur Platz- und Straßengestaltung nach dem Vorbild historischer Situationen an. Der Architekt Karl Henrici hatte in einem von vier führenden Wettbewerbsbeiträgen Stadtplätze für die Erweiterungsgebiete frei nach historischen Situationen entworfen.[7] Fischer entwarf ebenfalls in malerischer Manier in freien, nicht geometrisch starren Formen, nahm jedoch stets Bezug zur bestehenden Straßen-, Bebauungs- oder Grundstücksstruktur.[8] Anschließend an seine Beschäftigung in München stand er als Professor in Stuttgart und zuletzt wieder in München für einen entwerfenden Architektur-Städtebau, mehr noch als die damaligen Altmeister der modernen Stadtplanungsdisziplin, Reinhard Baumeister und Joseph Stübben, die Mitglieder der Wettbewerbsjury für München Stadterweiterung gewesen waren. Fischer wurde auch Gründungsmitglied des Deutschen Heimatschutzbundes, war Teil der deutschen Gartenstadtbewegung und des Deutschen Werkbundes. Nicht zuletzt war er bei einschlägigen Tagen für Denkmalpflege aktiv vertreten.

Denkmäler und Stadtplanung

Im Münchner Stadterweiterungsbüro hat Fischer bis 1901 keine Baudenkmäler im damaligen Sinne instandgesetzt oder umgebaut, wohl aber Vorschläge zur Einbindung historischer Gebäude in die moderne Stadtentwicklung unterbreitet. Damit nahm er noch im 19. Jahrhundert Leitsätze zur Berücksichtigung bedeutender historischer Bauten in die Stadtplanung vorweg, die auf dem Denkmalpflegetag in Erfurt 1903 vorgestellt wurden.[9]

Drei Münchner Beispiele zeigen die Einbindung historischer Bauten in städtebauliche Umbauentwürfe: eine Schule am Viktualienmarkt, die ehemalige Augustinerkirche direkt an der Kaufingerstraße und die alte Polizeidirektion an der Theatinerstraße.

Am Viktualienmarkt plante Fischer 1895 einen neuen Straßendurchgang zum Rindermarkt. Er schlug der Stadt vor, den nördlichen Teil des Parzellenstreifens für die neue Straße zu erwerben und das städtische Schulhaus am südlichen Ende im Erdgeschoss für den Verkehr zu durchbrechen.[10] Mit einem neuen Fassadenentwurf für die Marktseite kaschierte er die vorgesehenen Einbrüche und erhielt so nicht nur den städtischen Bau, sondern auch die geschlossene alte Platzsituation. Plätze als geschlossene Stadträume zu verstehen war eine der Lehren Camillo Sittes, die Fischer sich in seinem gesamten Werk zu eigen machte. Die „Geschlossenheit alter Straßen- und Platzwandungen [...] nach Möglichkeit zu schonen" wurde in Erfurt einer der Leitsätze der Denkmalpflege für Bebauungspläne in der Altstadt.[11]

Die ehemalige Augustinerkirche war zu Beginn des 20. Jahrhunderts nach Säkularisation und Leerstand verwahrlost und in direkter Citylage vom Abriss bedroht. Dagegen schloss sich eine Initiative von Künstlern zusammen, die ihre Erhaltung und Umnutzung zu einer Ausstellungshalle forderte. Fischer fertigte dazu 1906 ein „Alignement für den Augustinerstock" an, das die Erhaltung der Kirche und den Einbau eines Arkadenganges im Erdgeschoss der ehemaligen Klosterkirche vorsah.[12]

In einem dritten Entwurf, den Fischer 1913 als freier Gutachter zur Verbreiterung der Münchner Theatinerstraße anfertigte, schlug er vor, das Gebäude der Polizeidirektion, das zu dem Zeitpunkt gerade leergezogen war, nicht durch einen zurückgesetzten Neubau zu ersetzen, sondern den Verwaltungsbau umzunutzen und in seinem Erdgeschoss eine Kolonnade einzubauen, die es erlaubte, die Fahrbahn zu verbreitern. Ein solches Vorgehen hatte der etablierte Planer bereits durch seine Lehrtätigkeit reflektiert und nannte den Profanbau wichtig „für die Gesamtwirkung der Theatinerstraße", dieser habe „dieselbe entscheidende Rolle, wie nach Norden gesehen, die Theatinerkirche".[13] Die monumentale Theatinerkirche, namensgebend für die Straße, schloss sie nach Norden hin ab. Als ihr städtebauliches Gegengewicht und städtebauliche Dominante wollte Fischer den ehemaligen Polizeibau erhalten.

Fischer verstand die Bestandsbauten der drei Beispiele, von der mittelalterlichen Kirche bis zum jungen Bau des 19. Jahrhunderts, als Stützen im Gerüst der Stadt, die auch im Umbau weitertragen sollten. Er erkannte sie als wertvolle Bauten wie ein Sammler, der Fundstücke zusammenstellt und für seine Zwecke adaptiert. Diese Sammlung setzte sich aus anerkannten Denkmälern wie der ehemaligen Augustinerkirche, aber auch aus Gebäuden, denen für die zukünftige Stadt besondere städtebauliche Bedeutung zugemessen wurde, zusammen.

Der Architekt und Theoretiker Winfried Kuehn fordert ein eben solches Vorgehen 2015 in der Stadtbauwelt für den Umgang mit der bestehenden Stadt: „Eine Sammlung entsteht durch das Ordnen des Bestehenden. Nicht Fülle formt eine Sammlung, sondern die Beziehungen der Sammlungsteile zueinander; durch Auswahl und Anordnung wird eine Sammlung strukturiert [...]. Städte sind, so lässt sich argumentieren, Ansammlungen mit einem Potenzial zur Sammlung [...]. Ihre Weiterentwicklung als Sammlungen ermöglicht den Umgang mit der Bestandsfülle unter zeitgenössischen Vorzeichen, das Aktualisieren der Stadt in neuer Perspektive."[14]

Fortentwicklung der Straßen- und Blockstruktur

Nicht nur Fischers Auswahl der Bauten oder Strukturen, die tradiert werden sollten, weist einen eigenen und wieder höchst aktuellen Weg mit dem Umgang von Bauten aus vergangener Zeit. Die erwähnten Beispiele zeigen auch Ideen auf, wie veränderte Verkehrsanforderungen mit dem Bestand in Übereinstimmung zu bringen sind. Für den Viktualienmarkt plante er nicht die eine große Durchbruchlösung, sondern schuf eine zweite Passage neben einem Fußgängerdurchlass, der damals offenbar schon bestand. Mehrfach experimentierte er mit Arkaden- oder Kolonnadengängen. So entwarf er für den Neubau des Cornelianums in Worms ab 1905 einen Erweiterungsbau des Rathauses mit Festsaal, der ein außen liegendes Foyer für den neuen Stadtverwaltungstrakt erhielt. Dieser gewölbte Bereich unter zweigeschossigen Arkaden, den er parallel an der geschwungenen Hagengasse anordnete, war op-

Blick vom Wormser Marktplatz in die Hagengasse, links das Cornelianum mit doppelstöckiger Arkadenhalle als Vorplatz an der Gasse (1911)

Neue Dreirosenbrücke in Basel, Steib + Steib Architekten, errichtet 2004; die Autobahn verläuft eingehaust in der unteren verglasten Ebene, die städtische Straße darüber

tisch Teil des Gebäudes, erweiterte aber in seiner Funktion den Verkehrsbereich der Gasse.[15]

So wie Fischer eine zweite Straßenlinie entwickelte, die springend innerhalb der Bebauung verlaufen konnte, lohnt es heute, für Nutzungsverbesserungen ebenso unkonventionelle Wege im Hinblick auf Nutzungs- und Gestaltungskombinationen zu gehen. So werden bei der Dreirosenbrücke in Basel von Steib + Steib Architekten Fern- und Stadtverkehr auf unterschiedlichen Ebenen geführt. Da die Autobahn eingehaust im Brückenkörper verläuft, wird die Brücke für die „städtische Straße" und für Fußgänger und Radfahrer mit einem zehn Meter breiten Bürgersteig wieder gewonnen.[16] Solche oder ähnliche neue Lösungen können der Aufwertung einer ganzen Trasse dienen, die wiederum vielleicht wegen ihrer Bedeutung als Rahmen oder Zubringer für angrenzende jüngere Baudenkmäler erhaltenswert ist.

In Schwabing, dem damaligen Münchner Vorort, fand Theodor Fischer neben neuen Quartieren, die bereits in rechteckige Grundstücke aufgeteilt waren, auch noch Straßen und Bauten des alten Dorfes vor. Das Entwurfsbeispiel von 1885 zeigt eine von Dorfwegen umgebene Hofstelle, die Fischer für ein städtisches Quartier adaptierte. Mit seiner Skizze wies er nach, dass sich innerhalb der historischen Wegegrenzen ein moderner Baublock unterbringen ließ. In direkter Nachbarschaft zum Englischen Garten und zur Schwabinger Dorfkirche kann so eine städtische Bebauung entstehen. Sie ist kleinteiliger als eine solche auf dem freien Bauland und vermittelt zur Altbebauung.

Fischer suchte nicht die große Lösung für Münchens Fahrverkehr, vielmehr plante er statt dessen eine Untergrundbahn, etwa 80 Jahre bevor diese realisiert wurde.[17] Für die oberirdische Stadtplanung arbeitete er mit punktuellen Durchstichen und der Ergänzung fehlender Teilstücke bei der Durchquerung der Stadt. Diese vorsichtige und bedarfsgerechte Art der Vorgehensweise erhielt jüngst unter dem Schlagwort „Slow Urbanism", mit dem

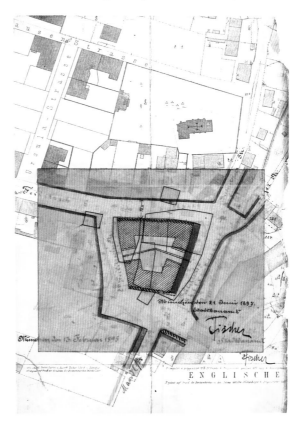

Städtebauliche Entwurfsstudie für einen Baublock im Schwabinger Ortskern, Vorbereitung der Baulinienplanung zur Münchner Stadterweiterung, Theodor Fischer, München 21. Juni 1895,
Tusche auf Transparent über dem Katasterplan, urspr. Maßstab 1:1000

der Stadtplaner Kristiaan Borret die Stadtentwicklungsstrategie in Antwerpen benannte,[18] neue Konjunktur. Borret arbeitete bis 2014 auf Grundlage des Ideenkonzeptes des Mailänder „Studio Associato Bernardo Secchi Paola Viganò" für Antwerpen. Diese „Antwerpener Akupunktur"[19], also gezielte, lokale erneuernde Eingriffe in die bestehende Stadt, schaffen auch dem unscheinbaren baulichen Erbe Raum, sich in Gegenwart und Zukunft neu zu etablieren.

Den klassischen Baublock wandelte Fischer zur maßgeschneiderten Bauinsel ab. Doch vermochte er nicht nur in Blockstrukturen zu entwerfen. Er entwarf eine innovative Zeilenbebauung für die noch unbebaute „Alte Heide", die seiner nach 1919 entstehenden Siedlung ihren Namen gab. Fischer belegte damit selbst, dass er seine Baulinienplanung, für die Blockrandbebauung gedacht, nicht als abschließende Phase der Transformation sah und keine absolute Lösung darin fand. Dennoch besaß sein „Staffelbauplan" von 1904 eine erstaunliche Permanenz und blieb bis weit in die Nachkriegszeit gültig.

Alignement – Straßen – Trassen

Der Begriff „Alignement" stammt aus dem Geometer-Städtebau, der zunächst nach französischem Vorbild mit geraden Baufluchten arbeitete. Gegen Ende des 19. Jahrhunderts erkannten Planer die Vorzüge, die von geschwungenen Straßen für die Stadtgestaltung ausgingen, und bewunderten die gleichsam natürlichen mittelalterlichen Straßenverläufe alter Städte. In München etwa hob Gabriel von Seidl in seiner Denkschrift zum Erhalt der Augustinerkirche die räumlichen Qualitäten des historischen Ost-West-Straßenzuges hervor.[20] Gemeinsam mit Stadtbaurat Wilhelm Rettig entwickelte Theodor Fischer 1893–1894 die Idee, im Norden dieses Hauptstraßenzuges durch kurze Straßendurchbrüche eine Ausweichverbindung zu schaffen,[21] wohl auch um so, wie es auch Henricis Intention gewesen war, die Hauptstraßen mit ihren „schönen Perspektiven"[22] von Veränderungen zu entlasten. Eine solche Entlastung scheiterte jedoch zunächst und wurde erst nach dem 2. Weltkrieg mit dem Altstadtring umgesetzt.

Auch bei der Stadterweiterung nach außen zählte Fischer, inspiriert durch den „künstlerischen" Städtebau nach Camillo Sitte, auf geschwungene Linien. Dafür ließ er sich von den Wegen und Flurgrenzen der freien Landschaft inspirieren. Er fand nicht nur interessante Anhaltspunkte für seinen

Entwurf und konnte selbstverständlich an historische Wegeverbindungen anschließen – die Verhandlungen mit den Grundstückseigentümern wurden zudem auch deutlich vereinfacht gegenüber dem klassischen Alignement-Verfahren, bei dem der Ingenieur eine neue geometrische Aufteilung über die vorhandene Flur legte.[23] Fischer ließ seine Entwürfe aber auch von Eisenbahntrassen, Flüssen oder Kanälen leiten. Diese integrierende Entwurfshaltung erhielt gewohnte Blickbeziehungen und entwickelte vorhandene städtebauliche Situationen fort.

Heute tun wir ebenfalls gut daran, bestimmte Raumerlebnisse, die nur an Orten der autogerechten Stadt erfahrbar sind, weiterhin, zumindest ansatzweise, erlebbar zu halten: Gebäude oder ganze Baugruppen der Nachkriegsstädte, die nur aus dieser Perspektive in ihrer Entwurfsintention begriffen werden. Ungeliebte ausgedehnte Autostraßen können für die heutigen Bedürfnisse anschlussfähig gemacht werden – etwa durch die Reduzierung von Fahrspuren im Straßenraum oder die Kombination mit anderen Verkehrsformen. Möglicherweise hätten wir heute eine andere Haltung gegenüber den Verkehrsbändern in der Stadt, wären sie nicht ständig übernutzt, ähnlich wie es die überlastete Münchner Altstadt zu Beginn der Fischerschen Erweiterungs- und Entlastungsplanungen war. Hier lohnt die Suche nach Kunstgriffen zur „Reparatur der autogerechten Stadt"[24], um sie heutigen Bedürfnissen anzupassen, sie aber zumindest in Teilen weiter erlebbar zu erhalten. In Ludwigshafen wird gerade die 1,8 km lange Hochstraße Nord noch einem Beteiligungsverfahren abgebaut,[25] weltweit gibt es auch durchaus gelungene Beispiele von Aufwertung bestehender Hochstraßen.[26] Für uns wirken die Strukturen der autogerechten Stadt ähnlich unnahbar wir der Geometerstädtebau seiner Vätergeneration auf Theodor Fischer. Ihm gelang jedoch 1894 ein Kunstgriff des planerischen Anschlusses an die moderne Stadtentwicklung mit Hilfe eines verketteten Straßenzugs zwischen Münchens südöstlichen Siedlungsgebieten. Die Straßenverbindung verlief zwischen dem gründerzeitliche Gärtnerplatzviertel, das ebenso wie das französische Viertel am Münchner Ostbahnhof von Terraingesellschaften in den Jahrzehnten zuvor erbaut worden war. Der Verbindungsweg führte über die „Au", einen Arbeiter- und Handwerkerort, der an der unteren Kante des Isarsteilhangs bisher ein Dasein abseits der Entwicklung führte. Fischers mehrfach geknickte Verbindungsstraßen erhalten jedem Stadtteil seine Besonderheiten, die kleinteilige Struktur der Au und das großstädtische Gepräge des französischen Vierteils, bieten aber gleichzeitig die Voraussetzung für die Entwicklung und das Zusammenwachsen der Stadtgebiete.[27] Stadtplanung leitet hier Strukturwandel mit Hilfe eines offenen, beweglichen Planungssystems. Fischer akzentuierte die neuen Stadtteilzentren durch neue Schulbauten und schuf mit Brückenbauten Orte der Verbindung zwischen bisher getrennten Vororten.

Paola Viganò, die wie oben erwähnt gemeinsam mit Bernardo Secchi für Amsterdam plante, schwärmt für die „Stadtlandschaft", bestehend aus Zwischenstädten, als Entwicklungsressource: „Es handelt sich um eine Art Stadt-Territorium, das sich seit den sechziger Jahren immer weiter differenziert. Dazu beigetragen haben etwa die sukzessive Ausdehnung von Verkehrsbauten und andere Infrastrukturen, die heutige Form der Landwirtschaft, dicht gestreute Siedlungs-Kerne und die isotrope, also ungerichtete Verteilung von Dienstleistungs- und Verwaltungseinrichtungen auf diesem Terrain [...]. Die offene Stadtlandschaft hält gerade in ihrer Wandlungsfähigkeit Möglichkeiten für eine Zukunft bereit, in der Migrationswellen und demografische Krisen sich in vielen europäischen Ländern auswirken werden. Es spricht nichts dagegen, diese Räume als eine Art glückliche Ressource zu betrachten, als Grundlage, um ein neues urbanes Miteinander zu erkunden."[28] Für die Denkmalkunde ist hinzuzufügen, dass diese „glückliche Ressource" auch einen Vorhalt an Denkmälern darstellt. Als Gebauter Ausdruck für eine solche offene Stadtlandschaft versteht Viganò den „Park Spoor Noord", der in ihrem Büro zur Umnutzung eines ehemaligen Rangierbahnhofs geplant wurde. „Das minimale, starke und kostengünstige Park-Projekt" erlaubte der Antwerpener Stadtverwaltung, wie das Büro selbst feststellt, „die verlassenen Gebäude unmittelbar wieder instand zu setzen. Das Areal Spoor Noord ist ein Palimpsest, auf das verschiedene Generationen geschrieben haben und auf das neue Generationen weiterhin ihre Spuren werden."[29]

Gesellschaft und Baupolitik
Zur besonderen Ausformung der Münchner Planung um 1900 trug nicht allein Fischers Geschick bei, sondern auch sein baupolitisches Umfeld. Das Stadterweiterungsbüro musste bei der Stadtplanung die verfassungsmäßigen Rechte der zahllosen unab-

Park Spoor Noord in Antwerpen, Gesamtplanung Bernardo Secchi und Paola Viganò, eröffnet 2008/09, Blick von Osten über die Wasserbecken auf das ehemalige Lokomotivdepot, umgebaut von Stramien Architekten Antwerpen

hängigen Grundstückseigentümer berücksichtigen und leistete damit im deutschsprachigen Raum Pionierarbeit.[30] Der Architekt suchte in mehreren Iterationen eine konsensfähige Planungslösung. Die Verzahnung von Stadt- und Landesplanung gelang in München besonders leicht, weil baupolizeiliche Regelungen in einer Zwischenebene von Stadt und dem Königreich Bayern in Abstimmung mit allen Seiten verhandelt wurden. Übergreifende Planung, heute oft gefordert, wurde somit möglich.[31]

1891 war es in München ein Städtebauwettbewerb, der nach neuen Ideen zur Inneren und Äußeren Stadterweiterung suchte. Er zielte auf eine Stadterweiterung, auf „city extentions" im Wortsinne, wie es Helen Meller bezeichete.[32] Es ging um die künstlerische Fortentwicklung bestehender Strukturen. Die Ausschreibung richtete sich bewusst an Architekten, nicht an die zuvor stets zuständigen Infrastrukturexperten. Fischer konnte auf die frischen Ideen aus unabhängigem Umfeld der Münchner Künstlervereinigungen aufbauen, als er 1893 mit den eigentlichen Planungen zur Stadterweiterung beauftragt wurde.

Erbe-Experten können heute wieder entscheidende Hinweise geben für die Sammlung von Bauten oder Trassen, die Ankerpunkte der sich transformierenden Stadt oder Landschaft bilden. Damit kann die technische Diskussion entscheidend ergänzt werden. Winfried Kuehn schreibt: „Jede Stadt folgt eigenen Sammlungslogiken, die sich fortentwickeln. Unsere Städte weiter zu sammeln heißt, sie zu ordnen, ohne sie zu homogenisieren. Es heißt, anders gesagt, sie durch gezielte Interventionen in ihrer jeweils eigenen Form der Heterogenität zu stärken."[33]

Resümee und Ausblick

Theodor Fischer verfolgte Stadtplanung entlang von Straßen als Wachstumslinien, die sich meist an vorhandenen Linien im Gelände orientierten. Diesen Stadtplanungsansatz verfeinerte er in den Jahren als Architekt und Hochschullehrer nach 1901 immer weiter. Übergeordnete Verkehrsadern erlaubten sowohl schnelle Expansion als auch den Verkehrsaustausch, während in historischen Vierteln die schmalen Straßen ausdrücklich beibehalten werden sollten, wie sie auch für neue Wohnviertel vorgesehen waren. Eine solche Stadterweiterung im Wortsinne[34] nutzte historische Stadtbereiche als städtebauliche Leitbilder für Neubauentwürfe. Später, im Jahr 1913, schlug der italienische Architekt Gustavo Giovannoni (1873–1947) einen ähnlichen theoretischen Ansatz zur Erweiterung der Stadt nach historischem Vorbild in seinem Aufsatz „Vecchie città ed edilizia nuova"[35] vor, der viele Übereinstimmungen mit Fischers Planungen aufweist. Françoise Choay fasste den Kern der Theorien Giovannonis zu Altstadt und Städtebau so zusammen: „Wie Denkmäler sind historische Stadtgebiete [im Original ‚tissus urbains anciens'] Träger von Kunstwerten und historischen Werten und können, wie in der historiographischen Vorgehensweise von Viollet-le-Duc und Sitte, aber ganz direkt und in concreto, als Katalysatoren für die Erfindung neuer räumlicher Konfigurationen dienen."[36] Historische Strukturen als Inspiration für Entwicklungsplanung – sei es nun im Hinblick auf Ausdehnung oder auf Schwund – zu verwenden, dabei Baudenkmäler und wertvolle historische Baustrukturen zu vorderst in die Planung einzubeziehen, diese Planung an Entwicklungslinien entlang zu führen, die den vollständigen Erhalt besonders wertvoller Bereiche ermöglichen und damit künftigem Erbe einen geschützten Rückzugsraum aus dem Entwicklungsdruck zu lassen, diese Herangehensweise lässt sich ganz weitgehend in die heutige Stadtplanung übersetzen und kann Grundlage für einen neuen Dialog zwischen Städtebau und Denkmalpflege werden.

Fischer arbeitete, so lassen sich die Beobachtungen resümieren, mit den Hinterlassenschaften geliebter, geachteter und verachteter Epochen weiter, formte sie und band sie neu ein. Er entschied sich jeweils für Verbessern oder Tolerieren. Für heute kann das eine Anregung sein, auch in schwer fassbaren Strukturen der Stadt und der Peripherie einen Pool künftiger Denkmäler zu erkennen, Gebäude als Aktiva zur Stadtgestaltung und Stadt-Tradierung zu sammeln, Trassen als Spuren, scheinbar unnahbare Randbereiche als Zukunftspotenziale zu sehen.

Abbildungsnachweis

1   August Füller, Stadtarchiv Worms, Signatur 04051

2   Von Taxiarchos228 aus der deutschsprachigen Wikipedia, CC BY-SA 3.0, https://commons.wikimedia.org/w/index.php?curid=22230592 (3. März 2016)

3   Stadtarchiv München, LBK 26913

4   Studio Bernardo Secchi & Paola Viganò

Anmerkungen

1   Die Städtebauerin Sophie Wolfrum konstatiert: „Wir haben aber immer noch ein Planungsinstrumentarium, das Anfang der sechziger Jahre, zusammen mit dieser Stadt der Moderne, geschaffen wurde [...]. Im Prinzip operieren wir heute mit einem Stadtmodell, das baurechtlich noch extrem aktiv ist, aber vielleicht schon das Zeitliche gesegnet hat.", Diskussionsbeitrag in: Geipel, Kaye: Städtebau! – Eine Debatte um die Gestalt der Stadt, in: Bauwelt 104. Jg., H. 12 (Stadt-Bauwelt 205), 2015, S. 14–31, hier S. 25.

2   Die Autorin führt seit November 2015 das DFG-Projekt „Geplantes Erbe: Gustavo Giovannonis und Theodor Fischers Stadtplanungen für historische Stadtbereiche der Jahre 1890 bis 1929" durch. Geplant ist eine Publikation des Gesamtergebnisses.

3   Vgl. den wohlgefassten biographischen Überblick des Fischer-Schülers Hermann Leitenstorfer: Leitenstorfer, Hermann: Fischer, Theodor, in: Neue Deutsche Biographie 5 (1961), S. 206–207, online siehe www.deutsche-biographie.de/pnd118691414.html (3. März 2016).

4   Häufiger zitiert werden die beiden Texte zur Denkmalpflege: Fischer, Theodor: Über das Restaurieren, in: Der Kunstwart Jg. 16.1, H. 5, 1902–03, S. 298–302; Fischer, Theodor: Altstadt und neue Zeit, in: ders.: Gegenwartsfragen künstlerischer Kultur, Augsburg 1931, S. 7–24, Nachdruck in Nerdinger, Winfried: Theodor Fischer. Architekt und Städtebauer, Berlin 1988, S. 334–337.

5   Grundlegender Ausstellungskatalog: Nerdinger 1988 (wie Anm. 4). Uli Walter verweist erstmals auf die Bedeutung der Stadtumbauplanungen Fischers, siehe Walter, Uli: Der Umbau der Münchener Altstadt (1871–1914), München 1987, einführend S. 7.

6   Fisch, Stefan: Neue Aspekte der Münchener Stadtplanung zur Zeit Theodor Fischers (1893 bis 1901) im interurbanen Vergleich, in: Soziale Räume in der Urbanisierung. Studien zur Geschichte Münchens im Vergleich 1850 bis 1933, hg. v. Wolfgang Hartwig / Klaus Tenfelde, München 1990, S. 175–192, hier S. 183.

7   Nerdinger 1988 (wie Anm. 4), S. 25–27.

8   Nerdinger spricht die funktionalen Schwächen von Henricis Erweiterungsentwurf an. Nach Henricis „Anstoß" könne die weitere Entwicklung „gerade nicht auf ihn bezogen werden", Nerdinger 1988 (wie Anm. 4), S. 27. Uli Walter hingegen verweist auf Henricis Ideen einer „konservatorischen Stadtbildpflege", die beim Stadtumbau im Inneren wegweisend für München wurden. Vgl. Walter, Uli: ‚Altstadt' oder ‚City'? Stadtumbau um 1900, in: München – Musenstadt mit Hinterhöfen, hg. v. Friedrich Prinz / Marita Krauss, München, 1988, S. 98–106, hier S. 99.

9   Oechelhaeuser, Adolf von (Hrsg.): Denkmalpflege. Auszug aus den stenographischen Berichten des Tages für Denkmalpflege, Bd. I, Leipzig 1910, S. 271–293 u. 325–474. Zu den Diskussionen siehe Fischli, Melchior: Die Restaurierung der Stadt. Stadtmorphologische Denkfiguren in der deutschen Altstadtdebatte um 1900, in: Produkt Altstadt. ‚Historische' Stadtzentren in Städtebau und Denkmalpflege, hg. v. Carmen M. Enss und Gerhard Vinken, S. 42–57.

10   Enss, Carmen M.: Der Weg des Städtebauers Theodor Fischers von den Münchner Altstadt-Experimenten zur Kritik homogenisierender Altstadt-Produktion, in: Produkt Altstadt. Historische Stadtzentren in Städtebau und Denkmalpflege, hg. v. Carmen M. Enss und Gerhard Vinken, S. 79–94.

11   Leitsatz 5, vorgetragen von Joseph Stübben auf dem Tag für Denkmalpflege in Erfurt 1903, dokumentiert in: von Oechelhäuser, Adolf: Denkmalpflege. Auszug aus den stenographischen Berichten des Tages für Denkmalpflege, Leipzig 1910, S. 373.

12   Enss, Carmen M.: Die Münchner Altstadt nach 1945. Wiederaufbau als Innere Erweiterung, Sanierung und Instandsetzung eines Ensembles, in: Bericht über die 47. Tagung für Ausgrabungswissenschaft und Bauforschung vom 16. bis 20. Mai 2012 in Trier, hg. v. Klaus Tragbar, Dresden 2014, S. 271–280, hier S. 273, Abb. 1.

13   Nerdinger 1988 (wie Anm. 4), Katalognummer 198, S. 273.

14   Kuehn, Wilfried: Begreifen wir die Fassade in europäischen Städten als Raum, nicht als Bild! Die Fassade ist Ausdruck des Öffentlichen, in: Bauwelt 104. Jg., H. 12 (Stadt-Bauwelt 205), 2015, S. 38–39, hier S. 38.

15   Vgl. auch die Grundrisse bei Nerdinger 1988 (wie Anm. 4), S. 65 und 228.

16   Hierauf verweist Sophie Wolfrum in: Geipel, Kaye: Städtebau! – Eine Debatte um die Gestalt der Stadt, in: Bauwelt 104. Jg., H. 12 (Stadt-Bauwelt 205), 2015, S. 14–31, hier S. 30.

17   Hinweis hierzu in Fisch 1990 (wie Anm. 6), S. 184.

18   Vgl. Borret, Kristiaan: Slow Urbanism, in Bauwelt 103. Jg., H. 12 (Stadt-Bauwelt H. 201), 2014, S. 39–47.

19   Van de Velde, Valerie: Antwerpener Akupunktur. Een Nieuw Perspectief. Stadtplanung in Rotterdam und Antwerpen, in: Bauwelt 103. Jg.,

H. 12 (Stadt-Bauwelt H. 201), 2014, S. 48; Secchi, Bernardo / Viganò, Paola: Antwerp. territory of a new modernity, Amsterdam 2009.

20   Seidl, Gabriel von: Denkschrift über die Erhaltung und künftige Verwendung der alten Augustinerkirche, nun Mauthalle, in München, München 1906, S. 1–2.

21   Abbildung bei Nerdinger 1988 (wie Anm. 6), S. 165.

22   Walter 1988 (wie Anm. 8), S. 99.

23   Nerdinger 1988 (wie Anm. 4), S. 25–26.

24   Bezeichnung bei Topp, Hartmut / Huber-Erler, Ralf: Ein ungeliebtes Erbe, in: Bauwelt 101. Jg., (Stadt-Bauwelt H. 202), H. 24, 2014: S. 30–39, S. 39.

25   Topp / Huber-Erler (wie Anm. 24), S. 34–35.

26   Kasten, Benjamin / Seitz, Markus: Die Hochstraße in Halle (Saale). Relikt einer vergangenen Zukunft, Diplom TU Berlin, 2015. online: https://depositonce.tu-berlin.de/handle/11303/4469 (29. März 2016).

27   vgl. Theodor Fischers Plan „Ausgestaltung der Au, München den 25. September 1894", abgedruckt im Theodor Fischer Atlas, hg. v. Sophie Wolfrum, München 2012, S. 05.28.

28   Viganò, Paola: Die offenen Stadtlandschaften Europas stellen eine Ressource dar, in der sich neue Lebensformen einnisten können, in: Bauwelt 104. Jg., H. 12 (Stadt-Bauwelt 205), 2014, S. 46–49, hier S. 49.

29   Originaltext: „Il progetto minimale, robusto e poco costoso del parco ha consentito all'amministrazione di Anversa economie tali da permettere di recuperare fin da subito gli edifici abbandonati. L'area di Spoor Noord è un palinsesto sul quale differenti generazioni hanno scritto e sul quale altre generazioni continueranno ad incidere." Projektbeschreibung, entnommen aus der Selbstpräsentation des Büros „Studio Associato Bernardo Secchi – Paola Viganò Masterplan, Piano Particolareggiato e Parco di Spoor Noord, Anversa (Belgio)", online siehe www.progettoflaminio.it/wp-content/uploads/2015/03/Studio-01.pdf (29. Februar 2016), Übersetzung der Autorin.

30   Fisch, Stefan: Neue Aspekte der Münchener Stadtplanung zur Zeit Theodor Fischers (1893 bis 1901) im interurbanen Vergleich, in: Soziale Räume in der Urbanisierung. Studien zur Geschichte Münchens im Vergleich 1850 bis 1933, hg. v. Wolfgang Hartwig / Klaus Tenfelde, München 1990, S. 175–192, hier S. 182–184.

31   Fisch, Stefan 1990 (wie Anm. 30), S. 187–190.

32   Meller, Helen: European Cities 1890–1930: history, culture, and the built environment, Chichester [u.a.] 2001, S. 61–62.

33   Kuehn, Wilfried 2015 (wie Anm. 14), S. 38.

34   Vgl. Meller, Hellen, 2001 (Anm. 32), S. 61.

35   Giovannoni, Gustavo: Vecchie città ed edilizia nuova, in: Nuova Antologia, Jg. CLXV, H. 995, 1913, S. 449–472.

36   Choay, Fraçoise: L'allégorie du patrimoine, Paris 1992, S. 153: „[...] ils [les tissus urbains anciens] sont, comme les monuments historiques, porteurs de valeurs d'art et d'histoire et, comme dans la démarche historiographique de Viollet-le-Duc et de Sitte, mais directement et in concreto, ils peuvent servir de catalyseurs pour l'invention de nouvelles configurations spatiales." Im Text Übersetzung der Autorin.

Was nach dem Kalten Krieg übrig bleibt

Umnutzung und Umdeutung der gebauten Hinterlassenschaften
der amerikanischen Präsenz in Deutschland nach 1989

JOHANNA M. BLOKKER

ZUSAMMENFASSUNG

Nach dem Abebben der großen Abrisswellen, die
seit dem Mauerfall 1989 über viele deutsche Städte
gingen, werden jetzt immer mehr architektonische
Zeugnisse des Kalten Krieges als Erbe anerkannt
und kreativ sowie produktiv angeeignet und umgenutzt. Die notwendige Bedenkzeit für diese
Entwicklung ist zum Teil dem Denkmalstatus zu
verdanken, der z.B. manchen Hinterlassenschaften
der amerikanischen Präsenz auf westdeutschem Boden bereits früh verliehen wurde und diese in den
meisten, wenn nicht gar in allen Fällen, vor den
Folgen übereilter Entscheidungen schützen konnte. Gleichzeitig wird aber vielen weiteren Bauten
und Ensembles, die potenziell genauso viel über
diese entscheidende Epoche in der westlichen Geschichte aussagen könnten, diese Möglichkeit nicht
gewährt. Militäranlagen der USA in Deutschland
zum Beispiel, die seit 1990 allmählich stillgelegt
und an die jeweiligen Bundesländer abgetreten werden, werden größtenteils von den Denkmalbehörden nicht anerkannt oder gar wahrgenommen und
daher nicht rechtlich geschützt. In der Tat lassen
sich diese Anlagen kaum als Baudenkmäler oder Ensembles im üblichen Sinne beschreiben. Vielmehr
sind sie „Erinnerungsorte" im Sinne Pierre Noras:
Sie sind Bestandteile einer „symbolischen Figur" in
der deutschen Gesellschaft – aber einer Figur, die
gerade erst Gestalt annimmt und sich bisher in nur
einigen wenigen, vor allem wenig greifbaren Qualitäten der Architektur selbst wahrnehmen lässt.
In solchen Fällen möchte man lieber mit Denkmalschutz vorsichtig vorgehen. Aber angesichts
des enormen Veränderungsdrucks, dem diese und
ähnliche Anlagen im Kontext des Strukturwandels
ausgesetzt werden, ist vielleicht eine größere Ri-
sikobereitschaft auf Seiten der Disziplin angesagt:
eine Bereitschaft, über die üblichen Kriterien zur
Beurteilung des Denkmalwerts hinaus zu schauen
und sozusagen wie Spekulanten in das Erinnerungs-
potenzial dieser Zeugnisse der jüngsten Geschichte
zu investieren.

Einführung

Das Ende des Kalten Krieges und die Wiedervereinigung Deutschlands gingen einher mit einem Strukturwandel in jeder Hinsicht und in jedem Bereich,
nicht zuletzt der gebauten Umwelt. So war die Stadt
Berlin – um nur das repräsentativste Beispiel zu
nennen – nach 1989 Schauplatz einer fieberhaften
Bautätigkeit, wodurch riesige Bereiche des städtischen Gefüges überarbeitet, saniert oder sonst
verändert wurden, oder aber einfach abgerissen
wurden, um Platz für Neubauten zu machen. Ein
Teil dieser Bau- und Abrisstätigkeit betraf Bauten,
denen wir heute einen eindeutigen Denkmalwert
zuschreiben würden, aber in der politischen Atmosphäre der damaligen Zeit gab es kaum Konsens
bezüglich des Denkmalwertes der jetzt zur Disposition stehenden Bausubstanz – es hätte einen solchen Konsens auch noch nicht geben können. Das
erklärt die Welle der Abrisse, die sich auch als eine
„Säuberungsaktion" beschreiben lässt, die mit der
Mauer anfing, dann beispielsweise mit dem Außen-
ministerium der DDR weiterging und mit dem Palast der Republik einen Höhepunkt erreichte. Aber
es waren genau diese Aktionen und das rasche Verschwinden größerer Teile des Berliner Stadtgefüges,
die dazu führten, dass Alarm geschlagen wurde und
es zu einem neuen Bewusstsein und einer neuen
Sensibilität für den möglichen Wert selbst von negativ besetzten Bauwerken kam. Das wurde spätestens deutlich bei der hitzigen Debatte, die der Abriss des Palastes der Republik sowohl in Fachkreisen
als auch in der Öffentlichkeit entfachte.[1]

Dieser Prozess der Sinnzuschreibung dauert
immer noch an und ist noch immer sehr im Fluss.
Er geht jetzt über zentrale Symbole wie die Mauer und den Palast der Republik hinaus und umfasst
andere Bauten und Stätten, deren Bedeutung mit
dem Ende des Kalten Krieges verloren ging oder
aberkannt wurde, oder denen bis dahin keine besondere Bedeutung zugeschrieben wurde – man
denke hier zum Beispiel an die ehemalige Abhörstation der Alliierten auf dem Berliner Teufelsberg

oder an die Sporthalle und das Kino „Columbia" der amerikanischen Streitkräfte am Nordrand des Flughafens Tempelhof.[2] Die Denkmalpflege ist derzeit sehr fleißig dabei, solche Stätten zu identifizieren; sie nimmt jetzt Platz am gemeinsamen Tisch mit den Behörden für Stadtplanung und städtische Entwicklung. Das Problem ist nach wie vor, dass die aktive Aushandlung der Bedeutung zeitgleich mit der Verwandlung der Architekturlandschaft stattfindet. Die Herausforderung des Strukturwandels nach dem Ende des Kalten Krieges besteht darin, den Bedeutungsinhalt und das Identifikationspotenzial einer breiten und sehr heterogenen Palette von Objekten einzuschätzen, dies sehr schnell zu tun und dann rasch zu handeln – denn die Investoren und Spekulanten sind schnell und wissen auch um den Wert der Überraschungstaktik.

Die Aufgabe ist gewaltig, und es ist kein Ende in Sicht. Auch wenn die Wiedervereinigung und das Ende des Kalten Krieges ein Vierteljahrhundert zurückliegen mögen, so kommen doch immer noch die „Nachbeben": Dazu gehört die regelmäßige Stilllegung von amerikanischen Militäreinrichtungen im Zuge des allmählichen Abzugs der amerikanischen Streitkräfte ab 1994. Eines der jüngsten Nachbeben dieser Art traf Bamberg in 2013–14, als der Militärstützpunkt „Warner Barracks" stillgelegt und geräumt wurde und seine Bauten leer zurückgelassen wurden. In Bamberg wie auch anderswo stellt die geplante „Konversion" des Stützpunktes eine große Herausforderung für die örtlichen Denkmalpflegebehörden dar.[3] Leider hat es nicht den Anschein, dass wir dieser Herausforderung erfolgreich begegnen werden, geschweige denn den Herausforderungen, vor die sich die Denkmalpflege durch den Strukturwandel nach dem Kalten Krieg allgemein gestellt sieht. Denn wie es scheint sind die etablierten Konzepte, Kategorien und Werkzeuge, über die wir verfügen – oder zumindest die Art, wie wir es gewohnt sind, sie anzuwenden –, für die vor uns liegende Aufgabe zum Teil ungeeignet. Das Ergebnis ist, dass wir zu wenig leisten, und das oft zu spät: Wir werden unsere Verpflichtung, die Zeugnisse dieser sehr bedeutsamen Zeit in der Geschichte Deutschlands als Ressource für die Zukunft sicherzustellen, nicht gerecht. In der Tat mache ich mir Sorgen, dass die Reue, die wir jetzt erleben, wenn wir auf die Jahre der „Säuberung" zurückblicken, sich in der Zukunft wiederholen wird, wenn wir auf die Jahre zurückblicken, in denen wir heute leben und arbeiten.

Im Folgenden will ich ein paar Beispiele dafür zeigen, wie Bedeutung und Wert bei Bauwerken aus der Ära des Kalten Krieges zurzeit wiederentdeckt werden bzw. diesen neu zugeschrieben werden, und wie die Werkzeuge und Methoden der „klassischen Denkmalpflege" uns in einigen Fällen doch gute Dienste geleistet haben. Dann aber möchte ich vorschlagen, wie ein neuer oder anders gelagerter Ansatz – eine Verschiebung des Schwerpunktes oder der Sehweise – uns vielleicht helfen könnte, besser mit den „nicht-klassischen" Produkten des Strukturwandels umzugehen. Mein Fokus liegt auf den gebauten Hinterlassenschaften der amerikanischen Präsenz, weil es davon so viele gibt; sie stellen dadurch ein echtes Strukturwandelproblem dar. Aus nachvollziehbaren Gründen konzentriere ich mich dabei hauptsächlich, wenn auch nicht ausschließlich, auf Berlin.

Wiederentdeckung der Hinterlassenschaften der amerikanischen Präsenz

Mein erstes Beispiel ist das Amerika Haus in Berlin-Charlottenburg, nur wenige Meter von der U-Bahn-Station Zoologischer Garten entfernt. Es handelt sich um eines von sieben speziell gebauten Amerika Häusern, die von der United States Information Agency für deutsche Städte in Auftrag gegeben wurden.[4] Mit ihren Lesesälen und Freihandmagazinen, die mit englischsprachigen Büchern und Zeitschriften bestückt waren, sollten sie als Zentren für die Verbreitung von Informationen über amerikanische Ideale, politische Werte und die verschiedenen Formen des „American Way of Life" dienen, als Modelle für das neue demokratische Deutschland der Zukunft, das den faschistischen Staat der Vergangenheit ersetzen und als Bollwerk gegen den kommunistischen Osten fungieren sollte.

Amerika-Haus in Berlin-Charlottenburg
(Bruno Grimmek, 1957), seit 2013 Hauptsitz
der Fotokunst-Galerie C/O Berlin

Mit dem Ende des Kalten Krieges gingen dann diesen Einrichtungen ihr ursprünglicher Sinn und Zweck verloren. Zwar diente das Amerika Haus Berlin – ab 1990 von der Kulturabteilung der US-Botschaft geführt – noch einige Jahre lang als Ort öffentlicher kultureller Veranstaltungen, und im Jahre 1995, mit Inkrafttreten des neuen Berliner Denkmalschutzgesetzes, wurde es in die Denkmalliste der Stadt aufgenommen. Aber im Kontext der Wiedervereinigung büßte diese einst so bedeutende Westberliner Institution immer mehr an Bedeutung ein. Nach den Anschlägen auf amerikanische Botschaften in Afrika in 1998 und die Terroranschläge vom September 2001 in den USA wurde das Kulturprogramm gekürzt und schließlich eingestellt. Fünf Jahre später kam dann die Entscheidung, das Amerika Haus als solches endgültig aufzugeben.[5]

2006 wurde das Gebäude in der Hardenbergstraße von den Amerikanern geräumt und wieder in Besitz seines Eigentümers, des Landes Berlin, übergeben. Letzteres hatte aber keine bestimmte Vision für das Anwesen, noch gelang es ihm in den folgenden Jahren einen geeigneten Käufer oder einen neuen Dauermieter zu finden.[6] Gelegentliche Nutzung fand das Haus als Ort für Ausstellungen und Events, u.a. der Bundeszentrale für politische Bildung, zeitweise wurden auch einige Räume von Organisationen wie vom Berliner Institute for Cultural Diplomacy gemietet.[7] Ansonsten blieb aber der einstige Prachtbau leer, seine Fenster dunkel und sein großflächig verglaster Eingangsbereich, ursprünglich als Ausdruck demokratischer Offenheit gedacht, mit Rollgittern verschlossen.

Bis Ende 2012 dauerte es, bis die Geschichte des inzwischen „ganz schön heruntergekommen"[8] Hauses eine neue, positive Wendung nahm. In diesem Jahr meldeten ihr Interesse am Amerika Haus die Betreiber des C/O Berlin, der erfolgreichen Privatgalerie für Fotokunst im Stadtteil Mitte, an und zwar als deren neuem Hauptstandort – eine Nutzung, die auch bei den zuständigen städtischen Behörden guten Anklang fand. In September 2012 wurde mit der Galerie ein langfristiger Mietvertrag abgeschlossen und bereits im darauffolgenden Sommer konnte mit den notwendigen Sanierungs- und Umbauarbeiten begonnen werden.[9] Das Konzept, das der Sanierung des denkmalgeschützten Bauwerks zugrunde lag, war ein uns bestens bekanntes: Die originale Bausubstanz sollte so wenig wie möglich angetastet werden, es sei denn, dies wäre unumgänglich aufgrund der sich ändernden Bedürfnisse der Nutzer. 2014 wurde die Arbeit abgeschlossen und das Gebäude wiedereröffnet. Seine neue Funktion und sein neuer Inhaber werden durch den Schriftzug auf dem Dach ausgewiesen, während der Schriftzug „Amerika Haus" an seinem ursprünglichen Platz gut sichtbar stehen verbleibt – ein klares und explizites Bekenntnis der C/O Berlin zur Geschichte ihres neuen Zuhauses. Zur Wiedereröffnung veröffentlichte die Galerie sogar eine Monographie zu diesem Thema.[10]

Ähnliche Geschichten des Bedeutungsverlustes, gefolgt von Umdeutung und Aneignung, dann denkmalgerechte Umnutzung und Umbau, lassen sich von vielen anderen Bauwerken seit Ende des Kalten Krieges erzählen, sowohl in Berlin als auch anderswo: Zu den Beispielen gehören das Amerika Haus in Köln, jetzt Hauptsitz der Fritz-Thyssen-Stiftung, und die ehemalige amerikanischen Generalkonsulate in Düsseldorf und Bremen.[11] Ihre neue Nutzer bekennen sich gleichfalls oft zur Geschichte der Gebäuden: Nicht wenige machen diese Geschichte zum Identifikationspunkt und zum Teil der Corporate Identity ihrer Firma oder Organisation. In diesen und in vielen anderen Fällen schuf die rechtzeitige Eintragung in die Denkmalliste den notwendigen Freiraum für die Entfaltung dieses Prozesses der Umdeutung und Aneignung: Die Eintragung gewährte die Bedenkzeit, in Bezug auf den Strukturwandel den grundsätzlichen Fragen der Denkmalpflege nachzugehen. Bei den genannten Beispielen waren also die etablierten Werkzeuge und Methoden der Denkmalpflege sinnvoll und effektiv. Aber für genau solche hochwertigen, repräsentativen Bauwerke waren diese Werkzeuge und Methoden auch entwickelt worden. Nur wie steht es mit den anderen Hinterlassenschaften der amerikanischen Präsenz, mit den vielen Bauten die, wie es Marion Wohlleben ausgedrückt hat, „unterhalb der Bedeutungsschwelle ‚Denkmal' " – oder vielleicht würde ich eher sagen ‚im Abseits' dieser Bedeutungsschwelle – angesiedelt sind?[12]

Von „Hinterlassenschaft" zum „Erinnerungsort": Die American Community in Berlin

Zu diesen Bauten könnte der Komplex zählen, der sich um das Hauptquartier der US-Militärregierung im Berliner Ortsteil Dahlem entwickelt hatte und bis vor einigen Jahren als die „American Community" bekannt war. Diese entstand ab 1945 auf der bewaldeten, noch weitgehend unbebauten Landfläche westlich und südlich des Hauptquartiers an der

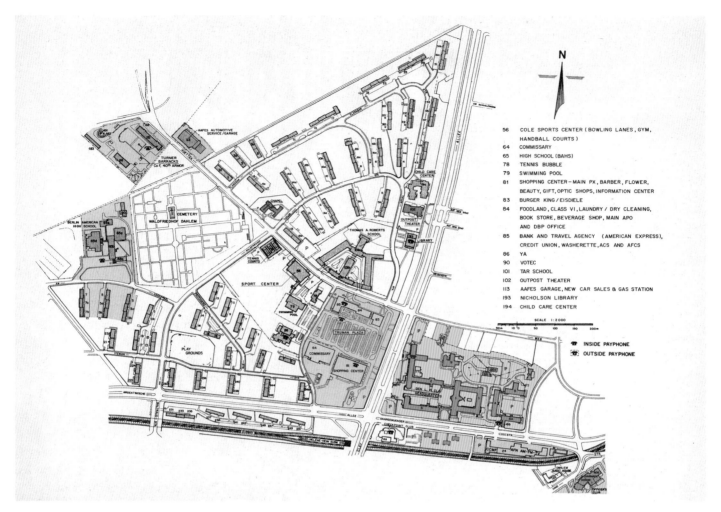

American Community in Berlin-Dahlem ca.1990. Rot und rosa markiert sind die eingetragenen Baudenkmäler bzw. Denkmalbereiche, blau die inzwischen abgerissenen oder überformten Strukturen. Unmittelbar südlich des abgebildeten Bereichs befindet sich das denkmalgeschützte Dreipfuhl Officers' Housing Area.

Clayallee und bildete eine Art kleine, unabhängige Satellitenstadt für die rund 6.000 Angehörige der dort stationierten „Berlin Brigade".[13] Neben mehrstöckigen Wohnblöcken für die Mannschaften sowie Einzel- oder Doppelhäuser für Offiziere verfügte die Einrichtung über ein eigenes Einkaufszentrum, über Schulen und Kindergärten sowie über eine multikonfessionelle Kirche; für die Freizeitgestaltung der Truppen sorgten auch Sportstätten, ein Kino und später eine Bibliothek. Mit dem sich immer weiter in die Länge ziehenden Aufenthalt der amerikanischen Streitkräfte wurde dann dieser „von den Berlinern als ‚Klein-Amerika' bezeichnete Bereich"[14] auch immer weiter ausgebaut. Dabei nahmen die im Dienst der amerikanischen „Engineer Division" arbeitenden Architekten „wenig Rücksicht auf Struktur und Charakter Dahlems", sondern schufen vielmehr „einen eigenständigen Bereich mit typischen amerikanischen Elementen."[15] Vom Bundeshaushalt finanziert blieb die Anlage nach Abzug der Berlin Brigade 1994 in deutschem Besitz.

Mit einem Wort: ein wahrhaft interessanter Ort in architektonischer und geschichtlicher Hinsicht. Und doch ist aus diesem ganzen Gefüge nur eine Handvoll von Strukturen in der Denkmalliste eingetragen: das Outpost Theater, die United States Army Chapel, die Dreipfuhl Officers' Housing Area. Einige wenige weitere amerikanische Einrichtungen, die in bereits vorher bestehenden Gebäuden untergebracht waren, stehen zwar auch auf der Liste, erscheinen aber ausschließlich mit der originalen Bezeichnung und Funktion dieser Gebäude. So wird der American Officers' Club als „Club- und Gästehaus der Kaiser-Wilhelm-Gesellschaft zur Förderung der Wissenschaften" (Architekt Carl Sattler, Baujahr 1928–29) aufgeführt, und die Allied Kommandatura Berlin wird als „Hauptsitz des Verbandes der öffentlichen Feuerversicherungsanstalten" (Heinrich Straumer, 1926–27) aufgelistet. Allein der Eintrag für das Luftgaukommando III (Fritz Fuß, 1935–38) wird durch den Zusatz „später US-Headquarters Command" genauer bestimmt.[16]

In der Denkmalliste wird also der Bezug dieser Bauten zu der amerikanischen Besatzung gar nicht wahrgenommen.

Die anderen noch stehenden Gebäude und Strukturen der American Community – die Wohnblöcke, die Schulen, die Sporteinrichtungen – haben keinen Schutzstatus. Die meisten davon sind in ihrem ursprünglichen Erscheinungsbild und ihrer früheren Funktion noch weitgehend erhalten.[17] Aber sie entsprechen nicht dem Wertemuster der klassischen Denkmalpflege – und dies nicht so sehr, wie ich meine, weil sie dessen Mindestkriterien nicht erfüllen, sondern weil sie sich diesem Wertemuster komplett entziehen. Die American Community ist sowohl weniger als auch mehr als ein „Denkmalbereich" (die Bezeichnung für Denkmalensemble oder Flächendenkmal im Berliner Denkmalschutzgesetz[18]): Sie ist Bestandteil eines „Erinnerungsorts" in der deutschen Kultur. Und genau hier gibt es, glaube ich, die Möglichkeit, unseren Ansatz neu zu denken oder anders zu denken.

„Erinnerungsort" ist natürlich die deutsche Übersetzung von „lieu de mémoire", das Konzept, das von Pierra Nora in den 1980er und frühen 1990er Jahren entwickelt wurde. Das Wort „Erinnerungsort" ist in der Zwischenzeit viel gebraucht und missbraucht worden; der Begriffsinhalt, auf den ich mich hier berufen möchte, ist der originale, von Nora vorgestellte und von Wissenschaftlern wie Assmann sowie François und Schulze weiterentwickelte. Hier wird ein „Erinnerungsort" als eine Metapher verstanden, die einen Aspekt oder ein Element des kulturellen Gedächtnisses darstellt – wie es Jan Assmann erklärt: Das kulturelle Gedächtnis muss sich auf Fixpunkte in der Vergangenheit richten, um sinnlich erfahrbar zu sein; diese Fixpunkte wiederum gerinnen zu „symbolischen Figuren", an die sich Erinnerung haftet. Solche „Figuren", welche Nora als „Erinnerungsorte" bezeichnet, können „ebenso materieller wie immaterieller Natur sein"; „Erinnerungsorte sind sie nicht dank ihrer materiellen Gegenständlichkeit, sondern wegen ihrer symbolischen Funktion: durch sie wird die Erinnerung Wirklichkeit im Sinne einer fortdauernden normativen und formativen Kraft. Es handelt sich also um langlebige, Generationen überdauernde Kristallisationspunkte kollektiver Erinnerung und Identität, die in gesellschaftliche, kulturelle und politische Üblichkeiten eingebunden sind. Dabei sind sie dynamisch, stets in Bewegung: Sie verändern sich in dem Maße, in dem sich die Weise ihrer Wahrnehmung, Aneignung, Anwendung und Übertragung verändert."[19]

Noras Vorstellungen haben klare Implikationen für die Disziplin der Denkmalpflege, mit ihrem Anliegen für das, was oft als bauliche und räumliche „Träger der Erinnerung" bezeichnet wird. Wie jedoch Marion Wohlleben und Hans-Rudolf Meier in ihrer Publikation zu diesem Thema damals im Jahre 2000 bemerkten, sind wir nicht immer bereit gewesen, uns mit diesen Implikationen näher zu beschäftigen oder sie wirklich ernst zu nehmen[20] – was ein Grund dafür ist, so denke ich, dass, wenn wir mit einer Situation wie dem Strukturwandel im Gefolge des Endes des Kalten Krieges konfrontiert sind, wir uns von Methoden und Werkzeugen gehemmt sehen, die für die Aufgabe einfach unzureichend sind. Ich möchte hier anregen, wie das auch Wohlleben und Meier taten, dass das Konzept des „Erinnerungsortes" und der damit verbundenen Verlagerung unseres Schwerpunktes uns helfen könnte, dieser Herausforderung erfolgreicher zu begegnen – nicht zuletzt in Verbindung mit den gebauten Hinterlassenschaften der Amerikaner in Deutschland.

Die „American Community" in Berlin, so meine ich, ist Bestandteil eines „Erinnerungsortes" im Sinne von Nora: Wir finden hier eine Konzentration von Fixpunkten, die zur Bildung und Aufrechterhaltung einer „symbolischen Figur" beitragen. Diese Figur möchte ich einfach als „Amerika in Deutschland" bezeichnen – obwohl man das sicherlich auch anders formulieren könnte. Ich werde mich hier nicht mit den spezifischen Inhalten des Erinnerungsortes „Amerika in Deutschland" beschäftigen: Denn diese sind dynamischer Natur, und jeder von uns würde sie auf jeden Fall unterschiedlich beschreiben. Was ich jedoch behaupten möchte ist, dass diese Inhalte in jedem Aspekt der American Community erfahrbar sind: bei ihren denkmalgeschützten Elementen, aber auch bei dem Gefüge, das keinen Denkmalstatus genießt; bei den unspektakulären und zuweilen unansehnlichen Gebäuden des Komplexes, ihren Formen und Proportionen; und in der Art, wie die Straßen und Räume (zwar nicht immer kunstvoll) proportioniert und angeordnet sind. Außerdem sind diese Inhalte trotz den vielen größeren und kleineren Überformungen der letzten Jahre überall spürbar. Wenn ich versuchen sollte, aus den Spezifitäten heraus zu verallgemeinern, dann würde ich sagen, dass sich diese Inhalte auf zwei grundlegende Eigenschaften reduzieren lassen, die beide entscheidend für die symbolische Funktion des Erinnerungsortes „Amerika in Deutschland" sind: die erste Eigenschaft ist die „Präsenz", und die zweite ist die „Andersartigkeit". Die Eigenschaft der „Präsenz" ist dieselbe, die in allgemeinen Bezugnahmen auf die „amerikanische Präsenz in Deutschland" evoziert wird, wie zum Beispiel im Titel dieses Beitrags: Mehr als nur eine einfache „Anwesenheit" oder ein „da sein", bedeutete die „Präsenz" von Amerika während des Kalten Krieges, dass sie nicht mehr „dort drüben" war, mythisch und schwer greifbar, quasi auf einem anderen Planeten – die Traumvision der 1920er und 1930er Jahre, das Feindbild der Jahre 1933 bis 1945 –, sondern sie war hier, hautnah, bei uns und unter uns; uns besetzend und überwachend, aber auch uns begleitend, uns unmittelbar zur Seite stehend, helfend und störend, zum Guten und/oder Schlechten, unausweichbar und unübersehbar – halt einfach „präsent". Diese Eigenschaft der „Präsenz" wurde und wird auch vom Amerika Haus evoziert: Wie es der amerikanische Botschafter William Timken vor einigen Jahren sagte: „In den Zeiten des Kalten Krieges [war dieses Haus] das feierliche Zeichen für das amerikanische Versprechen, diese Stadt niemals aufzugeben, komme was da wolle."[21] Amerikanische Militärstützpunkte in Deutschland vermittelten ebenfalls diese „Präsenz" – als feierliches Versprechen und als todernste und uneingeschränkte Verpflichtung.

Die andere Eigenschaft, die für die symbolische Funktion des Erinnerungsortes „Amerika in Deutschland" wichtig ist, ist die Begleiterscheinung von „Präsenz", nämlich die „Andersartigkeit". Die amerikanischen Soldaten und Zivilbeamte wollten mit der Art, wie sie redeten und handelten, arbeiteten und lebten, wie auch mit der Art, wie sie bauten, den Deutschen Alternativen zu dem aufzeigen, was jene kannten. Die Bauten und Strukturen der American Community, wie auch die Amerika Häuser und die Generalkonsulate – alle sollten auf ihre Art wegweisend sein und sollten zur Ausbildung eines neuen Bewusstseins in Deutschland beitragen.[22]

Denkmalschutz für Erinnerungsorte?

Die Frage jetzt wäre also: Wenn wir das Konzept des „Erinnerungsortes" ernst nehmen wollten, inwieweit führte dieses zu einem unterschiedlichen Ansatz für die Erhaltung eines Komplexes wie der American Community in Berlin? Welches wären die Folgen der damit verbundenen Schwerpunktverlagerung für unsere Einschätzung der Mög-

lichkeiten einer denkmalgerechten Umnutzung und eines Umbaus bei dieser und anderer Stätten? Auch hier habe ich nicht vor, auf diese Fragen detailliert einzugehen; die Antworten müssen von uns gemeinsam erarbeitet werden, sowohl auf der Ebene der allgemeinen Richtlinien wie auch im Einzelfall. Im Fall der American Community schlage ich jedoch vor, dass eine Konsequenz die Ausdehnung des gesetzmäßigen Denkmalschutzes auf den gesamten Komplex sein sollte. Das gleiche gilt für die McNair Barracks und die Andrews Barracks in Berlin, wo die Vorkriegsstrukturen eingetragene Denkmäler sind, nicht jedoch die entscheidenden Elemente der amerikanischen Zeitschichten an diesen Stätten.[23] Und ich würde auch vorschlagen, dass dieser Denkmalschutz-Status in erster Linie dazu dienen soll, die Eigenschaften zu erhalten, die diese Stätten zu Bestandteilen des Erinnerungsortes „Amerika in Deutschland"

Outpost Theater (Engineer Division, 1953),
heute das Alliierten Museum Berlin

Die McNair Barracks in Berlin-Lichterfelde, ehemals die Telefunken-Werke (Hans Hertlein, 1937–40). Zurzeit wird die Anlage in Luxuswohnungen umgebaut.

machen und die die symbolische Funktion dieses Erinnerungsortes bekräftigen – dazu gehören wie gesagt „Präsenz" und „Andersartigkeit".

Wenn man das tut, dann kann das den Erhalt der Substanz und des Erscheinungsbildes beinhalten – aber vielleicht auch wieder nicht.

Zu den kraftvollsten Bedeutungsträgern hinsichtlich Präsenz wie auch Andersartigkeit gehören zum Beispiel einfach die Namen: Ortsbezeichnungen, Straßennamen, die Namen von Gebäuden. Beim Amerika Haus in Berlin ist es der Erhalt des Schriftzugs an der Fassade, der mindestens so viel wie alle übrigen denkmalpflegerischen Maßnahmen zu diesem Empfinden von Präsenz und Andersartigkeit beiträgt, was dieses Gebäude auch heute noch vermittelt. Das Gleiche gilt für das Outpost Theater, und während viele andere Namen in der American Community bereits untergegangen sind, bleibt zu hoffen, dass die, die übrig bleiben, erhalten werden können.[24] Diese Hoffnung habe ich auch bezüglich der McNair Barracks, ganz gleich, was die derzeitige Sanierung und der Umbau dieses Ensembles sonst ergeben mag.

Das Ergebnis eines Denkmalschutzes, der seine Prioritäten auf diese Weise definiert, könnten Gebäude und Ensembles sein, die man eher als „in Erinnerung gehalten" denn als „denkmalpflegerisch erhalten" beschreiben könnte. Einige von uns haben dabei vielleicht ein ungutes Gefühl: Wenn alles geschützt ist, ist nichts mehr geschützt, lautet ein Argument; ein Zweiklassensystem für Denkmäler wie in anderen Ländern wollen wir hier nicht, lautet ein Anderes. Aber die Alternative ist, wie ich gezeigt habe, überhaupt kein Schutz und der Ausschluss des Prozesses der Umdeutung und Aneignung, für den der Schutzstatus Zeit gewährt und Freiraum schafft.

Die Wiederentdeckung und begeisterte Annahme von Bauwerken wie des Amerika Hauses in Berlin zeigt deutlich den jetzt stattfindenden Prozess der Umdeutung und Aneignung des Vermächtnisses des Kaltes Krieges, wie auch die Prozesshaftigkeit unserer Erinnerung an diese Zeit in der deutschen Geschichte. Die Denkmalpflege hat hier ihre Rolle beim Schaffen der Voraussetzungen dafür, dass dies geschehen kann. Aber unsere Disziplin sieht sich großen Herausforderungen gegenüber, angesichts des enormen wirtschaftlichen und politischen Drucks, der mit dem Strukturwandel einhergeht; auch angesichts der Geschwindigkeit, mit der die

gebaute Umwelt verändert wird; und angesichts der enormen Menge und Vielfalt des architektonischen Gefüges, mit dem wir fertig werden müssen. Dass nicht nur „Überholtes", „Überflüssiges", „Lästiges" oder vermeintlich „Hässliches" verschwindet, sondern mit ihm Bestandteile wesentlicher Erinnerungsorte der deutschen Kultur, wird uns immer mehr bewusst. Doch wir sind nicht dafür gerüstet, mit solchen Erinnerungsorten umzugehen: Das Wertemuster unserer Disziplin ist dafür ungeeignet. Denn wie Markus Weis anmerkt: „Ausschlaggebend für den Denkmalbegriff ist und bleibt die Kategorie der geschichtlichen Bedeutung".[25] Marion Wohlleben macht den Unterschied zwischen Erinnerung und Geschichte deutlich: „Im Unterschied zur Geschichte, die wir als die strukturierte, bearbeitete Vergangenheit ansehen, ist in der Erinnerung jene Vergangenheit präsent, die der Bearbeitung, Bewertung und Objektivierung durch die Zeitgenossen und spätere Generationen noch harrt. Das Erinnerte stellt sozusagen ein Potenzial dar, das noch angereichert werden oder aber in Vergessenheit geraten kann."[26]

Stillgelegte amerikanische Militärstützpunkte, Siedlungen usw. befinden sich irgendwo im Niemandsland zwischen „erinnert" und „geschichtlich". Ob die American Community, die McNair Barracks oder die Andrews Barracks in Berlin, oder aber die Warner Barracks in Bamberg, einmal zur Geschichte werden, ob sie einmal für eine oder mehrere Generationen von Bedeutung sein werden, bleibt abzuwarten. Aber es ist ein Risiko, das wir eingehen sollten. Denn wie Wohlleben betont: „Erinnerungspotenziale zu sichern gehört zu dem Erhaltungsauftrag einer Gesellschaft."[27] Es scheint mir eine verkehrte Welt zu sein, dass Investoren und Spekulanten bereit sind, Risiken einzugehen, obwohl das einzige, was sie verlieren können, Geld ist – vielleicht erweist sich die Konversion einer ehemaligen Militäranlage in Luxuswohnungen als profitabel, oder vielleicht auch nicht –, aber die Denkmalpflege ist nicht bereit, ein ähnliches Risiko einzugehen, obwohl es hier um deutlich mehr geht.

Ich möchte deshalb mit dem Gedanken abschließen, dass wir in der Denkmalpflege mehr wie Spekulanten agieren sollten. Wir sollten mehr Risiken eingehen: Wir sollten bereit sein dafür, dass es sich zeigt, dass wir uns geirrt haben, auf die Chance hin, dass wir tatsächlich goldrichtig lagen und am Ende eine reiche Belohnung einfahren werden.

Abbildungsnachweis

1, 3, 4   Verfasserin

2   Berlin-Brigade.com, mit Modifikationen durch die Verfasserin

Anmerkungen

1   Schug, Alexander: Palast der Republik. Politischer Diskurs und private Erinnerung, Berlin 2007.

2   Beckmann, Katharina / Derksen, David / Haeseke-Diesing, Robert / Leitner, Florian: Field Station Berlin – Geheime Abhörstation auf dem Teufelsberg, Berlin 2013; Landesdenkmalamt Berlin: Denkmale in Berlin. Bezirk Tempelhof-Schöneberg, Petersberg 2007, S. 81.

3   www.denkmalnetzbayern.de/index.php/menueeintrag/ index/id/25/seite_id/1394 (31. Januar 2016).

4   Paulix, Gabriele G.E.: Das Amerika-Haus als Bauaufgabe der Nachkriegszeit in der Bundesrepublik Deutschland, Frankfurt a.M. 2012; Schöttler, Sonja / Lieb, Stephanie: Funktionale Eloquenz. Das Kölner Amerika-Haus und die Kulturinstitute der Vereinigten Staaten von Amerika in Deutschland, Worms 2011.

5   www.wohnmal.info/events/amerika-haus-berlin-ein-a-schreibt-geschichte/ (31. Januar 2016).

6   Ebenda.

7   www.culturaldiplomacy.org/amerikahausberlin/ index.php?en_about (31. Januar 2016).

8   Kommentar auf www.yelp.de/biz/amerika-haus-berlin (31. Januar 2016).

9   www.wohnmal.info/events/amerika-haus-berlin-ein-a-schreibt-geschichte/ (31. Januar 2016).

10   Hiller von Gaertringen, Hans Georg / C/O Berlin Foundation: Das Amerika Haus im Wandel der Zeit. Pop, Politik und Propaganda, Ostfildern 2014.

11   www.fritz-thyssen-stiftung.de/ueber-uns/stiftungssitz/, www.duesseldorf-botschaft.com, www.blg-logistics.com/ de/kontakt/standorte/deutschland/bremen (alle 31. Januar 2016).

12   Meier, Hans-Rudolf / Wohlleben, Marion: Bauten und Orte als Träger von Erinnerung. Die Erinnerungsdebatte und die Denkmalpflege, Zürich 2000, S. 16.

13   Kaltenbach, Angelika / Landesdenkmalamt Berlin: Denkmale in Berlin – Bezirk Steglitz-Zehlendorf – Orts-teil Dahlem, Petersberg 2011, S. 56–58.

14   Ebenda, S. 56.

15   Ebenda, S. 57.

16   www.stadtentwicklung.berlin.de/denkmal/denkmalliste/ downloads/denkmalliste.pdf (31. Januar 2016). Das Gleiche gilt für die McNair Barracks, die als „Telefun-ken-Werke" (Hans Hertlein, 1937–40) in die Denkmal-liste eingetragen sind, sowie für die Andrews Barracks, die unter der Überschrift „Preußische Hauptkadettenan-stalt zu Lichterfelde" (Fleischinger, Voigtel und Bernhard, 1873–78) in der Liste erscheinen.

17   Kaltenbach, Angelika / Landesdenkmalamt Berlin 2011 (wie Anm. 13), S. 67.

18   www.stadtentwicklung.berlin.de/denkmal/denkmalliste/ de/erlaeuterung.shtml (31. Januar 2016).

19   François, Étienne / Schulze, Hagen: Deutsche Erinne-rungsorte, Bd. 1., München 2002, S. 17–18.

20   Meier, Hans-Rudolf / Wohlleben, Marion 2000 (wie Anm. 12), S. 7 und 16.

21   www.wohnmal.info/events/amerika-haus-berlin-ein-a-schreibt-geschichte/ (31. Januar 2016).

22   Kaltenbach, Angelika / Landesdenkmalamt Berlin 2011 (wie Anm. 13), S. 57. Die Vorbildfunktion der amerika-nischen Architektur in Nachkriegsdeutschland bildet einen Schwerpunkt im aktuellen Forschungsprojekt der Verfasserin mit dem Titel „Architecture as a Medium of American Cultural Diplomacy in Germany between the Second World War and the Cold War", siehe www.uni-bamberg.de/denkmalpflege/forschung/ aktuelle-forschungsprojekte/architecture-as-a-medium-of-american-cultural-diplomacy/ (31. Januar 2016).

23   Auf dem Gelände der Andrews Barracks steht sogar die Große Schwimmhalle, 1937–38 von Reichle, Badberger und Weigandt für Mitglieder der Leibstandarte SS Adolf Hitler erbaut, als Einzeldenkmal unter Schutz, nicht aber die nahe gelegene und durchaus qualitätvolle Andrews Chapel mit ihrem Glockenturm im charakteristischen amerikanischen New-England-Kolonialstil (Engineer Division, 1953). Siehe www.stadtentwicklung.berlin.de/ denkmal/liste_karte_datenbank/de/denkmaldatenbank/ detailansicht.php?id=8530 (31. Januar 2016).

24   Zu den Namen, die seit 1994 verschwunden sind, zählen „Truman Plaza" (jetzt Luxussiedlung „Fünf Morgen Urban Village Dahlem"), die „Berlin Brigade Housing Area" (jetzt „Parkviertel Dahlem"), die „Turner Barracks" (jetzt „Waldsiedlung Am Petersberg"), die „Thomas A. Roberts School" (jetzt „Quentin Blake Europaschule") und die „Berlin American High School" (jetzt „Wilma Rudolph Schule"). Noch zu sehen bzw. zu lesen sind das „Cole Sport Center", die „U.S. Army Chapel", die „Nicholson Memorial Library" und das „Outpost Theater" (jetzt „Alliiertenmuseum Berlin").

25   Weis, Markus: Entstehung, Erweiterung und Auflösung des Denkmalbegriffs – Das Ende der Denkmalpflege?, in: Monumental. Festschrift für Michael Petzet zum 65. Geburtstag, 12.4.1998, hg. v. Susanne Böning-Weis, München 1998, S. 86.

26   Meier, Hans-Rudolf / Wohlleben, Marion 2000 (wie Anm. 12), S. 18.

27   Ebenda.

Im Strukturwandel

Perspektiven der Denkmalpflege im ländlichen Raum am Beispiel der Magdeburger Börde

TOBIAS BREER

ZUSAMMENFASSUNG

Die Magdeburger Börde befindet sich in einem Strukturwandel, der durch die Transformationsprozesse nach der deutschen Wiedervereinigung ausgelöst wurde und vielerorts durch Leerstand und Abwanderung sichtbar wird.

Die Kulturlandschaft der Region ist durch gute Böden und eine ertragreiche Landwirtschaft bestimmt und dabei im baulichen Bestand selbst wesentlich Produkt eines durchgreifenden strukturellen und gesellschaftlichen Wandels im 19. Jahrhundert, der mit der Entwicklung des Zuckerrübenanbaus und der Zuckerindustrie in der damaligen preußischen Provinz zusammenhängt. Seine baulichen Hinterlassenschaften prägen heute neben den vorindustriellen Relikten den dichten Denkmalbestand im Landkreis Börde.

Funktionsverluste und Funktionsverlagerungen unterschiedlicher Ursache führen nun dazu, dass viele Kulturdenkmale ihre Nutzung und damit eine Erhaltungsperspektive einbüßen. Dies stellt die Denkmalpflege vor große Herausforderungen. Dass die hohen Erträge in allen Epochen aufwändige Haushaltungen erlaubten und sehr große Wirtschaftshöfe hervorbrachten, führt etwa zu fast unüberwindbaren Schwierigkeiten bei Nutzung und Erhaltung der vielen Schloss- und Gutsanlagen. Aber auch kleinere Objekte haben bei fehlenden oder überforderten Nutzern kaum bessere Perspektiven.

Der Denkmalbegriff als Vorstellung davon, was der Erhaltung wert wäre, ist allerdings auch unter den Bedingungen des Schrumpfens nicht schlüssig in Frage zu stellen. Gleiches gilt für die Methoden und Grundsätze der praktischen Denkmalpflege, da sie den Weg zur denkmalerhaltenden Bauwerkserhaltung aufzeigen. Sie müssen jedoch am Denkmal als Spektrum von Möglichkeiten gesehen werden, um neben unvermeidlichen Verlusten überhaupt noch Erhaltungserfolge erzielen zu können.

Vorbemerkung

Wie in viele Kulturlandschaften sind auch ins reiche bauliche Erbe der Magdeburger Börde jene historischen Strukturwandel eingeschrieben, die über diese hinweggegangen sind und die sie mit ausgeformt haben. Seit dem Ende der DDR ist die Region allerdings wie andere auch einer wohl historisch singulären Strukturerosion ausgesetzt. Dabei können die Auswirkungen von Funktionsverlust, Rationalisierung, Abwanderung und Deindustrialisierung auf den historischen Baubestand im ländlichen Raum wie im Zeitraffer beobachtet werden. Als Lagebericht und Reflexion aktueller Tätigkeit sollen hier die Herausforderungen für die praktische Denkmalpflege und mögliche Rückwirkungen in die Denkmaltheorie und die Theorie denkmalpflegerischer Praxis erörtert werden. Dieser Versuch, über Denkmalpflege und Strukturwandel nachzudenken, ist dem Alltagsgeschäft abgerungen. Der ein oder anderen theoretischen und wissenschaftlichen Untiefe sei darum mit Nachsicht begegnet. Fraglos dient er auch dazu, durch Analyse und denkmaltheoretische Erwägungen der eigenen Arbeit als Denkmalpfleger in schwierigem Umfeld als ‚modernes Subjekt' Sinn und Bedeutung unterzulegen.[1]

Die Magdeburger Börde

> „Ibiza und Malle kennen alle/ Aber wer kennt das Land zwischen Magdeburg und Halle?"[2]

Viele Menschen werden wie mit Sachsen-Anhalt auch mit der Magdeburger Börde wenig Konkretes verbinden, einige vielleicht noch eine kurze Autobahnetappe zwischen Hannover und Berlin: Nach der früheren Grenzübergangsstelle Marienborn zieht eine eigentümlich ausgeräumte Agrarlandschaft solange am Fenster vorbei bis endlich am Rand des Elbtals die Hochhäuser von Magdeburg-Olvenstedt und der Dom der Elbestadt am Horizont erscheinen.

Die Börde ist nicht die Uckermark. Sie ist keine Sehnsuchts- oder Urlaubslandschaft. Selbst Landesdenkmalpfleger sehen gelegentlich auf sie herab. Als Kulturraum wird die Magdeburger Börde kaum wahrgenommen. So bleiben die Einheimischen – wenn sie denn bleiben – unter sich und auch mit ihren Kulturgütern allein.

Darum ist es zunächst nötig, die Region als Kulturlandschaft zu konstruieren und dabei ersten Spuren von Strukturwandeln nachzugehen. Der Begriff „Magdeburger Börde" wird dazu unscharf und übergreifend für die mitteldeutschen Schwarzerdegebiete westlich von Magdeburg verwendet. Gemeinsame naturräumliche Voraussetzungen und die Zugehörigkeit zum Stiftsgebiet der Bistümer Magdeburg bzw. Halberstadt im Mittelalter und zu Brandenburg-Preußen nach dem Dreißigjährigen Krieg erlauben, dass eine verbindende politische und kulturelle Geschichte unterstellt werden kann.

Überwiegend wird vom Denkmalbestand des heutigen Landkreises Börde die Rede sein, der weder die gesamte Magdeburger Börde einschließt noch ausschließlich aus Bördelandschaften besteht. Seine Bau- und Kunstdenkmallandschaft[3] umfasst Bauwerke aus über 1.000 Jahren, von der Ruine der Stiftskirche von Walbeck, die im 10. Jahrhundert errichtet wurde, bis hin zu Relikten der europäischen Teilung wie den Anlagen der ehemaligen Grenzübergangsstelle Marienborn GÜSt.

Die nachrichtliche Denkmalliste des Kreises enthält derzeit ca. 2.100 Baudenkmale und 200 Denkmalbereiche – ein mittlerer Wert im denkmalreichen Sachsen-Anhalt. Bei einem groben Vergleich der Denkmale pro Einwohner,[4] verfügt er allerdings doch über mehr als zweieinhalbmal so viele Denkmale wie München,[5] mehr als fünfeinhalbmale so viele wie Berlin[6] und mehr als siebenmal so viele wie Dortmund.[7] Mit über vierzig Burgen, Schlössern und Herrensitzen, acht ehemaligen Klöstern und fast zweihundert Stadt- und Dorfkirchen sind klassische Monumente reichlich vertreten. Zu den überregional rezipierten Denkmalen gehören neben Walbeck und der GÜSt Marienborn sicher die Klosterkirche Hamersleben, die Klosterkirche Kloster Gröningen, Schloss Hundisburg und vielleicht auch die Schlosskapelle in Wolmirstedt. Weniger bekannt ist die architektonisch herausragende Anlage der Provinzialheilanstalt Neuhaldensleben. Sie wurde nach 1927 unter Beteiligung von Carl

Bonatz in einem Kiefernwald im Westen Haldenslebens errichtet. Auch andere namhafte Architekten sind mit Werken im Kreis vertreten, etwa Hermann Korb, Friedrich August und Carl August Stüler, Johannes Göderitz und Paul Schultze-Naumburg.

Für eine lokale Inwertsetzung außerhalb der Fachkreise ist keiner der Genannten geeignet. Nur Schinkel geht immer. Schon Stülerbauten leiden in der örtlichen Wahrnehmung darunter, dass sie ,nur von irgendeinem Schinkel-Schüler' errichtet wurden. Leider lassen sich auch für die Bauwerke, die mit Karl Friedrich Schinkel in der Börde in Verbindung gebracht werden, kaum eigenhändige Entwürfe nachweisen. Es wäre aber ohnehin nicht zielführend, den Landkreis und die Börde als Raum zu begreifen, der von Kunst und Künstlern, Architektur und Architekten beseelt und geprägt wurde – etwa als ,magdeburgisch Arkadien'. Anders als im sandigen Brandenburg war es hier selten notwendig, Armut durch Anmut zu veredeln.

„Die Erde der Börde / Ist fruchtbar und fast schwarz / Frühkartoffeln, Rüben / Und Windräder bis zum Haaarz."[8]

In der Börde gibt es die fruchtbarsten Böden Deutschlands. Der Bauernhof Haberhauffe in Eickendorf wurde 1934 als ertragreichster Hof mit der Bodenwertgruppe 100 zum Nonplusultra der deutschen Bodenschätzung. Sonst nur Spezialisten ein Begriff, sind Bodenwerte hier Allgemeingut und die Bodengruppe 100 identifikationstauglich.

Beim baukulturellen Erbe zeigt sich so zu allen Zeiten in Größe und Dichte stattlicher Bauern- und Gutshöfe der relative Wohlstand der Region. Eine regionale Eigenheit und doch beispielhaft sind die katholischen Klöster, die trotz protestantischer Landesherrschaft und Bevölkerung bis zur Säkularisation bestanden.[9] Im Wiederaufbau der Region nach dem Dreißigjährigen Krieg entwickelten sich diese trotz Diaspora zu erfolgreichen Landwirtschaftsbetrieben mit kleinen Klausuren und gewaltigen Wirtschaftshöfen. Die Klöster könnten – zum Tagungsthema passend – als Beispiele dafür ausgedeutet werden, wie ein epochaler, politisch-religiöser Strukturwandel wie die Reformation institutionell überstanden werden kann.

Vieles im Denkmalbestand der Region bildet hingegen einen eingreifenden ökonomischen Strukturwandel ab, der die Magdeburger Börde in der ersten Hälfte des 19. Jahrhunderts erfasste und so-

Neues und altes Gutshaus der Familie Reckleben in Langenweddingen (2012)

wohl die gesellschaftlichen Strukturen als auch die Kulturlandschaft eingreifend überprägte: Die Börde war, dank der Zuckerrübe, auf Zucker.[10] Sinnstiftend ist noch heute die Feststellung, dass die Rübe der Börde höchster Baum bzw. ihr höchstes Schatten spendendes Gewächs sei. Positiv besetzt wird dieser Transformationsprozess nicht als Strukturwandel sondern als Boom rezipiert.[11]

Nachdem die frühe Zuckerherstellung aus Rüben in der Börde mit der napoleonischen Kontinentalsperre endete, führten seit 1835 technische Fortschritte in den Produktionsverfahren in Frankreich und erhöhte Einfuhrzölle für Rohrzucker im Deutschen Zollverein zu einer dynamischen Entwicklung, die insbesondere die preußische Provinz Sachsen, und wegen besonders günstiger Bedingungen gerade die Magdeburger Börde erfasste.

Der Bedarf an Maschinen für Landwirtschaft und Verarbeitung bewirkte, dass sich insbesondere Magdeburg zu einem bedeutenden Zentrum des Maschinenbaus entwickelte. In der Börde und im Vorharz etablierten sich Saatzuchtbetriebe von Weltrang. Auch die Zuckerfabriken betrieben systematische Züchtungsforschung. So deckte etwa die Rübensamenanstalt Klein Wanzleben vor 1914 rund die Hälfte des Weltbedarfs an Rübensamen.

Zu Beginn des Booms gründeten oft örtliche Bauern unterschiedlicher Betriebsgröße gemeinsam Zuckerfabriken. Im Laufe des 19. Jahrhunderts

stiegen bei einer zunehmenden Konzentration des Grund- und Fabrikbesitzes einzelne Betriebe zu Weltmarktführern auf. Die 1838 gegründete Zuckerfabrik Klein Wanzleben wurde etwa nach 1864 von den Familien Giesecke und Rabbethge mit der angeschlossenen Saatzucht zur bedeutendsten Zuckerunternehmung des Kreises mit 3.000 Mitarbeitern ausgebaut.

In Folge des ökonomischen Strukturwandels kam es zu eingreifenden gesellschaftlichen Veränderungen und zu starken sozialen Gegensätzen zwischen Land- und Wanderarbeitern und den zu Wohlstand gekommenen Bauern und Großgrundbesitzern. Dies wird in der Börde durch verschiedene Phänomene greifbar: Viele der herrschaftlichen Gutshöfe wurden sukzessive durch neue Grundbesitzer übernommen und bewirtschaftet. Die bürgerlich-bäuerliche Elite rückte so räumlich an die Stelle der Grundherrschaften oder zu diesen auf. Auch entstanden stattliche, z.T. maßstabslose Bauernvillen, sogenannte Rübenpaläste, die den gesellschaftlichen Aufstieg ihrer Bewohner aufdringlich dokumentieren. Dies gipfelte im Schlossneubau einzelner Grundbesitzer, etwa in Bahrendorf und Peseckendorf. Gleichzeitig mussten auch für den saisonal hohen Bedarf an Land-, Saison- und Fabrikarbeitern neue Unterkünfte geschaffen werden. Dazu wurden Landarbeiterhäuser, Schnitterkasernen und sogar Werks-

und Landarbeitersiedlungen errichtet. Ähnlich weitreichende bauliche Entwicklungen sind in der Region nach dem ersten Weltkrieg nicht mehr zu benennen, so dass das bis dahin errichtete bis 1990 strukturbestimmend blieb und heute den Denkmalbestand überwiegend ausmacht.

Wie dicht dieser zuweilen ist, wird am Beispiel von Hadmersleben anschaulich. Die Stadt hat noch etwas weniger als 1.800 Einwohner. Mit dem Kloster (Kirche, Klausur, Park und Wirtschaftshof), dem Amt (ehem. Burg) mit Amtskirche, drei Wirtschaftshöfen und einer ausgedehnten Arbeitersiedlung, der Stadtkirche und der Hospitalkapelle verfügt sie dennoch über eine Reihe herausfordernder denkmalgeschützter Großstrukturen.

Im Strukturwandel

Während die gesellschaftlichen Umbrüche nach 1918 an Baubestand und Besitz weitgehend spurlos vorübergezogen waren, kam es nach 1945 und in der DDR durch Flucht und Vertreibung der großen Grundbesitzer und insbesondere durch Bodenreform und Kollektivierung der Landwirtschaft zu nachwirkenden Veränderungen: Die landwirtschaftlichen und industriellen Betriebe wurden zwar meist fortgeführt, große Bauern- oder Gutshöfe aber oft unter Neubauern aufgeteilt. Sie sind bis heute parzelliert. Schlösser und Gutshäuser wurden umgenutzt: Zu Flüchtlingsunterkünften, Kinder- oder Altenheimen, Krankenhäusern oder Gemeindeverwaltungen, Schulen, Kindergärten oder Kulturhäusern. Fast überall wurden zusätzliche Wohnungen eingerichtet. Größere Verluste im baulichen Bestand blieben zunächst die Ausnahme, unglückliche Umbauten hingegen oft die Regel. Man nutzte die Gebäude solange weiter oder um, wie es der Zustand und der zunehmende Mangel zuließen.

Während sich die DDR im überkommenen baulichen Bestand so gut es eben ging einrichtete, ergab sich für diesen mit dem Vereinigungsprozess nach 1990 und den ökonomischen und gesellschaftlichen Veränderungen ein für Friedenszeiten ungekannter umfassender Funktionsverlust. Die Vereinigung ist so für den historisch wertvollen Baubestand als eigentliche Zäsur und in der Börde sektoral eher als Struktursturz denn als Strukturwandel zu deuten. Sie machte auch weite Teile Sachsen-Anhalts zu einem Land von gestern. Rainald Grebe hat es für uns in poetische Worte gefasst:

„Das ist das Land von Luther und Genscher / Von Georg Friedrich Händel / Heute von Cornelia Pieper / Und Tokyo Hotel / Händel war aus Halloe / Aus Dessau war Kurt Weill / War, war / War war war war war mal geil."[12]

Im vereinigungsbedingten Transformationsprozess überlagerten sich Umstrukturierungs- und Anpassungsprozesse (Strukturwandel), die oft zu Funktionsverlagerungen führten, und ersatzlose Funktionsverluste (Strukturverlust), z.B. die regionale Deindustrialisierung durch die Stilllegung fast aller Fabrikanlagen im Kreisgebiet. Die Zuckerherstellung wurde für ganz Sachsen-Anhalt in drei neu errichteten Fabriken konzentriert, eine davon zumindest in Klein Wanzleben. Die historische Fabrik wurde mit den Züchtungslaboren im ersten Jahrzehnt des 21. Jahrhunderts bis auf wenige Relikte abgebrochen. Hier entsteht nun ein Einfamilienhausgebiet. Seitdem nennt sich Klein Wanzleben „Zuckerdorf".[13]

Die Produktion der landwirtschaftlichen Betriebe verlagerte sich nach der Wende endgültig und fast vollständig aus den historischen Wirtschaftsgebäuden, nachdem diese Entwicklung schon in der DDR begonnen hatte. Durch die Fahrzeuggrößen der modernen, personalarmen Landwirtschaft und eine veränderte Tierhaltung kann nun so gut wie keiner der historischen Bauern- und Gutshöfe mehr für die Landwirtschaft genutzt werden. Nicht zu unterschätzen ist auch, dass durch den Zusammenbruch der Institutionen und Organe der DDR viele Bauwerke zunächst ihre Funktion verloren, etwa Pionierhäuser, Parteischulen, Kulturhäuser oder Gebäude von Militär und Ordnungsorganen.

Auffälligstes Kennzeichen des Strukturwandels war jahrelang der Bevölkerungsrückgang. Er war zeitweise wesentlich der Arbeitsmigration geschuldet und so nur Wirkung und nicht primäre Ursache, wenn auch ursächlich für weitere Funktionsverluste. Spürbar war aber auch der demografische Wandel, indem die Sterberate seit 1990 nie durch die Zahl der Geburten aufgewogen wurde.

Der Bevölkerungsrückgang des Landkreises Börde, der schon in der DDR begann, ist im Vergleich zum gesamten Bundesland unterdurchschnittlich: Sachsen-Anhalt hat seit 1990 mehr als jeden fünften Einwohner und so in absoluten Zahlen mehr verloren als die größten Städte Magdeburg, Halle und Dessau-Roßlau heute zusammen noch an Bevölkerung aufbringen. Der Landkreis schrumpfte nur etwa um ein Zehntel, also um fast 20.000 Einwohner.[14] Im Wohnungsbestand hätte dieser Rückgang statistisch durch die Zunahme der individuellen Wohnfläche ausgeglichen werden können. Da dennoch massenhaft Leerstand zu konstatieren ist, müssen die siedlungsgeographischen Phänomene des Strukturwandels kleinräumlicher betrachtet werden: Teile des Landkreises profitieren erheblich von ihrer Nähe zu Magdeburg. Die Landeshauptstadt hat sich hier nach 1990, begünstigt durch die gute Infrastruktur und in nachholender Suburbanisierung, einen Speckgürtel zugelegt. Auch die nahe Kreisstadt Haldensleben hat eine gute ökonomische Entwicklung genommen. Um Oebisfelde im Nordwesten verursacht das VW-Werk in Wolfsburg eine hohe Nachfrage nach Einfamilienhäusern. Abseits dieser Wachstumszonen sieht die Lage deutlich schwieriger aus. Allerdings wurden auch dort bei sinkenden Einwohnerzahlen neue Baugebiete ausgewiesen. Die größten Verlierer sind so fast überall die Kerne der ländlichen Klein- und Altstädte aber auch der kleinstädtisch dicht strukturierten Dörfer – also gerade der Teil eines Ortes, der wegen seiner historischen Werte nach baukultureller Überzeugung Träger lokaler Identität ist.

Zur vollständigen Lagebeschreibung gehört aber auch, dass nicht alle Orte des platten Landes in gleicher Weise vom Niedergang gezeichnet sind. Es gibt die Dörfer, in denen die Leute bleiben oder zuziehen und fast alle Häuser bewohnt sind. Glanz und Elend liegen dabei oft nur eine Feldflur auseinander. Anhaltspunkte für planerische Strategien hinter gelungener Ortsentwicklung sind jedoch kaum auszumachen. Wenn, dann gilt nur die Beobachtung, dass Engagement weiteres Engagement anzieht und niemand der Letzte sein will, der in einem sterbenden Dorf das Licht ausmacht. Einige Orte zeigen so regelrechte Auflösungserscheinungen.

Denkmalpflege und Strukturwandel
Unter den beschriebenen Rahmenbedingungen ist gerade der Denkmalbestand einem großen Leerstand und beständigem Schwund ausgesetzt, dem administrativ nicht bei- oder nachzukommen ist. Einstürze und Sicherungsabbrüche sind nichts Ungewöhnliches.

Zu einer grundlegenden Krise des administrativen Denkmalbegriffs hat dies bislang allerdings nicht geführt. Warum auch? Die inventarisatorische Denkmaltheorie der Behörden und Ämter ist das Denkmalrecht. Die Definition der Denkmalfähigkeit ist von abstrakten fachlich-wissenschaftlichen Bedeutungskategorien bestimmt.[15] Ein örtliches

Bewusstsein für die Bedeutung eines Denkmals kann zwar für eine Ausweisung auch relevant sein, es genügen aber erwiesene Fakten bzw. der Wissens- und Erkenntnisstand sachverständiger Betrachter. Durch die Rechtsprechung wird der rechtliche Denkmalbegriff zudem stetig verfeinert und weiter verregelt. So kann weder eine spekulative Erhaltungsperspektive noch der Bauzustand für eine Ausweisung als Kulturdenkmal relevant sein. Ein prognostizierender Denkmalbegriff würde in der Praxis auch genauso wenig nützen wie eine Abkehr vom ,erweiterten' Denkmalbegriff oder eine Kategorisierung: Ob ein Denkmal in dieser Situation erhalten bleibt, hängt nicht von inventarisatorischen Grundsätzen ab. Geringere Denkmalzahlen erhöhen unter den Bedingungen von Schrumpfung und Stagnation auch nicht die Chancen für den verbleibenden Denkmalbestand, da Funktionen für das exorbitante Überangebot an Raum schlicht fehlen. Fast überall sind instandsetzungsfähige Gebäude zu geringsten Preisen zu bekommen. Unter diesen Bedingungen werden kleine Nachteile jeder Immobilie für diese unmittelbar existenzgefährdend.

Denkmalinventarisation könnte in diesem Zusammenhang als Denkmalvermittlung zwar Teil einer kompensatorischen Inwertsetzungskette sein, die dazu beiträgt, immobilienwirtschaftliche Lagen überhaupt erst wieder zu erzeugen. Für die zeitintensive Umsetzung solcher Strategien stehen entsprechende Akteure wie Hochschulen, Kulturschaffende und Kulturinstitutionen oder Zwischennutzer im ländlichen Raum aber derzeit so gut wie nicht zur Verfügung. Und die wenigen behördlichen Denkmalpfleger sind mit den alltäglichen Verrichtungen mehr als gut beschäftigt.

Praktische Denkmalpflege
Durchgreifender sind die Auswirkungen des Strukturwandels auf die Möglichkeiten praktischer Denkmalpflege. Auch die klassischen, großen Denkmalobjekte, Schlösser, Burgen und Klöster, zählen zu den Gattungen, die stark gefährdet sind. Adäquate Nutzungen fehlen fast immer. Einzelne Schlösser stehen kurz vor einem Totalverlust, andere vor gravierenden Einstürzen. Gelegentlich finden sich Liebhaber mit beachtlichem Engagement. Schlimmer ergeht es eigentlich nur ihren oft enormen Wirtschaftsgebäuden: Während an vielen Schlössern auch bei Leerstand noch ein minimaler Bauunterhalt stattfindet, ist er an den Wirtschaftsgebäuden meist längst eingestellt.

Im Zentrum der Magdeburger Börde liegt etwa die ausgedehnte Schlossanlage Erxleben. Als Niederungsburg wurde sie bereits im 12. Jahrhundert erstmals erwähnt. Im Besitz der bedeutenden Familie von Alvensleben entwickelten sich nach Teilung der Burg unter verschiedenen Linien in Spätgotik und Renaissance zwei vollkommen eigenständige aber ineinander verschränkte Schlossbereiche von enormen Ausmaßen – Schloss I und Schloss II. Allein der Gebäudebestand bedeckt ohne Parks und Gärten eine Grundfläche, die die des Berliner Stadtschlosses übersteigt. Aus allen Entwicklungsphasen von der Spätgotik bis ins frühe 20. Jahrhundert sind künstlerisch bedeutende Architekturleistungen erhalten.

Schloss Erxleben, eingestürztes Pächterwohnhaus (rechts) und Schloss II (2014)

Die politischen Umbrüche von 1945 und 1989 waren für die Schlossanlage insgesamt einschneidend. Für den baulichen Bestand gravierend war aber zuletzt der fast vollständige Funktionsverlust der Gebäude, die zu DDR-Zeiten als Schulen, für die Verwaltung und durch eine LPG genutzt wurden. Einzelne Bauten konnten bis heute gesichert und teilweise auch wieder in Nutzung gebracht werden: Schloss I wird in einer Etage durch die Gemeindeverwaltung genutzt. Ein Förderverein bemüht sich erfolgreich um die Erhaltung und Nutzung der Schlosskirche. Insbesondere die Wirtschaftshöfe und der renaissancezeitliche Kern des Schlosses sind jedoch weitgehend ohne Nutzung, und die Eigentumsstruktur ist zersplittert. Obwohl nun punktuelle Sicherungsarbeiten mit öffentlichen Mitteln umgesetzt werden, ist die Zukunft der Anlage insgesamt ungewiss und die Größe der Herausforderung kaum ermutigend.

Ähnlich ist es um die relativ kleinen Objekte, etwa Wohnhäuser bestellt. Auch geringfügige Abweichungen vom Standard werden diesen zum Verhängnis. Es fehlt die Möglichkeit, tatsächliche oder empfundene Nachteile durch günstige Kauf- oder Mietpreise zu kompensieren, wenn sowieso alles so gut wie nichts kostet.

Nach oft jahrzehntelangem Leerstand mit undichten Dächern sind viele Denkmale wegen der Verfassung ihrer denkmalwerten Substanz unrettbar verloren. Plötzliche Gebäudeeinstürze kommen immer wieder vor. Auch Gebäude, die in den 1990er Jahren noch genutzt wurden, haben inzwischen einen kritischen Zustand erreicht oder sind bereits den Gesetzen der Schwerkraft gefolgt. Oft, aber nicht immer, kommt diesem die vorsichtige Bauaufsicht zuvor.

Ostdeutschland hat vermutlich die ärmsten Villenbesitzer der Welt. Bei niedrigsten Immobilienpreisen werden viele zu Eigentümern, die Gebäude zwar erwerben und bewohnen, aber trotz engagierter, zum Teil abenteuerlicher Selbsthilfe nicht adäquat unterhalten oder instandsetzen können. Die wenigsten dieser Hausherren haben bei massiver Überforderung eine Alternative zur Selbstnutzung: Selbst, wenn sich Käufer finden, können schon die geleisteten Erschließungsbeiträge den erzielbaren Grundstückspreis um ein Mehrfaches übersteigen. Parallelwelten aus Subsistenzwirtschaft und Improvisation sind dadurch mancherorts entstanden, die eher als Robinsonade in den Ruinen einer vergangenen Kultur denn als selbstexperimenteller Luxus in der Leere[16] erscheinen.

Der Transformationsprozess, der für Ostdeutschland mit Schrumpfung und demographischem Wandel bezeichnet wird, ist damit seit fast zwanzig Jahren greifbar. Nachdem er episodenhaft vor etwa zehn Jahren noch von Kulturschaffenden rezipiert wurde, sind die Schrumpfenden mit der Reflexion ihrer Lage nun weitgehend sich selbst überlassen. Die Idee von Schrumpfung und demographischem Wandel ist dennoch im Selbstbild der betroffenen Region fest verankert und damit auch das allgegenwärtige Hintergrundrauschen der denkmalpflegerischen Arbeit vor Ort. Die Denkmalschutzgesetze der Länder sind dabei jedoch keine freundliche Einladung zum Mitmachen. Sie legen dem Eigentümer die Rolle des Denkmalpflegers und den behördlichen Denkmalpfleger auf. Die Bereitschaft, Entscheidungen von Denkmalbehörden zu akzeptieren, basiert dabei entscheidend darauf, dass sich zumindest alle Denkmalverpflichteten

Schermcke, Fachwerkwohnhaus von 1692 nach Teileinsturz des Dachwerks
und kurz vor dem Sicherungsabbruch (2014)

erkennbar gleich restriktiv oder großzügig behandelt fühlen – dies ist angesichts von omnipräsentem Leerstand und offensichtlichem Verfall von historisch wertvollen Gebäuden nahezu unmöglich. Demgegenüber gehört damit jeder, der überhaupt etwas tut, eigentlich schon zu den Guten. Ein Bauwerk irgendwie zu erhalten, ist da bereits ein Erfolg und oft ein beachtlicher Kraftakt.

Hier manifestiert sich das eigentliche Dilemma der praktischen Denkmalpflege in Schrumpfungsgesellschaften: Denkmalpflege und Bauwerkserhaltung sind nicht identisch. Die zwei notwendigen Bedingungen der Denkmalerhaltung sind, dass etwas zur Erhaltung des Denkmals getan wird und dass dies in einer bestimmten Weise passiert, nämlich so, dass einem Bauwerk auch anschließend noch Sinn und Bedeutung eines Denkmals unterzulegen ist. Darin liegt die eigentliche Funktion der Grundsätze der praktischen Denkmalpflege, also etwa Material-, Form- und Werkgerechtigkeit und Reversibilität. So reizvoll es zunächst erscheinen mag, am Denkmal unbürokratisch von diesen abzusehen, damit in geschrumpften Städten und Dörfern überhaupt etwas passiert: Spätestens mit der Einsicht, dass man das Gebäude im geretteten Zustand wohl nicht in die Denkmalliste eingetragen hätte, zeigt sich, dass die Grundsätze in Gestalt behördlicher Denkmalpfleger zwar normativ wirken, in ihnen aber Erfahrungswissen rein deskriptiv aufgehoben ist.

Das ,System' Denkmalpflege kann so offenbar durch eine Umwelt, die ihren Zielen ungünstigste Bedingungen bietet, nicht verändert werden. Dass seine Grundsätze auch in der Schrumpfung wahr

sind, birgt neben individuellem Trost die Erkenntnis, dass es Grenzen denkmalpflegerischen Handelns gibt, denen man sich stets bewusst sein sollte. Dann wird man wahrnehmen, dass diese Grenzen auch positiv definieren, was (noch) denkmalpflegerische Handlungsweisen sind und dass hier ein Spektrum von unterschiedlichen Möglichkeiten umschrieben ist. Zur Bewältigung der ungemütlichen Praxis gilt es, dieses Feld in aller Breite zu bestellen.

Wenn also die Erhaltung des Denkmals für überforderte Eigentümer oder unterfinanzierte weltliche und kirchliche Gemeinden überhaupt erst möglich gemacht werden muss, um z.B. Nutzungen zu schaffen oder zu konsolidieren, und die konsequente wissenschaftliche Anwendung denkmalpflegerischer Methoden nicht zielführend ist, muss das denkmalpflegerische Handlungsspektrum unter Umständen systematisch ausgereizt werden. Dies meint vielleicht, sich beim Ersatz von Bauteilen mit bauzeitgerechten Analogieschlüssen zufrieden zu geben, weil zwar eben nicht Belege und Befunde fehlen, aber doch die Mittel dazu, sie umzusetzen. Und der für den Denkmalschutz aufgeschlossene aufgeklärte Betrachter denkt: Ein Denkmal! Und: So hätte es gewesen sein können!

Gleichzeitig bleiben alle Bauteile, auch die nicht denkmalgerechten, solange wie technisch möglich im Objekt, etwa funktionsfähige Kunststofffenster ohne Teilung oder mit Sprosse im Scheibenzwischenraum. Die Umsetzung denkmalpflegerischer Wünsche kann kommenden Generationen und besseren Zeiten überlassen bleiben. Diese Denkmalpflege wird selten Lehrbuchbeispiele und stets Kompromisse hervorbringen. Sie verbindet allerdings örtliche Möglichkeiten mit denen der Disziplin. Und sie hat kaum eine andere Wahl.

Dabei heißt es, sich auch nichts vorzumachen. Die genannten Ansätze zur denkmalgerechten Abweichung und zur ewig anhaltenden Reparatur machen nur die Erhaltung genutzter Denkmale erträglich. Für die anderen wird es in geschrumpften Gesellschaften immer schwerer überhaupt noch neue Nutzungen zu finden, während sich ihr Zustand beständig verschlechtert. Es ist darum wohl unausweichlich, dass in den nächsten Jahren größere Verluste im Denkmalbestand eintreten werden – auch bei hochrangigen Objekten. Diese werden still und leise und in ländlicher Beschaulichkeit darnieder sinken. Es ist zu hoffen, dass die vorangegangenen Erörterungen dazu beigetragen haben, dass dies zumindest nicht gänzlich unbemerkt geschieht.

Abbildungsnachweis

1, 2   Verfasser

3   Benjamin Rudolph, LDA LSA

Anmerkungen

1   Vgl. Riegl, Alois: Entwurf einer gesetzlichen Organisation der Denkmalpflege in Österreich (1903), in: Kunstwerk oder Denkmal? Alois Riegls Schriften zur Denkmalpflege, Studien zu Denkmalschutz und Denkmalpflege, Band 15, hg. v. Ernst Bacher, Wien 1995, S.59.

2   Grebe, Rainald: Sachsen-Anhalt (2011), siehe http://lyrics.wikia.com/wiki/Rainald_Grebe:Sachsen-Anhalt (27. September 2015).

3   Vgl. auch die bislang erschienenen Denkmalverzeichnisse: Landesamt für Denkmalpflege und Archäologie Sachsen-Anhalt (Hrsg.): Ohrekreis (II). Altkreis Wolmirstedt, Denkmalverzeichnis Sachsen-Anhalt, Band 10.2, Halle 2001; Landesamt für Denkmalpflege und Archäologie Sachsen-Anhalt (Hrsg.): Ohrekreis (I). Altkreis Haldensleben, Denkmalverzeichnis Sachsen-Anhalt, Band 10.1, Petersberg 2005; Landesamt für Denkmalpflege und Archäologie Sachsen-Anhalt (Hrsg.): Landkreis Börde (I). Altkreis Oschersleben, Denkmalverzeichnis Sachsen-Anhalt, Band 15.1, Petersberg 2011.

4   172.852 Einwohner, vgl. www.stala.sachsen-anhalt.de/gk/fms/fms1li.html (31. Januar 2016).

5   Listenpositionen: 6806. aus: http://geodaten.bayern.de/denkmal_static_data/externe_denkmalliste/pdf/denkmalliste_merge_162000.pdf (31. Januar 2016); Einwohnerzahl: 1.407.836, vgl. https://de.wikipedia.org/wiki/M%C3%BCnchen (31. Januar 2016).

6   Listenpositionen: 8117. aus: Land Berlin, Senatsverwaltung für Stadtentwicklung und Umwelt: Denkmalliste Berlin. Stand 16.02.2015, www.stadtentwicklung.berlin.de/denkmal/denkmalliste/downloads/denkmalliste_neu.pdf (26.09.2015); Einwohnerzahl:3.466.164, vgl. https://de.wikipedia.org/wiki/Berlin (31. Januar 2016).

7   Listenpositionen: 1051. aus: Stadt Dortmund, Stadtplanungs-und Bauordnungsamt: Auszug aus der Denkmalliste der Stadt Dortmund. Stand: 02.07.2015, http://denkmalbehoerde.dortmund.de/project/assets/template3.jsp?dcode=grossprojekte.bauordnungsamt.denkmalbehoerde.downloads.denkmalliste&did=0&smi=6.0&tid=53148 (26.09.2015); Einwohnerzahl: 580.511. https://de.wikipedia.org/wiki/Dortmund (31. Januar 2016).

8   Grebe, Rainald 2011 (wie Anm. 2).

9   Ausführlich dazu: König, Theresa: Barocke Klöster in der Magdeburger Börde, in: Historische Bauforschung in Sachsen-Anhalt. Arbeitsberichte des Landesamtes für Denkmalpflege und Archäologie Sachsen-Anhalt, Band 12, hg. v. Elisabeth Rüber-Schütte u.a., Petersberg 2013, 327–366.

10 Dazu insgesamt: Breymayer, Ursula: Rüben unter Dampf. Industrialisierte Landwirtschaft, in: Mittendrin. Sachsen-Anhalt in der Geschichte, Katalog zur Ausstellung im stillgelegten Kraftwerk Vockerode, 15. Mai bis 13. September 1998, hg. v. Franz-Josef Brüggemeier, Dessau 1998, 283–291.

11 Ruppel, Thomas: Als die Börde boomte! Begleitpublikation zur gleichnamigen Sonderausstellung, Kleine Schriften aus dem Börde-Museum, Band 23, Ummendorf 2008.

12 Grebe, Rainald 2011 (wie Anm.2).

13 Verfügung zum Antrag der Gemeinde Klein Wanzleben auf Änderung des Gemeindenamens, in: Amtsblatt für den Landkreis Börde 4. Jg., H. 10, 10. Februar 2010. www.boerdekreis.de/pdffile_2261.pdf (31.Januar 2016).

14 Bevölkerungsstand Sachsen-Anhalt zum 3.10.1990: 2.890.474 Einwohner, zum 30.06.2014: 2.237.911 Einwohner; Bevölkerungsstand Gebiet Landkreis Börde zum 03.10.1990: 192.491 Einwohner, zum 30.06.2014: 172.852. https://www.statistik.sachsen-anhalt.de/bevoelkerung/bewegungen/index.html (16. September 2015).

15 Vgl. etwa § 2 Denkmalschutzgesetz des Landes Sachsen-Anhalt (DenkmSchG LSA).

16 Kil, Wolfgang: Luxus der Leere. Vom schwierigen Rückzug aus der Wachstumswelt. Eine Streitschrift, Wuppertal 2004.

Das Bemühen um den Erhalt des Koepchenwerks in Herdecke

GEORG MAYBAUM

ZUSAMMENFASSUNG

Das am Hengsteysee in Herdecke gelegene Koepchenwerk, eines der beiden ältesten Pumpspeicherkraftwerke Europas,[1] wurde in den 1920er Jahren von dem Rheinisch-Westfälischen Elektrizitätswerk, A.-G., Essen (seit 1990: RWE AG) zur Abdeckung von Spitzenbedarfen errichtet. Als sich nach einem Störfall im Jahre 1980[2] eine Modernisierung nicht mehr wirtschaftlich rentabel darstellen ließ, wurde in unmittelbarer Nähe zunächst ein neues Pumpspeicherkraftwerk errichtet und das Koepchenwerk 1994 nach einer Betriebszeit von 64 Jahren endgültig außer Betrieb genommen. Da eine weitere Verwendung durch den Betreiber nicht gegeben war und der Erhalt der (baulichen) Anlagen aus Sicht der RWE wirtschaftlich unzumutbar hohe Kosten verursachte, stellte die RWE im Januar 2015 einen Antrag auf Abriss der seit 1986[3] denkmalgeschützten Anlagen.[4] Der Rat der Stadt Herdecke lehnte diesen Antrag in seiner Sitzung am 25.06.2015 einstimmig ab.

Bereits am 23.07.2015 wandte sich die Stadt Herdecke mit der Bitte um Unterstützung an die Stiftung Industriedenkmalpflege und Geschichtskultur. Die Stiftung wurde 1995 vom Land Nordrhein-Westfalen und der RAG Aktiengesellschaft gegründet, um hochrangige Industriedenkmale vor dem Abbruch zu bewahren, sie in ihr Eigentum zu übernehmen, sie baulich zu sichern, öffentlich zugänglich zu machen, ihre Geschichte wissenschaftlich zu erforschen und neue Nutzungen zu etablieren. Zeitgleich wandte sich die Stadt Herdecke zudem mit der Bitte um Unterstützung an den Arbeitskreis Theorie und Lehre der Denkmalpflege e.V. (AK-TLD). Diese Initiative führte zu einem gemeinsamen Vortrag der Bürgermeisterin von Herdecke, Frau Dr. Katja Strauss-Köster, und der heutigen ersten Vorsitzenden der Arbeitsgemeinschaft (AG) Koepchenwerk, Frau Regina Schrader, auf der Jahrestagung des AK-TLD im Oktober 2015 im Alten Museum Ostwall in Dortmund, der Anlass zu diesem Beitrag gab.

Pumpspeicherkraftwerk Herdecke und Koepchenwerk

Der nachfolgende Text ruht auf vier Säulen: Den Grundstock bilden die eigenen Recherchen und Erfahrungen des im Ruhrgebiet geborenen Autors. Im Weiteren beleuchtet er das Engagement der zahlreichen, aber unterschiedlich motivierten Akteure um den Erhalt des Koepchenwerks auf der Grundlage eines gemeinsamen Gesprächs mit den das Bemühen tragenden Aktiven.[5] Zudem schließt er das Ergebnis einer sachkundig geführten Begehung des Pumpspeicherkraftwerks, hier zusammen mit einer Vertreterin der unteren Denkmalbehörde,[6] ein.

Prolog: Anmerkungen zur Geschichte und zur Betriebstechnik des Koepchenwerks[7]

Das Pumpspeicherkraftwerk am Ruhrstausee Hengstey bei Herdecke wurde 1927–30 von dem Rheinisch-Westfälischen Elektrizitätswerk, A.-G., Essen, nach der Idee und Weiterentwicklung des damaligen technischen Direktors im Vorstand, Dr. Arthur Koepchen,[8] gebaut und nach ihm benannt. Mit der Inbetriebnahme konnte das Hauptproblem der Elektrizitätswirtschaft, nämlich die Bereitstellung elektrischer Energie auch in Zeiten kurzzeitiger Verbrauchsspitzen, gelöst und die Auslastung der RWE-Kohlekraftwerke verbessert werden. Dazu wird aus dem unteren Stausee, dem Hengsteysee (Unterbecken), in Zeiten geringen Strombedarfs Wasser entnommen[9] und in ein hochgelegenes Becken auf dem Kleff (Oberbecken) gepumpt und gespeichert. In Zeiten starker Netzbelastung wird das gestaute Wasser dann, wie in einem normalen Speicherkraftwerk, in den Turbinen zur Stromerzeugung genutzt. Die RWE-Broschüre aus 1930[10] nannte diesen Vorgang ‚Energieveredelung‘.[11]

Am 28. Januar 1930 konnte der erste Maschinensatz nach zweieinhalbjähriger Bauzeit des Hochspeicherbeckens[12] (Oberbecken) ‚ans Netz‘ geschaltet werden.

In Folge des durch britische Bomber erzeugten Bruchs der Möhne-Talsperrenmauer im Mai 1943[13] ergab sich eine Überflutung des Turbinenhauses. Die übrigen Anlagen blieben im zweiten Weltkrieg aber unbeschädigt.[14]

Das Koepchenwerk besitzt in seinem etwa 160 m auf 20 m messenden Maschinenhaus, eine ‚Kathedrale der Industriekultur‘ genannt, vier Hauptmaschinensätze (Turbine, Motorgenerator, Kupplung und Pumpe) die bei Pumpbetrieb eine Leistung von insgesamt 106.800 kW benötigen und bei Turbinenbetrieb 132.000 kW erzeugen.[15] Jede Maschine ist mit einem eigenen Transformator gekoppelt und wird über vier separate, oberirdisch verlegte Druckrohrleitungen, die einen Durchmesser von 3,20 m (oben) bis 2,55 m (unten) besitzen und aus genieteten Kesselblechen[16] hergestellt wurden, mit dem Schieberhaus am Oberwasser (obere Absperrorgane) verbunden. Dieses obere Becken wird von einer Schwergewichtsmauer und einer mit Betonblöcken befestigten Böschung gebildet. Das ehemalige Fassungsvermögen[17] von 1,53 Mio. m^3 entsprach einem gespeicherten Energienutzinhalt von etwa 540.000 kWh.

In der 110/220 kV-Schaltanlage wurden seinerzeit[18] zwei Großtransformatoren aufgestellt, welche die Anbindung an das auch von Arthur Koepchen propagierte Verbundnetz gewährleisteten. Die zugehörige Schaltanlage wurde wegen Platzmangels zwischen Maschinenhaus und Steilhang in Hochbauweise ausgeführt. Neben den Reparatur- und Überholungsarbeiten in den 1950er und 60er Jahren sowie diversen Ausbesserungsarbeiten am Oberbecken ist der Austausch der Reibungskupplungen (zwischen Generator und Pumpe) durch betriebssichere, technisch einfachere Zahnkupplungen dokumentiert.[19]

Arthur Koepchen war ein Direktor mit Perspektive und Visionen. Er hat nicht nur wesentlichen Einfluss auf die technische Auslegung des Kraftwerks nehmen wollen, sondern auch die seinerzeit revolutionäre Idee eines europäischen Verbundnetzes propagiert und umgesetzt. Vor dem Hintergrund der heute im Umfeld der Energiewende geführten Debatten um Netzstabilität und Versorgungssicherheit muten die Fragestellungen wahrlich modern an:

Die Anbindung an die 220/380 kV Über-Land-Leitung,[20] die schon damals bis zu den Kraftwerken im Montafon an der Silvretta in Österreich (!) führte,[21] ermöglichte den Austausch ‚Schwarzen Goldes‘ aus dem Ruhrgebiet mit dem ‚Weißen Gold‘ der Alpen in Form elektrischer Energie. Seinerzeit eine wirtschaftlich sinnige win-win-Situation, welche die aus saisonalen Schwankungen der Produktionskapazitäten im Alpenraum resultierenden Probleme ebenso kompensieren konnte, wie die maßgeblich von der Schwerindustrie geprägte, täglich schwankende Nachfrage.[22]

Um genau diese Pufferfunktion optimal zu erfüllen, besaß das Koepchenwerk zwei Druckrohrleitungspaare, die unterirdisch sich noch einmal für die Pumpen- und Turbinenandienung verzweigten und damit acht Anbindungen des Krafthauses an das Oberwasser darstellten. Damit konnten die vier Generatorensätze unabhängig voneinander gestartet, betrieben und zurückgefahren werden.[23] Eine Flexibilität, welche das neue ‚Pumpspeicherkraftwerk Herdecke' mit seiner kombinierten Turbinenpumpe nicht offeriert und andere Pumpspeicherkraftwerke erst in jüngster Zeit wieder bieten.

Zu den technikgeschichtlich wichtigen Aspekten zählen sicher auch die diversen sekundären Betriebseinrichtungen wie die Wartungshalle mit ihren raumhohen Toren und dem Schwerlastkran sowie die noch immer vorhandenen Trassen der Werksbahn, deren rollendes Material derzeit (noch) an anderer Stelle verwahrt wird.[24]

Dass die RWE an diesem (!) Standort einen Speicher auf Batteriebasis avisiert, führt von der Geschichte der industriellen Entwicklung in die Zukunft unserer Energieversorgung.

DenkMal Koepchenwerk – lokale und regionale Verschränkungen

Das Koepchenkraftwerk wurde im Laufe der letzten 90 Jahre wegen der betrieblichen und bautechnischen Besonderheiten vielfach in wissenschaftlichen Publikationen[25] und diversen Broschüren[26] eingehend analysiert und beschrieben. Begriffe wie das „Erste seiner Art" und eine „große technische Neuerung" fehlen dabei niemals. Die Denkmalwürdigkeit des Kraftwerkensembles wegen seiner besonderen technikgeschichtlichen Bedeutung steht insofern außer Frage.[27] Im Rahmen dieses Beitrages werden weitere Begründungen wie die besondere ortsbild- resp. landschaftsbildprägende[28] oder die heimatgeschichtliche Bedeutung herausgearbeitet.[29] Mit Blick auf die Einbindung des Koepchenwerks in das durch ganz Deutschland bis nach Österreich führende Verbundnetz (s.o.) lassen sich zudem die nationale und sogar die europäische Bedeutung konstatieren.

Nachfolgend soll aber die Beschreibung der vielfältigen Bindungen zwischen Kraftwerk und seiner Umgebung dazu dienen, einen Eindruck von der (nahezu unglaublichen) lokalen und regionalen Verwobenheit dieses Ensembles industrieller Baukultur zu verschaffen. Die diesbezüglichen Ausführungen beginnen mit den Bindungen zwischen Kraftwerk und seiner näheren Umgebung, die materiell fassbar und mit der Route Industriekultur[30] und dem Energiewirtschaftlichen Wanderweg Herdecke[31] auch fest etabliert sind.

Den zahlreichen Hinweisschildern der Route Industriekultur folgend fällt auf der Anfahrt über die

Straße ‚Im Schiffwinkel' zunächst das Laufwasserkraftwerk Hengstey,[32] am Ende des Hengsteysees, genau an der Stadtgrenze zwischen Herdecke und Hagen gelegen, ins Auge. Diese beeindruckende wasserbauliche Anlage aus den Jahren 1927–29 hatte (unter anderem) die Aufgabe, hier die Ruhr aufzustauen, um das für das Koepchenwerk notwendige Unterwasserreservoir bereitzustellen. Die dem Wasserkraftwerk Hengstey vorgelagerte, teils genietete, teils geschraubte, die Ruhr querende Stahlfachwerkbrücke wurde notwendig, um die schweren Teile der betrieblichen Anlagen per Eisenbahn bis ins Koepchenwerk anzutransportieren. Die ursprüngliche Trassierung mit der Möglichkeit zu reversieren ist durch die verbliebenen Schienen, Weichen und den Prellbock im Gelände noch immer ablesbar.

Folgt man dem bogenförmigen, hier die Straße kreuzenden Verlauf der Trasse, so führt den Interessierten (und Kundigen) ein kleiner Weg bergan zum Mundloch des Stollens, der das Flöz Sengsbank der Zeche Gotthilf[33] erschließt. In den Notzeiten nach dem zweiten Weltkrieg haben in der ebenfalls auf Herdecker Gebiet liegenden Schürfstelle ‚Glückliche Zukunft' des Grubenfeldes ‚Gottessegen' aufgrund persönlicher Verbindungen Beschäftigte des Koepchenwerks ihren Hausbrand (vielleicht nicht ganz in Einklang mit der Vorschriftenlage) hauen dürfen.[34]

Nur wenige Meter weiter findet sich am Wegesrand ein geologischer Aufschluss, der über die lokale Genese und die heutige Gesteinslage im Kern des Harkort-Sattels[35] Auskunft gibt.[36] Auch er ist Teil des Energiewirtschaftlichen Wanderwegs Herdecke, den die Stadt unter Mitwirkung des Kommunalverbandes Ruhrgebiet (KVR)[37] hier vorbeigeführt hat, um an den regionsprägenden Bergbau und damit (auch) an die Geschichte der Zeche Gotthilf (s.o.) zu erinnern.

Dass sich genau hier zudem vier (!) Themenrouten der Route Industriekultur, nämlich die Themenroute 9: Industriekultur an Volme und Ennepe, die Themenroute 12: Geschichte und Gegenwart der Ruhr, die Themenroute 18: Chemie, Glas und Energie sowie die Themenroute 28: Wasser, Werke, Türme und Turbinen,[38] schneiden, verdeutlicht noch einmal die intensive materielle Verschränkung des Denkmals mit der Umgebung.

Die immateriellen Bindungen, die dem Koepchenwerk anhaften, sind sicher ebenso fest und überaus spannend. Die Aktiven und der Autor haben im gemeinsamen Gespräch[39] insbesondere auf die emotionale Wirkung dieses Baus rekurriert: Die Bürgermeisterin empfand es als etwas, mit „dem man groß geworden ist", der stellvertretende Vorsitzende der AG Koepchenwerk sieht einen Ort, an dem sein Vater arbeitete, in dessen Nähe er (also Peter Altmaier) gewohnt und an dem er mehrmals als ‚Werkstudent' gearbeitet hat. In einer Präsentation der AG Koepchenwerk[40] heißt es ergänzend dazu „Für uns Herdecker ist das Koepchenwerk ein Teil unserer Heimat. Wir achten die geniale Idee Arthur Koepchens, der in Herdecke das seinerzeit größte und zuerst in Betrieb gegangene Pumpspeicherkraftwerk Europas realisierte. Es brachte uns Herdeckern Arbeit, Wohlstand und weltweite Aufmerksamkeit. Zugleich ist das Koepchenwerk eine ästhetische Landmarke, die uns zeigt: Wir sind zuhause."

Zum Ruhrgebiet und seinen dort lebenden Menschen gehört auch ihre ganz persönliche Migrationsgeschichte.[41] Die Einwanderungswellen zu Beginn und zur Mitte des 20. Jahrhunderts haben die Bevölkerung teils rapide wachsen und eine überaus differente gesellschaftliche Struktur entstehen lassen, die sich auch (heute noch) anhand von herausgehobenen Baudenkmalen[42] sowie außergewöhnlichen stadträumlichen Prägungen ablesen

lässt.[43] Dass das 1972 von der RWE-Betriebsverwaltung Lennep als ‚Gästehaus' eröffnete, als beliebte Stätte der Begegnung gepriesene Gebäude, das dem Koepchenwerk zugleich als Informationszentrum diente,[44] nunmehr als italienische ‚Trattoria – Pizzeria, Schiffswinkel [sic]' wirbt, passt insofern in das vorbeschriebene Bild.

Der Herdecker Heimat- und Verkehrsverein e.V. hat seine Stellungnahme[45] mit einem symbolträchtigen Bild eingeleitet: ein Paddel- und ein Ruderboot vor der Kulisse dieser industriellen Landmarke.[46] Auch der Autor dieser Zeilen hat in jungen Jahren, von den Eltern in deren eigenem Boot mitgenommen, das in den Hallen eines Paddelvereins am Hengsteysee verwahrt wurde, die seinerzeitigen aus sicherer Entfernung geworfenen Blicke auf Krafthaus und die beiden Druckrohrleitungspaare nicht vergessen. Von weiter weg war es dann das dritte Element des Ensembles, das Schieberhaus, das ihm in Erinnerung blieb. Nachts auf dem Weg aus Deutschlands Süden, das Werk auf der Autobahn passierend, waren es die obenauf positionierten, beleuchteten drei Buchstaben RWE,[47] die deutlich machten: gleich ist man zu Hause!

Koepchenwerk mit Paddlern und Ruderern, 1930er Jahre

Der bürgerschaftliche Prozess

Nach Bekanntwerden des Antrags auf Abriss[48] des Kraftwerkes und seiner Teile formierte sich, den Abriss großer Teile des ebenfalls auf Herdecker Gebiet stehenden Cuno-Kraftwerkes im Mai 2005 noch vor Augen,[49] alsbald ein Kreis von Akteuren unterschiedlichster Couleur, um sich in konstruktiver Weise für den Erhalt des Denkmals einzusetzen. Das waren unter anderem die Großnichte des ‚Erbauers‘, Frau Regina Schrader, oder ehemalige ‚Werkstudenten‘, wie Peter Altmaier.[50] Aber auch (Kreis-) Heimatpfleger, wie Wolfgang Lippert aus dem Ennepe-Ruhr-Kreis, Ingenieure (des Elektro- und Maschinenbaus), Architekturhistoriker, Wanderer, Radler, Paddler und viele andere mehr wie der ‚Tatort-Kommissar‘ Jörg Hartmann[51] bemühen sich seither um das Koepchenwerk.

Um die Aktivitäten zu bündeln und auf eine stabile Grundlage zu stellen, suchten diese zunächst das Gespräch mit der Stadt und in gemeinsamer Diskussion mit der engagierten Bürgermeisterin und der kooperativen städtischen Verwaltung[52] reifte die Idee, die Arbeitsgemeinschaft Koepchenwerk als einen eingetragenen Verein zu gründen.[53] Dem gesellten und gesellen sich engagierte Bürger hinzu, denen der Erhalt ihrer kulturellen Identität und der für Herdecke stehenden Landmarke am Herzen liegt.[54] Mit dem Herdecker Heimat- und Verkehrsverein e.V. fand sich zudem ein schon länger in Stadt und Region etablierter Partner. Die Einbindung des Landschaftsverband Westfalen-Lippe (LWL) darf natürlich nicht unerwähnt bleiben.

Die eigenen Vorstellungen und Ideen,[55] aber auch kritisch Gesehenes wurden publik gemacht und damit eine überaus lebendige Diskussion in Gang gebracht.[56]

Die Stadt Herdecke und mit ihr die Bürgermeisterin und ihre MitarbeiterInnen in Amt und Verwaltung knüpften daraufhin Kontakte zur Landesregierung. Dort wurde bereits zu Anfang der Diskussion ersichtlich, dass die Einbindung der Stiftung Industriedenkmalpflege und Geschichtskultur (SIG)[57] eine viel versprechende Möglichkeit darstellte, die derzeitigen Eigner in einen konstruktiven Prozess einzubinden. Dies begründet sich durch die inhaltliche Kompetenz der SIG sowie deren vielfältige Erfahrungen bei dem Bemühen um den Erhalt denkmalgeschützter Industriebauten.

Nachnutzung

Die AG Koepchenwerk hat von Anfang an gemäß dem Grundsatz ‚Nur ein genutztes Ensemble ist ein überlebensfähiges Denkmal‘ vielfältige Ideen zur Nachnutzung entwickelt. Der Button ‚Denkmal nutzen – Nicht Abreißen – AG Koepchenwerk‘[58] dokumentiert die Zielrichtung auf bildhafte Weise:

Blick in die Maschinenhalle des Koepchenwerks mit den authentischen und musealen Objekten. Boris Werner (RWE) im Gespräch mit Jutta Schulte-Gniffke (Stadt Herdecke).

Maschinenhalle und Schieberhaus mit dem umgedrehten V der Druckrohrleitungen verbunden, dahinter der Licht- (und Geistes-) Blitz einer elektrischen Glühbirne. Dass die allermeisten dieser Ideen auf in der Historie schon einmal Dagewesenes rekurrieren, ist aus denkmalpflegerischer Sicht überaus erfreulich und verleiht den Ansätzen die notwendige technische und wirtschaftliche Glaubwürdigkeit. Dazu ein paar Beispiele:

Die Wiedereinrichtung eines Museums ließe die Sichtbarmachung der Kraftwerkskomponenten am authentischen Ort aufleben, denn 1988 ist – vorzugsweise für die interessierte Besucherschaft[59] – eine kleine Kanzel mittig in die wasserseitige Wand der Maschinenhalle integriert worden. Sie war mittels gesonderter Tür vom am Kraftwerk vorbeiführenden Ruhrtal-Radweg[60] aus zu betreten. Nach dem Ende der Betriebszeit wurden zudem Schaustücke von andernorts in die (noch immer dort lagernde) Sammlung, die auch Schautafeln zur Betriebstechnik sowie zur Entstehungsgeschichte des Kraftwerkes enthält, aufgenommen. Eine audiovisuelle Bespielung böte sich regelrecht an: Aufleuchtende Lampen, den Betriebsstart anzeigend, würden, durch (generiertes) Schlagen der Relais und das ansteigende Grollen des bergabrauschenden Wassers ergänzt, an frühere Zeiten erinnern können.

Die Revitalisierung der Standseilbahn (auch Schrägaufzug genannt) und die Einrichtung einer Aussichtsterrasse am Schieberhaus mit kleiner Gastronomie und eindrucksvollem Blick über den Hengsteysee beziehen sich auf ein kleines Café, welches in den sechziger Jahren schon einmal Interessierte und Kulturlandschaftsbegeisterte auf die Bergkuppe des Kleff brachte.[61] Die Route dorthin führte einst über die betriebliche Andienungsstraße am Rande des Oberbeckens. Zu besonderen Anlässen konnte damals (und bis vor einigen Jahren noch) die parallel zu den Druckrohrleitungen installierte Standseilbahn mit ihrem rd. 40 Personen[62] fassenden Podest benutzt werden.

Die Einrichtung einer Museumseisenbahn bezieht ihre Idee ebenfalls aus der lokalen Historie: vom Strandbad Hohensyburg kommend, über die schon genannte Brücke am Laufwasserkraftwerk Hengstey fahrend soll sie die Wendestelle nutzen und schließlich das Koepchenwerk erreichen. Wie

Nutzung der Standseilbahn anlässlich eines Schulausflugs ins Koepchenwerk im April 1993

dem Gestaltungsplan des Geländes am nördlichen Strandbad aus dem Jahre 1928 entnommen werden kann, wurde schon damals am anderen Ende des Hengsteysees der Ausflugsbahnhof (!) Hohensyburgstrand vorgesehen, von dem dann die Triebwagen der ‚Strandbahn' in den 1930er Jahren bis zum Bahnhof Hohensyburg pendelten.

Sachstand

Seit Dezember 2015 befinden sich der Eigentümer des Koepchenwerks, die RWE Power AG und die SIG nach eigenen Aussagen in konstruktiven Gesprächen über die Erhaltungsmöglichkeiten des Koepchenwerks. Hierbei sind zahlreiche Detailfragen im Prüfverfahren zu berücksichtigen, darunter als wesentliche Voraussetzungen die Verständigung und Einigung insbesondere über betriebliche Rahmenbedingungen sowie über die Möglichkeit einer gleichzeitigen Entwicklung des Kraftwerkstandortes Herdecke.

Der Umstand, dass beide Seiten in der Sache kooperativ diskutieren, lässt darauf hoffen, dass dieses außergewöhnliche Denkmal der Industriekultur dank der engagierten Beteiligung vieler Akteure aus Bürgerschaft und Verwaltung sowie Politik und Energiewirtschaft erhalten werden kann. Möge die von der RWE avisierte Instandsetzung des Schieberhauses mit den drei Buchstaben[63] hierfür ein gutes und weithin leuchtendes Omen sein!

Abbildungsnachweis

1   Fotoarchiv Birgit Franz / Georg Maybaum, 10.05.2016

2   Das Bild wurde freundlicherweise von Christian Münch, dem Vorsitzenden des Herdecker Heimat- und Verkehrsvereins e.V., zur Verfügung gestellt.

3   Fotoarchiv Birgit Franz / Georg Maybaum, 11.05.2016

4   Sammlung Weishaupt. Das Bild wurde freundlicherweise von Peter Altmeier zur Verfügung gestellt.

Anmerkungen

1   Mit dem sächsischen Pumpspeicherwerk (PSW) Niederwartha leisteten sich zur Bauzeit die Ingenieure des Koepchenwerks einen wahren Wettlauf um die erste Inbetriebnahme. Schließlich ging das PSW Niederwartha bereits am 27. November 1929 mit einer Maschine ans Netz, seine endgültige Fertigstellung und die Inbetriebnahme des letzten Maschinensatzes erfolgte jedoch erst im März 1930, nachdem das Koepchenwerk am 28. Januar 1930 vollständig mit 132 Megawatt in Betrieb genommen worden war. Siehe https://de.wikipedia.org/wiki/Koepchenwerk (24. Mai 2016).

2   Es handelte sich um den Bruch eines Pumpengehäuses. Die Schäden sind heute im Krafthaus bildlich und gegenständlich dokumentiert.

3   In der denkmalrechtlichen Akte, Stadt Herdecke, Koepchenwerk, Im Schiffwinkel 43, lfd. Nr. 117 wird als Tag der Eintragung der 11.06.1986 benannt. Bei der Stadtverwaltung liegt zudem das Schreiben des Westfälischen Amtes für Denkmalpflege vom 14.05.1985, die Benehmherstellung betreffend, sowie der Eintragungsbescheid (inkl. Rückschein des Einschreibens) mit Datum vom 11.06.1986 vor.

4   Im Gesetz zum Schutz und zur Pflege der Denkmäler im Lande Nordrhein-Westfalen (Denkmalschutzgesetz – DSchG) heißt es zu den Verantwortlichkeiten in § 1, Abs. 2: „Denkmalschutz und Denkmalpflege obliegen dem Land, den Gemeinden und Gemeindeverbänden nach näherer Bestimmung dieses Gesetzes." Bezüglich des Erhalts heißt es in § 7, Abs. 1: „Die Eigentümer und sonstigen Nutzungsberechtigten haben ihre Denkmäler instand zu halten, instand zu setzen, sachgemäß zu behandeln und vor Gefährdung zu schützen, soweit ihnen das zumutbar ist."

5   Teilnehmer des Gesprächs am 11.05.2016 im Rathaus der Stadt Herdecke waren: Die Bürgermeisterin Frau Dr. Strauss-Köster, Herr Matißik (Stadt Herdecke, Leiter des Bauamtes), Frau Schulte-Gniffke (Stadt Herdecke, Untere Denkmalbehörde), Herr Altmaier (Stellv. Vorsitzender der Arbeitsgemeinschaft Koepchenwerk e. V.) sowie der Autor dieses Beitrages.

6   Die Besichtigung wurde von Herrn Boris Werner (Projektleiter Bau- & Genehmigungsmaßnahmen) am 11.05.2016 durchgeführt, dem an dieser Stelle hierfür und für seine umfänglichen Informationen rund um das Bauwerk und seine Entstehung sowie die freundlicherweise zur Verfügung gestellten historischen Quellen ausdrücklich gedankt sei.

7   Der nachfolgende Text bezieht sich i.W. auf die Denkmalakte, siehe Anm. 3.

8   Arthur Koepchen (* 30. August 1878 in Velbert; † 27. Mai 1954 in Essen-Bredeney) war technischer Direktor im Vorstand des damaligen Rheinisch-Westfälischen Elektrizitätswerks und prägte für fast fünf Jahrzehnte die wirtschaftliche und technische Unternehmensentwicklung. 1927 erhielt er von der TH Karlsruhe die Würde eines Dr.-Ing. E.h. Im Mai 1954 wurde er vom nordrhein-westfälischen Ministerpräsidenten zum Professor ernannt. Siehe hierzu auch www.ulrich-pleitgen.de/arthur-koepchen/ (25. Mai 2016). Siehe auch Anm. 55.

9   Dazu pachtete die RWE die vom Ruhrverband in Essen für die Entschlammung der Ruhr errichteten Stauseen samt ihren zugehörigen Niederdruck-Tagesspeicherwerken auf 100 Jahre. (Anm. 10, S. 3).

10 RWE (Hrsg.): Pumpspeicherwerk Herdecke a. d. Ruhr. Essen 1930, S. 3.

11 Im gleichen Duktus heißt es in ‚Die Wasserwirtschaft Deutschlands' von 1930 (Anm. 25, S. 1): „Hierzu kommt als Besonderheit das […] Pumpspeicherkraftwerk Herdecke, das der Veredelung von Abfallenergie in hochwertige Tagesspitzenenergie […] dient."

12 Dazu schichteten bis zu 1.600 Mitarbeiter in Wechselschicht ca. 3,2 Mio. Kubikmeter Steine und Erde um. (Anm. 55, S. 126). Ein eindrucksvolles Luftbild aus der Bauzeit findet sich in der RWE-Broschüre aus 1930 (Anm. 10, zwischen S. 4 und 5).

13 Siehe hierzu Euler, Helmuth: Wasserkrieg, 17. Mai 1943: Rollbomben gegen die Möhne-, Eder- und Sorpestaudämme. Stuttgart 2007. S. 38 mit einer deutlichen Überschätzung der Kraftwerksleistung durch die Royal Air Force (194.000 statt 132.000 kW), S. 117 mit einem Luftbild vom 18. Mai 1943, die Hochwassersituation im Umfeld des Koepchenwerks zeigend.

14 Nach den vorgenannten Angriffen wurde das Schieberhaus mit einer Beton-Außenschale mit höheren Widerständen gegen Beschuss und Bewurf ertüchtigt, die nunmehr das äußere Erscheinungsbild prägt.

15 Die Leistungsbedarfe und Leistungsabgaben wie die Angaben zu Speichervolumen und Energieinhalt schwanken je nach Quelle leicht. Die genannten Zahlen beziehen sich auf die Angaben der Denkmalbeschreibung (siehe Anm. 3).

16 Wie Anm. 10, hier S. 5.

17 Zwischenzeitlich wurde das Fassungsvermögen durch Anhebung des Wasserspiegels vergrößert.

18 In den 1930er Jahren wurde die 110/220 kV-Umspannanlage (terminus technicus: Freiluftschaltanlage) erweitert.

19 Siehe hierzu u.a. Anm. 3 und RWE (Hrsg.): Pumpspeicher-Kraftwerk Herdecke, Koepchenwerk. Essen 1976, hier S. 6.

20 Im Rahmen der Verringerung der Auslastung der Hochleistungstrassen ist derzeit angedacht, dass neue Koepchenwerk wieder mit 110 kV an die Netzknoten Dortmund Kruckel und Garenfeld anzuschließen. Der RWE-Broschüre von 1976 (siehe Anm. 26) war ein Übersichtsplan zum 380 kV Verbundnetz der RWE beigegeben, welcher u.a. die eigenen Leitungen bis an die deutsch-österreichische Grenze abbildete und das Koepchenwerk als wichtiges Wasserkraftwerk betitelte.

21 Die Nord-Süd-Leitung (Rheinlandleitung) ist eine in den 1920er Jahren errichtete, insgesamt ca. 600 km lange Verbundleitung für Drehstrom-Hochspannungs-Übertragung. Sie verbindet die Umspannanlage Brauweiler mit dem Vermuntwerk der Vorarlberger Illwerke und dem Schluchseewerk, wurde zwischen 1924 und 1929 von der RWE erbaut und am 17. April 1930 in Betrieb genommen. Sie wurde mit 220 kV betrieben, war jedoch als weltweit erste Verbundleitung von Anfang an bereits teilweise für eine Betriebsspannung von 380 kV ausgelegt, vgl. https://de.wikipedia.org/wiki/Nord-S%C3%BCd-Leitung (24. Mai 2016).

22 Angesichts des seinerzeitigen Lohnniveaus mag die 1930 gepriesene Einführung eines „billigen Haushaltstarifes für elektrisches Kochen und Beleuchten zum Preis von unter 10 Pf." heute nicht mehr überzeugen. (Anm. 10, hier S. 3).

23 Die verfügbare Nutzleistung je Turbine schwankte dabei zwischen 40 und 48.500 PS (= 30 bis 35.600 kW), wie Anm. 10, hier S. 8.

24 Eine Werkslokomotive des Herstellers Krupp mit der Fabriknummer 3241 aus dem Jahre 1954 befindet sich im Museumsbahnhof Radevormwald-Dahlhausen (Bergische Bahnen – Förderverein Wupperschiene e.V.). Zur denkmalpflegerischen Bedeutung rollenden Materials siehe: Hanus, Christian: Schienenfahrzeuge und Denkmalpflege. Stuttgart 2007.

25 Siehe z.B. Die Wasserwirtschaft Deutschlands, 1930 (hier vorliegend: der Sonderdruck „Die Wasserkraftanlagen der Rheinisch-Westfälischen Elektrizitätswerkes A.-G. (RWE), Essen").

26 Neben Anm. 10 und 19 sei auch genannt RWE (Hrsg.): Koepchenwerk, Pumpspeicherkraftwerk Herdecke. Essen 1960.

27 Wie Anm. 3. Zum Ensemble gehören demnach (Denkmalkarteikarte, Pkt. 07: Merkmale) u.a. das Maschinenhaus, das Schieberhaus und die beiden Druckrohrleitungspaare. Die Umspannstation mit den Freileitungen und den portalartigen Masten ist mit denkmalrechtlicher Erlaubnis im Jahr 2005 abgerissen worden. Der Abbruch zweier Stollentürme (im Oberbecken) erfolgte 2007.

28 Siehe hierzu als künstlerischen Beitrag u.a. Schanko, Rolf: Das Koepchenwerk (Kreide auf Papier, 2010) aus dem Zyklus Ruhrgebiet-Arbeit / über ein unvergleichliches Relief.

29 Das Bemühen um den Erhalt des Koepchenwerks steht auch im Kontext aktueller denkmalpflegerischer Diskurse. Siehe hierzu u.a. Landschaftsverbände Westfalen Lippe und Rheinland (Hrsg.): Erhaltende Kulturlandschaftsentwicklung in der Region Ruhr. Köln 2015.

30 Siehe hierzu www.route-industriekultur.ruhr/.

31 Siehe hierzu https://de.wikipedia.org/wiki/Energiewirtschaftlicher_Wanderweg_Herdecke. Das alte Koepchenwerk am Hengsteysee wird als Station 10, das neue Pumpspeicherkraftwerk Herdecke als Station 9 geführt.

32 Die RWE-Broschüre von 1976 (Anm. 19) verweist auf Seite 11 ausdrücklich auf die Ergänzung des Koepchenwerks durch dieses (und andere) Laufwasserkraftwerke. Siehe hierzu auch https://de.wikipedia.org/wiki/Laufwasserkraftwerk_Hengstey.

33 Wie Anm. 31, hier Station 7.

34 Stadtarchiv Herdecke Akte I / 41, nach Mitteilung von Peter Altmaier. Die Schürfstelle ‚Glückliche Zukunft' wird am 09.09.1947 durch die Stadt Herdecke vom RWE übernommen (s. hierzu Schreiben des Betriebsobmanns Willi Kühle (RWE)).

35 Friedrich Wilhelm Harkort, der „Vater des Ruhrgebiets", war ein deutscher Unternehmer und Politiker in der Frühzeit der industriellen Revolution. Seine „Harkortsche Maschinenfabrik" befand sich im nahegelegenen Wetter an der Ruhr. https://de.wikipedia.org/wiki/Friedrich_Harkort (31. Mai 2016).

36 Wie Anm. 31, hier: Station 8.

37 Angaben nach der am Wegesrand platzierten Hinweistafel. Der KVR heißt heute Regionalverband Ruhr (RVR).

38 Gelistet nach: Schrader, Regina / Altmaier, Peter: Neue Nutzung für das Denkmal Koepchenwerk. Eine Präsentation der Arbeitsgemeinschaft Koepchenwerk e.V. (Februar 2016), siehe aber auch Anm. 30.

39 Im Gespräch am 11.05.2016 (siehe Anm. 5).

40 Wie Anm. 38, Folie 23.

41 Der Großvater des in Dortmund geborenen Autors kam aus Ostpreußen, der Vater von Peter Altmaier wanderte in den 1920er Jahren aus dem Hunsrück ins Ruhrgebiet ein, manche im Text benannten Akteure haben familiäre Bindung zu Italien.

42 Siehe hierzu Nies, Stefan: Fremde Impulse – Baudenkmale im Ruhrgebiet. Ein Projekt der Denkmalpflege im Rahmen der RUHR 2010, in: Industriedenkmalpflege und Geschichtskultur. Essen 2009, hg. v. d. Stiftung Industriedenkmalpflege und Geschichtskultur, Forum Geschichtskultur an Ruhr und Emscher e.V., siehe auch zugehöriges Karten- und Flyerwerk: Fremde Impulse – Baudenkmale im Ruhrgebiet, 80 Denkmalportraits für historische Streifzüge durch die Kulturhauptstadt Europas RUHR 2010.

43 Ein bemerkenswertes Beispiel wurde auf der Jahrestagung 2015 des AK-TLD in Dortmund vorgestellt: Arbeiter-Siedlungen, die nur für aus Masuren stammende Einwanderer gebaut wurden. Siehe hierzu auch Brüggemeier, Franz-Josef: Leben vor Ort. Ruhrbergleute und Ruhrbergbau 1889 – 1919, München 1983, S. 25ff.

44   Siehe Anm. 19, S. 12: „Das behaglich eingerichtete
Restaurant ist vollklimatisiert und mit allen technischen
Einrichtungen für Film- und Diaprojektion, Mikrofon-
und Lautsprecheranlege ausgestattet." Im Rahmen der
„Partnerschaft zwischen dem Bund für Vogelschutz und
Vogelkunde e.V. Hagen-Herdecke und dem Rhei-
nisch-Westfälischen Elektrizitätswerk AG" überließ das
Koepchenwerk den Vogelfreunden das ‚Haus am Fels'
im Herdecker Kleff. Ebenda S. 13.

45   Herdecker Heimat- und Verkehrsverein e.V., Münch,
Christan (Hrsg.): Stellungnahme des Herdecker
Heimat- und Verkehrsverein e.V. zum Antrag der RWE AG
auf Abriss des alten Koepchenwerks. Juli 2015.

46   Das Bild stammt aus der Zeit vor dem Zweiten Weltkrieg,
was durch die noch sichtbaren Fensteröffnungen des
Schieberhauses belegt wird.

47   In den 1930er Jahren wurden auch die Bahnen der
Druckrohrleitungen, das Krafthaus mit dem Schriftzug
Speicher – Kraftwerk – Herdecke (nach dem Zweiten
Weltkrieg durch den jetzigen Schriftzug ‚Koepchenwerk'
ersetzt) und zwei seitliche vertikal stehende RWE
Schriftzüge beleuchtet.

48   Dass Objekte erst bei drohendem Verlust (nach einem
manchmal jahrzehntelangen Dornröschenschlaf) in den
Fokus geraten, ist nicht ungewöhnlich. Siehe hierzu u.a.
Dolff-Bonekämper, Gabi: Denkmalverlust als soziale
Konstruktion, in: Denkmalpflege statt Attrappenkult,
hg. v. Ulrich Conrads und Peter Neitzke, Basel 2011,
S. 134–146.

49   Zur Antizipation des Abrisses von Landmarken, zu denen
eine persönliche oder berufliche Bindung bestand, siehe
z. B. Franz, Birgit / Maybaum, Georg: Verlorene
Inventare. Befunde aus Erinnerung. Wenn Enkel mehr als
Töchter und Söhne werden wissen wollen: Aufnahme in
Mittelhessen in den späten 1940er Jahren und Vernich-
tung des Seilnetzkühlturmes in Uentrop-Schmehausen
1991, in: Sozialer Raum und Denkmalinventar. Vorge-
hensweisen zwischen Erhalt, Verlust, Wandel und
Fortschreibung (= Veröffentlichung des Arbeitskreises
Theorie und Lehre der Denkmalpflege e.V., Bd. 17), hg. v.
Birgit Franz und Gabi Dolff-Bonekämper, Dresden 2008,
S. 108–112.

50   Den beiden Vorgenannten sei an dieser Stelle für die
freundlicherweise zahlreich zur Verfügung gestellten
historischen Quellen und aktuellen Berichte ausdrücklich gedankt.

51   In einem Bericht der Bild-Zeitung vom 16.04.2015 wird er
mit dem Satz: „Da kann man den Kölner Dom gleich mit
abreißen" zitiert. Der Herdecker Jörg Hartmann hatte sich
zuvor schon für den Erhalt des Ostwallmuseums in
Dortmund eingesetzt, in dem die Tagung des Arbeitskreises Theorie und Lehre in der Denkmalpflege e.V., die
zu der diese Publikation Anlass gab, stattfand.

52   Die Stadt war nach eigenen Angaben (siehe Anm. 5)
„froh" über das bürgerliche Engagement. Die AG
Koepchenwerk freute sich über die „offenen Arme".

53   Siehe http://www.ag-koepchenwerk.de/.

54   Nach Schätzung von Peter Altmaier interessierten
sich anlässlich eines Infotages der AG Koepchenwerk
an Pfingsten 2016 rd. 1000 Besucher für die
aktuelle Sachlage.

55   Aktueller Publikationshinweis: Altmaier, Peter / Schrader,
Regina: Engagement für das Koepchenwerk in Herdecke,
in: Kulturerbe Energie – Zeugnisse der Energiegewin-
nung und Energienutzung als Kulturlandschaftselemente
entdecken, hg. v. Bund Heimat und Umwelt in Deutschland, Bonn 2015. Nach dem hier vorliegenden, genehmig-
ten Vorabdruck: S. 122–128.

56   Siehe z.B. RWE macht Druck – Politik kontert.
Konzern will Entscheidung zu Koepchenwerk – Abriss
möglichst in sechs Monaten, in: Westfälische Rundschau
vom 27.06.2015.

57   Siehe www.industriedenkmal-stiftung.de.

58   Nach einer Idee von Regina Schrader. Zeichnung Robert
Engler, Lausanne.

59   Die RWE-Broschüre von 1976 (Anm. 19) nennt auf dem
rückseitigen Cover ausdrücklich die Kontaktadresse für
„Besucherwünsche".

60   Als Argument gegen die Wiederaufnahme werden u.a. die
(derzeit) mangelnden Parkiermöglichkeiten ins Feld
geführt. Ein entsprechender Ausbau des Radweges ist
insofern sicherlich zwingend. Geplant ist an dieser Stelle
u.a. eine Erweiterung mit Café und Terrasse.

61   Wie Anm. 34.

62   Während der Bauzeit diente die Standseilbahn dem Transport der Druckrohrleitungsabschnitte, die von dort
mittels Rollbewegung in Position gebracht wurden. Die
Tragfähigkeit lag bei 20 t Nutzlast (Anm. 10, S. 5).

63   Information zum Sachstand von Boris Werner beim
Ortstermin mit Frau Schulte-Gniffke und dem Autor am
11.05.2016 (Anm. 6.) Neben der Reaktivierung des
RWE-Schriftzuges ist auch die Entfernung der Graffitis
vorgesehen. Ein entsprechender Antrag liegt der Stadt vor.

Deutung und Umdeutung

Moderation: Valentin Hammerschmidt (Dresden)

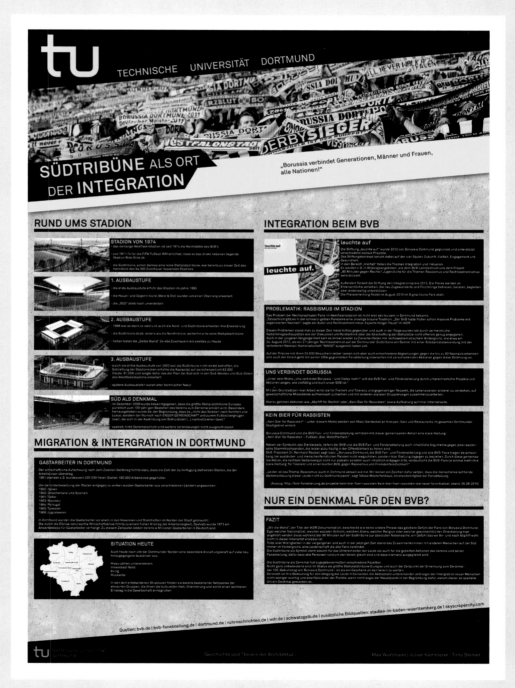

Plakat zum Thema „Migration und Erbe. Die Südtribüne als Ort der Integration",
erarbeitet von Max Wortmann, Julian Kämmerer und Timo Bremer

Kirchen im Wandel

Strukturelle Herausforderungen und ihre strategischen Entgegnungen

BIRGIT FRANZ

ZUSAMMENFASSUNG

Leerfallende Kirchen drohen zum ‚Leergut' zu werden, für das es keine Rücknahmekonditionen gibt

Kirche und Wandel gehören zusammen, tradiertermaßen seit es Kirchen gibt. Die strategischen Entgegnungen auf die aktuelle Entchristianisierung sind äußerst divergent, sowohl aus der Gesellschaft heraus als auch innerhalb der kirchlichen Institutionen selbst. Die hier ausgewählten Antworten auf die strukturellen Herausforderungen sollen den Blick auf die Gefahren streng disziplinärer und die Chancen gesamtgesellschaftlicher Betrachtungen lenken. Der Schwerpunkt ist auf jene strategischen Entgegnungen fokussiert, die den Erhalt des Symbolwerts unterstützen, wie beispielsweise die erweiterten Nutzungen von Kirchen, die sich gegen Leerstand, vollständige Umnutzungen oder Abriss stellen. Querbezüge zwischen Denkmalpflege, Theologie, Stadt- und Quartiersplanung bzw. -soziologie, bürgerschaftlichem Engagement, Migration und Baukultur geben möglicherweise (so zumindest erhofft), den ein oder anderen Denkanstoß.

Zur Veranschaulichung der Entwicklungen sind – neben einem kurzen Blick auf das im Süden benachbarte Ausland – nachfolgend zwei Räume hervorgehoben: die eher ländlich geprägte Region um die eigenen Hochschulstandorte Hildesheim/ Holzminden/ Göttingen sowie mit Bezug zum diesjährigen Tagungsort des Arbeitskreises Theorie und Lehre der Denkmalpflege e.V. die Metropolregion Rhein-Ruhr.

Prolog: „typisches + sakrales" – oder: Wie szenische Kunst die Vielschichtigkeit des Themas auch ohne Worte zu beleuchten vermag

In diesem Abschnitt sei mir ausnahmsweise die bewusst gewählte Ich-Erzählperspektive nachgesehen: Niemals zuvor habe ich eine Kirche bewusst so leer empfunden wie beim Besuch der Wanderausstellung „typisches + sakrales"[1] in der Hildesheimer Bürgerkirche St. Andreas. Nicht deshalb, weil die Ausstellung etwa nicht gut besucht gewesen wäre, ganz im Gegenteil. Sondern vielmehr, weil die zwölf inszenierten Figuren, darunter die Muslimin in der ersten Reihe, das tätowierte junge Mädchen (auf dem Handy spielend und ganz hinten sitzend), den Schwund der christlichen Kirchenmitglieder anschaulicher machten als so manche Statistik. Jene Figuren, wie der fotografierende Tourist, der dunkelhäutige Geschäftsmannes oder der junge Athlet mit Gehhilfe, der Bettelmann oder die hochbetagte Dame, machten deutlich, dass den Kirchen von vielen Menschen heutzutage eine gewandelte Bedeutung zugeschrieben wird. Die mittelalterliche Bürgerkirche selbst wird zum Medium, um Emotionalität zu stärken. Ohne Worte drängt sich die Idee auf, dass wir die Gotteshäuser weiterhin brauchen, nur eben für vielfältigere (christliche/spirituelle/touristische/entschleunigende) Nutzungen.

Zu den strukturellen Herausforderungen

„Oh Gott, oh Gott! Die Menschheit wird immer religiöser. Mit einer Ausnahme: Europa", so betitelte im April 2015 die „Süddeutsche Zeitung" den Bericht zur jüngsten weltweiten Religiositäts-Umfrage.[2] Rein statistisch – und sehr vereinfacht betrachtet – bewirtschaften in Deutschland jeweils nur noch 1000 Kirchenmitglieder eines der rund 45.000 Gotteshäuser der beiden großen christlichen Kirchen. Selbige verloren allein im Jahr 2014 rd. 700.000 Mitglieder, wodurch – wiederum vereinfacht betrachtet – allein für dieses eine Jahr theoretisch weitere 700 Gotteshäuser in ihrem Fortbestand unmittelbar bedroht sind.[3]

Welche Nöte der religiöse Wandel für die Kirchen und ihre Gotteshäuser bedeutet, beschäftigt Bistümer wie Landeskirchen, Fachleute und Bürgerschaft verstärkt seit etwa 35 Jahren: Die seinerzeit verabschiedeten kirchliche Rundschreiben[4] oder politische Grundsatzpapiere[5] sowie Charten,[6] Appelle[7], Manifeste[8] oder Arbeitshilfen[9] der evangelischen sowie katholischen Kirche wie auch Dokumentationen und Resolutionen von (Fach-)Sym-

Ausstellung „typisches + sakrales" in der Hildesheimer Bürgerkirche St. Andreas

posien[10] geben Kunde von den erkannten Gefahren und Chancen sowie Möglichkeiten und Grenzen.[11]

Der Mitgliederschwund in den christlichen Kirchen und die damit einhergehende Profanierung, Entwidmung und Umwidmung von Gotteshäusern generieren nicht nur in Deutschland Diskussionsbedarf. Beispielsweise wurde in Österreich auf der Tagung „kirchenRÄUMEn – Zukunftsperspektiven für die Nutzung von Sakralbauten"[12] 2013 in Linz der Frage nachgegangen, „ob sich in Österreich eine ähnliche Entwicklung abzeichnet, wie sie bereits in nennenswertem Ausmaß in den Niederlanden und in Deutschland zu Umnutzungen, Verkäufen und auch Abbrüchen von Sakralbauten geführt hat, und wie schließlich mit einer solchen Situation umzugehen wäre."[13] Und 2015 beleuchtet in Bern der Erste Schweizer Kirchenbautag das Thema „Kirchenumnutzungen – der Blick aufs Ganze" fach-, kirchen- und religionsübergreifend.[14] Exemplarisch herausgegriffen sei hier der vieldiskutierte soziologische Diskurs um die Nutzung durch nicht-christliche Religionen: Am Beispiel der ehemaligen ev.-luth. Kapernaumkirche und inzwischen Al-Nour Moschee in Hamburg-Horn erläutert Anna Körs ihre These,

dass „genau diese Form der Umnutzung mit dem dabei entstehenden ‚hybriden Akteur' aus ehemaligem Kirchengebäude und neu entstehender Moschee an einem Ort zu einem produktiven Handlungsträger im Umgang mit religiöser Diversität und zu einem gesamtgesellschaftlichen Gewinn werden [kann]."[15]

Einblendungen aus dem Bistum Hildesheim und der Evangelisch-lutherischen Landeskirche Hannovers

Im Bistum Hildesheim schlugen die Wellen der Empörung hoch, als die Kirchengemeindemitglieder 2008 aus ihrer „KirchenZeitung" von der knallharten Entscheidung erfuhren, dass von den verbliebenen 438 Kirchen weitere 80 geschlossen, umgenutzt oder gar abgerissen und für weitere 86 Kirchengebäude keine Gelder mehr zugewiesen werden sollten. Darunter übrigens auch 13 unter Denkmalschutz stehende Kirchen. Der Verweis des Domkapitulars, dass man mit den protestantischen Kirchengemeinden in Kontakt stehe, um so zu vermeiden, dass in einem Ort sowohl die kath. als auch die ev. Kirche geschlossen würde, war da wenig tröstlich.[16]

In Reflexion des Jubiläums „1200 Jahre Bistum Hildesheim" im Jahr 2015 bereiste ein Künstlerkollektiv im Auftrag der „Societät Hildesheim" die seit 1989 im Bistum Hildesheim profanierten Kirchen.[17] Die zugehörige Ausstellung und die Dokumentation „Profan Pilger Tour"[18] veranschaulichen den zugehörigen Wandlungsprozess. Und „Prost statt Amen"[19] lautete eine der medial wirksamen Schlagzeilen zu diesem Kunstprojekt. Beispielsweise beherbergt die Kapelle St. Willehad in Cuxhaven inzwischen nicht nur die spanisch-katholische Kirche, sondern zugehörig auch ein Centro Español mit Bar und Tapasküche. In der ehemaligen Kapelle Herz Jesu in Neuhaus/Oste, bei der auf der Giebelwand im Streiflicht noch das wegretuschierte Kreuz erkennbar ist, finden Profan-Pilger ein Zentrum für Kampfsport, Kampfkunst und Selbstverteidigung einquartiert. Und an die 1971 errichtete und 2012 abgebrochene Heilig-Kreuz-Kirche in Wunsdorf erinnert (nur?) noch ein Modell. So lautet den eine der Quintessenzen des Kunstprojekts Profan Pilger Tour: „Es waren eben einst Immobilien der Götter und in dem, was zurückbleibt drängt sich nun eine seltsame Kombination aus aufgeladener Erinnerung und Wüste."[20]

Der Blick in die Kirchenlandschaft der Evangelisch-lutherischen Landeskirche Hannovers bestätigt, dass hier ebenfalls Gotteshäuser profaniert oder nicht länger bezuschusst werden. Dabei zeigt sich, dass auch die Diskussion umstrittener Lösungen hilfreich sein kann, um sich der Auswirkungen von Kirchenumnutzungen gesamtgesellschaftlich bewusst zu werden. Eine geradezu provozierende Umnutzung findet sich im 2010 eröffneten, privatwirtschaftlich und mit viel Herzblut betriebenen Kulturcafé Aegidius[21] in der 2006 entwidmeten ehemaligen ev.-luth. St. Aegidienkirche in Hann. Münden, deren liturgische Ausstattungen wie Altar und Kanzel, Kirchenbänke sowie eine kirchenkünstlerische Großskulptur vor Ort sichtig verblieben.[22] Zu den heute um den Altar gruppierten Barhockern bedenkt der Landessuperintendent im Sprengel Hildesheim-Göttingen in der Evangelischen Zeitung vier Monate nach der Eröffnung: „Auch frühere Skeptiker des Unternehmens kehren hier mittlerweile gern[e] ein. … Mein Unbehagen ist [aber] auch nach meinem Besuch geblieben. Nur empfinde ich das inzwischen als heilsam. Die Barhocker provozieren. So sieht es also aus, wenn ein historisches Sakralgebäude zu einem Wirtschaftsraum wird. Die glatte Variante ohne Barhocker bliebe [vermutlich] folgen-

los. … Werden wir uns an solche Anblicke gewöhnen müssen? Wollen wir das? Sieht so die Zukunft mancher Kirchen aus? Lauter unangenehme Fragen. Wir müssen uns diesen Fragen stellen. Manchmal hilft ein Cafébesitzer dabei."[23]

Hauptkirchen, wie die bereits eingangs in den Blick genommene und grundsätzlich vielfältig bespielte[24] St. Andreaskirche in Hildesheim müssen jedoch wohl (noch?) nicht um ihre Zukunft fürchten. Ganz anders sieht es für jene Gotteshäuser aus, die erklärtermaßen nicht länger als Gemeindekirche benötigt werden und für die an erster Stelle seitens der Kirche(ngemeinde) selbst Einfallsreichtum gefragt ist.

St. Jakobi in Hildesheim

So wurde beispielsweise unter der Federführung des verantwortlichen Pastors die mittelalterliche Pilgerkirche St. Jakobi in Hildesheim im Jahr 2000 zur ersten (und einzigen) Citykirche der Evangelisch-lutherischen Landeskirche Hannovers umgewidmet und vom eigens eingerichteten Kuratorium, insbesondere aber von den vielen freiwilligen Helferinnen und Helfern als verlässlich offene Kirche präsentiert. „Dialog-Gastfreundschaft-Spiritualität"[25] lauteten die drei das Konzept tragenden Säulen. Sicherlich, vieles war gewöhnungsbedürftig: etwa die gestalterisch etwas ‚miefig' anmutende Atmosphäre. Und doch hatte gerade auch das unprätentiöse Ambiente einen besonderen Charme. Viele Hildesheimer zog es (so wie auch die Verfasserin des Aufsatzes) immer wieder genau dort hin: an diesen lebendigen und glaubhaften Ort! Die einen kamen wegen der spannenden Themen der Vorträge und Ausstellungen, andere, insbesondere jene ohne Obdach, an kalten Tagen schlicht zum Aufwärmen und aus Lust auf eine dazu gereichte Tasse Tee. Nach der Pensionierung des initiierenden Pastors führten die Visionen der neuen pastoralen Leiterin,[26] die vor ihrer Inauguration Projektleiterin des Jubiläumsjahres „1000 Jahre St. Michaelis Hildesheim" im Jahr 2010 war, zu zahlreichen Veränderungen – inhaltlich wie baulich. „Der Kultur Räume geben – Europa und die Kirchen"[27] (ein zum zehnjährigen Bestehen der Citykirche veranstaltetes Symposium) stand hier beispielhaft für das länder- und religionsübergreifende Denken und die anstehende generelle, eher intellektuelle Neuausrichtung. Gleichsam mit den Veränderungen gingen jedoch die (existentiell wichtigen) ehrenamtlich helfenden Hände verloren. Die Neuerungen wurden von diesen als Missachtung bewährter Leistungen interpretiert. Möglicherweise waren die Menschen vor Ort aus dem Fokus geraten. Zusammen mit gewechselten Lebensumständen der neuen Leiterin führte all dieses 2012 zur Schließung der Citykirche. „Schall und Rauch, Unvergänglichem einen Raum geben"[28] war somit eine der letzten künstlerischen Themeninstallationen. Nicht zuletzt tragen die kirchlichen Institutionen und die Menschen vor Ort, bei aller Kreativität, schwer an der dauerhaften Zukunft ihres wandlungsfähigen Gotteshauses. Und doch sind sie mitunter ideenreicher (und belastbarer) als selbst geglaubt: Leere – interpretiert als „Luxus der Leere"[29] – beinhaltet auch Chancen und so wurde St. Jakobi in Kooperation mit der Universität Hildesheim als bundesweit erste ev. Kulturkirche mit Schwerpunkt Literatur schon in 2014 wieder eröffnet.[30]

Corvinuskirche in Hannover-Stöcken

Drohende oder bereits beschlossene Kirchenschließungen lassen vielerorts Bürgerinnen und ihr Bürger für ,ihr' Gotteshaus auf die Straße ziehen, um ,ihren' Protest öffentlich zu machen. Kirchengebäude der Nachkriegsmoderne haben es in diesem Kontext oftmals schwerer, ,Für'-Streiter zu generieren, als bauzeitlich deutlich ältere.[31] So entwidmete beispielsweise die ev.-luth. Kirchengemeinde in Hannover-Stöcken 2012 ihre 1960–62 erbaute Corvinuskirche mit dem Ziel, das Bauwerk hernach abzureißen und das Grundstück zu veräußern. Und sie klagte genau deshalb gegen die zeitgleich erfolgte denkmalpflegerische Unterschutzstellung und gewann 2013 in erster Rechtsinstanz den diesbezüglichen Prozess[32] – das beklagte Landesdenkmalamt ging daraufhin in Berufung. 2014, anlässlich der öffentlichen Anhörung in zweiter Instanz, protestierten (neben den Nachfahren des ehemaligen Regierungsbaumeisters Roderich Schröder, nach dessen Plänen die Kirche errichtet wurde) nur wenige Interessierte. Das einstige Vorzeigeprojekt für die regionale ev.-luth. Bautätigkeit der Nachkriegsmoderne war in den Köpfen bereits zum Abbruch freigegeben.

Der „Geist der Wahrhaftigkeit"[33] war in Vergessenheit geraten, den eine Ausstellung im Henriettenstift über die neuen lutherischen Kirchen in Hannover noch 1963 auch der Corvinuskirche zuschrieb und den Altbischof Wilhelm Stählin 1959 im zeitgenössischen „Handbuch zum Kirchenbau" wie folgt im Grundsatz angemahnt hatte: Es „ist weder selbstverständlich noch allgemein anerkannt,

daß bei der Planung und beim Bau einer Kirche theologische Erwägungen eine maßgebliche Rolle spielen sollen, daß also beim notwendigen Gespräch zwischen dem Bauherrn und dem Baumeister – um die beiden Instanzen abgekürzt zu bezeichnen – auch der Theologe als solcher sich zu Wort zu melden Grund und Recht hat."[34]

So war es denn Hauptziel des Parteigutachtens,[35] die der Corvinuskirche eingeschriebenen prozessualen und partizipatorischen Überlegungen (die Verschmelzung von theologischen Anliegen und baulichen Antworten) als zentralen Denkmalwert herauszuarbeiten: Anschaulich zu machen, dass das an einen Industriebau erinnernde äußere und innere Erscheinungsbild das Ergebnis des gemeinsamen Ringens von Architekt und Kirchengemeinde war. In diesem Diskurs reisten gar der Architekt, der Stadtkirchenbaumeister und der Pastor, das Wettbewerbsergebnis schon in der Tasche, 1956 zum damals in Karlsruhe tagenden 8. Evangelischen Kirchbautag,[36] bei dem es insbesondere um die Zuordnung von Taufbecken, Kanzel und Altar im gottesdienstlichen Raum ging. Man plante und baute die Corvinuskirche belegtermaßen nach neuesten theologischen Grundsätzen und Ideen![37] Letztlich wurde in zweiter Instanz dem beklagten Landesdenkmalamt Recht zugesprochen und eine erneute Revision für nicht zulässig erklärt.[38]

Formal war damit das Denkmal ,gerettet' (für den Moment!).[39] Nun waren kreative Lösungen gefragt, um das entwidmete einstige Gotteshaus vor dem Verfall zu bewahren, beziehungsweise mittels Umnutzung wenigstens den substanziellen Denkmalwert des Bauwerks in die Zukunft zu transferieren. Mit diesem Ziel wurden der nichtoffene Ideenwettbewerb „Ein-/Anbau von Gemeinderäumen in/an die Corvinuskirche in Hannover-Stöcken" ausgelobt und dazu fünf Architekturbüros eingeladen. Das Preisgericht entschied 2016 zugunsten der im Umbau von Kirchen erfahrenen „pax brüning architekten bda". Positiv gewürdigt wird die „Beibehaltung der auf dem Fünfeck basierenden Raumwirkung"; unter denkmalpflegerischen Aspekten einschränkend gesehen wird der „Verzicht auf die originale Altarwand" und die Ausloberin selbst schätzt „die Akzeptanz dieser Lösung wegen ihres Mangels an unmittelbar wahrnehmbarer Innovation"[40] kritisch ein. Nach Ansicht des Gemeindepastors „handelt es sich bei dem Siegerentwurf um eine ,Etappe'. Das Architekturbüro müsse jetzt die Umbaukosten kalkulieren, zugleich müsse die

Landeskirche die Kosten eines möglichen Neubaus klären."[41] Bemerkenswerter Weise liegt gemäß einer Vereinbarung zwischen Land und Landeskirche der Abbruch im Falle einer nicht gegebenen Wirtschaftlichkeit weiterhin im Bereich des Möglichen: man wird sehen!

Der Streitfall Corvinuskirche kann jedoch auch positive Auswirkungen aufweisen: In Hannover setzten sich die Landeskirche, der Stadtkirchenverband und das Denkmalamt zusammen, um die Schutzwürdigkeit der 38 ev. Nachkriegskirchen zu bewerten,[42] eine flächendeckende Erfassung für die gesamte Landeskriche soll folgen.[43]

Einblendungen aus der Metropolregion Rhein-Ruhr

„Sag beim Abschied leise Amen"[44] überschreibt 2006 die Wochenzeitung „Die Zeit" ihr Dossier zur Entscheidung im Bistum Essen, 96 von 350 Kirchen außer Dienst stellen zu wollen. 2014 spürten die TeilnehmerInnen der Tagung: „Kein Gott mehr Zuhause? Wenn aus Kirchen Kolumbarien, Büros und Bars werden", ausgerichtet von der Katholische Akademie in Mülheim an der Ruhr, ausgewählten Umnutzungsansätzen nach. Bereist wurde unter anderem die 2007 außer Dienst gestellte Heilig-Kreuz-Kirche in Gelsenkirchen-Ückendorf, erbaut nach Plänen von Josef Franke 1927–1929, mit Gewölbeausmalungen von Andreas Wilhelm Ballin (1929) und Christel Darmstadt[45] (1993). Für die angestrebte Umnutzung hatte eine hochkarätig besetzte Arbeitsgruppe im Rahmen des „Modellvorhaben Kirchenumnutzungen"[46] gefordert, dass hier nur solche Nutzungen in Frage kommen sollen, die Gesamtraum und Atmosphäre des Kirchenraums in Gänze erlebbar belassen. Investoren für ein derartiges Tagungs- und Veranstaltungszentrum konnten jedoch bis dato nicht (wirklich) generiert werden, so der begleitende bischöfliche Beauftragte für Kirche und Kunst im Bistum Essen, Herbert Fendrich. Jörg Beste konstatierte der Architekturinkunabel, dass dieser sehr lange Entwicklungsprozess „einerseits durch das Umfeld mit geringer Entwicklungsdynamik und andererseits durch die enorme baukulturelle Qualität des Gebäudes"[47] bedingt ist. Anders erging es der ebenfalls bereisten, profanierten Kirche St. Engelbert in Essen. Seit 2011 beheimatet die seit 1993 denkmalgeschützte, 1935 nach Plänen von Dominikus Böhm erbaute sowie kriegszerstört 1954 von ihm modifiziert wieder aufgebaute Stätte unterschiedliche Chöre, Orchester und kulturelle

Vereinigungen, getragen vom gemeinnützigen Chor-Forum Essen e.V.[48] Nach der Umnutzung verdeckt im ehemaligen Gottesdienstraum inzwischen eine schwarze Bühnenrückwand den Altar. Im Bewusstsein um die bauliche Vergangenheit werden die Prinzipalien vor Ort verbleiben (so der momentane Stand) – und dennoch: der Blick in den nun leeren, ehemaligen Reliquienschrein in der Altarplatte berührt und macht sehr nachdenklich.

Kirchbautag in Dortmund 2008

„Transformationen – Übergänge gestalten", die auch den Symbolwert der Kirchen materiell in die Zukunft tragen, war zentrales Anliegen auf dem 26. Evangelischen Kirchbautag in Dortmund 2008.[49] Hierzu verlautbart das Präsidiumsmitglied Thomas Erne: „Die mediale Explosion der religiösen Kommunikation via Internet stärkt, und zwar als ihre materiale Kompensation, die Realraumkirchen und die Real-Leib-Kommunikation."[50] Das tradiertermaßen aus TheologInnen, ArchitektInnen und KirchenkünstlerInnen zusammengesetzte Tagungspublikum fokussierte die erweiterte Nutzung von Kirchen und dabei vor allem binnenkirchliche Partnerschaften. Den Geist der Tagung spiegelt dabei der letzte Satz am 25.10.2008 verabschiedeten „Dortmunder Denkanstöße" wider: „Wir haben nicht zu viele Kirchen, wir haben zu wenig Ideen."[51]

Eines der Anschauungsobjekte im Dortmunder Norden war die aus kirchengemeindlicher Innenperspektive positive bewertete Transformation der Lutherkirche (Baujahr 1963) zum „Luther-Zentrum" (Umbau 2003). Durch das ‚Haus-im-Haus'-Konzept wanderte der Gottesdienstraum vier Meter himmelwärts, ist nun auf der Decke der erdgeschossig eingebauten Gemeinderäume neu verortet. Im Workshop „Lutherkirche. Die Realität der Anderen"[52] erforschten die „Kirchentrojaner", das seinerzeit in Stuttgart beheimatet Architektentrio mit Büro für interaktive Architektur, mittels minimal-invasiver Impulse die Außenperspektive auf den Umbau. Typischerweise erzeugt die Akteursgruppe Irritationen, mit deren Hilfe Kirchengemeinden, die einen veränderten Umgang mit ihren Kirchenräumen suchen, zu einem Perspektivwechsel motiviert werden. Ihr Fazit aus der im Workshop kurzfristig generierten neuen Beteiligungskultur in unmittelbarer Umgebung des Luther-Zentrums lautet: „Brennpunkte und Grenzräume des Ortes hätte man im Vorfeld des Umbaus als Potenziale sehen können und den Kirchenraum über die immer weniger Menschen zuteilwerdende Innenperspektive hinaus verstehen und spezifisch umbauen können."[53]

Ihr anderenorts veranstalteter Workshop „Von wegen nix zu machen ..."[54] vermittelte der Verfasserin dieses Aufsatzes diesbezügliche eigene Erfahrungen. Dort wurde die etwa zwanzigköpfige Teilnehmergruppe aufgefordert, die im ehemaligen Kellergewölbe untergebrachte Schlosskapelle ‚zerstörungsfrei' ihren persönlichen Bedürfnissen an zeitgemäßen Gottesdienst anzupassen. Und tatsächlich: Als drei Teilnehmer den offiziellen Eingang der Schlosskapelle regelrecht besetzten und sich daraufhin ‚die Anderen' durch das Fenster Zugang verschaffen, löste genau diese völlig ungeplante Störung erste räumliche Umbauprozesse aus. Und in ihrer Heimatstadt Stuttgart belegt die von den Kirchentrojanern begleitete ev. Martinskirche,[55] dass sich partizipative Transformationsprozesse perpetuieren können. Mit minimalem Budget setzen Jugendliche ihren Kirchenraum alljährlich im Rahmen eines Festivals neu in Szene, mal mit 300 einfachen Holzpaletten, mal mit Papier oder mit Licht.[56] „Baustelle Kirche"[57] lautete der zugehörige doppelsinnige Aktionstitel. Nicht zuletzt befördert eine derartige „investigative Liturgie"[58] die Neugestaltung und ‚Verjüngung' der Gottesdienste.

Erweiterte Nutzung von Kirchen – (neue) Modelle mit kirchlichen und weltlichen Partnern

Bereits wenige Monate vor dem Dortmunder Kirchbautag hinterfragte der Evangelische Hochschuldialog[59] an der Bauhaus-Universität Weimar die erweiterte Nutzung von Kirchen und verabschiedete mit dem Weimarer Votum[60] diesen Ansatz als ein Modell mit Zukunft. Initiator war der 2006 gegründete Arbeitskreis „Erweiterte Nutzung von Kirchen" der Initiative „Kirchen öffnen und erhalten" des Bundesverbandes der Evangelischen Akademikerschaft in Deutschland (EAiD) und des Evangelischen Forums Westfalen.[61] Hatten in den Gründungsjahren der EAiD-Initiative noch eher die binnenkirchliche Kooperationen im Vordergrund gestanden, konnten jetzt erste kommunale Nutzungspartnerschaften beleuchtet werden. Vielfältige Impulse, u.a. zu Finanzierungsstrategien, gaben die zugehörigen Exkursionsbeispiele. So wurde für die Stadtkirche Peter-und-Paul im Thüringischen Weißensee eigens eine Fachkraft eingestellt, deren alleinige Aufgabe es war, die notwendigen Fördermittel für die erweiterte Nutzung zu generieren, um die verabredete städtische Bringschuld einer sukzessiven

Sanierung zu ermöglichen: Kirchengemeinde und Stadtverwaltung hatten sich darauf verständigt, auf fünfundzwanzig Jahre den Chor als Kirchenraum und das Kirchenschiff als Stadthalle zu nutzen. Der heutige Zustand der Kirche bezeugt einen in summa erfolgreich gegangenen Weg.

Im November 2015 feierte der EAiD-Arbeitskreis[62] mit einer Tagung seinen vorbestimmten Abschluss. Raumgreifend beleuchtete er neben aktuellen „binnenkirchlichen" Nutzungserweiterungen wie z.B. Kolumbarien in Kirchen und Kapellen, neue Modelle zwischen kirchlichen und säkularen Partnern wie „kirchlich-kulturell-privatwirtschaftliche" und „kirchlich-sozial-integrative" Kooperationen. Diesen Modellen gemeinsam ist die Wertevorstellung, dass der Nutzungszweck der Kirche als Gotteshaus untrennbar zur Struktur und Gestalt, zum ureigenen Symbolwert[63] gehört. Dem EAiD-Arbeitskreis war es dabei stets ein wichtiges Anliegen, die Erkenntnisse aus innergemeindlichen Diskursen in die Öffentlichkeit zu transportieren, um eine offene Form der Beteiligungskultur – unter Einbeziehung der nicht kirchlich bzw. nicht gemeindlich Gebundenen – zu stärken, da Transparenz zu größerer Akzeptanz von Entscheidungen führt.

„Binnenkirchliche" Nutzungserweiterungen: Beispiel Kirchenkolumbarien

Die Fragestellung „Kolumbarien als Lösung für kirchliche Strukturfragen?" beleuchteten 2014 Theologen, Juristen, Bau- und Verwaltungsfachleute auf Einladung der Evangelischen Kirche im Rheinland (EKiR). Die vorgestellte und diskutierte Vielschichtigkeit der Betrachtungsweisen machte die rheinländische Kirche mit dem EAiD-Arbeitskreis als Arbeitshilfe öffentlich.[64] Die darin gemeinsam mit Georg Maybaum eingebrachten eigenen Erfahrungen aus den Workshops zu Grabeskirchen und Kirchenkolumbarien veranschaulichen, dass den Kirchengemeinden häufig erstmals im Verlauf der Moderation begreifbar wird, warum ein hoher Anspruch an die Konzeption der Trauerpastoral, die Planungsphilosophie, die Gestaltung und die Ausführungsqualität Voraussetzung für eine erfolgreiche Umwidmung bzw. Nutzungserweiterung ist.[65] Zu sehr sind viele der Akteure zunächst in dem Ansatz gefangen, mit minimalem Aufwand eine alternative Finanzierungsmöglichkeit für ihre aus der Bezuschussung genommene Kirche finden zu wollen. Folglich müssen die Vorteile eines auszulobenden Architekturwettbewerbs, wie beispielsweise bei der Umwidmung von St. Bartholomäus in Köln-Ehrenfeld zur Grabeskirche erfolgt, ihnen von außen dargelegt werden – auch für kleinere Kirchengemeinden sind beschränkte gutachterliche Planungskonkurrenzen ein äußerst hilfreiches Instrument. Bei der kirchengemeindlichen Moderationen zu Kirchenkolumbarien sollte es gemäß eigener Erfahrung nicht darum gehen, Antworten zu geben, sondern Fragen aufzuwerfen und Raum zu gewähren, die differenten und divergenten Akteure (Fürstreiter, Zweifler wie Widerständler) in ein miteinander geführtes konstruktives Gespräch mit offenem Ausgang zu bringen.[66] Nicht unerwähnt bleiben soll an dieser Stelle, dass dort, wo mittels Kolumbarien die Toten in das Gotteshaus mit einziehen, im Selbstverständnis der Gemeinschaft der Lebenden und der Toten, sich vielerorts neue Formen der Begegnung zwischen den Hinterbliebenen herausbilden und die Arbeit der Kirchengemeinde stärken. Eine Teilumwidmung zum Kolumbarium, wie z.B. in der St. Paulikirche in Soest, erhält den Symbolwert und den Realwert der Kirche als Gottesdienstraum und kann für die Kirchengemeinde auch die liturgische Kommunikation intensivieren.[67] Bei der Umwidmung von Gottesdienstflächen zu Friedhofsflächen bleibt deshalb kritisch zu hinterfragen, ob wirklich der gesamte Kirchenraum zur Grabeskirche umgenutzt werden sollte, wie z.B. bei der Grabeskirche Liebfrauen in Dortmund und vielen anderen ehemaligen Gotteshäusern.

„Kirchlich-kulturell-privatwirtschaftliche" Nutzungspartnerschaften: Das Beispiel Kreuzeskirche in Essen

Für das Modell der kirchlich-kulturell-privatwirtschaftlichen Nutzung steht die ev. Kreuzeskirche in Essen mit ihrem Sinnspruch „Kirche+Kultur+Neutral".[68] Seit 2014 begegnen sich in der sanierten und umgestalteten Kreuzeskirche Interessensgruppen, Vereine, Kultur und Wissenschaft, aber auch Gewerkschaften, Wirtschaftsunternehmen und die Stadt als externe Nutzer auf Augenhöhe mit der Kirchengemeinde. Talkrunden, Tagungen, Vorträge, kommerzielle Produktpräsentationen, öffentliche und private Events sind im wahrsten Sinne des Wortes von der Kirche bedacht.

Die meisten der Akteure, die sich im September 2013 in der Kirche versammelten, um dafür einen ,letzten' Anlauf zu nehmen, kämpften bereits ein Vierteljahrhundert für ihr Modell, wonach sich die Kirche für Nutzungen öffnet, die keinerlei Be-

zug zum christlichen Glauben haben. So wollten sie seither ihre Kirche trotz fehlender Finanzmittel in die Zukunft bringen. Dies wurde nicht nur aus deren Erzählungen deutlich, sondern auch aus der 1991 im Auftrag der Stadt Essen erstellten Studie zu Abbruch oder Erhaltung der Kreuzeskirche.[69]

Als schließlich der Essener Kreativunternehmer mit seinen Erfahrungen zum „Unperfekthaus" die bisherigen Hauptprotagonisten aus der Kirchengemeinde und dem Forum Kreuzeskirche e.V. unterstützte und als Partner einstieg, gelang nach 25 Jahren Spagat zwischen Abbruch und Erhaltung die Realisierung der Vision.[70] Für jene, denen das Unperfekthaus[71] nicht bekannt ist: Hier werden auf 4.000 Quadratmetern die Räumlichkeiten des einstigen Franziskanerklosters aus den 1950er Jahren Künstlern, Gründern und diversen Gruppen kostenlos zur Verfügung gestellt. Finanziert wird der Betrieb durch Privat- und Geschäftsleute, die in diesem Ambiente konferieren, tagen oder einfach feiern, speisen und trinken bzw. übernachten wollen und genau dafür bezahlen müssen.

Der EAiD-Arbeitskreis „Kirchen öffnen und erhalten für eine erweiterte Nutzung" wurde hinzugezogen, als unbeschadet des neuen Protagonisten erneut eine gewisse Stagnation eintrat – und das, obwohl die Realisierung der Vision eigentlich bereits zum Greifen nah war. Aus dem EAiD-Arbeitskreis diskutierte dazu u.a. die Kulturanthropologin Katrin Bauer mit den Akteuren überwundene Hürden und erreichte Erfolge,[72] um mittels Perspektivwechsel die über 25 Jahre gewachsene und darüber an der ein oder anderen Stelle geschwächte Beteiligungskultur wieder erstarken zu lassen. Ihre Interviewstrukturen fußten dabei auf ihren Erfahrungen aus dem Forschungsprojekt „Kirchenumnutzungen und ihre Folgen" der Volkskundliche Kommission beim Landschaftsverband Westfalen-Lippe (LWL).[73]

Die Kirche erwarb und sanierte eine Essener Bauunternehmung. Als Mieter nutzt die Räume nun das „Unperfekthaus" zu zwanzig Prozent für kommerzielle privatwirtschaftliche Veranstaltungen, das „Forum Kreuzeskirche e.V." zu vierzig Prozent für Kulturprogramme und die Evangelische Kirchengemeinde Essen-Altstadt zu vierzig Prozent für Gottesdienste und Gemeindearbeit.

„Die Kirche begibt sich gleichberechtigt mitten in die Gesellschaft."[74] Zu einer derartigen kirchlich-kulturell-privatwirtschaftlichen Nutzungspartnerschaft auf Augenhöhe gehört unzweifelhaft ein hohes Maß an Toleranz. Hass und Intoleranz haben hier keinen

Platz! Im Animationsfilm auf der Homepage „Kirche+Kultur+Neutral" steht in diesem Sinne die privatwirtschaftlich gestellt Frage: „Trauen Sie sich, ein[en] Event in so offener und freundlicher Kirche zu buchen?"[75] Die Überzeugungskraft und Offenheit, die ein solches Konzept allen Seiten abverlangt, kann langfristig zur Stärkung der Institution Kirche beitragen, ihr zu neuen Chancen verhelfen.

Das EAiD-Arbeitskreismitglied, der landesamtliche Denkmalpfleger Oliver Meys, bescheinigt der Kreuzeskirche Modellcharakter, da es sich bei den bisher umgesetzten Beispielen aus diesem Bereich – mit Ausnahme der Kulturkirche in Köln-Nippes und der Bernardus Kirche in Oberhausen-Sterkrade (denen jedoch andersgelagerte Konzeptionen zugrunde liegen) – um völlige Umnutzungen handelt.[76] Seine Einordnung basiert dabei auf der Synopse zu „Kirchen im Wandel. Veränderte Nutzung denkmalgeschützter Kirchen" in Nordrhein-Westfalen.[77]

„Kirchlich-sozial-integrative" Nutzungspartnerschaften: Das Beispiel Friedenskirche in Bochum

Das Kooperationsprojekt der Nationalen Stadtentwicklungspolitik „Kirche findet Stadt (KfS)"[78] fördert Innovations- und Experimentierfelder partnerschaftlicher Entwicklung lebenswerter Quartiere. In analogem Zusammenhang misst der EAiD-Arbeitskreis der ev. Friedenskirche im Bochumer Stadtteil Stahlhausen[79] wichtige exemplarische Bedeutung zu, weil bisher „sozial begründete Umnutzungen oder erweiterte Nutzungen von Kirchen wie die Sozialkirche Kiel-Gaarden und die Diakoniekirche in Wuppertal-Elberfeld", so Oliver Meys, „einen ausschließlich kirchlichen Hintergrund"[80] haben. Neue Quartiersallianzen wie „kirchlich-sozial-integrative" Nutzungspartnerschaften können zu Inkubatoren der integrierten Stadtentwicklung werden.

Die in der Friedenskirche in Bochum-Stahlhausen erfolgte zweifache Nutzungserweiterung zeigt zudem in eindringlicher Weise den Einfluss der Bevölkerungsstruktur auf die den Kirchengemeinden zunehmend abverlangte Transformationsfähigkeit auf. Im Jahr 2000 erfolgte aufgrund der rückläufigen Mitgliederzahlen eine erste binnenkirchliche Nutzungskooperation. Seinerzeit zog die Kirchengemeinde mit ihren Gemeinderäumen in die dafür von „soan architekten" geschaffenen Einbauten unter der Empore, die aufgrund ihrer transparenten Wirkung die Raumbeziehung zwischen Kirchen- und Gemeinderaum stärkten. Fortschreitende

Schrumpfung machte jedoch bereits wenig später eine weitergehende, zweite Nutzungserweiterung erforderlich.

Seit 2015 beherbergt die Friedenskirche nun das interreligiöse und interkulturelle Stadtteilzentrum „Q1 – Eins im Quartier. Haus für Kultur, Religion und Soziales im Westend". Nutzungspartner sind die evangelische Kirchengemeinde Bochum und die Organisation „IFAK e.V. – Verein für multikulturelle Kinder- und Jugendhilfe – Migrationsarbeit", eine gemeinnützige, parteipolitisch neutrale und religiös ungebundene Selbstorganisation von Zuwanderern und Einheimischen auf kommunaler Ebene.[81] Die in einem jahrelangen Prozess ausgeloteten Möglichkeiten einer interkulturellen und interreligiösen Partnerschaft wurden wiederum von „soan architekten" baulich ausgestaltet. Die benötigten Gruppen- und Büroräume schmiegen sich möglichst niedrig um die Kirchenkubatur der 1950er Jahre, um dadurch die städtebauliche Zeichenhaftigkeit des erweitert genutzten Gotteshauses im öffentlichen Raum zu erhalten. Der ureigene Symbolwert ist weiterhin lebendig und glaubhaft. Geistliches Zentrum ist die auf der Grundfläche des ehemaligen Altarpodestes eingeschriebene „Friedenskapelle". Das einstige Kirchenschiff ist heute ein Bürgersaal und die Einbauten für die Gemeinderäume aus dem Jahr 2000 wurden zum kleinen Bürgersaal umgebaut.

Das Konzept wurde noch im Eröffnungsjahr von der Wüstenrot-Stiftung im Rahmen des Wettbewerbs „Kirchengebäude und ihre Zukunft" prämiert; dazu aus der Begründung: „Die christliche Motivation bleibt präsent, ohne sich aufzudrängen; dadurch kann dieser Raum Menschen unterschiedlicher kultureller und religiöser Prägung spirituelle Erfahrungen vermitteln."[82] Insgesamt zeigten 291 Einsendungen auf, welche Alternativen es zu Kirchenschließungen geben kann.

Epilog

Kirchengemeinden können, wie in diesem Beitrag anhand von Beispielen aufgezeigt, zunehmend zu hybriden Akteuren werden. In Kirchen und Kirchengebäuden wird es bei akzeptiertem und gestaltetem Strukturwandel nicht nur leerer, sondern an vielen Stellen lebendiger und bunter, aber auch profaner werden. Dafür mag an dieser Stelle ein Blick auf die generelle Tendenz anglikanischer Kirchen stehen, wo man für das Beten außerhalb regulärer Gottesdienstzeiten teilweise bereits beträchtliche Eintritte bezahlen oder die Bänke teilen muss „mit Mittagspäuslern, die hier über ihre Laptops gebeugt ein Sandwich verzehren."[83] In jüngster Vergangenheit ist auch in christlichen Kirchen ein neuer Umgang mit gesamtgesellschaftlicher Vielfalt zu beobachten. Dafür stellen die aufgrund der Flüchtlings- und Migrationsströme realisierten ‚Refugee'-Kirchen, wie in Deutschland in Oberhausen oder in Bremen[84] oder auch in Winterthur[85] in der Schweiz, ein Zeichen dar. Unterschiedliche Arten der Öffnung auch für nichtchristliche Religionen machen das ur-

eigene Anliegen der Kirchen als Begegnungs- und als Fluchtorte begreifbar. Die Societät Hildesheim resümiert in diesem Sinn in ihrer Dokumentation zum Kunstprojekt Profan Pilger Tour: „Die meisten der besuchten Pilgerstätten sind Fluchtorte, schon weil die meisten der Gebäude nach dem Krieg für die Flüchtlinge gebaut wurden."[86]

Die strategischen Entgegnungen auf die strukturellen Herausforderungen scheinen noch lange nicht ausgeschöpft.

Abbildungsnachweis

1   Birgit Franz / Georg Maybaum, 07.09.2012

Anmerkungen

1   2005 entstand die Idee zur Wanderausstellung im Rahmen des Projektes „Kirchen öffnen" der Ev.-luth. Landeskirche Sachsens, 2008 wurden die von Jördis Lehmann und Anna Leuthardt (Atelier Werk 2, Dresden) gestalteten und ausgeführten Skulpturen vom Arbeitsfeld „Kunst und Kultur", Haus kirchlicher Dienste der Evangelisch-lutherischen Landeskirche Hannovers erworben und am 30.09.2012 im Rahmen einer Finissage in Hildesheim versteigert.

2   Vgl. Hannes Vollmuth, in: Süddeutsche Zeitung vom 25.04.2015, Umfrage durch das Meinungsforschungsinstitut WIN Gallup.

3   Vgl. Die Rheinpfalz vom 18.07.2015: Kirchen: Deutlicher Mitgliederschwund; siehe auch www.dbk.de/zahlen-fakten/kirchliche-statistik sowie www.ekd.de/statistik/index.html (22. Mai 2016).

4   Siehe z.B. Rundschreiben an die Vorsitzenden der Bischofskonferenzen vom 11. April 1971: Über die Pflege des historisch-künstlerischen Erbes der Kirche. Kongregation für den Klerus 1971.

5   Siehe z.B. Entschließung 916 (1989) des Europarats, betr. Leerstehende Kirchen unter http://dip21.bundestag.de/dip21/btd/11/048/1104881.pdf#page=8 (30.09.2015), hier S. 30.

6   Siehe z.B. Charta der Villa Vigoni – Zum Schutz der Kirchlichen Kulturgüter, verabschiedet anlässlich der Deutschen Bischofskonferenz und Päpstlichen Kommission für Kulturgüter der Kirche am 01.03.1994 in Loveno di Menaggio.

7   Siehe z.B. Dresdner Appell zur Bewahrung kirchlicher Baudenkmäler, verabschiedet von der ev. und kath. Kirche am 05.04.1995 in Dresden.

8   Siehe z.B. Magdeburger Manifest „Rettet die Kirchengebäude in unserem Lande!", verabschiedet anlässlich des 22. Evangelischen Kirchbautags am 21.09.1996 in Magdeburg.

9   Siehe Sekretariat der Deutschen Bischofskonferenz (Hrsg.): Umnutzung von Kirchen. Beurteilungskriterien und Entscheidungshilfen, Arbeitshilfe 175, Bonn 24. September 2003.

10   Siehe z.B. Resolution zur Frage der Um- und Weiternutzung von Kirchengebäuden in Deutschland, verabschiedet anlässlich der publizierten Tagung „Kirche leer – Was dann?" am 03.04.2009 in Mühlhausen/Thüringen; Resolution zur Erhaltung und Nutzung von Kirchen im ländlichen Raum, verabschiedet anlässlich der publizierten Tagung „Kirchen im Dorf lassen" am 08.04.2011 in Marburg.

11   Literatur zum Nutzungswandel von Kirchen und zu Kirche als Akteur siehe Zusammenstellung von Birgit Franz und Oliver Meys in: Erweiterte Nutzung von Kirchen – neue Modell mit kirchlichen und weltlichen Partnern, Initiative Kirchen öffnen und erhalten, Arbeitshilfen und Materialien H. 3, hg. v. Manfred Keller und Joachim Gallhoff, Berlin 2015, S. 96; zur Kirchenumnutzung siehe Kunst und Kirche, H. 4, 2015, S. 65.

12   Veranstaltet vom Kunstreferat der Diözese Linz, dem Bundesdenkmalamt und dem Architekturforum Oberösterreich. Dokumentation der Tagung in: ÖZKD Österreichische Zeitschrift für Kunst und Denkmalpflege, H. 3/4, 2013.

13   www.bda.at/text/136/Aktuell/19228/kirchenRAeUMEn_Zukunftsperspektiven-fuer-die-Nutzung-von-Sakralbauten (30. September 2015).

14   Konzipiert und organisiert vom Kompetenzzentrum Liturgik an der Theologischen Fakultät der Universität Bern mit Unterstützung durch das Bundesamt für Kultur, die Römische-Katholische Zentralkonferenz der Schweiz, die Reformierten Kirchen Bern-Jura-Solothurn, die Evangelisch-reformierte Gesamtkirchgemeinde Bern und die Römisch-katholischen Gesamtkirchgemeinde Bern und Umgebung. Die kirchlichen, denkmalpflegerischen, theologischen, städtebaulichen, politischen, rechtlichen, volkswirtschaftlichen und soziologischen Perspektiven sind dokumentiert in: Kunst und Kirche, H. 4, 2015.

15   Körs, Anna: Kirchenumnutzungen aus soziologischer
     Sicht. Wenn eine Kirche Moschee wird und weshalb dies
     ein gesellschaftlicher Gewinn sein kann, in: Kunst und
     Kirche 2015 (wie Anm. 14), S. 55–62. Siehe auch
     Claussen, Johann Hinrich: Wie die Kapernaum-Kirche in
     Hamburg zur Al-Nour-Moschee wurde. Ein kritischer
     Nachtrag, in: Kunst und Kirche, H. 1, 2016, S. 51–53.

16   Vgl. Bistum Hildesheim: KirchenZeitung vom 20.01.2008:
     Von ‚Unentbehrlich‘ bis ‚Abriss‘. Hauptabteilung Pastoral
     unterteilt die 438 Kirchen des Bistums in fünf Kategorien;
     dieselbe vom 27.01.2008: Schreer: Änderungen möglich.
     Bischof verteidigt das Vorhaben / Abstimmung mit der
     evangelischen Kirche; ebenda: Listung und Lageplan der
     betroffenen Kirchen nebst zugehörigen Kategorien.

17   Liste der seit 1989 im Bistum Hildesheim profanierten
     Kirchen in chronologischer Reihenfolge (27 vor 2008, 40
     in 2008–2014, 6 in 2015, 1 in 2016, zwei undatiert), vgl.
     https://de.wikipedia.org/wiki/Liste_der_profanierten_
     Kirchen_im_Bistum_Hildesheim (22. Mai 2016).

18   Brünger, Nora / Wunderlich, Sonja / Kunstverein
     Hildesheim / Societät Hildesheim (Hrsg.): Societät
     Hildesheim. Profan Pilger Tour. Rotterdam 2016. Die
     Bereisung erfolgte durch das Künstlerkollektiv Bernd
     Krauß (bildender Künstler), Michael Thomas (Internet-
     agentur Bureau-k) und Simon Frisch (Bauhaus-Universität
     Weimar / Medienwissenschaften).

19   Prante, Martina: Prost statt Amen. Pilgerreise durch
     profanisierte [sic!] Kirchen: Künstlergruppe erlebt große
     Offenheit im Bistum Hildesheim, in: Hildesheimer
     Allgemeine Zeitung vom 18.04.2015.

20   Brünger, Nora et al. 2016 (wie Anm. 18), Zitat S. 109.

21   Die HAWK-Professoren Birgit Franz, Helmut Drewes und
     Walter Krings unterstützten im Wintersemester 2008 /
     2009 die Konzeption im Rahmen eines Entwurfsseminars.

22   An dieser Stelle sei auf die ehemalige Kapelle Regina
     Mundi in Freiburg/Kanton Freiburg hingewiesen, die
     heute Lesesaal der Universität ist und deren liturgische
     Ausstattungen unbeschadet der Umnutzung in situ
     belassen heute hinter Vorhängen verborgen sind – damit
     vorgedacht wird die Option auf erneuten Perspektivwech-
     sel (Stichwort „Reversibilität“), vgl. digitale Dokumenta-
     tion der Ausstellung „Kirchenumnutzungen in der
     Schweiz“ unter www.liturgik.unibe.ch/
     (Abrufe 15. September 2015).

23   Gorka, Eckhard: Meine Meinung. Altar-Bar, in:
     Evangelische Zeitung vom 05.09.2010, S. 15.

24   Dafür beschreitet der hier beheimatete Pastor und
     Superintendent des Kirchenkreises Hildesheim-Sarstedt
     Helmut Aßmann mitunter auch unkonventionelle Wege
     und holt zuweilen auch Provozierendes in den Kirchen-
     raum, wie z.B. ein Kirchenkabarett, oder fungiert
     mitunter selbst als darstellender Künstler, um seine
     Botschaften über Gott und Glauben, Stadtgeschehen und
     Weltpolitik, Menschen sowie Menschliches und
     Unmenschliches pointiert zu transportieren.

25   Konzept siehe www.ev-kirche-hildesheim-sarstedt.de/
     aktuelles/heinke/heinke.htm (30. September 2015).

26   Zur Person siehe http://norasteen.de/
     (30. September 2015).

27   Programm siehe www.kas.de/wf/de/33.20822/
     (30. September 2015).

28   Installation von Antje Fink, mobileartig verknüpfte weiße
     Filzkokons stehen für die durch ungeborenes Leben
     ausgelösten Erschütterungen.

29   Kil, Wolfgang: Luxus der Leere. Vom Schwierigen
     Rückzug aus der Wachstumsgesellschaft. Eine Streit-
     schrift, Wuppertal 2004.

30   Siehe http://stjakobi.de/ueber-st-jakobi/ sowie www.
     hildesheim-kirche.de/hildesheim-sarstedt/angebote/
     literaturkirche; www.landeskirche-hannovers.de/
     evlka-de/presse-und-medien/nachrichten/2013/03/
     2013_03_19_3; www.landeskirche-hannovers.de/
     evlka-de/presse-und-medien/nachrichten/2014/05/
     2014_05_01_1 (30. September 2015).

31   Vgl. u.a. Pehnt, Wolfgang: Deutschland schleift seine
     Gotteshäuser. Fallstudien: Ein Bildersturm fegt über das
     Land, der Hunderte von Kirchen mit Verkauf oder Abriß
     bedroht, in: FAZ vom 30.08.2005: „Aber vor allem trifft
     es die Nachkriegszeit.“ Siehe auch: Bredenbeck, Martin
     2015 (wie Anm. 44), S. 23 der Untersuchung: „… jüngere
     Kirchenbauten (da sie den Hauptteil der betroffenen
     Bauten ausmachen)“.

32   Das Urteil vom 26.02.2013 ist nachzulesen unter:
     www.rechtsprechung.niedersachsen.de/jportal/
     ?quelle=jlink&docid=MWRE130001389&psml=
     bsndprod.psml&max=true (30. September 2015).

33   Lange, Rudolf: Neue Lutherische Kirchen in Hannover,
     Geist der Wahrhaftigkeit, Zu einer Ausstellung im
     Henriettenstift, in: Hannoversche Allgemeine Zeitung
     vom 9./10. November 1963; Neue Lutherische Kirchen in
     Hannover, „Echt-Foto“-Postkartenserie von 16 Architek-
     turfotos von Hans Nölter im Faltkarton, mit 4-seitigem
     Einlegeblatt mit einem Erläuterungstext von Landes-
     superintendent D. Klügel und Dr. Johannes Sommer –
     zwei der Postkarten zeigen die Corvinuskirche. Siehe
     auch Landeskirchenamt der Ev.-luth. Landeskirche
     Hannovers (Hrsg.): Kirchliches Bauen in der Ev.-luth.
     Landeskirche Hannovers, Hannover 1966.

34   Weyres, Willy / Bartning, Otto (Hrsg.): Kirchen,
     Handbuch für den Kirchenbau, München 1959, S. 209.

35   Franz, Birgit: Parteigutachten zur Bedeutung der Ev.-luth.
     Corvinuskirche in Hannover Stöcken, 26. Juli 2013,
     unveröffentlicht, S. 1–33, Bestandteil der Gerichtsakte.

36   Die Besonderheit dieses Vorgehens mag anhand einer
     späteren Aussage Ottokar Uhls, zu diesem Zeitpunkt
     junger Architekt und hernach bekannt für seine
     partizipativen Ansätze im Kirchenbau und überhaupt,
     deutlich werden, der noch 1972 schreibt „Es hat in der
     Architektur kein Konzil gegeben. Und die Architektur ist
     rückständiger als die neue Theologie und Liturgie“,
     in: der Volksbote vom 12.06.1972, zitiert nach: Lienhardt,
     Conrad (Hrsg.): Katalogbuch. Ottokar Uhl. Werk. Theorie.
     Perspektiven, Regensburg 2000, S. 53.

37   In Deutschland wurde der erste Kirchbautag offiziell 1949
     – mit drei vorbereitenden Tagung in den Jahren 1946 bis
     1948 – begründet. Schwerpunktthema der Evangelischen
     Kirchbautage war in den 1950er Jahren „Die Gemeinde als
     Bauherrin“ und in den 1960er Jahren „Schnittpunkte im
     Wandel“, vgl. www.kirchbautag.de/kirchbautag.html sowie
     www.kirchbautag.de/kirchbautag/bisherige-kirchbautage.
     html (30. September 2015).

38 Das Urteil vom 12.04.2014 ist nachzulesen unter: www.rechtsprechung.niedersachsen.de/jportal/portal/page/bsndprod?feed=bsnd-r-vwg&showdoccase=1&doc.id=MWRE150000500 (30. September 2015)

39 Vgl. Benne, Simon: Das Jüngste Gericht. Urteil nach Ortstermin: Die Corvinuskirche bleibt Baudenkmal – doch die Abrisspläne sind noch nicht vom Tisch, in: Hannoversche Allgemeine Zeitung vom 05.12.2014.

40 Zusammenfassende Beurteilung, in: Verfasserliste S. 2 v. 25 (= unveröffentlichte Anlage zum Protokoll der Preisgerichtssitzung vom 14.01.2016).

41 Klein, Mathias: So könnte die neue Corvinuskirche aussehen, in: Hannoversche Allgemeine Zeitung vom 18.02.2016.

42 Vgl. Zehn Kirchen unter besonderem Schutz. Landeskirche und Denkmalpflege veröffentlichen Liste von „unverzichtbaren" Nachkriegsbauten, in: Neue Presse Hannover vom 20.11.2014.

43 Vgl. Wie ein Schutzengel. Zehn evangelische Kirchen aus der Nachkriegszeit stehen künftig unter Denkmalschutz – ein Bonus angesichts drohender Schließungen, in: Hannoversche Allgemeine Zeitung vom 20.11.2014.

44 Kammertöns, H.-B.: Sag beim Abschied leise Amen. Das Bistum Essen schließt fast hundert Kirchen. Eine Reise durch das Revier der verletzten Seelen, in: Die Zeit online vom 12.04.2006, Dossier. Zu den strukturellen Veränderungen im Bistum Essen siehe auch Bredenbeck, Martin: Die Zukunft von Sakralbauten im Rheinland, Regensburg 2015, S. 50–59.

45 Mitbegründerin der „Bürgeraktion für bedrohte Bochumer Kirchenbauten e.V." (2005). Im Rahmen der Vorbereitungen zur Bewerbung des Ruhrgebiets um den Titel „Kulturhauptstadt Europas 2010 gab sie für die Kortum-Gesellschaft Bochum e.V. 2003 das Buch „Sakrale Baukunst in Bochum" heraus.

46 Vgl. Ministerium für Bauen und Verkehr des Landes Nordrhein-Westfalen, Referat für Presse und Öffentlichkeitsarbeit (Hrsg.): Modellvorhaben Kirchenumnutzungen. Ideen – Konzepte – Verfahren. Sechzehn Beispiele aus Nordrhein-Westfalen. Geldern 2010, S. 34–35.

47 Beste, Jörg: Zur Theologie des Kirchenbaus – der Symbolwert, in: Keller, Manfred / Vogel, Kerstin 2008 (wie Anm. 59), S. 117–120. Siehe ders.: Kirchen geben Raum. Empfehlungen zur Neunutzung von Kirchengebäuden, hg. v. d. Landesinitiative StadtBauKultur NRW 2020, Bochum 30.06.2014, S. 30–31. Siehe auch: Bredenbeck, Martin 2015 (wie Anm. 44), S. 236–237.

48 Dank Alexander Eberle, Initiator des Vereins Chor-Forum Essen und Chordirektor des Aalto-Theaters in Essen.

49 Vgl. Kunst und Kirche, H. 02, 2008 sowie Sonderheft 2009.

50 Erne, Thomas: Transformation als Zukunftsaufgabe der Kirche, in: Kunst und Kirche 2009 (wie Anm. 49), S. 23–31, Zitat S. 27.

51 www.kirchbautag.de/kirchbautag/bisherige-kirchbautage/26-kirchbautag-dortmund-2008/presse/dortmunder-denkanstoesse.html (Abruf 30. September 2015).

52 Die Kirchentrojaner: Workshop Lutherzentrum. Die Realität der Anderen, in: Kunst und Kirche 2009 (wie Anm. 50), S. 57–59.

53 Ebenda, Zitat S. 58.

54 Workshop am 06.06.2009 in Hofgeismar, siehe auch Werbick, Aaron / Blumenroth, Martin / Klahr, Gerald: ‚Von wegen nix zu machen …', in: KBI 02 Protestantischer Kirchenbau mit Zukunft?, hg. v. Thomas Erne, Darmstadt 2010, S. 102–111; zur Kunst der Irritation und zu kontextuellen Fremdkörper siehe auch dieselben: Aktionskirche und wie Räume entstehen, in: modellfallmatthäus. Dem Glauben Raum geben – Neue Wege im Umgang mit sakralen Räumen, hg. v. Dirk Bayer, Thomas Erne, Ulrich Gräf und Angela Lempelius, Hamburg 2006.

55 Zur Jugendkirche in der Ev. Martinskirche in Stuttgart siehe www.ev-ki-stu.de/gemeinden/jugendkirche/ (22. Mai 2016). Siehe auch Klahr, Gerhard: Kirche entwerfen, in: Kunst und Kirche, H. 4, 2013, S. 34–37.

56 Vgl. Gunßer, Christoph: Projekte für Jugendkirchen muten Architekten einiges zu – öffnen aber auch Wege zu religiösen Räumen für morgen, in: Deutsches Architektenblatt online, http://dabonline.de/2010/12/01/lichtorgel-und-altar-blackbox/ (1. Dezember 2010).

57 Vgl. Bericht 2003–2006, download „2003–2006 Jugendkirchenprojekt in Stuttgart" auf www.jugendkirche-stuttgart.de/web/profil/profil.html (22. Mai 2016)

58 Thomas Erne (Kirchbaudirektor der EKD), zitiert in Gunßer, Christoph 2010 (wie Anm. 56).

59 Vgl. Keller, Manfred / Vogel, Kerstin (Hrsg.): Erweiterte Nutzung von Kirchen – Modell mit Zukunft, Berlin 2008.

60 Weimarer Votum, verabschiedet anlässlich der Tagung „Evangelischer Hochschuldialog" an der Bauhaus-Universität in Weimar am 23.02.2008; abgedruckt in Keller, Manfred / Vogel, Kerstin 2008 (wie Anm. 59), S. 254–256.

61 Vgl. Keller, Manfred: Unsere Kirche – Offene Kirche. Chancen für Kirchengemeinde und Bürgerschaft. Eine Ausstellung zur erweiterten Nutzung von Kirchen. Begleitheft, 2. Aufl. Bochum 2006, Zitat S. 3.

62 Mitglieder: Katrin Bauer (Kulturanthropologin, LVR-Institut), Birgit Franz (Architektin, HAWK Hildesheim/ Holzminden/ Göttingen), Joachim Gallhoff (Architekt u. Wirtschaftsingenieur, Hochschule Rhein-Waal Kleve), Manfred Keller (Pfarrer em., Evangelischer Kirchenkreis Bochum / Evangelische Stadtakademie Bochum), Oliver Meys (Kunsthistoriker, LVR-Amt für Denkmalpflege im Rheinland), Manfred Schönberg (Gemeindeberater) und Siegfried Brügemann (ehem. kirchlicher Baubeauftragter).

63 Siehe Keller, Manfred: Zur Theologie des Kirchenbaus – der Symbolwert, in: Keller, Manfred / Vogel, Kerstin 2008 (wie Anm. 59), S. 117–120. Siehe auch ders.: Kirchen – Symbole der Gegenwart Gottes im Alltag der Welt. Theologische Überlegungen zum Kirchenraum, in: Erweiterte Nutzung von Kirchen 2015, H. 3 (wie Anm. 11), S. 8–13; Vgl. auch Scheurmann, Ingrid: Symbol / Symbolwert, in: Werte. Begründungen der Denkmalpflege in Geschichte und Gegenwart, hg. v. Hans-Rudolf Meier, dieselbe, Wolfgang Sonne, Berlin 2013, S. 196–197.

64 Franz, Birgit / Gotthardt, Gudrun (Hrsg.): Erweiterte Nutzung von Kirchen – Kirchen als letzte Ruhestätte. Kolumbarien als Lösung für kirchliche Strukturfragen? (= Veröffentlichung der Evangelischen Akademikerschaft in Deutschland und des Evangelischen Forums Westfalen, H. 2), Berlin/Münster 2015.

65 Vielfältige diesbezügliche Anregungen finden sich in den jüngeren Ausgaben der Fachzeitschriften „Kunst und Kirche" sowie „das Münster".

66 Siehe Franz, Birgit / Maybaum, Georg: Kolumbarien in Kirchen und Kapellen. Gedanken zum Prozess, in: ÖZKD 2013 (wie Anm. 12), S. 386–397 sowie S. 418.

67 Siehe hierzu Franz, Birgit / Maybaum, Georg / Welck, Christian: Die St. Paulikirche in Soest. Zur Integration von Gottesdienststätte und Kolumbarium (Urnenfried-hof), in: Erweiterte Nutzung von Kirchen 2015, H. 3 (wie Anm. 11), S. 63–78.

68 Vgl. Textbausteine von Bauer, Katrin / Keller, Manfred / Schönberg, Manfred / Hannemann, Thomas: Die Evangelische Kreuzeskirche Essen – Nutzungserweite-rung zum Veranstaltungszentrum in privater Träger-schaft, in: Erweiterte Nutzung von Kirchen 2015, H. 3 (wie Anm. 11), S. 29–45. Siehe auch: Bredenbeck, Martin 2015 (wie Anm. 44), S. 115–117.

69 Deurer, Wolfgang. G.: Abbruch oder Erhaltung der Kreuzeskirche in Essen, Gutachterliche Studie im Auftrag der Stadt Essen, Essen 1991.

70 Vgl. Evangelische Kirchengemeinde Essen-Altstadt (Hrsg.): Die Vision Kreuzeskirche Essen, Dezember 2014, Auflagenstärke 10.000.

71 Vgl. www.unperfekthaus.de/ sowie www.youtube.com/watch?v=YHrn40i9xc8 (22. Mai 2016).

72 Vgl. Bauer, Katrin et al. 2015 (wie Anm. 68), S. 37–41.

73 Die Ergebnisse liegen als Dokumentarfilm und als Fotoausstellung sowie als Buch vor, vgl. Bauer, Katrin: Gotteshäuser zu verkaufen. Gemeindefusionen, Kirchenschließungen und Kirchenumnutzungen, Münster 2011.

74 Zitat aus der filmischen Impression auf www.neutralkirche.de (22. Mai 2016).

75 Ebenda.

76 Vgl. Meys, Oliver: Anmerkungen zum aktuellen kirchlichen Strukturwandel und den in diesem Arbeitsheft vorgestellten Modellen erweiterter Kirchen-nutzungen, in: Erweiterte Nutzung von Kirchen 2015, H. 3 (wie Anm.11), S. 86–93, Zitat S. 90.

77 Gropp, Birgit / Meys, Oliver: Kirchen im Wandel. Veränderte Nutzung denkmalgeschützter Kirchen, hg. v. d. Landesinitiative StadtBauKultur NRW, LVR-Amt für Denkmalpflege im Rheinland und LWL-Amt für Denkmalpflege in Westfalen, Neuss 2010, als download unter: www.stadtbaukultur-nrw.de/publikationen/archiv/ (22. Mai 2016).

78 Vgl. www.kirche-findet-stadt.de/ (12. Juni 2016). Zum Thema „Kirche für die Stadt. evangelisch? sakral? präsent?" siehe auch Kunst und Kirche, H. 3, 2013.

79 Vgl. Texte von Gallhoff , Joachim / Boländer, Dirk: Die Friedenskirche Bochum-Stahlhausen – Erweiterte Nutzung als interkulturelle Stadtteilbegegnungsstätte in Kooperation der Kirchengemeinde mit einer Migranten-organisation, in: Erweiterte Nutzung von Kirchen 2015, H. 3 (wie Anm. 11), S. 46–62. Siehe auch: Bredenbeck, Martin 2015 (wie Anm. 44), S. 172–175 u. S. 393.

80 Meys, Oliver 2015 (wie Anm. 76), beide Zitat S. 92.

81 Vgl. http://ifak-bochum.de/ueberuns/ sowie http://ifak-bochum.de/stadtteilzentrum-q1/ (10. Juni 2016).

82 Zu den Preisträgern des Wettbewerbs „Kirchengebäude und ihre Zukunft: www.wuestenrot-stiftung.de/kirchengebaeude-und-ihre-zukunft-2/ (22. Mai 2016)

83 Menden, Alexander: Heiliger Ort, Museum, Laufsteg in: Süddeutsche Zeitung vom 04./05.06.2016; vgl. auch ebenda Braatz, Dennis: Um Gottes Willen. Als erste Modemarke überhaupt stellt Gucci auf dem Gelände der Westminster Abbey ihre neue Kollektion vor. Das bietet Stoff für Diskussionen – und ist doch gar nicht so ungewöhnlich.

84 Zur Refugee-Kirche im Evangelischen Kirchenkreis Oberhausen, hier in der Kempkenstraße, interviewte Hares Karim (als Kind mit ihrer Familie auf dem Landweg aus dem Irak geflüchtet, heute HAWK-Masterstudentin im Seminar bei Birgit Franz) Pfarrer Thomas Levin, Evangelische Kirchengemeinde Königshardt-Schmachten-dorf, am 19.05.2016. Zur Flüchtlingsunterkunft in Bremen siehe Erne, Thomas: Flüchtlinge in der Versöh-nungskirche, in: Kunst und Kirche, H. 2, 2016, S. 62–64.

85 Vgl. Tschachtli, Angelica: Die Kirche als Wohnraum für Flüchtlinge. Beispiel einer Zwischennutzung in Winterthur, in: k+a, H. 1, 2016, S. 48–52; noch zum Stand der Umnutzung der Kirche Rosenberg in Winterthur zur Kulturkirche: Kunst und Kirche 2015 (wie Anm. 14), S. 42–43.

86 Brünger, Nora et al. 2016 (wie Anm. 18), Zitat S. 108.

Strukturwandel industriell geprägter Städte

Probleme und Potenziale für den Denkmalschutz

HEIKE OEVERMANN

ZUSAMMENFASSUNG

In dem Kontext des Strukturwandels industriell geprägter Städte sind der Schutz und die Erhaltung historischer Industriekomplexe eine gemeinsame Aufgabe von Denkmalschutz bzw. -pflege und Stadtentwicklungsplanung. Die Ergebnisse eines DFG Forschungsprojektes zeigen die damit verbundenen Probleme und Potenziale für den Denkmalschutz. Als methodische Herangehensweise wurde die synchrone Diskursanalyse genutzt, um die Aushandlungsprozesse, die Konflikte (Probleme) und ihre Vermittlungen (Potenziale), zwischen diesen unterschiedlichen planerischen Perspektiven bzw. Diskursen zu untersuchen.

Einführung

Historische Industriekomplexe sind nicht nur eine relativ neue Kategorie des Denkmalschutzes und der Denkmalpflege, sondern sie zeigen auch einige Besonderheiten auf, die für den Denkmalschutz und die Denkmalpflege neue Herausforderungen darstellen. Dabei sollen im Folgenden nicht die Besonderheiten der Objekte bezüglich Größe oder fragiler Materialität thematisiert werden, sondern ich möchte die stadtentwicklungsplanerische Dimension dieser Aufgabe herausstellen. Dabei sind die zentralen Aussagen folgende: Erstens, der Umgang mit historischen Industriekomplexen ist eine gemeinsame Aufgabe von Denkmalschutz und Stadtentwicklungsplanung. Dabei entstehen, zweitens, Probleme und Potenziale für den Denkmalschutz. Probleme insofern, dass sich Stadtentwicklungsplanung und Denkmalschutz nicht nur in Zielen und Konzepten unterscheiden, sondern auch in ihren inhärenten Grundannahmen und Werten. Die Differenz der Werte führt zu maßgeblichen Konflikten über Erhaltungskonzepte. Und Potenziale insofern, als dass Stadtentwicklungsplanung und Denkmalschutz einige Werte teilen, die erlauben gemeinsam Ziele und Konzepte im Umgang mit historischen Industriekomplexen zu formulieren und zu realisieren.

Industriekomplexe haben in den letzten gut 200 Jahren die Entwicklung und bauliche Form vieler Städte und Regionen geprägt, sie sind Teil der historischen Genese der Stadt und vieler Regionen. Genauso prägen sie seit ca. 25 Jahren als sichtbarer Bestandteil des Strukturwandels die Städte und Regionen. Strukturwandel wird hierbei als die strukturelle Veränderungen von Produktion, Handel und Transport begriffen, die zu Standortverlagerungen, Aufgabe von Produktionen und neuen industriellen Prozessen und Produkten führen. Leerstehende Industriedenkmäler sind heute Bestandteil und Verhandlungsmasse der gegenwärtigen Stadtentwicklungsplanung. Die Relevanz dieses Themas ist zudem nicht nur durch die zunehmende Zahl historischer Industriekomplexe gegeben, sondern auch durch die Forderung nach einer ökonomisch orientierten Neunutzung. Die vom Denkmalschutz bevorzugte Nutzung historischer Industriekomplexe als Technik- oder Industriemuseen kann daher nicht die einzige Antwort sein.[1]

Betrachtet man den Strukturwandel industriell geprägter Städte wird deutlich, dass die planerische Praxis im Umgang mit Industriedenkmälern immer auch durch neue Architekturproduktion geprägt wird. Es gibt kaum eine Umnutzung, die ohne architektonische Eingriffe auskommt, seien es eher minimale Maßnahmen der Reparatur oder umfangreiche Maßnahmen des Um- und Neubaus. Die Architekturproduktion übersetzt und manifestiert Ziele, Konzepte und ihre inhärenten Annahmen und Werte als bauliche Form.

Die Konstellation von Denkmalschutz, Stadtentwicklungsplanung und Architekturproduktion

In dem Kontext des heutigen Strukturwandels der Städte können in der planerischen Praxis im Umgang mit den baulichen und technischen Hinterlassenschaften der Industrie drei maßgebliche Perspektiven und ihre Akteursgruppen identifiziert werden. Dies ist zum einen die Perspektive des

	Ziele	Konzepte	Grundannahmen	Werte
Kerndiskurs: Denkmalschutz	Die Denkmale zu schützen, pflegen und umfassend zu erhalten, zu erforschen und zu vermitteln.	u.a.: – Gesetzgebung / Chartas, wie UNESCO World – Heritage – Inventarisierung – Denkmaltopographie	Bauten und bauliche Ensembles / Denkmal-bereiche sind erhaltens-würdig als Zeugnisse der Vergangenheit.	– Denkmalwerte – Erhaltung – Authentizität – Integrität
	leicht divergierende Ziele	**leicht divergierende Konzepte**	**ergänzende Grundannahmen**	**ergänzende Werte**
Teildiskurs: Industriedenkmal	Die Denkmale als Zeugnis vergangener Lebens- und Arbeits-welten und als Land-marke zu erhalten und zugänglich zu machen.	u.a.: – Industriekultur – Industriemuseum – Industrielle Kulturland-schaft	Industriebauten sind Träger von Information. Industriekomplexe sind erhaltungswürdig als besondere Bauten, Orte und Wahrzeichen.	– Beteiligung (bottom-up) – Charakter – denkmalverträgliche Entwicklung bzw. Umnutzung – Sensibilität – sozial-, wirtschaft- und technikgeschichtliche Bedeutung – Zugänglichkeit

Darstellung Diskurs Denkmalschutz als Kerndiskurs und Teildiskurs Industriedenkmal in den Kategorien: Ziele, Konzepte, Grundannahmen und Werte

Denkmalschutzes selbst, die in der internationalen Debatte als heritage conservation bezeichnet wird. Hier gehören als Akteure die behördlichen Mitarbeiter dazu, wie Verbände (z.B. ICOMOS) oder auch denkmalpflegerische Berater und Dienstleister. Im Diskurs Denkmalschutz und Denkmalpflege sind Schutz und Pflege, sowie Erforschung und Vermittlung zentrale Ziele, die in Konzepten der Erhaltung Eingang finden. Die inhärente Grundannahme dieses Diskurses ist, dass die Bauten, baulichen Ensembles und Denkmalbereiche als Zeugnisse der Vergangenheit schutz- und erhaltenswürdig sind. Dabei sind die spezifischen Denkmalwerte wichtig, sowie die Erhaltung der Authentizität und Integrität der baulichen Hinterlassenschaften (vgl. auch Tab. 1). Die zweite Perspektive stellt die auch schon erwähnte Stadtentwicklungsplanung dar. Hierzu zählen politische Entscheidungsträger genauso wie Eigentümer oder Immobilien- bzw. Projektentwicklungsunternehmen, die Stadtentwicklung im Sinne von Standortentwicklung vorantreiben. In der Stadtentwicklungsplanung sind Planung und Entwicklung baulicher Projekte, die von Wohnungsbau etc. über Infrastrukturbau bis zu der Gestaltung von öffentlichem Raum reichen, einschließlich ihrer Realisierung generelle Ziele, sowie die Prosperität der Stadt und der Interessensausgleich gerade auch im Hinblick auf eine lebenswerte Umwelt. Diese Ziele finden Eingang in vielfältige Konzepte. Betrachtet man die (Um-)Nutzung von historischen Industriekomplexen sind Konzepte der Musealisierung, oder Europäischen Kulturhauptstadtprojekte bis hin zu Garten- und Kunstprojekte, häufig.[2] Inhärente Grundannahme ist, die baulich-räumlichen Transformationen im Sinne der Menschen und der Prosperität der Stadt zu gestalten und vorteilhaft zu steuern. Dabei sind ökonomische Werte, Lebensqualität, Innovationen, Visionen und ein gutes Image wichtig. Eine dritte Perspektive nehmen die Architekten bzw. Freiraumplaner oder Innenraumgestalter ein. In der Architekturproduktion sind generelle Ziele die Schaffung architektonischer Qualität und die baulich-räumliche Gestaltung gesellschaftlicher Veränderungen, wie sie der hier thematisierte Strukturwandel von Städten darstellt. Deutlich wird dies beispielsweise in dem Konzept der „city as loft", das die Aneignung und Gestaltung aufgelassener industrieller Räume als freie Gestaltungsräume neuer städtischer Aktivitäten und partizipativer Entwicklungen thematisiert.[3] Inhärente Grundannahme ist Räume in eine neue Form zu überführen. Zentrale Werte sind ästhetische Werte, Gestaltung und Kreativität.

In dieser Darstellung wird deutlich, dass Denkmalschutz, Stadtentwicklungsplanung und Architekturproduktion jeweils unterschiedliche Wissens- und Bewertungssysteme darstellen, die als epistemische –erkenntnisleitende – Gerüste verstanden werden können. Diese sind in der planerischen Praxis insofern relevant, weil sie Ziele und Konzepte für Unterschutzstellungen, Bauvorhaben oder städtische Entwicklungsprojekte vorstrukturieren. Sie definieren Handlungsrahmen beispielsweise bei der Arbeit von Behörden. Diskurse haben somit eine regulative Wirkung. Betrachtet man die planerische Praxis im Umgang mit Industriedenkmälern werden diese unterschiedlichen Erhaltungs- und Entwicklungsinteressen der drei Perspektiven und ihre Konflikte deutlich. In einem dreijährigen DFG Grundlagenforschungsprojekt (MI 788/4-2) wurde die Frage untersucht, wie die divergierenden Ziele der drei planerischen Perspektiven und die dadurch entstehenden Konflikte vermittelt werden können. Dabei wurden die planerischen Perspektiven sozialwissenschaftlich als Diskurse gefasst und mithilfe der synchronen Diskursanalyse untersucht. Die Methode und Ergebnisse des Projekts sind vielfach veröffentlicht worden.[4]

In der Theorie der Denkmalpflege besteht seit Alois Riegl eine umfangreiche Auseinandersetzung mit Werten. Dabei werden nicht nur historische Werte als Begründung für Unterschutzstellung und Erhaltung diskutiert, sondern darüber hinaus auch gesellschaftliche Werte, wie nationale Identität, oder ästhetische Werte, wie Erscheinungsbild.[5] In der hier vorgestellten Forschung ist ein empirischer Ansatz gewählt worden, der die Interaktion unterschiedlicher Diskurse und Akteure der planerischen Praxis in den Fokus rückt, und damit Werte einbezieht, die außerhalb der theoretischen Denkmalpflegedebatte liegen. Gleichzeitig werden nicht alle in dieser Debatte wichtigen Werte thematisiert, da die Empirie sich nur auf eine spezifische Denkmalkategorie (historische Industriekomplexe) bezieht und hierin vier Fallbeispiele (UNESCO-Welterbe Zeche Zollverein, Deutschland; UNESCO-Welterbe Liverpool-Hafen, UK; Ex-Falck Areal, Italien, Sulzer-Komplex Stadtmitte, Schweiz) analysiert wurden. Die Ergebnisse wurden in Bezug auf weitere Fallbeispiele diskutiert.[6]

Das Forschungsinstrument: synchrone Diskursanalyse

Planerische Perspektiven können sozialwissenschaftlich als Diskurse gefasst werden. Sie können mit den Kategorien Ziele, Konzepte, Grundannahmen und Werte als abgrenzbare Entitäten beschrieben werden. Dieses methodische Herangehen erlaubt Diskurse in ihrer synchronen Interaktion zueinander zu analysieren und damit die Dynamik gesellschaftlicher und planerischer Aushandlungsprozesse über die Frage nach dem ‚richtigen' Umgang mit historischen Industriekomplexen besser zu verstehen. Die synchrone Diskursanalyse ist auf Grundlage sozialwissenschaftlicher Forschung entwickelt worden.[7] Dabei gilt: Ziele formulieren was zukünftig werden soll, z. B. ‚Historische Industriekomplexe als Standort der Kreativwirtschaft'. Sie sind eine wichtige Kategorie, um einem Diskurs Möglichkeiten der Durchsetzung zu verschaffen. Sie enthalten Grundannahmen und Werte und bestätigen diese für die Zukunft.

Konzepte, z.B. „Erhaltung durch Umnutzung", bilden die begriffliche Infrastruktur innerhalb jedes Diskurses. Infrastruktur ist hier im Sinne des „Dispositivs"[8] verwendet. Im Dispositiv wird der Diskurs institutionalisiert, materialisiert und entfaltet. Der Diskurs zeigt hier, wie stark oder weniger stark er in einem gesellschaftlichen Feld, z.B. beim Umgang mit historischer Industriearchitektur, regulativ wirkt und manifestiert wird.

Grundannahmen sind die Annahmen, die den ‚roten Faden' für die Konzepte, Ziele und Wertsetzungen bilden, z.B. ‚Bauten sind erhaltungswürdig als Zeugnisse der Vergangenheit'. Sie sind die zentralen Aussagen jedes Diskurses.

Werte, z.B. ‚Authentizität' sind die Letztbegründungen für die Grundannahmen und für die Wahl der Konzepte. D.h. sie verleihen der vorhandenen Substanz einen spezifischen Wert. Grundannahmen, Konzepte und Ziele werden implizit und, oder explizit durch die Werte bestimmt.

Vorausgesetzt wird hier die Erfahrung und das Wissen über konkrete Umnutzung von historischen Industriekomplexen.[9] In diesem Beitrag wird diskutiert, dass unterschiedliche Ziele und Konzepte aus den drei eingeführten Diskursen formuliert werden und die dadurch notwendige Interaktion miteinander Konflikte (Probleme) und Vermittlungen (Potenziale) erzeugen.

Konflikte

Zwei Konfliktlinien in der Diskurskonstellation können in vielfachen Fallbeispielen identifiziert werden. Die eine behandelt Kultur als Faktor der Stadtentwicklung, die zweite die unterschiedlichen Anforderungen an die Architekturproduktion: Erstens, Kultur ist zunehmend anerkannt als ein Faktor der Stadtentwicklung. Dies ermöglicht, dass Denkmalschutz und Denkmalpflege als ein Teil der Kultur aktiviert werden und darüber Legitimation und Bedeutung erlangt. Gleichzeitig widerspricht der Schutzgedanke des Denkmalschutzes einem dynamischen Kulturbegriff, der Entwicklung und Veränderung beinhaltet. Zweitens entstehen Konflikte in den unterschiedlichen Ansprüchen an die Architekturproduktion. Während der Denkmalschutz die authentische und unversehrte Erhaltung eines baulichen Zeugnisses anstrebt, zielt hingegen die Stadtentwicklung auf die visuelle und symbolische Erkennbarkeit und Vermarktung besonderer Orte. Diese werden gegenwärtig meist durch Aufmerksamkeit erzeugende Eingriffe und Veränderungen der vorhandenen Bausubstanz erreicht. Architekturproduktion bedeutet dabei auch immer eine Interpretation und Neu-Gestaltung räumlicher und baulicher Substanz. Wobei eine innerprofessionelle Anerkennung eher ikonischer Architektur gewährt wird, als behutsamen und minimalen Interventionen.

An einem Beispiel sollen diese Konfliktlinien illustriert werden. Die UNESCO Liverpool Maritime Mercantile City ist seit 2004 anerkannt als Weltkulturerbe (WHS). In 2010 ist eine städtebauliche Rahmenplanung (outline planning application) für ein neues Großprojekt im nördlichen Hafengebiet, eingereicht durch den Eigentümer Peel Land and Property (Liverpool Waters) durch die städtischen Behörden genehmigt worden. Seit 2012 ist die UNESCO Liverpool Maritime Mercantile City auf der UNESCO List of World Heritage in Danger gelistet, aufgrund der prognostizierten Gefährdung des außergewöhnlichen universellen Wertes (OUV) der Weltkulturerbestätte durch das sehr dichte und mit hohen Baukörpern geplante Neubauvorhaben. Das Neubauprojekt ist innerhalb des Welterbegebietes, wie in der Schutzzone (buffer zone) über ca. 60 h geplant. Es ist ein funktionsgemischtes hochwertiges Stadtquartier projektiert mit ca. 1,7 Mio. qm Neubaufläche.[10] Für das Neubauvorhaben wurde 2014 eine revidierte Planung vorgelegt und Baugenehmigungen der Einzelbauten stehen aus, aber die Konflikte sind zum Zeitpunkt der Untersuchung 2014 nicht gelöst.

Auch die für diesen Beitrag ausgewählte Abbildung macht deutlich, warum es keinen generellen Konflikt zwischen den Akteursgruppen gibt, der grundsätzlich neue Bauvorhaben ausschließen würde. Die baulich-räumlichen Hinterlassenschaften beziehen sich auf nur einzelne Hochbauten, die Hafenbecken und die vielfachen zum Teil nur stückhaften Hinterlassenschaften der Schleusentechnik, der Hafenmauer oder der Hafentransportsysteme. Der Konflikt begründet sich in der Differenz zwischen Maximierung des Neubauvorhabens (ökonomische Werte) und dem Anliegen, die vergangene Arbeitswelt in ihren baulich-technischen Relikten und die historischen städtebaulichen Raumbezüge (visual integrity) innerhalb des Hafens sowie in Bezug zu dem alten Zentrum zu erhalten (Denkmalwerte).

Zwei Zitate aus den Einschätzungen der Auswirkungen des Neubauvorhabens auf den außergewöhnlichen universellen Wert des Weltkulturerbes sollen beispielhaft diesen Konflikt verdeutlichen. Sie sind insofern aussagekräftig, da sie beide innerhalb des standardisierten Heritage Impact Assessment (HIA) Verfahrens[11] jeweils als zusammenfassende Schlussaussagen (closing comments) formuliert worden sind. Das erste Zitat ist aus dem Bericht, der von English Heritage, eine wichtige Denkmalschutz- und Denkmalpflegeinstitution in England, beauftragt worden ist, letzteres ist aus dem HIA Bericht, beauftragt von der Eigentümergesellschaft Liverpool Waters. In diesen kurzen Auszügen wird ein Teil des Vorhabens thematisiert, nämlich im Bereich der nördlichen Docks ein neues Hochhausviertel zu realisieren:

„The legibility of the Central Docks and the central commercial core of the City will be damaged by the secondary cluster of tall buildings in the Buffer Zone. Together, the primary and secondary clusters of tall buildings and the string of

Nördlicher Hafenbereich in Liverpool (2012)

midrise structures along the Mersey's edge that form part of this submission, will overwhelm the historic primacy of the Pier Head buildings along the City's waterfront, causing significant harm to the WHS's OUV."[12]

Im Gegensatz dazu wird in dem anderen HIA Bericht diese Schlussfolgerung formuliert: „Tall buildings are included in the scheme to create a new international business destination that will attract investment from around the world. Research confirms that positive economic impacts can accrue from the development of tall buildings. Furthermore, central waterfront locations are a finite and scarce resource, and are highly valued as commercial locations in cities across the world. Therefore, given the difficulties faced by Liverpool in attracting commercial investment and jobs since the demise of the old docks, it is crucial to make the most efficient use of the land through high density development and tall buildings. By using this finite resource carefully, tall buildings also provide more space for creation of high quality public realm."[13]

Deutlich wird, dass trotz des einheitlichen Verfahrens die Bewertungen innerhalb unterschiedlicher Diskurse, und somit vor dem Hintergrund unterschiedlicher Grundannahmen und Wertesysteme, getroffen werden. Es ist von daher nicht weiter verwunderlich, dass die Schlussfolgerungen sich auch entsprechend unterscheiden.

Vermittlungen

Die Untersuchung der erwähnten vier Fallbeispiele hat aber auch gezeigt, dass Konflikte prinzipiell vermittelt werden können. Dies wurde insbesondere im Fall Zeche Zollverein und Sulzer-Komplex Stadtmitte deutlich. Es hat sich in der analytischen Untersuchung gezeigt, dass Vermittlungen möglich sind: Diskurse sind anpassungsfähig. Sie bilden Teildiskurse aufgrund spezifischer Aufgaben heraus. In den Teildiskursen werden leicht divergierende Ziele und Konzepte formuliert und Erweiterungen von Grundanannahmen und Werten vorgenommen. In der tabellarisch Darstellung ist der Diskurs Denkmalschutz mit den Kategorien Ziele, Konzepte, Grundannahmen und Werte beschrieben. Dabei wird zwischen Kerndiskurs und Teildiskurs Industriedenkmal unterschieden. Der Diskurs Denkmalschutz und Denkmalpflege weist darüber hinaus vielfache andere Teildiskurse auf, die im Kontext dieses Beitrags nicht thematisiert werden. Diese zusammenfassende Darstellung beruht auf der Aus-

wertung von wissenschaftlicher und planerischer Literatur sowie der empirischen Untersuchung von vier Fallbeispielen aus Europa.

Der Kerndiskurs Denkmalschutz wurde schon zuvor vorgestellt, der Teildiskurs Industriedenkmal ist davon leicht unterschiedlich: Hier kann beispielsweise das Konzept der Industriekultur genannt werden. Industriekultur verstanden als eine erweiterte Auseinandersetzung nicht nur mit den historischen Industriekomplexen und ihren Produkten selbst, sondern auch mit Arbeiterwohnsiedlungen und sozialen Infrastrukturbauten, sowie den damit verbundenen Fragen nach den Arbeits- und Lebensverhältnissen der historischen Industriegesellschaft.[14] Die erweiterten Werte beinhalten z.B. Beteiligung im Sinne des living heritage und heritage from below, dass gerade im englischsprachigen Kontext bedeutend ist. In Deutschland werden Bürgerinitiativen und -engagement in der Industriedenkmalpflege anerkannt. Auch Umnutzung ist im internationalen Feld ein wichtiger Wert im Teildiskurs der Industriedenkmalpflege geworden, da zunehmend nur ein (wirtschaftlich) tragfähiges Konzept der Umnutzung überhaupt Erhaltungsanliegen vermittelbar und realisierbar macht.

In der tabellarischen Darstellung wird deutlich, wie die Kerndiskurse sich in der Interaktion der Diskurskonstellation adaptieren. Hier werden Ziele und Konzepte leicht divergiert und ergänzende Grundannahmen und Werte einbezogen, um die neue Aufgabe zu bewältigen. Die Empirie des Fallbeispiels Zollverein[15] hat z.B. deutlich gemacht, dass der Kernwert ‚Entwicklung' des Diskurses Stadtentwicklungsplanung durch den erweiterten Wert einer denkmalverträglichen Entwicklung im Teildiskurs Industriedenkmal adaptiert wird. Diese diskursinterne Assimilation funktioniert nur innerhalb eines Diskurses solange nicht Kernwerte des eigenen Diskurses beschädigt werden. D.h. die denkmalverträgliche Entwicklung hat dort ihre Grenzen, wo die Denkmalwerte der historischen Materialität in ihrer Authentizität und Integrität verletzt werden.[16]

Es hat sich herausgestellt, dass der Wert der Authentizität, so wie ihn die Denkmalpflege versteht, für andere Akteure der Diskurskonstellation kaum verständlich ist. Im Fallbeispiel Liverpool wurde sogar folgende Aussage eines Akteurs des Diskurses Denkmalschutz formuliert: „A lot of issues around of protecting universal value, authenticity, integrity are quite (...), they are quite difficult concepts for lay people to understand. And so I wouldn't even try to really explain that to developers because they wouldn't understand what I am talking about."[17] Sich verständlich zu machen, auch darin liegt eine zukünftige Aufgabe für den Denkmalschutz und die Denkmalpflege.[18]

Zweitens sind Vermittlungen der Konflikte über sogenannte vermittelnde Werte möglich. Ein wichtiger vermittelnder Wert ist Zugänglichkeit. Alle drei Diskurse beinhalten ihn in ihrer Teildiskurslinie. Die Zugänglichkeit zum historischen Industriekomplex herzustellen, ist im Interesse von Denkmalschutz, Stadtentwicklungsplanung und Architekturproduktion: Von Zugänglichkeiten zu und in Industriedenkmälern profitiert der Denkmalschutz selbst, der eine Vermittlungsaufgabe wahrnehmen muss. Auch die Stadtentwicklung profitiert, da die neuen Räume ein zusätzliches und oft atmosphärisch dichtes Raumangebot für Bewohner wie Besucher darstellen. Für die Architekturproduktion ist die Planung einer gelungenen Zugänglichkeit ohnehin zentral. Dabei kann Zugänglichkeit auf vielerlei Weise hergestellt werden: physisch, virtuell etc. Im Fallbeispiel Zeche Zollverein z.B. sollte eine neue Zugänglichkeit zu der ehemaligen Kohlenwäsche, die zum Ruhrmuseum ungenutzt worden ist, hergestellt werden. Historisch verfügte die Kohlenwäsche über kein bebautes Erdgeschoss und keinen ausgewiesenen Eingang, da die Züge zum Abtransport der sortierten und gewaschenen Kohle unterhalb des Gebäudes vorfuhren und von oben beladen wurden. Die neu projektierte Rolltreppe erzeugt die neue Zugänglichkeit zum Museum. Gleichzeitig verändert sie die historische Raumsituation stark, auch wenn sie das Motiv der Kohlentransportbänder und ihrer Schutzhüllen aufgreift. Sie fand Akzeptanz, da sie bildwirksam eben auch die Zugänglichkeit zu dem Industriedenkmal herstellt. Die hier gewählte Abbildung zeigt den Zutritt zu diesem neuen Eingang.

In der Diskurskonstellation von Denkmalschutz, Stadtentwicklungsplanung und Architekturproduktion, die bei dem Umgang mit historischen Industriekomplexen relevant ist, sind in der bisherigen Forschung folgende vermittelnden Werte als gemeinsame Werte aller drei Diskurse in ihren Teildiskursen herausgearbeitet worden: Beteiligung, Charakter, Umnutzung und Zugänglichkeit. Es hat sich herausgestellt, dass auf Grundlage dieser vermittelnden Werte Ziele und Konzepte innerhalb der Diskurskonstellation abgestimmt werden konnten und damit

auch Schutz- und Erhaltungsanliegen der Denkmalpflege realisiert wurden. Sie zeigen somit ein Potenzial für Denkmalschutz und Denkmalpflege auf.

Zu dem Wert Beteiligung soll nur am Rande zusätzlich zu den vorgestellten Fallbeispielen auf die Untersuchung einer leicht veränderten Akteurskonstellation am Fallbeispiel Berlin Oberschöneweide hingewiesen werden. Hier wurden die behördlichen Akteure der Stadtentwicklung und die lokalen Bürgerinitiativen hinsichtlich der Transformationen der historischen Industriekomplexe in Oberschöneweide befragt. Diese nur explorativ durchgeführte Studie zeigt, dass auch hier Beteiligung im Sinne von Bürgerinitiativen einen wichtigen vermittelnden Wert darstellt.[19] Weitere konkrete vermittelnde Werte können voraussichtlich durch weitere Forschungen erkannt werden.

Was heißt das für Denkmalschutz und Denkmalpflege?

Folgende Schlussfolgerungen können zu dieser Frage formuliert werden: Erstens zeigen die hier ganz knapp vorgestellten Ergebnisse des Forschungsprojektes, dass der Strukturwandel industriell geprägter Städte Konflikte zwischen Denkmalschutz und Stadtentwicklungsplanung aufwirft. Neue Nutzungen, die meist auch wirtschaftlich tragfähig sein müssen, sollen für die historischen, denkmalgeschützten Industriekomplexe gefunden werden. Dabei zeigt sich, dass insbesondere der Wert Authentizität von den Akteuren des Denkmalschutzes stärker vermittelt werden muss. In der Forschung zeigt sich zweitens, dass Umnutzung nicht mehr nur eine Strategie unter mehreren ist. Sondern im Teildiskurs Industriedenkmal stellt die Umnutzung

Eingang zum Ruhrmuseum, ehemalige Kohlenwäsche (2013)

zunehmend einen zentralen Wert im Umgang mit den historischen Hinterlassenschaften dar. Entscheidungen über Konzepte und Ziele werden implizit und, oder explizit durch diesen Wert (mit) bestimmt. Ohne Umnutzung scheinen der Schutz und die Erhaltung von Industriedenkmälern kaum mehr denkbar. Und die Forschungsergebnisse zeigen drittens, wie die konflikthafte Konstellation von Schutz und Entwicklung von Industriedenkmälern balanciert werden kann, wenn vermittelnde Werte der Diskurskonstellation zum Tragen kommen, wie z.B. Zugänglichkeit.

Unterschiedliche Werte der Diskurskonstellation von Denkmalschutz, Stadtentwicklungspla-

nung und Architekturproduktion begründen somit nicht nur die Probleme für den Denkmalschutz, wie der Konflikt in Liverpool zeigt, sondern vermittelnde Werte der Diskurskonstellation können diese Konflikte vermitteln, auch im Sinne des Denkmalschutzes. Hier offenbaren sich die Potenziale für den Denkmalschutz. Geht man noch einen Schritt weiter und transferiert das Wissen über die Rolle von vermittelnden Werten und das Wissen über mögliche, konkrete, vermittelnde Werte in die Praxis, vergrößern sich diese Potenziale für Denkmalschutz und Denkmalpflege voraussichtlich noch einmal. Ein solches Erkenntnis-Transferprojekt ist derzeit in Vorbereitung.

Abbildungsnachweis

1, 2 Verfasserin

Anmerkungen

1   Schaal, Dirk: Museums and Industrial Heritage: History, Functions, Perspectives, in: Industrial Heritage Sites in Transformation. Clash of Discourses, hg. v. Heike Oevermann und Harald A. Mieg, London, New York 2015, S. 146–153.

2   Kornhardt, Diethild / Pütz, Gabriele / Schröder, Thies: Mögliche Räume, Hamburg 2002.

3   Baum, Martina / Christiaanse, Kees: City as Loft. Adaptive Reuse as a Resource for Sustainable Urban Development, Zürich, 2012.

4   Oevermann, Heike / Mieg, Harald A.: Industrial Heritage Sites in Transformation. Clash of Discourses. London, New York 2015; Mieg, Harald A. / Oevermann, Heike: Planungsprozesse in der Stadt. Die synchrone Diskursanalyse. Forschungsinstrument und Werkzeug für die planerische Praxis, Zürich 2015.

5   Meier, Hans-Rudolf / Scheurmann, Ingrid / Sonne, Wolfgang: Werte. Begründungen in der Denkmalpflege in Geschichte und Gegenwart, Berlin 2013.

6   Oevermann, Heike / Mieg, Harald A. 2015 (wie Anm. 4).

7   Keller, Reiner: Diskursforschung. Eine Einführung für SozialwissenschaftlerInnen, Wiesbaden 2007.

8   Foucault, Michel: Überwachen und Strafen. Die Geburt des Gefängnisses, Frankfurt a.M. 1977; Foucault Michel: Dispositive der Macht: Über Sexualität, Wissen und Wahrheit, Berlin 1978.

9   Vgl. Kierdorf, Alexander / Hassler, Uta: Denkmale des Industriezeitalters. Von der Geschichte des Umgangs mit Industriekultur. Tübingen, Berlin 2000; Douet, James: Industrial Heritage Re-tooled. The TICCIH Guide to Industrial Heritage Conservation, Lancaster 2012.

10   Rodwell, Dennis Liverpool: Heritage and Development – Bridging the Gap?, in: Industrial Heritage Sites in Transformation 2015 (wie Anm. 4), S. 29–46.

11   www.icomos.org/world_heritage/HIA_20110201.pdf (29. Dezember 2015).

12   Bond, Stephen: Assessment of the potential impact of the proposed Liverpool Water's Master plan on OUV at Liverpool Maritime Mercantile WHS, graue Literatur, 2011, S. 392–393.

13   De Figueiredo, Peter: Liverpool Waters Heritage Impact Assessment. Non-technical Summary, graue Literatur, 2011, S. 13.

14   Albrecht, Helmuth: Zum Verhältnis von Industriearchäologie, Industriekultur und Industriedenkmalpflege in Deutschland, in: Industriearchäologie, Industriekultur, Industriedenkmalpflege, hg. v. Hans-Joachim Braun, Schriftenreihe der Georg-Agricola-Gesellschaft: Die Technikgeschichte als Vorbild modernen Technik Bd. 34, Freiberg 2011.

15   Vgl. Oevermann, Heike: Über den Umgang mit dem industriellen Erbe. Eine diskursanalytische Untersuchung städtischer Transformationsprozesse am Beispiel der Zeche Zollverein, Essen 2012.

16   Roseneck, Reinhard, Denkmalpflegerischer Masterplan für das UNESCO-Weltkulturerbe Zollverein, in: Forum Industriedenkmalpflege und Geschichtskultur, H. 1, 2002, S. 37–44.

17   Interview mit einem heritage consultant in Liverpool am 09.10.2012.

18   Vgl. Cossons, Neil / Cramer, Johannes / Ringbeck, Birgitta / Watson, Mark: Discussing Industrial Heritage Conservation and Planning (Interview), in Industrial Heritage Sites in Transformation 2015 (wie Anm. 4), S. 203–218.

19   Vgl. Oevermann, Heike / Degenkolb, Jana / Dießler, Anne / Karge, Sarah / Peltz, Ulrike: Participation and reuse of industrial heritage sites: The case of Oberschöneweide, in: International Journal of Heritage Studies, Jg. 22., H. 1, 2016, S. 43–58.

Piazza Augusto Imperatore in Rom

Umnutzungen und Umdeutungen im 20. und 21. Jahrhundert

RALPH-MIKLAS DOBLER

ZUSAMMENFASSUNG

Die Piazza Augusto Imperatore in Rom ist ein Ensemble aus antikem Mausoleum, faschistischen Bauten sowie postmoderner Architektur und Platzgestaltung. Sie ist das Ergebnis von Umnutzungen und Umdeutungen in drei verschiedenen Epochen. Im italienischen Faschismus wurde hier durch die Befreiung und Isolierung der Ruine des Augustusmausoleums dem antiken Kaiser als ideellem Vorgänger gehuldigt. Die vermeintliche Modernisierung der Stadt führte allerdings zu einer städtebaulichen Wunde, da der Platz völlig beziehungslos zu seiner Umgebung blieb. Im ausgehenden 20. Jahrhundert versuchte man daher, mittels eines Museumsbaues den Ort aufzuwerten und dem Gebiet eine neue Begrenzung zu geben. Tourismus, Bildung und Wissenschaft wurden nun an dem Platz verortet, der selbst jedoch noch immer brachlag. Im 21. Jahrhundert schrieb die Stadt Rom folglich einen Wettbewerb für die Sanierung des Grabbaues und die Neugestaltung des umgebenden Platzes aus. Die antike Ruine soll nun zugänglich gemacht und städtebauliche Bezüge zwischen den umgebenden Bauten geschaffen werden. Ziel des laufenden Projektes ist es, öffentlichen Raum in Form einer italienisch-römischen Piazza zu schaffen, die zum Verweilen, Kommunizieren und Zusammentreffen einlädt.

Das Ensemble Piazza Augusto Imperatore in Rom

Die Piazza Augusto Imperatore in Rom ist vielleicht das bedeutendste und aussagekräftigste Ensemble im historischen Zentrum von Rom, in dem sich im Laufe des 20. und 21. Jahrhunderts mehrfache Deutungen und Umdeutungen des Denkmalbestandes manifestieren.

Geschaffen wurde die Platzanlage nahe des Tibers in der Zeit des italienischen Faschismus. Mussolini hatte 1924 in seiner berühmten Ansprache auf dem römischen Kapitol die Leitlinien für die Umgestaltung der Ewigen Stadt vorgegeben.[1] Er erkannte zwei Probleme: Zum einen das der

Piazza Augusto Imperatore Rom (2014)

„necessità", das heißt der Notwendigkeit. Unabdingbar seien in Rom neue Behausungen für die wachsende Bevölkerung sowie Kommunikationswege, das heißt in erster Linie breite Straßen, die in den neuen Vierteln nicht nur den Verkehr begünstigen, sondern auch für Licht und Luft sorgten.[2] Die Lösung der „Notwendigkeit" stelle sodann eine Grundbedingung für die Entstehung dessen dar, was das neue Rom Mussolinis auszeichnen sollte, nämlich die „grandezza", also die Größe. Diese Größe der neuen faschistischen Kapitale sollte einzigartig sein und zum Ausdruck bringen, dass das neue von Mussolini angestrebte Imperium ein direkter Nachfolger und die Wiederauferstehung des antiken Imperium Romanum sei. Folglich sollten die Bauten des glorreichen Kaiserreiches ausgegraben und neben den antiken Denkmalen das monumentale Rom des 20. Jahrhunderts errichtet werden.[3] Zwei Jahre später präzisierte Mussolini seinen Plan: Rom sollte vor den Augen der Welt „wundervoll" erscheinen – „meraviglioso" und dabei „großflächig, geordnet, machtvoll wie es in den Zeiten des ersten Imperiums von Augustus war".[4]

Das augusteische Rom, wie man es aus Beschreibungen und Monumenten rekonstruierte und zu kennen meinte, sollte der Bezugspunkt für die Umgestaltung der Stadt sein. Der Begriff des „liberare" – also das Befreien – der antiken Denkmale

Piazza Augusto Imperatore mit dem Museum für die Ara pacis von Vittorio Morpurgo (1938)

war die Leitlinie für die Verwandlung Roms zur Hauptstadt eines faschistischen Reiches.

Von entscheidender Wichtigkeit war hierbei das Mausoleum des Augustus, das einen Identifikationspunkt für das faschistische Italien bilden sollte. Das Grabmal war über die Jahrhunderte hinweg unter Überbauungen verschwunden und nicht mehr sichtbar. Ein Endpunkt der zahlreichen Umnutzungen als Festung, Garten und Stierkampfarena war 1907 erreicht: als das städtische Auditorium in der ehemaligen Begräbnisstätte eröffnet wurde. Die Kuppel des Baues, an dem keinerlei antike Strukturen mehr erkennbar waren, erinnerte auffällig an die des Pantheons, wodurch eine geradezu paradoxe Verbindung zwischen den beiden Bauten hergestellt wurde, die in der Antike tatsächlich gewollt war, denn der Eingang zum Mausoleum war auf den Tempel ausgerichtet gewesen.

Als man 1927 mit den Planungen der „Befreiung" und „Isolierung" begann, verließ man sich hoffnungsvoll auf die antiken Beschreibungen, aus denen hervorging, dass das Mausoleum einst selbst das des Hadrian – also die Engelsburg – übertroffen habe.[5] Zwischen 1926 und 1930 fanden erste Probegrabungen statt, die antike Überreste zutage förderten.[6] Der Regulierungsplan des Jahres 1931, der unter Beteiligung Mussolinis entstand, sah einen Platz um den Grabbau vor. In diesen sollte unter anderem eine Straßenachse münden, die über eine verbreiterte Via Vittoria bis zur Piazza di Spagna geführt hätte.[7] Nur das Teilstück bis zur Via del Corso wurde vollendet.

Am 22. Oktober 1934 begann Mussolini die Abbrucharbeiten mit seinem berühmten, in Fotografien und Wochenschauen verbreiteten „colpo di piccone",[8] dem Schlag mit der Spitzhacke. In sehr authentischer Weise wurde so die Demolierung des Quartiers zugunsten einer städtebaulichen Aufwertung des antiken Monuments mit der Person des „Duce" in Verbindung gebracht, der nicht nur ideeller, sondern auch praktischer Autor des Projektes war. Anstatt einer Grundsteinlegung durch den Stifter oder Auftraggeber stand hier die Zerstörung als ritueller Akt unter Beteiligung Mussolinis am Beginn der Erneuerung. Ähnlich wie im Gebiet des Forum Romanum und der Kaiserforen wurde auch am Augustusmausoleum ein Stadtviertel zugunsten der Inszenierung einer antiken Ruine vernichtet.

Der vermeintliche Verdienst Mussolinis, der einer Machdemonstration gleichkam, war es, das unsichtbare Mausoleum des Kaisers Augustus wieder im Stadtbild sichtbar zu machen. Nun kam es darauf an, das neue „Denk-Mal" mit einer Deutung zu versehen. Dies bewerkstelligte man mittels der Einbindung in ein Ensemble, das den antiken Bau im Zentrum einer Platzanlage inszenierte. Dem Architekten Vittorio Morpurgo waren dabei durch die Kirchenbauten von S. Rocco, S. Girolamo, SS. Ambrogio e Carlo sowie dem Collegio Croato Grenzen gesetzt. Zum Lungotevere hin, der seit 1889 den Tiber regulierte und die Treppenanlage des alten Hafens der Ripetta ersetzte, errichtete der Architekt ein Gebäude, in dem die Reste der augusteischen Ara Pacis rekonstruiert wurden. Die beiden verbleibenden Seiten wurden mit monumentalen Baublocks geschlossen. Reliefs zeigen hier Szenen aus dem faschistischen Alltagsleben sowie Inschriften, wie etwa „Das italienische Volk ist das unsterbliche Volk, dessen Hoffnungen und Leidenschaften durch seine Größe – grandezza – immer einen Frühling findet".[9] Ein Mosaik von Ferruccio Ferrazzi, das annähernd die gesamte Fassadenhöhe einnimmt, präsentiert an zentraler Stelle den Flussgott Tiber, Gründungsvater der römischen Zivilisation.[10] Er trägt in einem Boot Romulus und Remus, zu seinen Füßen steht die Wölfin. Über ihm steigt der Sonnengott Apoll mit einem Viergespann aus dem Meer auf.[11] Weitere Personen an den Seiten des Mosaiks zeigen Tätigkeiten der frühen römischen Bevölkerung. Im Mosaik ist die Inschrift „His ab exiguis profecta initiis Roma" – „Von diesen bescheidenen Anfängen nahm Rom seinen Ausgang" angebracht. Eine weitere kolossale, lateinische Inschrift interpretiert die gesamte Platzanlage: „Dies ist der Ort wo die Seele des Augustus durch die Brise fliegt, nachdem das Mausoleum des Imperators aus dem Dunkel der Jahrhunderte geholt wurde und die verstreuten Teile des Friedens-Altars restauriert wurden, ordnete Mussolini an, den engen Platz zu zerstören und den Ort mit Straßen, Gebäuden und Schreinen zu schmücken für eine Zeit der Menschlichkeit im Jahr 1940, dem 18. Jahr faschistischer Zeitrechnung".[12]

Die Piazza Augusto Imperatore wurde so als Ort authentischer faschistischer Romanität gedeutet und dabei durch gelehrte Anspielungen philologisch untermauert und zugleich durch die Anrufung der Manen des Augustus sakral überhöht.[13] Zudem stellte Mussolini sich selbst als „auctor" der Wiederherstellung des antiken Monuments dar.

Der erst nach dem zweiten Weltkrieg komplett vollendete Platz wurde so zu einem der bedeutendsten Zeugnisse für die von Mussolini bereits 1924 vorgegebene Richtlinie, durch eine Befreiung der antiken Monumente und das Einbetten der Denkmale in eine zeitgenössische Neubebauung das antike mit dem faschistischen Imperium zu verschmelzen.[14] Zudem manifestiert sich hier die Tatsache, dass Cäsarenträume architektonisch um einiges besser und haltbarer als politisch zu realisieren sind.[15] Allerdings traten hier auch die Schwierigkeiten nachdrücklich zutage, die der Versuch, Vergangenheit und Gegenwart miteinander zu verschmelzen, mit sich bringen konnte. Denn die Gestalt des Mausoleums, die sich bei den Ab

brucharbeiten herausschälte, hatte man sich anders vorgestellt. Der Bau war ebenso seiner Marmorverkleidung wie der Ornamentik beraubt worden und von Löchern durchbohrt.[16] Anstatt eines eindrucksvollen antiken Grabbaues erblickte man nach dem „isolamento" das, was umgangssprachlich bald als „kariöser Zahn" – „dente cariato" – bekannt werden sollte.[17]

Wie unerwartet diese Enttäuschung war, zeigt die 1930 von Giulio Quirino Giglioli geäußerte Annahme, die Pracht des freigelegten Mausoleums werde das päpstliche Castel Sant'Angelo übertreffen.[18] Seine mit Nachweisen zu den Bestatteten, Fundstücken und mit Rekonstruktionen versehenen Ausführungen verleiteten Giglioli zu der sicheren Prognose, dass Mussolini 1938 das großartige Relikt isoliert und wie zu Zeiten des Augustus von Bäumen umgeben bewundern könne.[19] Aus dem schließlich alle Vorfreuden zunichte machenden Befund gestaltete Antonio Muñoz auf der Grundlage einer Rekonstruktion von Guglielmo Gatti eine eher weniger ansehnliche Ruine.[20]

Die Freilegung des Augustusmausoleums und die Inszenierung und Deutung des Grabbaues auf der Piazza Augusto Imperatore war ein Ausdruck der Macht des Staates. Allein diesem Zweck sollte die Anlage des Platzes dienen. Das außerordentlich unbefriedigende Bild des antiken Gebäudes sowie die nicht erfolgte städtebauliche Einbindung des Ensembles, aber auch die Gestaltung der Randbebauung führten dazu, dass hier ein „toter Ort" im Zentrum von Rom entstand. Dieser verwahrloste nach dem Zweiten Weltkrieg zunehmend. Das Mausoleum war öffentlich nicht zugänglich, die für das Zentrum von Rom außerordentlich breiten Straßen wurden zu Parkplätzen umfunktioniert, auf denen illegale Parkwächter versuchten, Geld zu machen, unter den Arkaden der Randbebauung nächtigten Obdachlose und in den dunklen Ecken wurde mit Drogen gehandelt.

Die vermeintliche Modernisierung der Stadt Rom führte zu einer städtebaulichen Verletzung, die zur Folge hatte, dass an der Piazza Augusto Imperatore einzelne Bauten ohne Bezug untereinander und wie zusammengewürfelt beieinanderstanden. Beziehungslos stehen die neuen monumentalen Rahmenbauten auch zu den viel kleineren Bauten in den umgebenden Straßen sowie letztlich sogar zum Mausoleum selbst, denn das ausgegrabenen antike Niveau liegt tiefer als das moderne der Piazza. Genau genommen handelt es sich daher

Neues Museum der Ara Pacis von Richard Meier (2012)

bei der Piazza Augusto Imperatore eigentlich nicht um eine kontinuierliche Platzanlage, sondern um ein von Straßen und faschistischen Gebäuden gerahmtes antikes Baudenkmal.

Daran sollte sich erst 1996 etwas ändern. Im Rahmen eines umfangreichen Bauprogrammes, das der Gegenwartsarchitektur in Rom einen Platz bieten wollte, beauftragte Bürgermeister Francesco Rutelli den Architekten Richard Meier mit der Erneuerung des renovierungsbedürftigen Museums der Ara pacis.[21] Wohlgemerkt wurde kein Wettbewerb ausgeschrieben, sondern von vorn herein der Architekt bestimmt.

Das selbstbewusste Projekt von Richard Meier hat folglich von Anfang an zu großen Kontroversen geführt.[22] Was der Bürgermeister von Rom als Öffnung zur Moderne verstand, war für die Neofaschisten eine Entweihung des heiligen Mausoleums, für die kulturelle Vereinigung Italia Nostra eine Tankstelle und für viele Kritiker der historischen Umgebung nicht angemessen, mancher sah amerikanischen Imperialismus.[23]

Der Bau von Richard Meier führte nicht zu einer Lösung der Platzproblematik. Dies war auch nicht intendiert, allerdings bot das Museum einen Ausgangspunkt für die urbanistische Neugestaltung. Zum einen wurde die Via della Ripetta verkehrsberuhigt und zur Fußgängerzone erklärt. Zum anderen gestaltete Meier einen großen Vorplatz vor dem eigentlichen Museum, der von Treppenanlagen, Bänken und verschiedenen Wasserspielen bestimmt ist und der die schmale Fläche zwischen Lungotevere und den beiden Kirchenfassaden immens aufwertet und attraktiv macht. Schließlich schuf der Architekt mit seinem Bau einen Abschluss der Piazza Augusto Imperatore zum Tiber hin.

Mit dem Neubau des Museums für die Ara Pacis begann auch eine erneute Umdeutung des Gebietes. Zum einen stand nun die touristische Erschließung im Vordergrund. Der Bau sollte ein

Publikumsmagnet sein, der mit Souvenirshop und Café ausgestattet ist. Zum anderen sollte ein Auditorium und Räume für Wechselausstellungen das Museum zu einem Ort der Wissenschaft und des Studiums machen. Die faschistische Demonstration von Romanität und Macht, die zugleich den brutalen Imperialismus über den Bezug zur antiken Tradition rechtfertigte, wurde zumindest im Museumsbau in einen Ort, der Bildung und Erholung anbietet, überführt. Dafür wurde allerdings der faschistische Bau des Vittorio Morpurgo nicht umgenutzt, sondern zerstört, der damnatio memoria anheimgestellt und durch einen Neubau ersetzt. Während Morpurgo sein Museum noch als Teil der Gestaltung des gesamten Platzes sah, stellte Meier das antike Monument der Ara Pacis in das Zentrum seiner Überlegungen sowie die Gestaltung der Fläche zwischen Lungotevere und Via della Ripetta.

Genau genommen verstärkte sich durch den modernen Bau, der nun die Piazza Augusto Imperatore abschloss, die desolate Situation des Gebietes. Daran konnte auch die Umnutzung der Geschäfte im Erdgeschoss der Randbebauung zu Restaurants und Bars wenig ändern, der Platz an sich blieb eine Wüste.

Im Jahr 2006, kurz vor der Eröffnung des neuen Museums der Ara Pacis, wurde daher ein internationaler Wettbewerb zur Sanierung des antiken Mausoleums und der gesamten Piazza Augusto Imperatore ausgeschrieben.[24] Im Vordergrund sollten dabei drei Probleme stehen: Zum einen die Wiederbelebung und Zugänglichmachung des Augustusmausoleums selbst. Zum anderen die Lösung städtebaulicher Bezüge zu den umgebenden Bauten und Straßen. Und schließlich die Erneuerung bzw. genau genommen die Erschaffung von öffentlichem Raum.[25]

Als Gewinner ging das Projekt des römischen Architekturprofessors Francesco Cellini hervor, dessen Beiräte der Archäologe Dieter Mertens und die Kunsthistorikerin Elisabeth Kieven waren.[26] Cellinis Projekt sieht Ausgrabungen an der Eingangsseite des Augustusmausoleums vor, um dessen Ursprüngliche Zugangssituation zu rekonstruieren.[27] Vor allem soll die antike Pflasterung wiederhergestellt werden. Der nun verstärkt hervortretende Niveauunterschied erlaubt es, ein städtebauliches Element des römischen Barock wiederzubeleben, um die unterschiedlichen Ebenen auszugleichen, nämlich Treppen die der Platzgestaltung dienen. Die divergierenden Achsen zwischen San Rocco und der Apsis von San Carlo werden mit Hilfe des Treppenmotivs ausgeglichen und schaffen eine Perspektive zwischen San Carlo und dem Eingangsbereich von Richard Meyers Neubau der Ara Pacis. Zugleich entsteht damit ein „teatro all'aperto". Verschiedene Nutzungsmöglichkeiten wären hier möglich, die die Tradition des Augustusforums als Schauplatz öffentlicher Veranstaltungen wiederaufnehmen könnten.

Vor allem entsteht nun aber etwas, was der Bezeichnung Piazza erstmals gerecht wird: Ein großer Raum, der allen offensteht, auf dem man gerne verweilt, auf dem Begegnung und Kommunikation möglich ist. Die Zusammenkunft und das Verweilen unterstützen soll ein Café, das auf antikem Niveau eingerichtet wird und ebenfalls den Platz mit bespielt. Während die Piazza so zum Bleiben einlädt, soll das restaurierte und zugänglich gemachte Mausoleum einen Stimmungswert vermitteln und die von der Ara Pacis vorgegebene Funktion des Platzes als kulturellen Ort, an dem museale Bildung vermittelt wird, fortführen. Eine didaktische Funktion liegt hier vor, die der Stadt Rom mehr als angemessen ist, wobei die antike Ruine die Gestalt des Platzes davor bewahrt, steril zu wirken. Cellini und sein Team wird hier einen Platz im Platz schaffen, der das Potential birgt, den Bereich der Ara Pacis an das Mausoleum und an die Kirche San Carlo anzubinden.

An den übrigen drei Seiten des Platzes ist vorgesehen, ein durchgehendes Niveau bis kurz vor das Mausoleum anzulegen. Ein schmaler Umgang wird die zeitliche Grenze zur Antike verdeutlichen, zugleich wird die ehemalige Nähe der gewachsenen historischen Bebauung zum Grabbau verdeutlicht. Der Abstand, der sich durch den freien Umraum ergibt, lässt das antike Monument in seiner ursprünglichen Sakralität erahnen, es steckt nun allerdings wieder mehr in der Erde, als dass es isoliert und inszeniert ist. Diese spannungsvolle Dialektik von Nähe und Distanz, vom im Schreiten der Stufen-Piazza erfahrbaren „Hinuntergehen" in die Antike und „Wiederaufsteigen" in die nachantike Phase mit ihren vielfältigen Bezügen zu den platzbegleitenden Bauten, schafft ein Kontinuum von stimulierenden visuellen Erfahrungen, die sowohl das Mausoleum in seinem Rang des Protagonisten betonen, wie den Platz als eine umgebende Einheit in der Vielfalt seiner Erscheinungsformen erfahren lassen.[28]

Darüber hinaus wird durch die Eingangssituation zum Mausoleum proportional Bezug zum Pantheon genommen, dessen Portikus-Breite hier zugrunde liegt. Damit wird zumindest konzeptionell auf die antike Anlage des Augustusforums Bezug genommen, auf dem das Grab des Kaisers bewusst auf den Tempel ausgerichtet war.

Ob mit der Gestaltung der drei übrigen drei Seiten der Piazza Augusto Imperatore die städtebaulichen Probleme des Gebiets gelöst werden, bleibt allerdings fraglich.[29] Die Stadt Rom sieht keine Verkehrsberuhigung für die Straßen entlang der Randbebauung vor. Zwar zielt das Projekt Cellinis auf

Francesco Cellini, Entwurf für die Eingangsseite des Augustusmausoleums (2015)

Francesco Cellini, Entwurf für die Piazza Augusto Imperatore (2015)

eine Vergrößerung der Grünflächen ab, indem nicht nur der existierende Garten angehoben, sondern auch die Straßenbreite halbiert werden soll. Allerdings schneiden die Verkehrswege nach wie vor die Arkaden der Randbebauung bzw. das Museum der Ara Pacis vom eigentlichen Platz um das Mausoleum ab. Wer auf die Fläche der Wiese möchte, wird nicht nur die Straße überqueren, sondern sich wohl auch zwischen parkenden Autos durchquetschen müssen. Hier dürfte das Projekt scheitern. Parkmöglichkeiten sind im Zentrum von Rom mehr als dünn gesät. Es ist abzusehen, dass hier in zwei Reihen oder gar auf dem Rasen geparkt wird. Ein Zaun würde den Platzcharakter, der durch Straße und Parkzone bereits stark beeinträchtigt ist, endgültig zerstören. Nur eine komplette Verkehrsberuhigung und die Vergrößerung der Grünflächen würden wohl die Chance auf einen funktionierenden Platz erhöhen.

Gerade die italienische Piazza charakterisiert ja das Zusammentreffen von Menschen, die gerne verweilen, kommunizieren, essen, beobachten, aufeinander reagieren.

Die zweite Deutung bzw. die erneute Umdeutung der Piazza Augusto Imperatore ist daher zwiespältig. Einerseits sind mit dem neuen Museum der Ara Pacis und den Treppenanlagen Elemente gegeben, welche aus der monumentalen Machtdemonstration des Faschismus, die nicht wirklich funktioniert hat, einen attraktiven urbanen Raum machen könnten. Während unter Mussolini das Mausoleum ausgegraben und zugleich isoliert als unantastbarer Solitär wie eine heilige Reliquie inszeniert wurde, versucht Cellini der Antike archäologisch und didaktisch zu ihrem Recht zu verhelfen. Mehr noch versucht das Projekt, die an der Piazza bezugslos versprengten Einzelbauten miteinander in Beziehung zu setzen.

Andererseits ist die Umdeutung an zwei bis drei Seiten der Piazza nicht geglückt. Hier gewinnt man den Eindruck, Mussolinis Projekt sei verbessert worden. Tatsächlich war bislang nie die Rede davon, dass Informationstafeln oder dergleichen für die Besucher eine Dokumentation zu der Gestaltung des Platzes unter dem Regime bereithalten sollten. Es spricht vieles dafür, dass die Piazza Augusto Imperatore zumindest zur Hälfte nach wie vor ein eher unwirtlicher Ort bleiben könnte.

Abbildungsnachweis

1–3 Verfasser

4–5 ATP Urbs et Civitas – Francesco Cellini

Anmerkungen

1 „I problemi di Roma, la Roma di questo XX secolo, mi piace dividerli in due categorie: i problemi della necessità e i problemi della grandezza. Non si possono affrontate questi ultimi, se i primi non siano stati risoluti. I problemi della necessità sorgano dallo sviluppo di Roma e si racchiudono in questo binomio: case e comunicazioni. I problemi della grandezza sono di altra specie: bisogna liberare dalle deturpazioni mediocri tutta la Roma antica, ma accanto all'antica e alla medioevale bisogna creare la monumentale Roma del XX secolo. Roma non può, non deve essere soltanto una città moderna, nel senso ormai banale della parola, deve essere una città degna della sua gloria e questa gloria deve rinnovare incessantemente per tramandarla, come retaggio dell'età fascista, alle generazioni che verranno.“; zit. nach Insolera, Italo / Pergo, Francesco: Archeologia e città. Storia moderna dei Fori di Roma, Bari 1999, S. 36.

2 „La necessità di comunicazione diretta fra il centro e la zona del Colosseo era stata intesa fin da epoca remota.“; Testa, Virgilio: Attuazione del Piano Regolatore, in: Capitolium, H. 9, 1933, S. 417–440, hier S. 419.

3 Zit. nach Insolera, Italo / Pergo, Francesco 1999 (wie Anm. 1), S. 37. Zur Frage von Antike und Altertumswissenschaft vgl. die umfangreiche Forschungsbibliographie sowie den Forschungsbericht in: Antike und Altertumswissenschaft in der Zeit von Faschismus und Nationalsozialismus, hg. v. Bernd Näf, Mandelbachtal/Cambridge 2001, S. 13–43 und S. 44–70.

4 Rede Mussolinis in der Sala degli Orazi e Curiazi auf dem römischen Kapitol, zit. nach Insolera, Italo / Pergo, Francesco 1999 (wie Anm. 1), S. 36.

5 Insolera, Italo / Pergo, Francesco 1999 (wie Anm. 1), S. 62.

6 Giglioli, Giulio Quirino: Il sepolcreto imperiale, in: Capitolium, H. 6, 1930, S. 550–557. Der Bau hatte eine bemerkenswerte Geschichte. Er wurde 29 v. Chr. als Teil eines größeren Programms errichtet, im Mittelalter diente er der Familie Colonna als Festung, in der Renaissance war er Teil des Gartens des Palazzo Soderini, 1880 wurde eine Glaskuppel errichtet und Modelle für den „Altare della Patria" ausgestellt. 1907 installierte man schließlich das städtische Auditorium in den Rundbau; vgl. die Chronologie in: Insolera, Italo / Sette, Alessandra Maria: Roma tra le due guerre. Cronache da una città che cambia, Rom 2003, S. 98.

7 Muñoz, Antonio: Roma di Mussolini, Rom 1935, S. 111; Insolera, Italo / Sette, Alessandra Maria 2003 (wie Anm. 6) 2003, S. 96–97; Schieder, Wolfgang, Faschistische Diktaturen. Studien zu Italien und Deutschland, Göttingen 2008, S. 137–138.

8 Mulè F. P.: La parola al piccione, in: Capitolium, H. 10, 1934, S. 465–468; Muñoz, Antonio: La sistemazione del Mausoleo di Augusto, in: Capitolium, H. 13, 1938, S. 491–508, hier S. 491–492; Wilkins, Ann Thomas: Augustus, Mussolini, and the Parallel Imaginary of Empire, in: Donatello among the Blackshirts. History and Modernity in the Visual Culture of Fascist Italy, hg. v. Claudia Lazzaro, Ithaca 2005, S. 57.

9 Romke Visser ging davon aus, dass die Darstellungen auf die christlichen und antiken Tugenden bezogen seien, die in den verschiedenen Inschriften erwähnt wurden; Visser, Romke: Pax Augusta and Pax Mussoliniana. The fascist cult of the romanità and the use of „Augustan" conceptions at the Piazza Augusto Imperatore in Rome", in: The power of imagery. Essays on Rome, Italy & Imagination, hg. v. Peter van Kessel, Rom 1993, S. 125.

10 Anna Cambedda, Maria Grazia Tolomeo Speranza, „L'apparato decorativo di piazza Augusto Imperatore", in: Gli anni del Governatorato (1926–1944). Interventi urbanistici scoperte archeologiche arredo urbano restauri, hg. v. Luisa Cardilli Alloisi, Rom 1995, S. 157–160.

11 Visser erkannte in dieser Person einen der frühen Siedler, die das Schwemmland kultivieren mussten; Visser, Romke 1993 (Anm. 9), S. 126.

12 „Hunc locum ubi manes Augusti volitant per aureas postquam imperatoris mausoleum ex saeculorum tenebris es extractum araeque pacis disiecta membra refecta Mussolini Dux veteribus angustiis deletis splendidioribus viis aedificiis aedibus ad humanitatis mores aptis ornandum censuit anno MDCCCCXL A.F.R. XVIII".

13 Schieder, Wolfgang 2008 (wie Anm. 7), S. 138.

14 „Bisogna liberare dalle deturpazioni mediocri tutta la Roma antica, ma accanto all'antica e alla medioevale bisogna creare la monumentale Roma del XX secolo."; zit. nach Insolera, Italo 1999 (wie Anm. 1), S. 36.

15 Thoenes, Christof: Italienische Renaissance-Architektur aus der Sicht des Faschismus, in: Architektur als politische Kultur, hg. v. Hermann Hipp und Ernst Seidl, Berlin 1996, S. 71.

16 Muñoz, Antonio 1938 (wie Anm. 8), S. 493–494.

17 Cederna, Antonio: Mussolini urbanista. Lo sventramento di Roma negli anni del consenso, Venedig 2006, S. 201–204; Schieder, Wolfgang 2008 (wie Anm. 7), S. 139.

18 Giglioli, Giulio Quirinio 1930 (wie Anm. 6).

19 „Noi abbiamo fede che il 23 settembre 1938 il Duce dell'Italia Nuova potrà, nel secolo millenario dalla nascita di Augusto, mirare il gran rudero, completamente isolato e circondato di nuovo da quei boschetti, che Augusto concesse al suo buon popolo di Roma"; Giglioli, Giulio Quirinio 1930 (wie Anm. 6), S. 567.

20 Gatti, Guglielmo: Il Mausoleo di Augusto. Studio di Ricostruzione, in: Capitolium, H. 10, 1934, S. 457–464.

21 Trentin, Filippo: Marcus Aurelius and the Ara Pacis: Notes on the notion of ‚origin' in contemporary Rome, in: Rome, Postmodern Narratives of a Cityscape, hg. v. Dom Holdaway, New York 2016, S. 115.

22 Dal Co, Francesco: Cambio di stagione?, in: Casabella, Jg. 70, H. 745, S.3; Casavella, Andirani, Carmen: Roma, Museo dell'Ara Pacis, Richard Meier. Opinioni a confronto – moderno troppo moderno, in: Casabella, Jg. 70, H. 745, S. 4–5; Careri, Francesco: Roma, Museo dell'Ara Paris, Richard Meier. Opinioni a confronto – fogli sul travertino, in: Casabella, Jg. 70, H. 745, S. 6–7.

23 Aymonio, Carlo, Lo scandalo Ara Pacis, in: Italia Nostra, Jg. 417, 2006, S. 11–15.

24 Comune di Roma: Concorso internazionale per la riqualificazione del Mausoleo di Augusto e di Piazza Augusto Imperatore, 10 maggio 2006, siehe www.vr. archiworld.it/doc/agenda_concorsi/90/Concorso%20Roma. pdf (2. März 2016); Nicolis Di Robilant, Manfredo: Nuova scena Urbana per il Mausoleo rivisitato, in: Il girornale dell'architettura, Jg. 6, H. 47, 2007, S. 16.

25 Comune di Roma: Concorso Internazionale per la riqualificazione del Mausoleo di Augusto e di Piazza Agusto Imperatore. Risultatui della prima fase, siehe www.comune.roma.it/PCR/resources/cms/documents/ Augusto_Imperatore.pdf (2. März 2016)

26 Cellini, Francesco: Riqualificazipne del Mausoleo e della piazza di Augusto Imperatore, in: Firenze architettura, Jg. 11, H. 2, 2007, S. 50–53; ATP Urbs et Civitas – Francesco Cellini: Progetto di Riqualificazione del Mausoleo di Augusto e di piazza Augusto Imperatore a Roma. Il mausoleo di Augusto e la sua Piazza: uno spazio pubblico, non solo archeologico. Il Progetto Esecutivo del primo stralcio di attuazione, April 2015, siehe www.comune. roma.it/PCR/resources/cms/documents/ piazzamausoleoaugusto.pdf (2. März 2016).

27 Romaniello, Luigina, Il progetto e la realizzazione della piazza Augusto Imperatore a Roma, in: Storia dell'urbanistica, Jg. 28, 2009, S. 188–204.

28 Vortrag Elisabeth Kieven: Trasformazioni della Piazza Augusto Imperatore a Roma, Tagung Spazi urbani e immagini del potere. Trasformazione e medialità nelle città italiane dall'antichità ad oggi, Istituto Svizzero di Roma, 5.6.2007.

29 Bari, Sandro: Intorno all'Augusteo. Una piazza sfortunata, in: Strenna dei Romanisti, Jg. 69, 2008, S. 55–65.

Vom „Fremdwerden" und „neuen Erinnerungsorten"

Zum Wandel von Denkmalbestand und -akteuren

HANS-RUDOLF MEIER

ZUSAMMENFASSUNG

Die Denkmalpflege kann als Produkt des modernetypischen Phänomens „Strukturwandel" verstanden werden. Der Wandel führt dazu, dass die Gesellschaft bestimmte Gebäude als besonders und schützenswert erachtet. Denkmale werden durch Historisierung und Inwertsetzungen zu etwas ‚Anderem' als Alltagsobjekte. Das hat auch zur Folge, dass sich durch gesellschaftlichen Wandel zwar ihre Bedeutung verändern kann, ihr Bestand aber nur in Extremfällen radikaler Umbrüche dadurch unmittelbar gefährdet ist (womit die Konsequenzen schleichender Gefährdungen nicht negiert, nur hier nicht diskutiert werden sollen). Langfristig wohl einschneidender sind die strukturwandelbedingten Veränderungen auf der Akteursseite. Die traditionelle bildungsbürgerliche Verbundenheit mit den Institutionen der Denkmalpflege schwindet. Das Interesse an Denkmalen steht in Konkurrenz zu anderen Zugängen auf die Vergangenheit und zu anderen Aufmerksamkeitserregern. Es ist überdies zu vermuten, dass mit der weiteren Ausdifferenzierung der Gesellschaft das breite gesellschaftliche Interesse an Denkmalen zukünftig nicht mehr allein mit der für das 20. Jahrhundert typischen ständigen Erweiterung der denkmalfähigen Objekte zu gewinnen sein wird. Neue soziale Gruppen und der fortschreitende gesellschaftliche Wandel erfordern neue Erbekonzepte, die mit dem Objektwissen der Denkmalpflege zusammenzubringen sind.

„Fremdwerden" als Voraussetzung moderner Denkmalpflege

Mit „Fremdwerden von Denkmalen" und „neuen Erinnerungsorten" rief der Call for Paper der diesjährigen Tagung Stichworte auf, die im Zusammenhang mit einer denkmalpflegerischen Strukturwandel-Diskussion eine vertiefte theoretische Auseinandersetzung erforderten. Der vorliegende Beitrag, der teilweise an die Ausführungen von Ingrid Scheurmann und Johanna Blokker anschließt, kann das nicht leisten, will aber ein paar Aspekte andiskutieren und damit zur weiteren Beschäftigung mit dem Thema anregen.

Wenn man den Strukturwandel als ein Charakteristikum der Moderne begreift (und als Reaktion auf damit verbundene Veränderungen des Baubestands, der besondere Schutz für bestimmte Bauten – eben die Denkmalpflege – ein modernetypisches Verfahren ist), so kann man schon am Anfang dieser Epoche und damit seit Anbeginn des Prinzips Denkmalpflege komplementäre Prozesse vom Fremdwerden und Zugewinn neuer Objektgruppen (Aneignung) beobachten. Den Auftakt bildet die Französische Revolution, wobei hier nicht weiter darauf einzugehen ist, ob Revolutionen Momente besonders radikalen und raschen Strukturwandels sind oder aber Folge eines solchen. In der Französischen Revolution wandte sich der „Vandalisme révolutionnaire" gegen Objektgruppen – insbesondere die Kirchen –, die als Repräsentanten des Ancien Regime von den treibenden Kräften der Revolution als fremd rezipiert wurden.[1] Schon hier wird deutlich, dass „Zuschreibung von Fremdheit (…) ein kommunikativer Akt" und keine Eigenschaftsbeschreibung ist.[2] Die Zerstörungen als Verlusterfahrung provozierten Reaktionen und schon bald erließen die Organe der Revolution Verordnungen zum Schutz der bedrohten Monumente, die durch die Enteignung von Kirche und Krone in den Besitz der Nation übergegangen und damit nun anzueignende Objekte waren.[3] Die materiellen Repräsentanten der gestürzten Herrschaft wurden durch Historisierung zu Kulturgütern im Besitze des Volkes, das Fremde zum Eigenen oder besser: zum Angeeigneten. Mit der Historisierung gingen Prozesse der Enträumlichung einher, wurden die beweglichen Kulturgüter doch aus ihrem traditionellen Kontext entfernt und mit neuer Funktion zur Bildung und Erbauung der Bürger in der neu geschaffenen Institution Museum ausgestellt.[4] Die Dialektik von Alterisierung und Aneignung versetzte die Objekte in einen neuen Status.

Historische Distanzierung, Fremdwerden oder Alterisierung durch Historisierung, ist eine Voraussetzung für den wissenschaftlichen Blick auf die Dinge, und damit auch für die wissenschaftliche Auseinandersetzung, aus der erst Denkmale resultieren.[5] „Das Denkmal ist nicht das gerettete Eigene, sondern Produkt einer Aneignung. Zwischen dem Eigenen und dem Angeeigneten tut sich ein erster Spalt zur Fremdheit des Denkmals auf."[6] Diesen „Spalt zur Fremdheit" lässt sich im Begriff der Alterisierung fassen und damit die Relationalität des Ganzen verdeutlichen: Um das Eigene zu begreifen, braucht es ein Gegenüber, Identität und Alterität gehören zusammen.[7] Das wird dann besonders deutlich, wenn genau dieser Zusammenhang geleugnet wird. Roland Barthes sah in seiner Studie über die Mythen des Alltags den rechten Mythos gekennzeichnet u.a. durch den „Entzug der Geschichte" und die „Identifizierung"[8]: Der (rechte) Kleinbürger sei ein Mensch, der unfähig sei, sich die Anderen (das Andere) vorzustellen. Er ignoriere oder leugne den Anderen oder er verwandle ihn in sich selbst. Der Andere werde als Skandalon empfunden, das das eigene Wesen bedrohe. Auf diesen vor mehr als fünfzig Jahren beschriebenen Mechanismen beruhen auch heute die Erfolge rechtspopulistischer Bewegungen.

In weiter radikalisierter Form wird das Andere zum wirklich Fremden in den aktuellen Denkmaldestruktionen von Daesch (sog. „IS-Kalifat") und ähnlichen Gruppierungen. Konzepte kulturellen Erbes kennen sie nicht, widersprechen doch die Mehrdeutigkeit historischer Artefakte und deren Bezeugung gesellschaftlicher Veränderbarkeit dem Ideologem einer alternativlosen Gegenwart.[9] Man stützt sich ausschließlich auf vermeintliche Traditionen. Theodor W. Adorno hätte das als „schlechten Traditionalismus" bezeichnet, der unreflektiert „Distanzen herabsetzt [und] frevelnd nach Unwiederbringlichem greift".[10] Religiöse Extremisten akzeptieren kein Anderes; neben dem Eigenen gibt es für sie nur das ganz Fremde, das bekämpft und zerstört wird. Vor dieser Folie einer totalen Enthistorisierung wird die für unser Denken so prägende Fähigkeit zur Historisierung erst richtig als Kulturleistung deutlich.

Denkmalpflege nach dem Ende des Bildungsbürgertums?

Bleiben wir vorerst bei den Akteuren: Die Etablierung und Institutionalisierung der Denkmalpflege war mit dem Erstarken des Bürger- und Beamtentums zur staatstragenden Schicht der modernen Nationen verbunden. „Die Organisationen der Heimatbewegung stellten in wilhelminischer Zeit ein Forum für die Zusammenarbeit der bürgerlichen Eliten dar, von Bildungsbürgern, Fachbeamten aus der Bau- und Kulturverwaltung sowie Politikern. Insofern übernahm die Heimat- und Denkmalpflegebewegung im kulturellen Sektor die Aufgabe, die die Wohnreformbewegung in der Sozialpolitik ausfüllte."[11] Bürgerliche Vereine standen aber nicht nur an der Wiege der Denkmalpflege, sondern gehörten auch im 20. Jahrhundert zu ihren Stützen und versammeln bis in unsere Tage Engagierte als Freiwillige in der Denkmalpflege. Aus diesen bildungsbürgerlichen Mittelschichten stammten auch die Protagonisten der Erweiterungen der denkmalwürdigen Bauaufgaben des 20. Jahrhunderts: Zu den Nationaldenkmälern, den Schlössern und Kirchen als zentrale Denkmalkategorien des 19. Jahrhunderts, kamen um 1900 zuerst die Bürgerhäuser, deren Inventarisierung wesentlich von den Architekten- und Ingenieurvereinen getragen wurde,[12] dann die bäuerliche Architektur und die Bauten der Technikgeschichte, der Massenwohnungsbau der Gründerzeit und schließlich die Bauten der Arbeits- und Arbeiterwelt.[13] Auch wenn der Blick auf ‚neue' Bauaufgaben und Denkmalkategorien gelegentlich in Konkurrenz oder Opposition zu den etablierten Institutionen (auch der Denkmalpflege) erfolgte, hat sich dadurch, so scheint es im Rückblick auf das 20. Jahrhundert, der Kreis der Träger denkmalpflegerischen Handelns nicht grundsätzlich verändert (sieht man davon ab, dass die bürgerliche Mittelschicht insgesamt eine Verbreiterung erfuhr). Aus der Distanz und angesichts der jüngeren Entwicklungen wird deutlich, wie sehr auch der aus der Opposition zum festgefahrenen Denken der Nachkriegszeit gepriesene Aufbruch der frühen 1970er Jahre auf bildungsbürgerlichen Leitvorstellungen beruhte.

Die gegenwärtige existenzielle Krise des bürgerlichen Vereinswesens bereitet nun allerdings auch der Denkmalpflege und ihren Publikumsvereinigungen Probleme. Exemplarisch dafür ist der Mitgliederschwund der Gesellschaft für Schweizer Kunstgeschichte GSK, der das existentielle Ausmaß der Krise verdeutlicht: Der inzwischen 135-jährige Publikumsverein ist seit fast hundert Jahren Träger des schweizerischen Kunstdenkmäler-Inventarisierungswerks (mit gegenwärtig 126 edierten und etwa 20 in Arbeit befindlichen Bänden).[14] Als ich der GSK als Student beitrat (was damals für angehende KunsthistorikerInnen selbstverständlich war), hatte sie zahlenmäßig mit über 12.000 Mitgliedern den Höchstbestand in ihrer Geschichte erreicht; heute sind es noch gut 3.000 Mitglieder, was kaum mehr zur Aufrechterhaltung der nötigen Infrastruktur reicht und zur Diskussion von Exit-Strategien zwingt.

Zwar werden den Bürgern nicht zuerst die Denkmale fremd, sondern – in der Folge von Individualisierung und Ausdifferenzierungsprozessen – die Bereitschaft zur Bindung an Vereine. Andere Formen bürgerschaftlichen Engagements blühen durchaus, und doch bleibt dieser gesellschaftliche Strukturwandel längerfristig nicht ohne Auswirkungen auf die Denkmalpflege. Denn es sind eben keine selbstverständlichen, affektiven Zuneigungen mehr zum Denkmalbestand und seinen Institutionen, die mit zum Bildungshorizont gehören. Vielmehr muss heute die Aufmerksamkeit fallweise erst gewonnen werden und steht jeweils in Konkurrenz zu ganz anderen gerade aktuellen Dingen und Aufmerksamkeitserregern.

Bedeutungswandel

Auf der Objektseite scheint der Strukturwandel den Denkmalcorpus sowohl zu erweitern – indem etwa aus einstigen Produktionsstätten nutzungsoffene Denkmale werden – als auch allmählich zu schmälern, fallen doch manche leeren Industriebauten und Kirchen trotz Denkmalstatus dem Abbruch zum Opfer. Grundsätzlich destabilisiert wird der Denkmalbestand aber dadurch solange nicht, als es sich nicht um abrupte, revolutionäre Umwälzungen des Herrschaftssystems handelt. Solche gehen in der Regel mit einer plötzlichen Dezimierung insbesondere des Bestandes gesetzter Denkmäler einher. Stärker als die Zahl der Denkmale ändert sich durch den Strukturwandel deren Bedeutung. Zuweilen verblasst sie und die Denkmale werden – wie die Kriegergräber des Ersten Weltkriegs oder die Bismarcktürme – zu Relikten, die nur noch für vergangene Zeiten und fremd gewordene Erinnerungen zeugen. Manche werden auch ihrer ursprünglichen Funktion, deren Erinnerung sie ihren Denkmalstatus mitverdanken, entfremdet. Die Zeche, die zur schicken Event-Location geworden ist, lässt kaum mehr etwas von den einstigen Produktionsverhältnissen und Arbeitsbedingungen erahnen, die ehemalige Kirche, die als Landmarke und lokaler Identitätsanker weiter existiert und als Mehrzweck- oder Ausstellungsraum, Hochzeitslokal oder was auch immer genutzt wird, ist für

die nicht (mehr) christliche Bevölkerung in ihrer einstigen räumlichen Funktion weitgehend unverständlich. Aber das Kolosseum in Rom schätzen wir ja auch nicht als Erinnerungsstätte blutig-grausiger Spektakel, sondern als eine Ikone römischer Architektur und früher Denkmalpflege.

Inwiefern die Denkmallisten diesen Strukturwandel spiegeln, ist fraglich, werden sie doch eher selten konsequent weitergeschrieben. Realiter dürften viele Denkmale gelistet sein mit Begründungen, die weder ihren gewandelten Bedeutungen noch dem aktuellen baulichen Zustand entsprechen. Es sind dabei nicht nur ‚schleichende' Veränderungen, die unregistriert bleiben, sondern auch solche, die denkmalrechtlich genehmigt, denkmalpflegerisch begleitet und besten Falls auch angemessen dokumentiert sind. Ulrike Wendland, Landeskonservatorin von Sachsen-Anhalt, fragt in diesem Zusammenhang: „Doch was geschieht nach Veränderungen am Denkmal denkmalkundlich? Gehen die Neuerkenntnisse, die Gewinne und Verluste an Denkmalbestandteilen und -merkmalen systematisch in die Denkmalbeschreibungen und -begründungen der Denkmallisten ein?"[15] Auch sie beobachtet, „dass diese Veränderungen selten in die Denkmalbeschreibungen und -begründungen übernommen werden", und zwar nicht nur aus Mangel an personellen Kapazitäten, sondern weil „verabredete Kriterien zur denkmalkundlichen Bewertung sich transformierender Denkmale" fehlen.[16]

Neue Erinnerungsorte

Neben neuen Bedeutungen für alte Denkmale resultieren aus dem Strukturwandel als neue Erinnerungsorte auch neue Denkmale. Daneben können neue Erinnerungsorte aber auch alte oder neue Orte sein, die keine Denkmale im herkömmlichen Sinne sind.

Der Fall, dass bisher unbeachtete Orte durch neues gesellschaftliches Interesse in den Fokus geraten, kennen wir durch die bereits genannten Erweiterungen um immer neue denkmalwürdige Objektgruppen im Laufe des 20. Jahrhunderts. Protagonisten dieses Prozesses waren die oben angesprochenen, traditionell die Denkmalpflege tragenden, sich allerdings im Laufe des 20. Jahrhunderts verbreiternden und ausdifferenzierenden bildungsbürgerlichen Mittelschichten. Der Aufstieg neuer Objektgruppen zur Denkmalwürdigkeit kann als Inklusion und Demokratisierung verstanden werden. Sie stützte und stützt sich letztlich auf die traditionellen Narrative der nationalen Identitätsbildung, deren Basis sich stets verbreitete und sich weiter verbreitet.

Eine der letzten Erweiterungen bezieht sich auf die Zeugnisse des Kolonialismus. In diesem Kontext der *post colonial studies* werden in jüngerer Zeit aber diese Konzepte auch verstärkt kritisiert und fundamental in Frage gestellt. Monica Juneja etwa moniert an Pierre Noras „Lieux de memoires", dass diese den Zusammenhang zwischen dem Gedächtnisort (Kulturerbe) und einer konsensuellen Identitätsbildung innerhalb von Nationen voraussetzten, statt zu hinterfragen, ob die Deutung der Geschichte durch diese Orte exkludierend, gruppenspezifisch o.ä. sein könnte.[17] Auch Joachim Baur konstatiert in seiner Dissertation zu den Migrationsmuseen, diese seien nicht Ausgangspunkte trans- oder postnationaler Narrative, sondern inszenierten die Migration lediglich als erweiterte Fundierung der Nation unter gewandelten Bedingungen. Sie verwandelten damit die eigentlich universale Geschichte der Migration in eine nationale (der Emigranten bzw. der dann erfolgreich integrierten Immigranten). Die potentiell über- oder antinationale Perspektive der Migration als globales Phänomen seit der Ausbreitung des Menschen über die Erde werde national gewendet.[18]

Im Lichte dieser Kritik erscheinen neue Denkmale und Erinnerungsorte als stabilisierende Faktoren der bekannten Konzepte und Narrative. Aus der Kritik ergibt sich freilich die Perspektive, diese Denkmale als Katalysatoren für neue Horizonte zu verstehen. Dass durch neue Akteure alte Denkmale mit neuen Bedeutungen angereichert werden können, hat Gülsah Stapel am Beispiel des Berliner Mariannenplatzes exemplifiziert.[19] Zum dortigen Diakonissen-Krankenhaus und dem von Lenné gestalteten Platz wird bereits in der Denkmalbegründung neben architektur-, stadt- und sozialgeschichtlichen Argumenten auch der Aufstand von 1848 genannt, den der dort in der Apotheke tätige junge Theodor Fontane miterlebte, worauf er sich entschloss – wie er in seiner autobiografischen Schrift „Zwischen Zwanzig und Dreißig" schildert – fortan sich ganz dem Schriftstellerdasein zu widmen. Als vorerst neuste Schicht hinzu gekommen ist die Bedeutung von Platz und inzwischen aufgelassenem Krankenhaus für die linke Berliner Szene

der 1970er Jahre und insbesondere auch für die der türkischen Emigranten. Dabei ist, so Stapel, diese Überlagerung mit bestehenden, traditionellen Narrativen wichtig, sei doch „gerade die Koinzidenz der eigenen Geschichte mit einem bestimmten Abschnitt der ‚offiziellen' Geschichte entscheidend für die Identitätsbildung".[20] Dadurch, dass der für die neuen Akteure neue Erinnerungsort zugleich ein Denkmal im traditionellen Sinne ist, wirkt dieses auch hier integrierend.

Neue Erbekonzepte

Wenn aber neue Akteure mit möglicherweise anderen Geschichts- bzw. Vergangenheitskonzepten neue Erinnerungsorte ins Spiel bringen, ist das dann eine nächste Erweiterung der Objektgruppen oder wird es möglicherweise auch ein anderes Spiel? Wie robust oder dehnbar ist der Denkmalbegriff? Oder geht er auf im zunehmend an Gewicht gewinnenden Begriff des Erbes und den damit verbundenen Konzepten? Dem hält der Genfer Denkmalpfleger und Vizepräsident der Eidgenössischen Kommission für Denkmalpflege jüngst entgegen: „Nie war das Interesse für Geschichte so eklektisch wie heute, der öffentliche Kulturerbe-Diskurs ist geprägt vom Verlust jeglicher epistemologischer, sozialer und historischer Bezüge. Seit Mitte des 20. Jh. hat sich zugleich das Feld des Kulturerbes erheblich ausgeweitet; es besteht das Problem, dass, wenn alles Kulturerbe wird, nichts mehr wirklich Denkmal ist."[21]

Man muss und sollte diese pessimistische Sicht nicht teilen, aber sie ist ein sicherer Beleg dafür, dass man an verschiedenen Orten und Ebenen Veränderungen registriert, die zu grundsätzlichen Überlegungen und möglicherweise neuen Sichtweisen zwingen. Neuere Konzepte wie das der Erbengemeinschaften,[22] des Storyscape[23] oder der Traditional Cultural Properties[24] verbindet eine verstärkt akteurs- und nicht mehr ausschließlich objektzentrierte Perspektive. Wie sie mit dem großen Objektwissen der Denkmalpflege zusammenzudenken sind, ist eine der Aufgaben einer zukunftsfähigen Kulturerbetheorie.[25] Der Strukturwandel in der Gesellschaft hat jedenfalls auch die Denkmalpflege erfasst und verändert.

Anmerkungen

1   Zu dem von Henri Baptiste Grégoire geprägten Begriff vgl.
    Sprigath, Gabriele: Sur le vandalisme révolutionnaire,
    in: Annales historiques de la Révolution Francaise 52. Jg.,
    1980, S. 510–535.

2   Münkler, Herfried (Hrsg.): Furcht und Faszination.
    Facetten der Fremdheit, Berlin 1997, S. 13, zitiert nach:
    Wohlleben, Marion: Baudenkmale – Unheimlich vertraut,
    ganz schön fremd oder nur anders? Gedanken zum
    Thema, in: Fremd, vertraut oder anders? Beiträge zu
    einem denkmaltheoretischen Diskurs, hg. von Marion
    Wohlleben, München / Berlin 2009, S. 9–15, hier: S. 10.

3   Choay, Françoise: Das architektonische Erbe, eine
    Allegorie. Geschichte und Theorie der Baudenkmale
    (Bauwelt Fundamente 109), S. 74–93.

4   Dazu Lipp, Wilfried: Stadt – Raum – Verlust. Baukultu-
    relles Erbe in Bedrängnis, in: Ders.: Kultur des Bewah-
    rens. Schrägansichten zur Denkmalpflege, Wien / Köln /
    Weimar 2008, S. 233–240, bes. 235f.

5   Wohlleben, Marion 2009 (wie Anm. 2), mit Bezug auf:
    Weder, Hans: Die Frucht des Fremden, in: Ebenda, S.
    25–29, bes. S. 26: Historische Distanzierung als
    Kulturleistung.

6   Vinken, Gerhard: Das Fremde als das Eigene. Das St.
    Alban- und das St. Johannstor in Basel, in: Wohlleben,
    Marion 2009 (wie Anm. 2), S. 115–123, hier S. 116 sowie
    Ebenda. S. 122: „Wir sind nicht Konservatoren einer
    Quelle, sondern Hüter dieser Fremdheit."

7   Dazu Meier, Hans-Rudolf: Zwischen Fremdheit und
    Identität: Zur Alterität des Denkmals, in: Wohlleben,
    Marion 2009 (wie Anm. 2), S. 141–150.

8   Barthes, Roland: Mythen des Alltags. Vollständige
    Ausgabe, Berlin 2010, S. 306f.

9   Dazu auch Heinz, Marlies: Vollständige Vernichtung als
    Ziel. IS und die Kulturgüter, in: FAZ vom 11.03.2015.

10 Adorno, Theodor W.: Über Tradition, in: Ders.:
    Gesammelte Schriften Bd. 10/1, Frankfurt a.M. 1977,
    S. 310–320, hier: S. 316.

11 Speitkamp, Winfried: Die Verwaltung der Geschichte.
    Denkmalpflege und Staat in Deutschland 1871–1933,
    Göttingen 1996, S. 151f.

12 Beschluss zur Aufnahme, Erforschung und Erhaltung von
    Bürgerhäusern am Tag f. Denkmalpflege 1902, dazu
    Wohlleben, Marion: Konservieren oder restaurieren?
    Zur Diskussion über Aufgaben, Ziele und Probleme der
    Denkmalpflege um die Jahrhundertwende, Zürich 1989,
    S. 58; Speitkamp, Winfried 1996 (wie Anm. 11), S. 94.

13 Exemplarisch: http://denkmaldebatten.de/protagonisten/
    roland-guenter/roland-guenter-wirken (12. Juni 2016).

14 www.gsk.ch/de/die-kunstdenkmaeler-der-schweiz-kds.
    html (17. Februar 2016).

15 Wendland, Ulrike: Wir müssen reden! Über Authentizität
    danach und den Moment des richtigen Aussteigens, in:
    Denkmalpflege: Kontinuität und Avantgarde. Dokumenta-
    tion der Jahrestagung der Vereinigung der Landesdenk-
    malpfleger in der BRD vom Juni 2013 in Erfurt, Erfurt/
    Altenburg 2014, S.243–246, hier: S. 243.

16 Die Problematik wird in der Regel gar nicht angespro-
    chen; typisch dafür: Heckmann-von Wehren, Irmhild:
    Revision und Nachqualifizierung der Bayerischen
    Denkmalliste, in: Sozialer Raum und Denkmalinventar.
    Vorgehensweisen zwischen Erhalt, Verlust, Wandel und
    Fortschreibung (= Veröffentlichungen des Arbeitskreises
    Theorie und Lehre der Denkmalpflege e.V. Bd. 17),
    hg. v. Birgit Franz und Gabi Dolff-Bonekämper,
    Dresden 2008, S. 61–65.

17 Juneja, Monica: Architectural Memory between
    Representation and Practice: Rethinking Pierre Nora's Les
    lieux de mémoire, in: Indra Sengupta (Hrsg.):
    Memory, History, and Colonialism. Engaging with Pierre
    Nora in Colonial and Postcolonial Contexts. German
    Historical Institute London Bulletin Supplement 1,
    London 2009, S. 11–36.

18 Baur, Joachim: Die Musealisierung der Migration:
    Einwanderungsmuseen und die Inszenierung der
    multi-kulturellen Nation, Bielefeld 2009, S. 248f.

19 Stapel, Gülsah: Identität und Erbe: Der Mariannenplatz
    – ein Erinnerungsort türkischer Berliner, in: Das Erbe
    der Anderen. Denkmalpflegerisches Handeln im Zeitalter
    der Globalisierung, hg. v. Gerhard Vinken,
    Bamberg 2015, S. 69–76.

20 Ebenda, S. 71.

21 Zumthor, Bernard: Le patrimoine en 2015, evidences et
    paradoxes, in: NIKE-Bulletin 30, 2015/4, S. 4–11,
    hier: S. 11.

22 Ivanova, E. L.: Die Unerschütterlichkeit und wechselhafte
    Konturen des Erbes, in: Ethnomethodologie: Probleme,
    Ansätze, Konzeptionen, Ausgabe 4, Moskau 1997, S.
    9–24, bes. 14–16 (russ. Original abrufbar unter
    http://old.iea.ras.ru), zitiert nach: Davydov, Dimitrij:
    Das „fremde" Erbe. Grenzsicherungsanlagen der
    1920er–1940er Jahre als Gegenstand des Denkmalschut-
    zes in Russland, (Diss.) Bonn 2014: http://hss.ulb.
    uni-bonn.de/2014/3857/3857.pdf (20.2.2016); Dolff-Bone-
    kämper, Gabi: Das Hansaviertel und seine Architekten,
    in: Wagner-Conzelmann, Sandra (Hrsg.): Das Hansaviertel
    in Berlin und die Potenziale der Moderne,
    Berlin 2008, S. 114–127.

23 Kaufman, Ned: Place, Race and Story: Essays on the Past
    and Future of Historic Preservation, New York 2009.

24 King, Thomas F.: Places That Count. Traditional Cultural
    Properties in Cultural Resource Management, Walnut
    Creek/Oxford 2010.

25 Vgl. dazu das DFG-Graduiertenkolleg „Identität und Erbe"
    an der TU Berlin und der Bauhaus-Universität Weimar,
    www.identitaet-und-erbe.org.

Erst Wunschtraum, heute Alptraum?

Auswirkungen des Strukturwandels auf die Architektur
des Massentourismus in Ost- und Westdeutschland

DANIELA SPIEGEL

ZUSAMMENFASSUNG

Der vorliegende Beitrag beschäftigt sich mit den
baulichen Hinterlassenschaften aus der Blütezeit
des Massentourismus an den Küsten Ost- und Westdeutschlands. Aus dem Blickwinkel des Tagungs-
themas wird die touristische Erschließung der Küstenregionen in zweifacher Hinsicht betrachtet: zum
einen geht es um den strukturellen Wandel, der
unabhängig des politischen Systems durch den Bauboom der 1960er und 1970er Jahre ausgelöst wurde. Im Osten war es der betrieblich und gewerk-
schaftlich gesteuerte Sozialtourismus, im Westen
war es die Zonenrandförderung, die binnen kurzer
Zeit die spärlich besiedelten, bis dato nur mit wenigen exklusiven Seebädern ausgestatteten Landstri-
che in touristische Massendestinationen verwan-
delte. Zum anderen wird untersucht, inwiefern die
politische Wende 1989/90, mit der beiderseits der
gefallenen Mauer die Subventionen für die touristischen Bauvorhaben wegbrachen, als strukturwandelndes Element für diese Regionen einzustufen ist.
Welche Auswirkungen hatte die Wende sowohl auf
die Auslastung als auch auf das Image der Großanlagen? Wie werden die ‚Bettenburgen aus Beton‘,
die einen nicht unwesentlichen Teil des baulichen
Erbes dieser Zeit darstellen, heute wahrgenommen
und welche Rolle spielen sie für die Denkmalpflege?
Diese und andere Fragen werden anhand verschiedener Beispiele aus ost- und westdeutschen Küstenregionen diskutiert.

Einführung

Die Architektur des Massentourismus ist ein Thema, das bei den meisten Personen unseres Kul-
turkreises unmittelbare Bilder und Erinnerungen
hervorruft. Je nach Herkunft und Sozialisierung
differieren diese Bilder – bei dem einen sind es vielleicht Hotelkomplexe in Spanien oder Italien, bei
dem anderen sind es womöglich Erinnerungen an
Jugendferienlager und überfüllte Campingplätze an
der Ostsee.

Wenngleich man in Bezug auf massentouristische Architektur in Deutschland zunächst vielleicht nur an die ehemalige DDR denken mag, die
aufgrund ihrer rigiden Reisepolitik gezwungen
war, möglichst viele Ferienplätze im eigenen Land
zu schaffen, handelt es sich doch um ein gesamt-
deutsches bzw. internationales Phänomen, das ein
entsprechend reichhaltiges bauliches Erbe hinterlassen hat. Dieses Erbe ist denkmalpflegerisch ähnlich diffizil und bedroht wie andere Großbauprojekte dieser Zeit – doch anders als Wohnsiedlungen
oder innerstädtische Gesellschaftsbauten ist diese
Baugattung bis dato noch kaum Gegenstand denkmalpflegerischer Debatten oder gar Ziel von Unter-
schutzstellungsmaßnahmen geworden.

In dem vorliegenden Beitrag soll dieses Erbe,
fokussiert auf die Küstenregionen Ost- und Westdeutschlands, unter dem Blickwinkel des Tagungs-
themas Strukturwandel betrachtet werden.

Vorgeschichte

Die Ursprünge des deutschen Massentourismus gehen zurück auf die Arbeiterbewegung, als um die
vorletzte Jahrhundertwende die Gewerkschaften
begannen, für ihre Mitglieder das Recht auf Urlaub
zu erstreiten. Dazu errichteten sie – als Alternative
zu den für Arbeiter unbezahlbaren Hotels – ge-
werkschaftseigene Ferienheime.[1] Diese waren noch
recht überschaubar in Anzahl und Bauvolumen,
und befanden sich vornehmlich in den Mittelgebirgen, während die bereits touristisch entwickelten
Küstengebiete den Mittel- und Oberschichten vor-
behalten blieben.

Der architektonische Startpunkt des deutschen
Massentourismus ist zweifelsohne in Prora auf Rügen zu verorten. Mit diesem „Bad der 20.000“, das
zu den bekanntesten megalomanen Bauprojekten
des Nationalsozialismus zählt, wollte die Organisation „Kraft durch Freude“ die massentouristische
Eroberung der Küsten in Angriff nehmen, und, wie
der Name bereits suggeriert, sollten hier zum ersten
Mal Kapazitäten geschaffen werden, die städtische

Ausmaße annehmen. Das ambitionierte Projekt blieb in bekannter Weise Rohbau. Eine Fertigstellung mit gleicher Nutzung nach dem Krieg kam aus politischen Gründen für die DDR nicht infrage, gleichwohl wurde in dem von der NVA genutzten Teilbereich der Anlage auch ein Ferienheim für Armee-Angestellte eingerichtet.[2]

Zur Entwicklung in der DDR

In der ehemaligen DDR nahm das Erholungswesen eine zentrale Rolle ein: seit der Staatsgründung war das Recht auf Urlaub jedes Werktätigen in der DDR verfassungsrechtlich verankert. Urlaub war ein wichtiger Pfeiler der Sozialpolitik, der neben der Wiederherstellung der Arbeitskraft vor allem der Zufriedenstellung der Bevölkerung und somit auch zur Legitimierung und Stabilisierung des Systems diente. Dementsprechend wurden die staatlich organisierten Ferienreisen, die aufgrund der rigiden Reisebestimmungen zu drei Vierteln im eigenen Land stattfanden, hoch subventioniert. Der Urlauber trug in der Regel nur ein Drittel der tatsächlichen Kosten. Größter Ferienanbieter nach betrieblichen Erholungseinrichtungen und staatlichen Campingplätzen war der Feriendienst des Freien Deutschen Gewerkschaftsbunds (FDGB).[3]

In groß angelegten staatlichen Enteignungsaktionen wurden Kurhäuser, Hotels und Pensionen dem FDGB überschrieben, der dafür Sorge zu tragen hatte, dass die Kur- und Seebäder des Landes fortan den Werktätigen gehörten. Aufgrund der somit rapide ansteigenden Urlauberzahlen musste der FDGB schnell expandieren, bereits ab Anfang der 1950er Jahre wurden zunächst vor allem in den Mittelgebirgen auch neue Ferienheime errichtet.[4] Als bald darauf deutlich wurde, dass die Kapazitäten an der Ostseeküste bei weitem nicht ausreichen würden, um die Nachfrage auf Urlaub am Wasser zu befriedigen, wurde ein Planungsstab einberufen, der das Land im Hinblick auf sein touristisches Potenzial analysierte. Als Ausweichregion für die Küste wurde die bis dato touristisch noch unerschlossene Mecklenburger Seenplatte erkannt.[5]

Doch obwohl man sich stark bemühte, mit neu gebauten Ferienheimen und so genannten Urlauberdörfern ein attraktives Angebot zu schaffen, wurden die Mecklenburger und Brandenburger Seen von der Bevölkerung als nicht adäquate, zweite Wahl empfunden, der Druck auf die Ostsee blieb ungebrochen. So entwickelte der FDGB Ende der 1960er Jahre hochstrebende Visionen zur Schaf-

fung eines „ersten sozialistischen Seebades" auf der Insel Rügen. Auf der sog. Schaabe, einem schmalen Landstreifen zwischen Glowe und Juliusruh, sollte eine umfangreiche Anlage entstehen, die – im Endzustand 20.000 Betten umfassend – die Dimensionen von Prora erreicht hätte. Ein Riesenprojekt, dass das Kapazitätsproblem an der Ostsee erheblich gemildert und die Region tiefgreifend verändert hätte. Nach umfassenden Voruntersuchungen über die notwendigen Strukturveränderungen (z.B. zur Unterbringung und Beschäftigung der erforderlichen Arbeitskräfte während und nach der Saison sowie zur erforderlichen baulichen und verkehrlichen Infrastruktur) wurde 1969 ein Wettbewerb durchgeführt.[6] Zur Ausführung kam das Projekt nicht: Aufgrund der anhaltenden wirtschaftlichen Probleme des FDGB respektive des gesamten Landes sowie auch bedingt durch den Machtwechsel von Walter Ulbricht zu Erich Honecker 1971 verlief die Planung sozusagen im Ostseesand.

Die touristische Entwicklung der Küste blieb ein Problemkind des FDGB. Regelmäßig formulierte Forderungen nach regionalübergreifender Erholungsplanung oder auch nach Ausführung bereits geplanter Bauprojekte wurden immer wieder ausgesetzt.[7] Die zuständige Räte der Kreise oder Bezirke verwiesen auf mangelnde Baukapazitäten sowie die Priorität der Umsetzung des auf dem VIII. Parteitag 1971 festgelegten Wohnungsbauprogramms. Zudem beharrten die Betriebe und Kombinate auf Selbstverwaltung ihrer mühsam selbst geschaffenen Urlaubsplätze (meist Bungalows oder kleinere Ferienheime). Somit blieb die vonseiten des FDGB stets bemängelte „Zersplitterung des Erholungswesens" bestehen.[8]

Nach Aufgabe des Schaabe-Projekts verlagerte der FDGB seine Interessen auf das Rügener Seebad Binz, wo er zwischen 1972 und 1983 drei große Erholungskomplexe mit acht Bettenhäusern baute.[9]

Zur touristischen Bautätigkeit gehörte auch die Errichtung von Interhotels, die für devisenstarke ausländische Gäste gedacht waren, allerdings nur in geringer Anzahl, denn anders als in Bulgarien oder Rumänien wurde der ausländische Tourismus in der DDR niemals als potentieller Wirtschaftszweig erkannt. Stattdessen beschloss am 28. September 1971 das Politbüro des Zentralkomitees der SED, zur „Verbesserung der Arbeits- und Lebensbedingungen der Arbeiterklasse" 80% der Kapazitäten von zunächst drei Interhotels dem FDGB zur Verfügung zu stellen, darunter auch das Hotel Neptun in Warnemünde.[10]

Binz auf Rügen, FDGB-Ferienheime „Rugard" und „Stubbenkammer" (1972–76), zeitgenössische Aufnahme (1979)

Klink, FDGB-Ferienheim „Herbert Warnke" (1972–74) als Erweiterung der Urlaubersiedlung „Völkerfreundschaft", zeitgenössische Aufnahme (1979)

Dennoch verfolgte der auf Rationalisierung bedachte FDGB weiter den Neubau eigener Heime, möglichst in Form so genannter „Wiederverwendungsprojekte". So wurde beispielsweise aus einem Typenprojekt des Wohnungsbaukombinats Halle, das als Wohnhaus bereits in Dessau und Halle realisiert worden war, ein Y-förmiger Ferienheimbau für das nördliche Flachland generiert.[11] Dieser Bau besaß neben seiner städtebaulichen Wirkung als Solitär den Vorteil, dass die Erschließung der drei Bettenhausflügel durch lediglich ein Haupttreppenhaus, den sog. Gleitkern, erfolgen konnte. Zunächst wurde der 800-Betten-Bau 1972–74 als Erweiterung der eingangs gezeigten Urlaubersiedlung Klink errichtet (FDGB-Ferienheim „Herbert Warnke"), 10 Jahre später folgte ein zweites Ferienheim dieses Typs in leichter Variation in Templin (FDGB-Ferienheim „Friedrich Engels").

Die Ferienheime dieser Generation und Größe unterschieden sich, was die Ausstattung betraf, kaum mehr von Hotels, sie verfügten meist über Kegelbahnen, hauseigene Schwimmbecken und Saunen, um wetter- und saisonunabhängige Angebote zu garantieren und um den Anschluss an das „Weltniveau" nicht zu verlieren.[12]

In Klink wie auch in den meisten anderen Ferienheim-Neubauten des FDGB wurde großer Wert auf die Gestaltung der Gesellschaftsbereiche im Innen- und Außenraum gelegt. Hier bot sich für Innenarchitekten, die von Beginn an in den Entwurf einbezogen wurden, ein recht großer Gestaltungsspielraum, der auch dahingehend genutzt wurde, den Typenprojekten ein gewisses Lokalkolorit zu verleihen, vor allem in den gastronomischen Bereichen. Oftmals wurden hierfür örtliche Künstler engagiert.

Die Feriengroßprojekte an der westdeutschen Ostseeküste

Auch auf der anderen Seite der Mauer wurde die Ostseeküste Ende der 1960er Jahre für den Massentourismus erschlossen. Im Vergleich zu den westdeutschen Anlagen wird deutlich, dass die größenwahnsinnig erscheinenden Dimensionen des Schaabe-Projekts keine „Hirngespinste" übermütiger FDGB-Funktionäre waren, sondern durchaus bauliche Realität.

Motor für diesen touristischen Bauboom war die bereits kurz nach dem Mauerbau greifende „Zonenrandförderung".[13] Damit wurden Landkreise subventioniert, die mehr als 50% ihrer Fläche oder Bevölkerung weniger als 40 km von den östlichen Grenzen (deutsche Ostseeküste, DDR, Tschechoslowakei) entfernt waren und aufgrund dessen unter Abwanderung und wirtschaftlichen Einbrüchen litten. Dazu gehörten – touristisch betrachtet – neben der Ostseeküste auch der Harz und der Bayerische Wald.

Die Zonenrandförderung (1971 im „Gesetz zur Förderung des Zonenrandgebietes" gesetzlich verankert), umfasste Investitionszulagen und -zuschüsse (in Höhe von 5–10% der Investitionen) für Privatinvestoren aus regionalen Aktionsprogrammen. Dazu kamen Sonderabschreibungen während der ersten drei Jahre (30% auf Grundstücke und Gebäude sowie 50% auf öffentliche Einrichtungen) sowie zinsgünstige Kredite aus dem Marshall-Plan

Darstellung der touristischen Großbauprojekte an
der westdeutschen Ostseeküste (1972)

Sondervermögen. Zusätzlich standen auch den
Kommunen Förderungsmöglichkeiten zum Ausbau
öffentlicher Einrichtungen für den Fremdenverkehr
zur Verfügung.[14]

Diese attraktiven Abschreibungsmöglichkeiten
führten zum Bau zahlreicher Appartementanlagen
und Großhotels. Zwischen 1969 und 1973 wurden
im Zonenrandgebiet 50.000 Betten geschaffen, allein 30.000 Betten an der schleswig-holsteinischen
Ostseeküste, die auf nur vierzehn Feriengroßprojekte verteilt waren. Dazu zählen die Hotelhochhäu-
ser in Travemünde und am Timmendorfer Strand
mit je ca. 400 Betten, „kleinere" Appartementanlagen zwischen 1.000 Betten (Kellenhusen, Schöhn-
hagen) und 2.000 Betten (Sierksdorf); über 2.000
Betten wurden jeweils in Schilksee und Wendtorf,
am Schönberger Strand und in Großenbrode errichtet, am Weißenhäuser Strand und in Burgtiefe
auf Fehmarn entstanden jeweils 4.000 Betten. Die
größten Projekte waren die Ferienzentren in Heiligenhafen mit 6.000 Betten und Damp 2000 mit
7.000 Betten. [15]

Anders als bei den Ferienheimkomplexen des
FDGB wurden hier nicht hotelartig einzelne Zimmer
vermietet, sondern Ferienwohnungen mit zwei bis
drei Zimmern verkauft, somit waren sie ausschließlich auf den gehobenen Mittelstand ausgerichtet.

Eine eigene Agentur kümmerte sich, zumindest für
die Zeit der Kredittilgung, um die Vermietung der
Wohnungen.

Wenngleich wesentlich größer dimensioniert,
war die Architektur der westdeutschen Feriengroß-
bauten durchaus vergleichbar mit ihren zeitgleichen
Nachbarn in der DDR. Beide zeigen eine starke Ver-
wandtschaft mit (sozialen) Wohnungsbauprojekten:
überwiegend kompakte, vielgeschossige Baukörper,
oft mit Y-Grundrissen, dazu vorgelagerte Flach-
bauten für die Gemeinschafts- oder Versorgungs-
einrichtungen. Auch das Freizeitangebot mit Ten-
nisplätzen, Meerwasserwellenbad, Kegelbahn und
Yachthafen entsprach dem, was der FDGB zeitgleich
für Schaabe geplant hatte und in anderen Projekten
zumindest partiell zu realisieren anstrebte.

Bei einigen dieser Anlagen wurden größere Appartementkomplexe mit kleinteiligen Bun-
galow-Siedlungen kombiniert, wobei man sich
auch das Knowhow der ostdeutschen Kollegen zunutze machte.[16]

Auch bei den Hotelbauten war eine stilistische
Nähe, wenn nicht gar Konkurrenz, zu zeitgleichen
DDR-Interhotels feststellbar. Hier wie dort wurden
Hochhaus-Solitäre direkt an den Strand gesetzt.
1969 begann die neu gegründete Maritimkette mit
dem elfgeschossigen Seehotel am Timmendorfer
Strand. 1971 eröffnete dann in Warnemünde das
15-geschossige Interhotel Neptun. Darauf antwor-
tete zwei Jahre später die Maritimkette mit einem
35-Geschosser in Travemünde, 1974 folgte, abermals am Timmendorfer Strand, das Maritim Club-
hotel mit 30 Geschossen.

So ähnlich die Architektur war, so unterschiedlich war auch hier die Nutzung der Häuser.
Während das Neptun noch vor seiner Eröffnung
aufgrund des erwähnten Parteitagbeschlusses 80%
seiner Kapazitäten dem Feriendienst zur Verfügung
zu stellen hatte und sich somit von der ursprünglich anvisierten exklusiven Klientel verabschieden
musste, führte die Maritimkette der Wunsch nach
bestmöglicher Rendite zu einer Kombination aus
Hotel (500 Betten), 320 Eigentumsappartements
sowie ein Kongreßzentrum mit Räumlichkeiten für
2.000 Personen.

Sowohl seitens der Fachwelt als auch der Pres-
se wurden die westdeutschen Ferienkomplexe von
Beginn an stark kritisiert. In Beiträgen wie „In zehn
Jahren sind das hier Slums" oder „Die Landschafts-
fresser" wurde auf den Mangel vorausgehender
Regionalplanung sowie auf den zu erwartenden

Strukturwandel verwiesen und vor den landschaftsschädigenden Folgen gewarnt, der Erholungswert massiv angezweifelt.[17] Bereits 1971 wurde im Hinblick auf eine Sättigung des Marktes von dem Bau eigentlich geplanter weiterer Anlagen abgesehen. Und bis 1976 mussten die Ferienzentren Heiligenhafen, Holm und Weißenhäuser Strand wegen mangelnder Auslastung Konkurs anmelden.[18] In Damp wurde daher noch während der Bauphase die rein touristische Nutzung aufgeweitet zugunsten eines umfassenden klinischen Teils, was dem Ort die Anerkennung als Seeheilbad einbrachte.[19]

Diese Kombination touristischer und kurklinischer Nutzung gab es auch in DDR, hier jedoch meist saisonal alternierend. Zahlreiche Ferienheime konnten durch die Nutzung für „prophylaktische Kuren" auch in der Nebensaison betrieben werden.

Nach der Wende

Der Fall der Mauer, der letztendlich auch durch den Wunsch nach Reisefreiheit befördert wurde, markiert einen Wendepunkt nicht nur für den ostdeutschen, sondern auch für den westdeutschen Tourismus, der auch für die dazugehörigen Bauten nicht folgenlos blieb. Nach der politischen Wende 1989/90 fiel das Erholungswesen der DDR wie ein Kartenhaus in sich zusammen. Bereits im Februar 1990 erfolgte die Überführung des FDGB in einen weitgehend machtlosen Dachverband von Einzelgewerkschaften. Der Versuch, den Feriendienst von einer höchst defizitären, von staatlichen Subventionen abhängigen Einrichtung zu einer marktwirtschaftlich und wettbewerbsorientierten GmbH namens „Reisebüro der Gewerkschaften ‚Feriendienst' " zu machen, war zum Scheitern verurteilt. Die Ferienheime mussten sich, nun gänzlich ohne staatliche Subventionen auskommend, im harten Konkurrenzkampf mit den weitaus besser ausgestatteten westlichen Hotelbauten messen. Zudem verlor die Mehrheit der aus dem „Staatskorsett" befreiten DDR-Bürger mit der Wende das Interesse am Urlaub im eigenen Land. Sie nutzten ihre neu gewonnene Freiheit, um Länder zu bereisen, die ihnen bislang vorenthalten waren. Und für die gehobeneren Ansprüche westlicher Urlauber genügte der Standard der Ferienheime bei weitem nicht. Nach einem Gesamtvollstreckungsverfahren stellte der Feriendienst zum Jahresende 1990 seine Arbeit ein.[20]

Zurück blieb ein großer Immobilienbestand nicht nur des FDGB, sondern auch der staatlichen Vereinigung Interhotel, dazu kamen Ferienanlagen sich auflösender Kombinate und Betriebe sowie zahlreiche Objekte der Nomenklatura, die sich meist in ehemaligen Sperrbezirken und somit oft in hervorragenden Lagen befanden.

Bald jedoch herrschte Goldgräberstimmung in den ostdeutschen Seebädern. Westdeutsche Investoren erkannten das Potential der vernachlässigten Altbauten der Bäderarchitektur, denn hier bot sich die Chance, den im Westen größtenteils durch Abriss verlorenen Charme der mondänen Jahrhundertwende-Seebäder zu rekonstruieren. Zudem wurde stark nachverdichtet, wobei die Bauherren mehr oder weniger erfolgreich versuchen, Elemente der Bäderarchitektur wiederaufzugreifen.

Der Wunsch nach Wiederherstellung vergangenen Flairs macht auch vor den FDGB-Ferienobjekten nicht halt: So wurden beispielsweise die Plattenbau-Ferienheime Rugard und Stubbenkammer, erbaut 1972–76 in Binz, mit Dachaufbauten, Pavillons, Balustraden und ähnlichem Zierrat dekoriert. Ziel der Maßnahmen war wohl nicht nur, das muffige DDR-Image zu tilgen, sondern auch, den vermuteten ästhetischen Wünschen der Touristen entgegen zu kommen und die Großbauten zumindest äußerlich dem Bäder-Architektur-Image der Stadt anzunähern.

Zwar sind bis Mitte der 2000er Jahre einige Abrisse erfolgt, dennoch sind erstaunlich viele der DDR-zeitlichen Ferienheime – vornehmlich aufgrund ihrer hervorragenden Lage – heute noch in touristischer Nutzung, allerdings meist mit halbierter Bettenzahl zugunsten komfortablerer Zimmer. Ein Thema für die Denkmalpflege sind sie zumindest an der ostdeutschen Ostsee (noch) kaum.[21]

Interessant ist die Entwicklung an der zu DDR-Zeiten neu geschaffenen Urlaubsregion der Mecklenburger und Brandenburger Seenplatte. Hier gab es nach der Wende einen großen Einbruch; in den letzten fünfzehn Jahren hat die Region wieder an touristischer Attraktivität gewonnen, allerdings vorrangig als Kurzzeit- und Naherholungsregion für Großstädter aus Berlin und Hamburg.

Diese Umorientierung bereitete vor allem den größeren Objekten in den aus der Kapazitätsnot geborenen neuen Touristenorten wie Templin und Feldberg Probleme. Dem Abriss fielen dabei auch einige Bauten zum Opfer, die aus historischer, städtebaulicher, künstlerischer und/oder technikgeschichtlicher Sicht Denkmalpotenzial gehabt hätten. Bereits 1996 wurde in Feldberg das FDGB-Ferienheim „Freundschaft" abgerissen, das 1965–67

Luftbild der Ferienanlage Burgtiefe auf Fehmarn noch vor Abriss des Kurmittelhauses (2006)

als Prototyp für Ferienheime in Montagebauweise errichtet worden war.[22] 2014 folgte in Templin das 1972 erbaute FDGB-Ferienheim Salvador Allende, dem nicht nur aufgrund seiner landschaftlichen Einbettung zwischen See und Kurpark, sondern auch aufgrund seiner architektonischen Gestaltung (inklusive einer Gaststätte mit Hyparschalendach von Ulrich Müther) besondere Bedeutung zukam.

Der zweite Großbau in Templin hingegen, das eingangs erwähnte Y-förmige FDGB-Ferienheim „Friedrich Engels" aus den 1980er Jahren (heute „Seehotel Ahorn"), hat mit einem vornehmlich auf kostengünstige Familienangebote zugeschnittenen Konzept überlebt. 2010 wurde der Bau durch das Brandenburgische Landesamt für Denkmalpflege begutachtet, aber nicht gelistet.[23] Die gleiche Frage stellte sich bei dem ihm vorausgegangenen Prototyp „Herbert Warnke" (heute „Müritz-Hotel") in Klink. Hier wurde nach der Schließung des Hotelbetriebs im Januar 2014 aus der Bevölkerung beim Mecklenburger Landesamt für Denkmalpflege ein Antrag auf Unterschutzstellung gestellt. Die daraufhin erfolgte Inventarisierung des Gebäudes erkannte sozial- und regionalgeschichtliche und baugeschichtliche Denkmalwerte sowie einen er-

staunlich hohen Prozentsatz an DDR-zeitlicher Ausstattung und architekturbezogener Kunst.[24] Trotz (oder gerade wegen?) der im Herbst 2015 erfolgten Eintragung in die Denkmalliste stellte der Besitzer, ein Immobilienfond, der auf dem Nachbargelände eine umfangreiche Kurklinik inklusive einer kleinen Ferienhaussiedlung betreibt, im Januar 2016 einen Abrissantrag, so dass das Schicksal des Baus fraglich bleibt.

Die ebenfalls zum Gelände gehörige Bungalowsiedlung „Völkerfreundschaft" aus den 1960er Jahren wurde (bis auf das Klubhaus, den Speisesaal und wenigen Unterkunftshäusern aus den 1970er Jahren) bereits kurz nach der Wende abgerissen. Heute hätte die Anlage wahrscheinlich wieder Potenzial, denn kleinteilige Unterbringungsformen in attraktiver naturräumlicher Umgebung liegen heute wieder stark im Trend.

Dies zeigt sich an den touristischen Neubauten auf der Seenplatte. Beispielsweise wurde 2002 am Rheinsberger See das elfgeschossige, 1981 in Großtafelbauweise errichtete FDGB-Ferienheim „Ernst Thälmann" gesprengt, um dort das Projekt „Hafendorf Rheinsberg" zu realisieren, eine spiegelsymmetrische Anlage aus 206 Ferienreihenhäusern „in skandinavischem Stil", die ein künstliches Hafenbecken umstehen. Zentrum des „Hafendorfes" ist ein 4-Sterne-Hotel (mit angeschlossener Veranstaltungsarena), das in offensichtlicher Anlehnung an das benachbarte Schloss als historisierende Dreiflügelanlage mit seitlichen Türmen entworfen wurde.

Was das Nachleben der westdeutschen Ostseebäder aus der Boomzeit des Tourismus betrifft, ist bis dato nur eine große Anlage ins Blickfeld der Denkmalpflege gerückt. Dabei handelt es sich um den ab 1966 von Arne Jacobsen gemeinsam mit Otto Weitling und Hans Dissing realisierten Ferienkomplex Burgtiefe auf der Insel Fehmarn:[25] Eine auf einer schmalen Nehrung im Süden der Insel entwickelte Anlage mit drei markanten Punkthochhäusern (verbunden durch einen verglasten Promenadengang) einem Erlebnisbereich mit Meereswellenbad, Kurmittelhaus und Haus des Kurgastes, sowie – von diesem durch eine weitläufige Grünfläche getrennt – zwei Reihen von niedrigen Appartementhäusern, deren geschwungene Linie vom anschließenden Yachthafen am Burger Binnensee fortgesetzt wird.

Bereits 1989 machte Wolfgang Pehnt auf die Qualitäten des Ensembles und seine Gefährdung aufmerksam[26]; eine Initiative der Schleswig-Holsteinischen Architektenkammer führte 1991 (und somit sehr früh) zur Unterschutzstellung des auf 1971–72 datierenden Meereswellenbades, das dennoch in der Folge durch weitere Modernisierungen in seiner Gestalt verändert wurde. 2004 folgte die Eintragung des Hauses des Kurgastes (erbaut 1968), wogegen die Stadt zu klagen versuchte, was jedoch in zweiter Instanz abgewiesen wurde. Gewissermaßen als Kompromiss musste dafür der Abriss des Kurmittelhauses (2007) für den Bau des neuen Erlebnisbads „FehMare" hingenommen werden. Darüber hinaus wurde in direkter Nachbarschaft der geschwungenen Reihenhäuser ein großes Appartementhaus errichtet, dessen historisierende Architektur in starkem Kontrast zur linearen Formensprache der Ursprungsbebauung steht. Um eine weitere Beeinträchtigung des Ensembles durch den geplanten weiteren touristischen Ausbau der Landzunge zu verhindern, wurde im Dezember 2015 der Arne-Jacobsen-Komplex als Gesamtanlage unter Denkmalschutz gestellt.

Nicht nur für den Ferienkomplex Burgtiefe, sondern prinzipiell hat sich die Befürchtung, alle im Rahmen der Zonenrandförderung aus dem westdeutschen Ostseestrand geschossenen Ferienkomplexe würden als Slums enden, weder vor

noch nach der Wende bewahrheitet.[27] Noch in den 1970er Jahren stellten Touristiker wie Presse fest, dass die Urlauber sich durch die Appartement-Großbauten „nicht in ihrer Urlaubsfreude beeinträchtigt" fühlen.[28]

Das partielle Eigentumskonzept wurde größtenteils beibehalten, wobei auch verschiedentlich einzelne GmbHs größere Kontingente aufgekauft haben. Die Vermietung und der Verkauf der Ferienwohnungen, der durch ortsansässige Immobilienfirmen gesteuert wird, läuft nach eigener Aussage gut, ihre anfängliche Kritik gegenüber der Architektur würden die Gäste wohl meist schnell ablegen, wenn sie Aussicht, Komfort und Angebot der Anlage kennengelernt haben.

Das Angebot ist je nach Ferienzentrum und Betreiber sehr breit (von Wellnesspaketen und Familienangeboten über Klassen- und Schulabschlussfahrten bis zur Ausrichtung von Musikfestivals, Kongressen etc.). Eine gemeinsame Tendenz ist in dem stetigen Ausbau eines wetter- und saisonunabhängigen Freizeitprogramms mit großen Erlebnisschwimmbädern, Indoor-Spielplätzen und gastronomischen Einrichtungen etc. zu beobachten, der die städtebauliche Disposition der Anlagen mitunter stark verändert.

Fazit

Wie der Beitrag gezeigt hat, ist die Ferienarchitektur des Massentourismus ein bauliches Phänomen, das die Struktur und somit die Kulturlandschaft der ost- und westdeutschen Küsten in Aussehen und Nutzung nachhaltig verändert hat.

Die politische Wende 1989/90 wurden in beiden Regionen als strukturwandelndes Element befürchtet, weil beiderseits der gefallenen Mauer die Subventionen für die touristischen Bauvorhaben wegbrachen und sich plötzlich neue Urlaubsdestinationen boten. Wenngleich sich die Nutzungs- und bauliche Struktur vielfach veränderten, haben sich aus heutiger Sicht die wirtschaftlichen Auswirkungen relativ bald wieder erholt.

Insofern kann die im Titel gestellte Frage „Erst Wunschtraum, jetzt Alptraum?" für die Massentourismus-Bauten in Ost- und Westdeutschland verneint werden. Solange das Konzept stimmt, werden die Bauten, vor allem aufgrund ihrer meist optimalen Lage, gut angenommen.

Für die Denkmalpflege werden die Objekte zukünftig von steigender Relevanz sein. Der in der Tourismusbranche ungleich höhere Modernisie rungs- und Expansionsdruck bedroht die Substanz, sowohl, was die Innenausstattung betrifft, als auch die Bauten insgesamt. Natürlich sind nicht alle gezeigten Bauten von hohem Denkmalwert, aber einige unter ihnen besitzen jenseits ihres historischen Zeugniswertes städtebauliche wie auch architekto-nische Qualitäten, die einer denkmalkundlichen Prüfung standzuhalten vermögen. Hier fehlt es – im Westen wie im Osten – an Grundlagenforschung, deren Erarbeitung sich die Autorin nun zum Ziel gesetzt hat.

Abbildungsnachweis

1, 2 Behr, Adalbert: Architektur in der DDR, hg. v. der Bauakademie der Deutschen Demokratischen Republik, Berlin 1979, Abb. 227 bzw. 224

3 Der Spiegel, H. 28, 1972, S. 58

4 Frank Boller, 2006

Anmerkungen

1 Vgl. hierzu: Bagger, Wolfgang: Arbeiterkultur und Arbeitertourismus im Kaiserreich, sowie Krumbholz, Hans: Zur Geschichte des Sozialtourismus: Die Anfänge der gewerkschaftlichen Ferieneinrichtungen, beides in: Zur Sonne, zur Freiheit! Beiträge zur Tourismusgeschichte, hg. v. Hasso Spode, Berlin 1991, S. 33–46; S. 61–70.

2 zu Prora siehe: Lichtnau, Bernfried: Prora auf Rügen. Das unvollendete Projekt des 1. KdF-Seebades in Deutschland ; zur Geschichte und Baugestaltung, Peenemünde 1995; Rostock, Jürgen / Zadni ek, Franz: Paradiesruinen. Das KdF-Seebad der Zwanzigtausend auf Rügen, Berlin 2006; Pinkepank, Heidi: Prora between Enlightenment & Commercialization. Dealing with Dictatorship Heritage in Germany, in: A Reader in Uncomfortable Heritage and Dark Tourism, hg. v. Sam Merrill und Leo Schmidt, Cottbus 2009, S. 232-248, online unter www-docs.tu-cottbus.de/denkmalpflege/public/downloads/UHDT_Reader.pdf (21. Januar 2016).

3 Die Geschichte des FDGB-Feriendienst wurde umfänglich erforscht von Görlich, Christopher: Urlaub vom Staat. Tourismus in der DDR, Köln 2012. Zur Tourismusgeschichte der DDR vgl. außerdem Spode, Hasso Tourismus in der Gesellschaft der DDR. Eine vergleichende Einführung, in: Goldstrand und Teutonengrill. Kultur- und Sozialgeschichte des Tourismus in Deutschland 1945 bis 1989, hg. v. Hasso Spode, Berlin 1996, S. 11–34; Wolter, Heike: „Ich harre aus im Land und geh, ihm fremd". Die Geschichte des Tourismus in der DDR, Frankfurt a.M. 2009.

4 In den Seebädern behalf man sich zunächst mit dem reichhaltigen Bestand an enteigneten Pensionen, Hotels und Kurhäusern, allein in Dierhagen auf dem Darß entstand 1951–53 das neue FDGB-Ferienheim „Ernst-Moritz-Arndt". Zur frühen Urlaubsarchitektur der DDR siehe Spiegel, Daniela: Ferienarchitektur der DDR – ein unbeachtetes Erbe, in: In Situ. Zeitschrift für Architekturgeschichte, H.1, 2013, S. 101–116.

5 Carl, Frank Erich: Erholungswesen und Landschaft, Ein Beitrag zur Planung der Ferienerholung in der Deutschen Demokratischen Republik, Berlin 1960, S. 29. Ausführlich bei Spiegel, Daniela 2013 (wie Anm. 4), S. 105–106.

6 SAPMO-BArch, DY 34/24942: Ausschreibung für einen städtebaulichen Ideenwettbewerb zur Gestaltung des sozialistischen Erholungskomplexes Schaabe auf der Insel Rügen, April 1969.

7 Nachzulesen in den jährlichen Investkonzeptionen des FDGB. Vgl. z.B. SAPMO-BArch, DY 34/24942: FDGB-Bundesvorstand, Präsidiumsvorlage. Betr.: Investkonzeption für die Entwicklung des Feriendienstes der Gewerkschaften im Perspektivplanzeitraum 1971–1975, Berlin, den 16.9.1969.

8 So heißt es z.B. in einer Präsidiumsvorlage, „zur Überwindung des zersplitterten Baus von Erholungsheimen durch Betriebe" sei „die betriebliche Initiative entsprechend den Hinweisen des VII. Parteitages in Interessengemeinschaften zum Bau von Ferienheimen unter Leitung des Feriendienstes zusammenzuführen." Ziel sei, „die einheitliche Planung und Leitung im Erholungswesen zu fördern, die Betriebe am Bau großer, moderner Erholungsreinrichtungen zu interessieren, die betrieblichen Reserven und Mittel auf diese Vorhaben zu konzentrieren", um damit „das isolierte Bauen, die Errichtung von kleinen, [...] unökonomischen Heimen und die Orientierung auf Bungalows zu überwinden." SAPMO-BArch, DY 34/5954, Betr.: Investkonzeption für die Entwicklung des Feriendienstes der Gewerkschaften im Perspektivplanzeitraum 1971–1975, 16.9.1969.

9 1972– 76 entstand das Urlauberrestaurant Rugena mit den Urlauberwohnheimen Arkona, Stubnitz, Rugard und Stubbenkammer, 1977–81 folgte das Urlauberrestaurant „Szececin" mit den Wohnheimen Wolin und Pomorce, 1981–83 schließlich wurde das Urlauberrestaurant Riga mit den Wohnheimen Sigulda und Jurmala errichtet.

10   Dabei handelte es sich um die Interhotels „Bastei" in
     Dresden, „Panorama" in Oberhof und „Neptun" am
     Warnemünder Strand. SAPMO-BArch, DY 30/4765,
     Beschluss des Politbüros 7./198 15/71 v. 28.09.1971.
     Betrifft: Nutzung von Interhotels zur Verbesserung der
     Arbeits- und Lebensbedingungen der Arbeiterklasse. Mit
     einem weiteren ZK-Beschluss v. 14.03.1972 kamen zudem
     50% der Kapazitäten im Interhotel „Potsdam" und jeweils
     60% der Kapazitäten des bezirksgeleiteten HO-Hotels
     „Stadt Schwerin" und des Mitropa-Hotels „Rügen-Hotel"
     in Saßnitz hinzu. Vgl. auch Görlich 2012, S. 114–115.

11   Ursprungsprojekt war ein von Wulf Brandstädter vom
     Wohnungsbaukombinat Halle entwickeltes Hochhaus, das
     1969 erst in Halle, anschließend in Dessau und
     Halle-Neustadt errichtet wurde. Für die Modifizierung
     als Hotelanlage in Klink zeichnete Manfred Lüdke von
     der Entwurfsabteilung des VEB Industriebau Neubran-
     denburg verantwortlich. Vgl. Brandstädter, Wulf:
     14geschossiges Wohngebäude in Dessau, in: Deutsche
     Architektur, Jg. 22, H. 9, 1973, S. 550-551; Lüdke,
     Manfred: Erweiterung des Urlauberdorfes Klink, in:
     Deutsche Architektur, Jg. 19, H. 9, 1970, S. 554-555. Eine
     ausführliche Baubeschreibung findet sich in der von Jörg
     Kirchner verfassten Denkmalwertbegründung für das
     Erholungsheim Klink vom Juli 2015.

12   SAPMO-BArch, DY 30/24806: Konzeption für die in sich
     geschlossene Entwicklung des Feriendienstes der
     Gewerkschaften.

13   Erstmals erwähnt wurde das Zonenrandgebiet bereits im
     Raumordnungsgesetz 1961, 1965 wurde die Zonenrand-
     förderung zu einem Grundsatz der Raumordnungspolitik
     erhoben. Vgl. hierzu Ziegler, Astrid: Regionale Struktur-
     politik: Zonenrandförderung, ein Wegweiser? WSI-Studie
     zur Wirtschafts- und Sozialforschung, Köln 1992.

14   Die gesetzliche Grundlage hierfür war zum einen das
     Investitionszulagengesetz vom 18.08.1969 und zum
     anderen das am 01.01.1970 in Kraft getretene Gesetz
     über die „Gemeinschaftsaufgabe Verbesserung der
     Wirtschaftsstruktur" v. 18.06.1969. Uthoff 1973, S. 209.
     Vgl. auch Ziegler, Astrid (1992), S. 6–8.

15   Becker, Christoph: Feriengroßprojekte,
     in: Nationalatlas Bundesrepublik Deutschland,
     Bd. 10: Freizeit und Tourismus, hg. v. Alois Mayr et al.,
     Heidelberg 2000, S. 72.

16   In Damp 2000 wurde neben die Großbauten eine
     Ferienhaussiedlung gebaut, darunter knapp 300
     Finnhütten, die vom VEB –Vereinigte Bauelementewerke
     Henningsdorf produziert und vor Ort montiert wurden.
     Vgl. Flohr, Heinz: 40 Jahre VEB Holzbau/Bauelemente-
     werk Wernigerode, Wernigerode 1989, S. 34–36.

17   Krippendorf, Jost: Die Landschaftsfresser. Tourismus und
     Erholungslandschaft, Verderben oder Segen?, Bern/
     Stuttgart 1975; „In zehn Jahren sind das hier Slums". Die
     neuen Ferienzentren an der deutschen Ostseeküste,
     in: Der Spiegel, H. 28,1972, S. 56-64; siehe auch: Nacktes
     Grauen, in: Der Spiegel, H. 17, 1971, S. 65; Stäcker,
     Dieter: Aus der Großstadt in die Urlaubsstadt. Ferienzen-
     tren an der Ostsee und im Harz – Stimmt das Konzept?,
     in: Die Zeit vom 14.01.1972.

18   Zu den Hintergründen siehe Burehardt, Rainer: Die
     Kolosse kollabieren. Die Steuerzahler büßen für die
     Fehler der Ferienmanager in Schleswig-Holstein,
     in: Die Zeit vom 30.01.1976.

19   Es entstanden die Ostseeklinik Damp (1974) und die
     Kurklinik (1974/1975), die später zur Reha-Klinik
     umgewandelt wurde. Dazu kamen das Lehrinstitut für
     Physikalische Therapie und Sportmedizin (1982) und die
     staatlich anerkannte Krankenpflegeschule (1983).

20   Vgl. Görlich, Christopher 2012 (wie Anm. 3), S. 146–152.

21   Eine Ausnahme stellen die spektakulären Schalenbauten
     von Ulrich Müther dar, dabei handelt es sich jedoch
     größtenteils um Bauten touristischer Infrastruktur wie
     die Gaststätten „Teepott" in Warnemünde (1967–68,
     saniert 2001–02 und „Ostseeperle" in Glowe (1968,
     saniert 2009) sowie auch der Seenotrettungsturm 1 in
     Binz (1968, saniert 2004).

22   vgl. Spiegel, Daniela (2013), wie Anm. 4.

23   Laut Aussage des Amtsleiters aufgrund mangelnder
     Einzelqualitäten.

24   Dazu gehören u.a. Keramiken und Majolika-Arbeiten von
     Barbara und Gottfried Löffler, Mitbegründer des
     „Zentrums Bildende Kunst" Neubrandenburg, die vor
     allem im DDR-Bezirk Neubrandenburg, aber auch in
     Berlin und Thüringen zahlreiche keramisch-plastische
     Arbeiten im öffentlichen Raum schufen.

25   Zur Genese der Anlage siehe Astrid Hansen: Das
     „Ostsee-Heilbad" Arne Jacobsens in Burgtiefe auf
     Fehmarn. Ein Gesamtkunstwerk in Gefahr,
     in: Die Denkmalpflege, 63. Jg. H. 1, 2005, S. 5–14.

26   Pehnt, Wolfgang: Die verflixten sechziger Jahre. In:
     Frankfurter Allgemeine Zeitung vom 06.11.1989, S. 35.

27   Zwar mussten Mitte der 1970er Jahre verschiedene
     Anlagen zwischenzeitlich Insolvenz anmelden, tatsäch-
     lich Konkurs gegangen bis heute ist jedoch allein das
     Intermar-Hotel in Glücksburg.

28   Burehardt, Rainhardt 1976, wie Anm. 19. Vgl. auch die
     verschiedenen Beiträge des Tagungsberichts „Ferien-
     zentren – architektonische, psychologische, touristische
     Probleme, hg. v. Studienkreis für Tourismus, Starnberg
     1973. z.B. „Die vielen Leute stören gar nicht",
     in: Der Spiegel, H. 34, 1974, S. 36–39.

Die Baťa-Kolonie in Möhlin

Strukturwandel, Deutungswandel, Denkmalwandel

ISABEL HAUPT

ZUSAMMENFASSUNG

Tomáš Baťa, der tschechische Schuhkönig, erbaute ab 1932 in der Nordwestschweiz bei Möhlin eine Company Town. Die Geschichte dieser Baťa-Kolonie ist nicht nur von unterschiedlichen Deutungen geprägt, sondern auch vom Strukturwandel. Die Siedlung, die Fabrikbauten, Wohnhäuser und Freizeitanlagen umfasst, war in ihrer Entstehungszeit für manche ein Garant wirtschaftlichen Wohlstands, für andere die Manifestation unerwünschter Konkurrenz durch einen ausländischen Unternehmer. Als Baťa 1990 die Schuhproduktion in Möhlin aufgab, stellte sich die Frage nach dem Denkmalwert der Anlage und dem: Wie weiter?

Die Denkmalwerdung wurde von einer breiten Öffentlichkeit in Petitionen gefordert und am runden Tisch von einer Kooperationsgruppe ausgehandelt, in welcher Eigentümerin, Gemeinde, Aargauer Heimatschutz, Kantonale Denkmalpflege und Fachplaner ihre Anliegen einbringen konnten. Mit dem Erwerb der Baťa-Kolonie durch die heutige Eigentümerin 2005 setzte eine intensive Diskussion darüber ein, was das richtige Maß zwischen Erhalt und Weiterentwicklung ist. Dies ist eine komplexe Fragestellung und gerade deswegen eine Gemeinschaftsaufgabe, die wiederum am besten am runden Tisch bewältigt werden kann.

Möhlin, Baťa-Kolonie, Luftbild 1961

Möhlin, Baťa-Kolonie, Wohnhäuser und Dreietagengebäude (Halle 1), Fotografie 2015

Einführung

Die ab 1932 auf der Schweizer Rheinseite bei Möhlin erbaute Baťa-Kolonie ist „ein Musterbeispiel moderner Firmenarchitektur"[1]. Die Siedlung, eine Company Town des tschechischen Schuhkönigs Tomáš Baťa (1876–1932), zeigt eindrücklich die städtebauliche Differenzierung von Arbeiten, Wohnen und Erholung in Verbindung mit einer modernen Architektursprache. Die Fabrikbauten sind durch ein konstruktives Raster geprägt. Die zweigeschossigen Wohnhäuser mit ihren Sichtbacksteinfassaden und Flachdächern sind in einen großzügigen Grünraum eingebettet, in dem sich kein einziger Gartenzaun findet.

Am Beispiel dieser Baťa-Kolonie lässt sich nachzeichnen wie die Erbauung dieser „Fabrik im Grünen"[2] zum Strukturwandel einer Region beitrug und welche Herausforderungen sich stellten, als ein erneuter Strukturwandel die ursprüngliche Nutzung in Frage stellte. Nahezu jeder Strukturwandel führt auch zu Umdeutungen des baulichen Bestands. Orte der Arbeit können zu verlassenen Problembauten werden, einstige Produktionsstätten zu Denkmalen. Mit einer Denkmalwerdung sind die Wandlungsprozesse einer Baute aber nicht abgeschlossen. Strukturwandel, Deutungswandel und Denkmalwandel dieser Baťa-Kolonie wird im Folgenden auf den Spuren der aufeinanderfolgenden Eigentümer und Nutzungsvorstellungen nachgespürt.

Baťa, oder: „Wir fürchten die Zukunft nicht"[3]

Tomáš Baťa, ein mährischer Schustersohn, der 1894 gemeinsam mit seinen Geschwistern in Zlín eine Schuhmanufaktur gegründet hatte und 1904 in den USA die Produktionsmethoden von Henry Ford kennengelernt und dann adaptiert hat, steigerte nicht nur die Produktion und Produktivität seiner Schuhfabrik enorm.[4] Er wurde 1923 auch Bürgermeister von Zlín, das er mit der 1924 gegründeten Bauabteilung der Firma Baťa zu einer „Modellstadt der Moderne"[5] transformierte. Ende der 1920er Jahre hatte die Firma ein rasantes Wachstum erlebt und die marktdominierende Stellung in Europa inne. Produzierten 1923 noch 1.800 Arbeitskräfte täglich 8.000 Paar Schuhe für Baťa, so stellten in Zlín Ende 1928 12.000 Arbeitern täglich 75.000 Paar Schuhe her, die europaweit zu unschlagbar günstigen Preisen verkauft wurden.[6] Baťa stand zu Beginn des Jahres 1929 dennoch vor Problemen. Zum einen waren die Vorboten der Weltwirtschaftskrise spürbar und ließen ihn zu Recht die Einführung von Schutzzöllen und Kontingentierungen befürchten. Zum anderen war die Konkurrenz alarmiert und da man z.B. in der Schweiz nicht besser und billiger produzieren konnte, übten hier die Schuhverbände Druck auf ihre Mitglieder aus, keine Baťa-Schuhe zu verkaufen.[7]

Um trotz solcher Hindernisse weiter expandieren zu können, gründete Tomáš Baťa, beraten und unterstützt durch den Zürcher Wirtschaftsanwalt Georg Wettstein (1880–1945), im Dezember 1929 zuerst die Bata-Schuh AG mit Sitz in Zürich und dann bis 1932 weitere Aktiengesellschaften in insgesamt 23 Ländern von Frankreich bis nach Indien.[8] Unter den neuen wirtschaftlichen Rahmenbedingungen war es erfolgsversprechender nicht mehr Schuhe, sondern gewissermaßen das „System Baťa"[9] zu exportieren. So wurden in verschiedenen Ländern Produktions- und Wohnstätten nach dem Vorbild von Zlín errichtet.[10]

Bald entstand eine dieser Baťa-Kolonien in der Schweiz. Bei seiner Suche nach einem geeigneten Gelände wurde Baťa „da wo der Rhein einen Schuh zeichnet bei Möhlin im Aargau"[11] fündig. Die Gemeinde unterstützte ihn beim Landerwerb, u.a. in dem sie Eigentümer überzeugte, günstig zu verkaufen, denn man erhoffte sich in der ländlichen Region, in der „die Landwirtschaft unter der ausgebrochenen Krise nicht weniger litt als die bereits im Dorf ansässige Kleinindustrie und die Industrieunternehmungen der Nachbarschaft"[12], die Schaffung von Arbeitsplätzen. Baťa hatte aber nicht nur wegen der verfügbaren Arbeiter, sondern auch wegen der guten Verkehrsanschlüsse das Gelände bei Möhlin gewählt. Basel ist nur rund 20 km Luftlinie entfernt und das flache Gelände am Rhein versprach Landemöglichkeiten für seine Junkers F 13.

Im Mai 1932 begannen die Bauarbeiten für ein erstes Fabrikationsgebäude auf dem sogenannten Rifeld. Tomáš Baťa verunglückte im Juli desselben Jahres auf dem Flug, der ihn zu einem Besuch dieser ersten Fabrikhalle in der Schweiz hätte bringen sollen. Der Betrieb wurde dennoch aufgenommen und produzierte bereits im Oktober 1932 mit 160 Arbeitskräften täglich 1.200 Paar Schuhe.[13]

Die Firma führte sein Halbbruder Jan A. Baťa (1898–1965) weiter, der den Standort Möhlin durch das tschechische Baubüro der Firma Baťa ausbauen ließ.[14] Bis 1936 entstanden neben einer weiteren Fabrikationshalle und den beiden dreigeschossigen Fabrikgebäuden auch Wohnbauten, nämlich zwei Ledigenwohnheime, drei Vierfamilienhäuser, sechs Zweifamilienhäuser und die Direktorenvilla.

Das Projekt hatte zu Beginn eine größere Hürde zu meistern. 1934 verabschiedete der Bundesrat auf Betreiben der Schweizer Schuhindustrie, zu nennen ist hier u.a. Iwan Bally (1876–1965), einen dringlichen Beschluss, der es untersagte „Betriebe der Schuhindustrie zu eröffnen oder bestehende zu erweitern, umzugestalten oder zu verlegen."[15] Das war eigentlich eine „Lex Baťa" und die Bauarbeiten beim ersten Dreietagengebäude in Möhlin mussten eingestellt werden. Erst nach Protesten von lokalen Politikern, die sich ob der „himmeltraurigen Aktion, die eine ganze Gegend ins Unglück stürzen muss, um einigen Herren von der Schuhindustrie den Hasen in die Küche zu jagen"[16] echauffierten und diversen juristischen Auseinan-

dersetzungen konnten die Bauarbeiten wieder aufgenommen werden.

Die vom Baubüro der Firma Baťa geplanten Stadtbausteine basieren ebenso wie die Bauten in Zlín auf einem standardisierten Bausystem. So ist die Konstruktion der Fabrikgebäude denkbar einfach: Ein Eisenbetonskelett mit dem Modul von 6,15 mal 6,15 Metern, dessen Fassadenfelder mit Backsteinen ausgemauert und mit einfach verglasten Eisenprofilfenstern geschlossen werden.[17] Die Modulfelder sind aber nicht nur Konstruktionseinheiten. Das Rastersystem erlaubt anschließend im Gebrauch als Organisationseinheit auch weltweite Vergleiche: In welcher Fabrik werden innerhalb einer Standardetage mit einer Grundfläche von rund 18 mal 80 Metern pro Tag mit gleich vielen Arbeitern und gleichwertigen Maschinen wie viele Schuhe produziert?[18] Denn selbstverständlich gilt: „Zeit ist Geld", wie noch heute an den Eisenbetonunterzügen zu entziffern ist.

Ende 1934 wurde der tschechische Direktor der Möhliner Fabrik, Josef Mansfeld, in die britische Baťa-Stadt East Tilbury berufen. Seinen Posten übernahm Josef Šimsa (1901–1994), der – nach dem Bundesratsbeschluss verständlich – darauf bedacht war, Baťa in Möhlin verstärkt ein Schweizer Image zu verleihen.[19] Šimsa engagierte denn auch für die weiteren Planungen heimische Fachleute, nämlich den Landschaftsarchitekten Johannes Schweizer (1901–1983) und den Architekten Hannibal Hugo Naef (1902–1979).[20] Johannes Schweizer gestaltete nicht nur den Garten der Direktorenvilla und die Hausgärten, sondern auch die übergeordneten Freiräume. Die ab 1942 realisierten Gebäude entwarf Hannibal Naef. Bei den Wohnbauten, sieben Zweifamilienhäusern und einem Einfamilienhaus, orientierte er sich am Bestand. Naefs Handschrift tritt deutlicher beim 1948 erbauten Wohlfahrtsgebäude bzw. Clubhaus hervor, das städtebaulich markant den Auftakt zur Lindenallee bildet. Bauten, in denen die teilweise weit entfernt wohnenden Arbeiter sich mittags verköstigen konnten und die zudem Räume für die Freizeitgestaltung anboten, verwirklichten seinerzeit zahlreiche Industriebetriebe. Alfred Roth stellte 1949 in der Architekturzeitung *Werk* fest: „Ein Wohlfahrtshaus hat aber nicht nur ein Kosthaus, sondern auch ein Heim für Erholung und Entspannung zu sein. Es liegt durchaus im menschlichen Interesse einer Fabrikdirektion, den kameradschaftlichen, gegenseitig anregenden

Zusammenhang der Werktätigen unter sich und damit eine gewisse familiäre Bindung an den Betrieb zu fördern. Es ist klar, dass sich diese auch in der Steigerung der Arbeitsfreude und damit der Leistung [...] auswirkt."[21]

Um 1960 war die „Fabrik im Grünen" weitgehend fertiggebaut. 1989, im Jahr als der eiserne Vorhang fiel, stoppte Baťa in Möhlin die Herstellung von Gummischuhen, fertigte noch Lederschuhe und stellte schließlich die Produktion in der Schweiz 1990 gänzlich ein. Changierte die Deutung der Baťa-Kolonie in den 1930er Jahren perspektivenabhängig zwischen wirtschaftlicher Bedrohung und wirtschaftlicher Verheißung, so stellte die durch den Strukturwandel bedingte Schließung 1990 eindeutig eine wirtschaftliche Herausforderung dar.

Von der Fabrikation zur Forschung, oder: Die Suche nach neuen Nutzern für ein neues Denkmal

Forschung wird zu diesem Zeitpunkt in zweierlei Hinsicht für die Baťa-Kolonie zu einem wichtigen Stichwort. Zum einen wird die Anlage selbst zum Gegenstand architekturgeschichtlicher und denkmalfachlicher Forschung, zum anderen wird bei der Suche nach neuen Nutzern u.a. auch die Ansiedlung von Bildungseinrichtungen diskutiert.

Im Rahmen des Architekturunterrichts an der ETH Zürich widmeten die Studierenden Markus Widmer und Judith Brändle im Jahreskurs 1988/89 ihren Ausstellungsbeitrag im Fach „Baukonstruktion der Moderne" an der Professur Rolf Schaal der Schuhfabrik in Möhlin.[22] Markus Widmer, der in Möhlin aufgewachsen ist und dessen Interesse „die augenfälligen Qualitäten der Anlage"[23] früh geweckt haben, erstellte 1990 eine umfassende Diplomwahlfacharbeit zur Baťa-Kolonie, in der er wertvolle Grundlagenforschung leistete, die bis heute eine wichtige Basis für jede Auseinandersetzung mit dem Baubestand der Anlage darstellt. Judith Brändle erarbeitete 1990 in ihrer Diplomwahlfacharbeit im Fach Denkmalpflege einen Sanierungsvorschlag für ein Dreietagengebäude.[24]

Diese Studienarbeiten, die in einer wirtschaftlichen Umbruchphase entstanden, trugen zur Sensibilisierung für den Wert der Siedlung bei und bildeten den Grundstock für eine Ausstellung über die Baťa-Kolonie im Architekturmuseum Basel 1992. Für diese gemeinsam von Markus Widmer, Judith Brändle und dem Geschäftsführer des Aargauer

Heimatschutzes, Chris Leemann, konzipierte Ausstellung gaben alle Leihgaben, vom Dorfmuseum über das Bata-Archiv bis zur ETH Zürich, wo sich zwischenzeitlich Dolf Schneebli und Ruggero Tropeano mit einer Entwurfsklasse der Frage des Weiterbauens der Baťa-Kolonie gewidmet hatten.[25] Ein erklärtes Ziel der Ausstellung war es „Grundlagen zu liefern für künftige Entscheide"[26] wie mit dem damals weitgehend leerstehenden Komplex umgegangen werden kann und soll.

In Fachkreisen war der wirtschaftsgeschichtliche, städtebau- und architekturhistorische Wert der Baťa-Kolonie bereits vor der Basler Ausstellung, die eine breitere Öffentlichkeit erreichte, unbestritten. Die Sorge, dass der am 26. Januar 1990 durch die Firmenleitung bekannt gegebenen Betriebsschließung die Veräußerung von Bauten und unangemessene Umnutzungen und Umbauten folgen, veranlassten den Aargauer Heimatschutz im April 1990 der Regierung eine provisorische Unterschutzstellung der gesamten Anlage zu beantragen.[27] Die rechtliche Grundlage hierfür bot dem Aargauer Heimatschutz als Sektion des 1905 „zum Schutz der Schweiz in ihrer natürlichen und geschichtlich gewordenen Eigenart"[28] gegründeten Schweizer Heimatschutzes, das 1975 in Kraft gesetzte Dekret über den Schutz von Kulturdenkmälern (Denkmalschutzdekret) des Kantons Aargau.[29] Das Interesse einer breiteren Öffentlichkeit am Erhalt dieser Company Town manifestierte sich nicht nur im Schutzantrag des Heimatschutzes, sondern auch in einer Petition, die u.a. von der Aargauer Regionalgruppe des Bundes Schweizer Landschaftsarchitekten, des Schweizerischen Ingenieur- und Architektenvereins SIA, des Schweizer Werkbunds SWB, des Bunds Schweizer Architekten BSA sowie Hochschullehrern von Lucius Burckhardt bis zu Georg Mörsch und zahlreichen Privatpersonen unterstützt wurde.[30] Dies bedeutete nicht nur viel Rückenwind für den von der Deindustrialisierung mitverursachten Deutungswandel zum Denkmal, sondern zeigte auch „die Wandlung der Rolle des Heimatschutzes, bis anhin bekannt als Ankläger gegen modernes Bauen, zu einem der Hauptverteidiger der Siedlung"[31].

Das Ergebnis des Schutzantrags war nicht wie vom Heimatschutz beantragt eine sofortige provisorische Unterschutzstellung der gesamten Baťa-Kolonie, sondern eine freiwillige Verpflichtung der Eigentümerin vorerst baulich nichts zu verändern, sowie die Institutionalisierung eines runden Tisches mit der „Kooperationsgruppe Bata-Areal". Sie trat erstmals im September 1990 zusammen. Der Name gab bereits das Ziel vor: „Kooperation statt Konfrontation".[32] Auszuhandeln war zwischen der Eigentümerin, die sich durch einen Anwalt unterstützen ließ, der Gemeinde Möhlin, sowie Heimatschutz und Denkmalpflege was „mit dem Bata Areal künftig geschehen kann und soll"[33]. Den Prozess begleitete das Planungsbüro Suter+Suter, das bereits knapp ein Jahr zuvor einen Planungsauftrag von der Bata Schuh AG erhalten hatte – seinerzeit noch um zu untersuchen, wie sich ein verkleinerter Betrieb konzentrieren und mit Grundstücksverkäufen mitfinanzieren ließe. Unter den neuen Vorzeichen prüfte man nun Möglichkeiten der Umnutzung, z.B. zu einem Campus für verschiedene Bildungseinrichtungen und mangels Interessenten bald auch die Möglichkeiten für eine verstärkte Wohnnutzung. Die entsprechenden Studien zu Bebauungskonzepten reichten von zwei großen Wohnscheiben über Punkthäuser bis zu Zeilenbauten.

Das Ringen um eine für alle Beteiligten akzeptable Lösung zeitigte 1995 bei der Revision des Bau- und Zonenplans (genehmigt 1998) eine Kompromisslösung. Statt eines kantonalen Schutzes für das gesamte Areal, der aus denkmalfachlicher Sicht für dieses Ensemble absolut gerechtfertigt wäre, wurden 1997 lediglich die beiden dreigeschossigen Fabrikbauten und das Wohlfahrtsgebäude kantonal geschützt.[34] Die Wohngebäude wurden im Gegenzug als kommunale Substanzschutzobjekte ausgewiesen und das gesamte Areal einer „Spezialzone Bata" zugewiesen. Diese Spezialzone, die Erhalt, Pflege und verträgliche Erneuerung der Siedlung und ihres Grünraums bezweckt, stand jedoch z.T. in Widerspruch zu gleichzeitig vorgenommenen Zonierungen, so z.B. der Zonierung W4 für den Bereich des Gartens der Direktorenvilla, die hier theoretisch viergeschossige Wohnbauten ermöglicht hätte. Teil des Kompromisses war auch, dass sämtliche Maßnahmen in dieser Spezialzone seit 1997 von einer „Spezialkommission Bata" (jetzt: „Kommission Bata-Park") begleitet werden, in welcher u.a. der Aargauer Heimatschutz und die Kantonale Denkmalpflege Einsitz haben.[35]

Die Bata Schuh AG war bei Abschluss der Ortsplanung noch immer Eigentümerin des Areals, aber einem Verkauf keinesfalls abgeneigt. Potentielle Käufer haben Nutzungsideen und -ansprüche. Nachdem man bereits 1990 überlegt hatte, ob sich die Anlage als Campus eignen könnte und die

Nordwestschweizer Zeitungen ab ungefähr 1993 regelmäßig über eine amerikanische „Global University Federation Foundation" berichteten, die einen geeigneten Standort für eine „Tele-Universität" suchte, ist nachvollziehbar, dass nicht nur manch ein Politiker von einem Global Learning Network in Möhlin träumte.[36] 2001 kaufte schließlich die Anic AG das Baťa-Areal mit dem Versprechen, hier eine virtuelle Universität zu etablieren. Doch die Firma musste 2004 Konkurs anmelden und diese Universität blieb virtuell.[37]

Von der „Fabrik im Grünen" zum Wohnen im Park, oder: Wieder ein runder Tisch

Als 2005 die Jakob Müller AG, eine in der Region beheimatete, international im Bereich Systeme für Band- und Schmaltextilien tätige Firma, die gesamte Baťa-Kolonie erwarb, war eine Phase der Unsicherheit vorbei.[38] Mit der neuen Eigentümerin wurden nun auch wieder alt-neue Nutzungsüberlegungen aktuell, nämlich die Stärkung von Produktion im Gewerbeteil und eine Verdichtung der Wohnsiedlung.

Es zeigte sich, dass die widersprüchlichen Bestimmungen im Bau- und Zonenplan auch entsprechend widersprüchliche Interpretationen zuließen.[39] Die neue Eigentümerin erwartete aufgrund der Verkehrswertschätzung, die dem Kauf zugrunde lag, dass im Wohnteil zusätzlich 40.000 Quadratmeter Bruttogeschossfläche verwirklicht werden können. Dies war aber unvereinbar mit dem Erhaltungsziel der „Spezialzone Bata" für das Ensemble mit den kantonalen Schutzobjekten. Eine Rückzonung stand nicht zur Diskussion. Es galt somit gemeinsame Vorstellungen zu entwickeln, wo verdichtet werden könnte und welches Ausmaß an Verdichtung verträglich ist. Die Weiterentwicklung der Siedlung soll dabei auch ihren Erhalt sichern, wobei die Eigentümerin anstrebt, dank der Mieteinnahmen bei den Neubauten die Kosten für die Sanierung der Infrastruktur (z.B. Kanäle) und die Instandsetzung der geschützten Bauten querzusubventionieren.

Nachdem Einigkeit darüber erlangt war, dass anstatt einer Verdichtung im historischen Kernareal eine Parallelsiedlung geprüft werden soll, entschied man eine Testplanung durchzuführen. 2009 beauftragten Eigentümerin, Gemeinde und Kanton drei Arbeitsgemeinschaften von Architekten und Landschaftsarchitekten mit der Suche nach gangbaren Lösungen. Die Vorschläge wurden in zwei

Workshops mit einem Begleitgremium diskutiert, in dem neben Vertretern der Auftraggeber auch die Spezialkommission und weitere Fachexperten Einsitz hatten. Zu diskutieren war u.a. welchen Dialog Alt und Neu städtebaulich miteinander führen sollen und welche städtebaulichen, grünräumlichen und architektonischen Qualitäten erforderlich sind, um ein neues Ganzes entstehen zu lassen.

Als Basis für weitere Planungen, insbesondere auch für die erneut anstehende Revision der Bau- und Nutzungsordnung (BNO), wurde das Projekt „Der getaufte Löwe" von Ammann Albers Stadtwerke GmbH und des Landschaftsarchitekturbüros Raderschall Partner AG bestimmt. Es sieht vor, die Baťa-Kolonie auf zwei Seiten mit neuen Wohnbauten zu rahmen.[40] Die neuen, kompakten Baufelder fügen sich in das bestehende Wegesystem ein und schreiben dies fort. Die Randbebauung soll ein etappiertes Vorgehen und Varianten von Punkthäusern bis zu Zeilenbauten ermöglichen sowie als städtebauliche Großfigur dem historischen Bestand ein würdiges Gegenüber bilden.

Parallel zu dieser Testplanung wurde 2009 im Auftrag der Gemeinde Möhlin durch die Metron AG, wiederum begleitet durch eine Arbeitsgruppe, für die sogenannte „Kernzone Bata-Park" mit den historischen Wohnhäusern ein „Handlungskatalog Erneuerung" erarbeitet.[41] Darin werden Grundsätze für den Umgang mit den kommunal geschützten Wohnbauten festgehalten, die das Verfahren und Zuständigkeiten definieren, aber bereits auch Aussagen zum Umgang mit einzelnen Bauteilen machen, wie z.B. der möglichen Dämmung von den Flachdächern. Festgehalten wurde in diesem Handlungskatalog auch, dass ein Parkpflegewerk für das Gartendenkmal erarbeitet wird, das die Ergebnisse der Testplanung berücksichtigt.[42] Dieses Parkpflegewerk fertigte die Raderschall Partner AG im Auftrag der Eigentümerin 2013 an.[43]

Die rechtliche Umsetzung des Testplanungsergebnisses in der neuen Bauordnung war durchaus umstritten.[44] Es gab sowohl Befürchtungen seitens der alteingesessenen Baťaianer, als auch Einwände seitens des Naturschutzes gegen die für die neuen Wohnbauten erforderliche Einzonung. Dennoch stimmte die Gemeindeversammlung 2011 den neuen Baubestimmungen für die Baťa-Kolonie in der BNO zu.

Zeitgleich wurde ein Jubiläum vorbereitet. 2012 hieß es in Möhlin: „80 Jahre leben mit Baťa". Tobias Ehrenbold, ein junger Historiker der bereits

Möhlin, Baťa-Park, Testplanung 2009. Projekt „Der getaufte Löwe" von Ammann Albers Stadtwerke GmbH und Raderschall Partner AG

seine Abschlussarbeit an der Universität Luzern dem Thema Baťa gewidmet hatte, übernahm die Projektleitung, sortierte das Bata-Archiv der Gemeinde und publizierte das viel beachtete Buch „Bata. Schuhe für die Welt, Geschichten aus der Schweiz".[45] Am 1. August, dem Schweizer Nationalfeiertag, besuchte Sonja Baťa (geb. 1926), Tochter des Wirtschaftsanwalts Georg Wettstein und Ehefrau von Thomas John Baťa (1914–2008), die Baťa-Kolonie in Möhlin und hielt auch die Festrede. Zudem zeigte 2012 das Schweizer Architekturmuseum die vom Bauhaus Kolleg der Stiftung Bauhaus Dessau erarbeitete Ausstellung „City. Inc. – Fabrikstädte des Bata-Konzerns", in der Möhlin neben Zlín, East Tilbury und Batanagar eine prominente Rolle einnahm.[46]

Vom Strukturwandel betroffen waren und sind die Baťa-Kolonien in den verschiedenen Län-

Möhlin, Baťa-Kolonie, 1948 errichtetes Wohlfahrtsgebäude von Hannibal Naef nach der Renovation, Fotografie 2016

dern und Kontinenten auf unterschiedliche Weise und ebenso unterschiedlich sind die Antworten. In Möhlin wird sich die „Fabrik im Grünen" zukünftig verstärkt zum „Wohnen im Park" entwickeln. Der Gestaltungsplan für die seitliche Randbebauung wird derzeit geprüft, die Instandsetzung und Sanierung der historischen Wohnbauten schreitet voran und die Baumaßnahmen zur Umnutzung der beiden dreigeschossigen Fabrikbauten zu Wohnungen werden voraussichtlich 2017 abgeschlossen werden können. Den Bereich der ursprünglichen Baťa-Wohnbauten werden die Freiräume, die in diesem Fall ein Gartendenkmal sind, weiterhin mitprägen. Der Zuzug neuer Bewohner wird aber wohl in vielfacher Hinsicht Veränderungen im neuen größeren Baťa-Park mit sich bringen. Spätestens wenn die Randbebauung erstellt wird, werden sich nicht nur Fragen nach Kindergarten- und Schulplätzen oder einer Verbesserung der ÖV-Anbindung stellen, sondern auch die nach gemeinsamen Bezugspunkten und

-orten für alle, die hier wohnen und im Gewerbeteil nach wie vor auch arbeiten.

Ein Ankerbau für das Zusammenwachsen der alten und neuen Bewohner könnte das Wohlfahrtsgebäude mit seinem großen Saal im Obergeschoss werden. Ursprünglich flexibel als Kantine, Vortragsraum und Kinosaal genutzt, war er zuletzt jahrelang von einem Altwarenhändler gemietet. Im September 2015 wurde das Gebäude nach einer zurückhaltenden Instandstellung durch das Architekturbüro Bäumlin+John mit einer Aufführung des Lehrertheaters Möhlin wiedereröffnet.

Der Strukturwandel ist kein abgeschlossenes Kapitel und so wird auch die Baťa-Kolonie in Möhlin weiterhin Wandlungen ihrer Deutung erfahren. Einem Wandlungsprozess sind damit auch die Denkmale unterworfen. Hier gilt es das richtige Maß zwischen Erhalt und Weiterentwicklung zu finden. Das ist komplex und gerade deswegen eine Gemeinschaftsaufgabe, die am besten am runden Tisch bewältigt werden kann.

Abbildungsnachweis

1   ETH-Bibliothek Zürich, Bildarchiv/Stiftung Luftbild
    Schweiz / Fotograf: Swissair Photo AG /
    LBS_P1-611661A / CC BY-SA 4.0

2, 4   Kantonale Denkmalpflege Aargau, Fotografin: Isabel Haupt

3   Ammann Albers Stadtwerke GmbH und
    Raderschall Partner AG

Anmerkungen

1   Widmer, Markus: Die Architektur der Bata-Kolonie, in:
    Die Bata-Kolonie in Möhlin (Katalog der Ausstellung im
    Architekturmuseum Basel, 3. Oktober 1992 bis 22.
    November 1992), hg. v. Architekturmuseum Basel, Basel
    1992, S. 11–25, hier S. 11. Vgl. zur Baťa-Kolonie in Möhlin
    zudem: Ehrenbold, Tobias: Bata. Schuhe für die Welt,
    Geschichten aus der Schweiz, Baden 2012; Architektur
    aus der Schuhbox. Baťas internationale Fabrikstädte
    (Bauhaus Taschenbuch 2), hg. v. d. Stiftung Bauhaus
    Dessau, Leipzig 2012, S. 82–103; Ehrenbold, Tobias:
    Putting Möhlin on the Map. The Swiss Baťa Town as an
    Integral Part of the Company's National Image, in:
    Ševeček, Ondřej / Jemelka, Martin (Hrsg.): Company
    Towns of the Baťa Concern. History, Cases, Architecture,
    Stuttgart 2013, S. 129–145; Haupt, Isabel: Baťa baut: eine
    Company Town bei Möhlin, in: Kunst + Architektur in der
    Schweiz 2/2016, S. 10-19. Die einzige umfassendere
    zeitgenössische Publikation in einer Schweizer Fachzei-
    tung ist: Schuhfabrik Bata, Möhlin: 1930/1950, Hannibal
    Naef, Architekt SIA, Zürich, in: Werk 6/1950, S. 166–172.

2   Werbegrafik der Firma Baťa, um 1960, abgebildet in:
    Ehrenbold, Tobias 2012 (wie Anm. 1), S. 82–83.

3   Baťa, Thomas: Wort und Tat (bearbeitet von A. Cekota),
    Zlín 1936, S. 250.

4   Die Bedeutung des Industriellen Tomáš Baťa verdeutlicht,
    dass bereits in seinem Todesjahr eine Biographie erschien:
    Erdély, Eugen: Baťa. Ein Schuster erobert die Welt,
    Leipzig 1932.

5   Vgl. Hornáková, Ladislava: Der Aufbau Zlíns in der Zeit
    zwischen den Kriegen – Städtebau, Firmenbauwesen und
    Architektur, in: Zlín: Modellstadt der Moderne (Ausstel-
    lung und Katalog Architekturmuseum München),
    hg. v. Winfried Nerdinger in Zusammenarbeit mit
    Ladislava Hornáková und Radomira Sedláková, Berlin
    2009, S. 40–49. Vgl. auch: Klingan, Katrin / Gust,
    Kerstin (Hrsg.): A utopia of modernity. Zlín: revisiting
    Baťa's functional city, Berlin 2009; Šlapeta, Vladimír:
    Baťa. Architecture and Urbanism 1910–1950, Zlín 1991.

6   Vgl. Die Arbeitsbedingungen in einem rationalisierten
    Betrieb. Das System Baťa und seine sozialen Auswir-
    kungen (Sonderdruck aus der Internationalen Rundschau
    der Arbeit, Februarheft und Märzheft 1930), hg. v.
    Internationalen Arbeitsamt Genf, Zweigamt Berlin,
    Berlin 1930, S. 6.

7   Vgl. Ehrenbold, Tobias 2012 (wie Anm. 1), S. 14.

8   Vgl. Gadient, Andrea Regula: Bata in der Schweiz. Die
    Gründung und Entwicklung der Bata Schuh Aktiengesell-
    schaft in der Schweiz 1928 bis 1936, (Lizentiatsarbeit
    Universität Zürich), Zürich 1991, bes. S. 38–84; Ehren-
    bold, Tobias 2012 (wie Anm. 1), S. 17.

9   Das „System Baťa" wurde nicht nur vom Internationalen
    Arbeitsamt 1930 kritisch untersucht (vgl. Anm. 6). Es war
    1932 auch Gegenstand der Doktorarbeit eines Volkswirts:
    Roth, Kurt: Das System Bata (Diss. Universität Würzburg),
    Landau 1932. Zum „System Baťa" vgl. auch: Erdély, Eugen
    1932 (wie Anm. 4), S. 107–116. Das „System Baťa" lässt
    sich m.E. nicht nur wirtschaftlich beschreiben, sondern
    dieses Wirtschaftsmodell manifestiert sich auch baulich.

10 Vgl. Ševeček, Ondřej / Jemelka, Martin 2013 (wie Anm.
    1); Architektur aus der Schuhbox 2012 (wie Anm. 1),
    S. 158–161; Hornáková, Ladislava: Baťa Satellite Towns
    around the World, in: Klingan, Katrin / Gust, Kerstin
    2009 (wie Anm. 5), S. 117–136. Víctor Muñoz Sanz wird
    seine den company towns von Baťa gewidmete Dissertati-
    on „Networked Utopia" voraussichtlich im Februar 2016
    an der Escuela Técnica Superior de Arquitectura in Madrid
    abschließen. Eine Ausstellung am Canadian Center of
    Architecture ist geplant, vgl. www.sanz-serif.com/
    networked-utopia/ (29. Januar 2016).

11 Werbeplakat der Firma Baťa, 1943, abgebildet in:
    Ehrenbold, Tobias 2012 (wie Anm. 1), S. 176.

12 Schib, Karl: Geschichte des Dorfes Möhlin, Thayngen
    1959, S. 274–276, hier S. 274. Vgl. auch Ehrenbold,
    Tobias 2012 (wie Anm. 1), S. 18 – 20; Ehrenbold,
    Tobias 2013 (wie Anm. 1), S. 130–132.

13 Vgl. Schib, Karl 1959 (wie Anm. 12), S. 275.

14 Bauleiter in Möhlin war Franz Georg Fackenberg, siehe
    Bata-Archiv Möhlin: 841.193.3: Brändle, Judith / Widmer,
    Markus: Dreietagengebäude der Schuhfabrik Bata,
    Wahlfacharbeit 1988/1989, Professur Schaal,
    ETH Zürich (Kopie in der Bibliothek der Kantonalen
    Denkmalpflege Aargau).

15 www.amtsdruckschriften.bar.admin.ch/viewOrigDoc.
    do?id=10032413 (29. Januar 2016): IX. Bericht des
    Bundesrates an die Bundesversammlung betreffend die
    gemäß Bundesbeschluss vom 14. Oktober 1933 erlassenen
    wirtschaftlichen Maßnahmen gegenüber dem Ausland.
    (vom 31. August 1934.), Schuhindustrie. Bundesratsbe-
    schluss vom 11. Juni 1934, S. 186. Vgl. auch Widmer,
    Markus: Etwas Firmengeschichte, in: Die Bata-Kolonie
    1992 (wie Anm. 1), S. 26–27, hier S. 27.

16 Schreiben des Gemeinderats an das Bezirksamt
    Rheinfelden vom 22. Juni 1934, zit. nach Schib,
    Karl 1959 (wie Anm. 12), S. 279.

17 Vgl. Bata-Archiv Möhlin: 841.193.48: Brändle, Judith:
    Schuhfabrik Bata, Sanierungsvorschlag für das erste
    Dreietagengebäude, Diplomwahlfacharbeit 1990,
    Professur Georg Mörsch, ETH Zürich (Kopie in der
    Bibliothek der Kantonalen Denkmalpflege Aargau);
    Brändle, Judith: Standardgebäude der Bata, in: Die
    Bata-Kolonie 1992 (wie Anm. 1), S. 37–43.

18   Vgl. Lackner, Helmut: Das System Bata, in: Die Bata-Kolo-
     nie 1992 (wie Anm. 1), S. 61–67, hier S. 66.

19   Vgl. Ehrenbold, Tobias 2013 (wie Anm. 1),
     S. 26–27, 144–145.

20   Vgl. Stöckli, Peter Paul: Die Freiräume in der Bata-Sied-
     lung, in: Die Bata-Kolonie 1992 (wie Anm. 1), S. 44–49;
     Tropeano, Ruggero: Hans Hugo Hannibal Naef,
     1902–1979, in: Die Bata-Kolonie 1992 (wie Anm. 1),
     S. 29–35; Ehrenbold, Tobias 2012 (wie Anm. 1), S. 76–95.

21   Roth, Alfred: Bemerkungen zum Problem des
     Wohlfahrtshauses, in: Werk 5/1949, S. 139-140.

22   Brändle, Judith / Widmer, Markus 1988/1989
     (wie Anm. 14).

23   Widmer, Markus: Die Bata-Kolonie in Möhlin, Diplom-
     wahlfacharbeit an den Professuren Werner Oechslin und
     Franz Oswald, ETH Zürich, 1990, S. 3. (Kopie in der
     Bibliothek der Kantonalen Denkmalpflege Aargau).

24   Brändle, Judith 1990 (wie Anm. 17).

25   Archiv der Kantonalen Denkmalpflege Aargau (ab jetzt:
     ADPAG), Möhlin, Bata-Siedlung MLI009/010/011, Akten
     Denkmalschutzverfahren: ETH Zürich, Professur Dolf
     Schneebli mit Dozent Ruggero Tropeano,
     Ein Arbeitsbericht, WS 1991/92, SS 1992.

26   Jehle-Schulte Strathaus, Ulrike: Vorwort, in: Die
     Bata-Kolonie 1992 (wie Anm. 1), S. 9.

27   ADPAG, Möhlin, Bata-Siedlung MLI009/010/011, Akten
     Denkmalschutzverfahren, 2. Korrespondenz: Schreiben
     vom Aargauer Heimatschutz (AHS) an den Regierungsrat
     Dr. A. Schmid vom 5.4.1990, Möhlin, Bata-Kolonie,
     Antrag auf sofortige provisorische Unterschutzstellung
     gemäß Denkmalschutzdekret.

28   Bundi, Madlaina: 100 Jahre Schweizer Heimatschutz,
     Zürich 2004, S. 3.

29   Denkmalschutzdekret § 5, siehe www.sgkgs.ch/images/
     content/AG_Denkmalschutzdekret.pdf. Das Denkmal-
     schutzdekret wurde 2009 durch das Kulturgesetz abgelöst.
     Das Recht von „Organisationen, die sich auf kantonaler
     Ebene statutengemäß der Denkmalpflege widmen" um
     kantonalen Schutz von Denkmalen zu ersuchen, regelt
     nun die Verordnung zum Kulturgesetz § 27.

30   ADPAG, Möhlin, Bata-Siedlung MLI009/010/011, Akten
     Denkmalschutzverfahren, 2. Korrespondenz: Petition,
     organisiert vom AHS, 7.6.1990, zugehöriges Schreiben des
     AHS an den Regierungsrat vom 2.7.1990.

31   Tropeano, Ruggero: Hans Hugo Hannibal Naef,
     1902–1979, in: Die Bata-Kolonie 1992 (wie Anm. 1),
     S. 24, Anm. 13.

32   Mertens, Stefan: Erfahrungen im Planungsprozess, in: Die
     Bata-Kolonie 1992 (wie Anm. 1), S. 56–59, hier S. 57. Die
     Bebauungskonzepte sind auf S. 58 abgebildet. Leemann,
     Chris: Wie geht es weiter mit der Bata-Kolonie in Möhlin.
     Siedlungsschutz und Entwicklungsplanung, in: Heimat-
     schutz 4/1995, S. 22–24.

33   ADPAG, Möhlin, Bata-Siedlung MLI009/010/011, Akten
     Denkmalschutzverfahren, 1. Akten und Protokolle:
     Kooperationsgruppe „Bata-Areal", Protokoll über die erste
     Sitzung, 27.9.1990.

34   ADPAG, Möhlin, Bata-Siedlung MLI009/010/011, Akten
     Denkmalschutzverfahren, Unterschutzstellungsakten:
     Regierungsratbeschluss Nr. 1592 vom 20.8.1997.

35   Die 1997 eingerichtete, gemeindliche „Spezialkommission
     Bata" heißt mittlerweile „Kommission Bata-Park". In ihr
     sind nach wie vor der Aargauer Heimatschutz, die
     Kantonale Denkmalpflege und die kantonale Fachstelle für
     Ortsbild, Siedlung und Städtebau vertreten.

36   ADPAG, Möhlin, Bata-Siedlung MLI009/010/011, Akten
     Denkmalschutzverfahren, 2. Korrespondenz: Wird
     Möhlin bald von Studenten bevölkert?, in: Basler Zeitung
     (Ausgabe Fricktal) vom 29. Januar 1993; von Rohr,
     Matthieu: Die Universität von Seldwyla, in: Die Weltwo-
     che vom 1. November 2001, S. 49.

37   www.monetas.ch/htm/655/de/SHAB-Publikati-
     onen-Anic-AG-in-Liquidation.htm?subj=1147691 (29.
     Januar 2016).

38   http://jmre.ch/der-bata-park/ (29. Januar 2016).
     Seit 2014 verwaltet die Bata-Park AG, die der Jakob Müller
     Holding AG angegliedert ist, die Liegenschaft.

39   Vgl. ADPAG, Möhlin, Bata-Siedlung, Handakten:
     Hesse+Schwarze+Partner, Büro für Raumplanung:
     Test-Planung Bata-Park, Möhlin, Schlussbericht des
     Begleitgremiums, 15.10.2009. Zur Sichtweise der
     Eigentümerin vgl.: Steidinger, Silvia: Erweckt aus dem
     Dornröschenschlaf, in: Umbauen+Renovieren 5/2013,
     S. 38–42, bes. S. 39.

40   www.swiss-architects.com/projects/23536_testplanung_
     bata_areal (29. Januar 2016).

41   ADPAG, Möhlin, Bata-Siedlung, Handakten: Metron:
     Gemeinde Möhlin: Kernzone Bata-Park, Handlungskatalog
     Erneuerung, 14. Oktober 2009.

42   Ebenda, S. 18.

43   ADPAG, Möhlin, Bata-Siedlung, Handakten: Raderschall
     Partner AG, Bata-Park Möhlin Parkpflegewerk, 02.12.13.
     Roland Raderschall und sein Team konnten dabei z.T.
     zurückgreifen auf: ADPAG, Möhlin, Bata-Siedlung,
     Handakten: Bucher, Mirjam: Bata-Kolonie, Möhlin AG,
     Gartendenkmalpflegerisches Gutachten (Diplomarbeit
     Hochschule Rapperswil 2000).

44   Vgl. www.moehlin.ch/getdocument.php?id=2006 (29.
     Januar 2016): Gemeinde Möhlin, Teilrevision Nutzungs-
     planung Siedlung und Kulturland – Rückweisungen der
     Gemeindeversammlung vom 20.10.2010, Planungsbericht
     nach Art. 47 Raumplanungsverordnung vom 8. August
     2011, S. 23–29.

45   Vgl. Ehrenbold, Tobias 2012 (wie Anm. 1); Ehrenbold,
     Tobias: Bata trifft das Nationalgefühl. Eine Analyse zum
     Image des tschechischen Schuhunternehmens während
     seiner Anfangsphase in der Schweiz, 1929–1939
     (Universität Luzern 2011); zum Bata-Archiv: www.
     moehlin.ch/bata/bilder.php 2016) mit link zum
     Archivverzeichnis: www.moehlin.ch/bata/Verzeich-
     nis%20Bata-Archiv_14-12-2012.pdf (beide 29. Januar
     2016).

46   www.sam-basel.org/de/shop/city-inc (29. Januar 2016).
     Architektur aus der Schuhbox 2012 (wie Anm. 1).

Plakat zum Thema „Wandel der Lebenskonzepte. Können die modernen Lebenskonzepte
dem fortschreitenden Verfall der Innenstädte mit ihren Bauwerken entgegen wirken?",
erarbeitet von Dominika Brzoza und Fabian Weyers

Denkmalpflege und Entwerfen in der universitären Lehre

Einige Anmerkungen

JOHANNES WARDA

ZUSAMMENFASSUNG

Bauen im Bestand hat Konjunktur. Es gehöre, so wird stets betont, selbstverständlich zu den Aufgaben der Architekt/innen. Dieser Trend drückt sich auch im universitären Lehrangebot und zahlreichen studentischen Wettbewerben aus. An populären Publikationen ausgeführter architektonischer Projekte aus diesem Aufgabenfeld mangelt es ebenfalls nicht. Aber was bedeutet diese ubiquitäre Hinwendung zum Bestand für die Rolle des Denkmalschutzes und die Selbst- und Fremdwahrnehmung der Denkmalpflege?

Der Arbeitskreis für Theorie und Lehre der Denkmalpflege e.V. hat sich immer wieder mit dem Stellenwert denkmalpflegerischer Lehrangebote an den Hochschulen auseinandergesetzt. Schwerpunktmäßig ging es dabei um Grundlagenvermittlung, die nach wie vor zu kurz kommt. Jenseits dessen ist aber auch die praktische Anwendung in Entwurfsprojekten von Interesse. Denn hier zeigt sich, ob das grundsätzliche Anliegen der Denkmalpflege realistisch eingeordnet und, selbst im Rahmen von eher utopisch gelagerten Aufgabenstellungen, als ebenso herausfordernde wie reizvolle Randbedingung des Entwerfens fruchtbar gemacht werden kann. In einem Forschungsprojekt wird derzeit untersucht, wie im Rekurs auf das Paradigma der „Entwurfsforschung" qualitative Aussagen dazu gewonnen werden können.

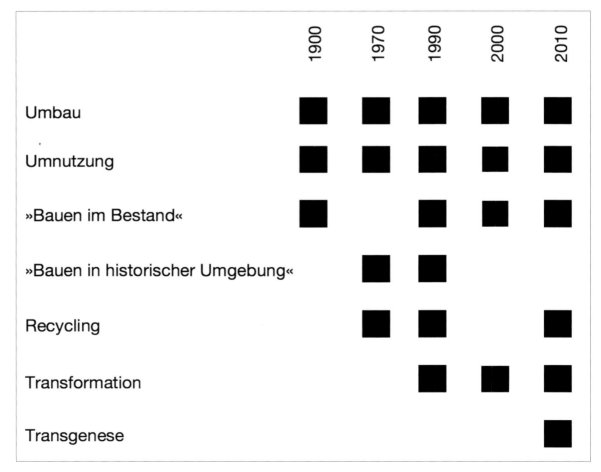

Begriffliche Konjunkturen im Kontext von Denkmalpflege und Entwerfen (Auswahl, schematische Darstellung).

Einführung

Nach wie vor sorgt der Denkmalbegriff in der Beschäftigung mit dem Altbaubestand für Verunsicherung. Und zwar, so wäre meine Hypothese, in doppelter Hinsicht: Als begriffliche Verwirrung, aus der eine ästhetisch-praktische, also kreativ-entwerferische Verunsicherung resultiert. Erstere rührt von der Vielzahl der Begrifflichkeiten her, die sich seit etwa der Wende vom 19. zum 20. Jahrhundert für den Umgang mit bestehender Architektur entwickelt haben. Von „Umbau" und „Bauen im Bestand" über das „Bauen in historischer Umgebung" der 1970er Jahre bis hin zu „Gebäuderecycling" und „Transformation" in den vergangenen Jahrzehnten. Verkompliziert wird das Sprechen über das Entwerfen im Bestand noch dadurch, dass Oberbegriffe für den Umgang mit dem Altbaubestand und konkrete architektonische Interventionen gleichwertig verwendet werden. Eine „Umnutzung" kann beispielsweise durch gar keine oder ganz andere bauliche Eingriffe erfolgen, als ein in dieser Hinsicht inhaltlich schärfer konturierter „Umbau".

In der anhaltenden Debatte über das Verhältnis von Architektur und Denkmalpflege hat Martin Bredenbeck in einem Beitrag für die Zeitschrift „der architekt" jüngst noch einmal die Frage der Ausbildung aufgeworfen und für ein besseres wechselseitiges Verständnis und einen stärkeren inhaltlichen Austausch von Kunstgeschichts- und Architekturstudium plädiert. Bredenbeck hofft, auf diese Weise Vermittlungsdefizite der staatlichen Denkmalpflege auszugleichen.[1] Also mehr Denkmalpflege im Architekturstudium? Dieser Beitrag streift einige zentrale Fragen zu diesem Thema und wirft einen Blick in die Geschichte des Arbeitskreises, der sich immer wieder damit beschäftigt hat.

Ausbildung und Lehre im Arbeitskreis Theorie und Lehre der Denkmalpflege

Die Jahrestagungen des Arbeitskreises 1979 und 1981 widmeten sich schwerpunktmäßig der Architekturausbildung an den Hochschulen und dem Stellenwert der Denkmalpflege darin. Daraus entstand ein Thesenpapier, das nach längerer redaktioneller Bearbeitung 1982 veröffentlicht wurde. Der Arbeitskreis reagierte damit unmittelbar, so geht es aus dem überlieferten Schriftverkehr hervor, auf die Broschüre „Die Architektenausbildung aus der Sicht der Berufspraxis" der Bundesarchitektenkammer vom Herbst 1979. In einer Pressemitteilung kritisierte der Arbeitskreis, die Broschüre gehe zu wenig auf die Denkmalpflege ein. Sie wurde in Auszügen 1982 in der Deutschen Bauzeitung (Heft 2) abgedruckt.

Ein Hinweis auf das Thesenpapier und die Möglichkeit des Bezugs beim Arbeitskreis erschien dann u.a. in der Bauwelt[2], woraufhin der Arbeitskreis über 60 Zuschriften erhielt. Bemerkenswert an dem Thesenpapier ist der Vorschlag, die Bezeichnung des Lehrgebietes statt „Denkmalpflege" ‚Umgang mit Altbauten, Bau- und Stadtsanierung' zu nennen, „um die Verflechtung mit anderen Lehrfächern zu verdeutlichen" und „aus der Isolierung des Faches herauszukommen zu einer interdisziplinär übergreifenden Lehre."[3] Der Begriff Denkmalpflege sei zudem zu sehr „belastet mit Vorstellungen des Nur-Erhaltens, des Musealen, des Rekonstruierens."[4] Mit Blick auf die Broschüre der Bundesarchitektenkammer moniert der Arbeitskreis, dass Studierenden der Architektur unbedingt die „gesellschaftspolitische [...] Bezogenheit" vermittelt werden müsse.[5] Das Thesenpapier argumentiert ex negativo damit, wie „Denkmalpflege" und „Geschichte" nicht gelehrt werden sollten. Gefordert werden „Pflichtveranstaltungen" zur historischen Baukonstruktionslehre und Baustoffkunde sowie explizit zum Thema Holzfenster. Über den Wahlbereich sollen die „Ergänzungsfächer" wie Bauforschung, Hausforschung, Bauschäden, Kosten der Sanierung usw. abgedeckt werden; dem Entwerfen wird ein fester Platz im Architekturstudium eingeräumt, und zwar als „Umbau, Erweiterungsbau oder Neubau in alter Umgebung sowie als Stadtplanung innerhalb einer Altstadt mit dem Thema ‚Umgang mit Altbauten, Bau und Stadtsanierung'."[6] Abschließend warnt der Arbeitskreis: „Es besteht die Gefahr, daß ein Absolvent mit einer guten Note in den Wahlfächern als guter Denkmalpfleger gilt und sich auch so einschätzt. Das muß vermieden werden."[7]

Zwanzig Jahre später, unter veränderten politischen und gesellschaftlichen Vorzeichen und in einer gänzlich anders organisierten universitären Ausbildungslandschaft, standen auf der Jahrestagung 1998 die Denkmalpflegestudiengänge im Vordergrund. Die Publikation dieser Tagung stellt eine Bestandsaufnahme der entsprechenden Angebote dar, enthält aber auch einige reflexive Beiträge. So merkt etwa Thomas Will zum Vorurteil der in ihrer Kreativität beschnittenen Architekt/innen im Denkmalbereich an, Architektur müsse immer „gute Arbeit" sein.[8] In der Folge wurden Fragen der Lehre auf den Jahrestagungen immer wieder vereinzelt gestreift; im Jahr 2006 ging es etwa um die inhaltliche und organisatorische Ausgestaltung denkmalpflegerischer Projektmodule innerhalb des Architekturstudiums.[9] Das war nicht nur der Modularisierung geschuldet. Behandelt wurden auch Grundsatzfragen, etwa die Spanne der in Praxisprojekten mit Dritten abzudeckenden Leistungen und entsprechend die Abgrenzung zum privatwirtschaftlichen Sektor.

Denkmalschutz in der Entwurfslehre

Es ist inzwischen eine Binsenweisheit, dass jedes Entwerfen irgendwo auf Vorhandenes stößt; im Umkehrschluss heißt das, dass denkmalpflegerische Themen auch dort gestreift werden, wo sie nicht explizit draufstehen. Gerade in solchen Konstellationen, wo Denkmalpflege und „Bauen im Bestand" ineinander übergehen und zwischen beiden kaum noch unterschieden wird, ist eine klare Vorstellung davon wichtig, was die eine und was das andere im Sinne einer produktiven Kooperation leisten können. Das trifft insbesondere auf den Bereich der Architekturausbildung zu. Aber welcher Denkmalbegriff und Begriff der Denkmalpflege werden an den Hochschulen gelehrt? Welche Rolle spielen der Denkmalschutz und denkmalpflegerische Werte und Bewertungen als Randbedingungen in der universitären Entwurfslehre?

Denkmalpflegerische Themen haben an den Architekturschulen im deutschsprachigen Raum einen höchst unterschiedlichen Stellenwert, der vom Charakter eines Pflichtfaches, das mit den Grundlagen der Bauaufnahme gekoppelt ist, über Vertiefungsmöglichkeiten im Master bis hin zu eigenen Masterstudiengängen – durchaus auch mit entwerferischem Schwerpunkt – reicht. Eine interne Erhebung des Arbeitskreises aus dem Jahr 2014 zeigt, dass an 48 Universitäten, Fachhochschulen und Kunstakademien in Deutschland, Österreich und der Schweiz das Fach Denkmalpflege und/oder ein Schwerpunkt „Entwerfen im Bestand" in Forschung und Lehre abgedeckt werden. Seit der Einführung eines zusätzlichen postgradualen Denkmalpflege-Studiums (erstmals an der Technischen Universität München, 1978/79) haben sich die Ausbildungsmöglichkeiten institutionalisiert und weiter ausdifferenziert. Nach der jüngsten Studienstrukturreform haben diese eine Aufwertung und erhöhte Sichtbarkeit erfahren.[10] Mit Blick auf die postgradualen Master-Studiengänge beziehungsweise die Modularisierung des Studiums insgesamt ließe sich aber auch argumen-

tieren, dass die Zunahme der Wahl- und Spezialisierungsmöglichkeiten zu einer inhaltlichen Ausdünnung des (vielerorts nun kürzeren) grundständigen Architekturstudiums geführt hat. Ein Vergleich der Studienordnungen (Bachelor Architektur) etwa der Bauhaus-Universität Weimar, der Beuth Hochschule für Technik Berlin (jeweils sechs Semester) und der Technischen Universität München (acht Semester) zeigt durchaus ein ambivalentes Bild:[11] Während Studierende in Weimar mit denkmalpflegerischen Fragen nicht verpflichtend in Berührung kommen (es besteht lediglich die Möglichkeit, nach Angebot einen [Abschluss-]Entwurf in diesem Lehrgebiet zu absolvieren; darüber hinaus werden vier Semesterwochenstunden Baugeschichte im 1. und 2. Semester durch den Lehrstuhlinhaber für Denkmalpflege abgedeckt), müssen sie an der Beuth-Hochschule zwei Pflichtmodule zu „Baugeschichte, Architekturtheorie und Denkmalpflege" sowie einen Pflichtentwurf „Entwerfen und Konstruieren im Bestand" mit einem Umfang von mindestens 12 Semesterwochenstunden belegen und haben im Wahlbereich des 5. und 6. Semesters die Möglichkeit, diesen Schwerpunkt zu vertiefen. An der Technischen Universität München muss ein Wahlpflichtmodul (vier Semesterwochenstunden) aus dem Bereich „Geschichte, Theorie & Denkmalpflege" belegt werden; weitere Module der Entwurfs- und Bauforschungsprofessuren können wahlweise belegt werden; dazu kommen zwölf Semesterwochenstunden Bau-, Stadtbaugeschichte und Architekturtheorie.

Jenseits der Vermittlung denkmalpflegerischen Grundlagenwissens, die mitunter auch im Rahmen von architekturgeschichtlichen Lehrveranstaltungen geschieht, ist dessen praktische Anwendung in Entwurfsprojekten von besonderem Interesse. Denn hier zeigt sich, ob das grundsätzliche Anliegen des Denkmalschutzes realistisch eingeordnet und, selbst im Rahmen von eher utopisch gelagerten Aufgabenstellungen, als ebenso herausfordernde wie reizvolle Randbedingung des Entwerfens fruchtbar gemacht werden kann. In jedem Fall muss es darum gehen, eine eigenständige Haltung zum (Denkmal-)Bestand zu entwickeln und diese auch argumentativ zu kommunizieren. Die nähere Beschäftigung mit der Entwurfslehre liefert also vor allem qualitative Eindrücke zum Stellenwert der Denkmalpflege an den Hochschulen und ergänzt die quantitativen Aussagen über den „erteilten Unterricht" um für die spätere Architekturproduktion relevante Befunde. In den künstlerisch-gestaltenden Disziplinen hat sich zum Komplex des Entwerfens in den vergangen zwei Jahrzehnten unter dem Schlagwort „Entwurfsforschung" ein eigener wissenschaftlicher Diskurs etabliert. Dabei ging es zuletzt vor allem um den Aspekt der Wissensproduktion in den Künsten. Dass Entwerfen auch ein epistemischer Prozess sei, ist mittlerweile vielfach konstatiert worden. Sabine Ammon etwa verweist auf die unterschiedlichen Praktiken innerhalb des architektonischen Entwerfens, mittels derer Wissen generiert werde – sei es der Umgang mit Modellen oder das Zeichnen als ur-entwerferische Praxis selbst.[12] Diese Entwicklungen spiegeln zum einen die Etablierung einer wissenschaftlichen Selbstreflexion der Künste und ihre fortschreitende akademische Institutionalisierung in eigenen Studiengängen und Forschungsprojekten. Zum anderen ist die Entwurfsforschung aber auch Ausdruck eines Paradigmenwechsels von der interpretierenden, gewissermaßen vom Ergebnis her argumentierenden klassischen Kunst-, Bild- und Ästhetikwissenschaft hin zu einer Beschäftigung mit der Dynamik und Prozesshaftigkeit künstlerischen Schaffens.[13] Die Frage nach den Erkenntnissen aus künstlerischer Produktion lässt sich über ihren grundsätzlichen Charakter hinaus aber auch qualitativ zuspitzen. Die Frage lautet dann explizit, welches Wissen im Entwurf entsteht und, erweitert, welche die Randbedingungen des Entwerfens sind und auf welche Weise sie in den Entwurfsprozess eingehen. Mit der Fokussierung auf das denkmalpflegerische Entwerfen widme ich mich dieser und weiteren Fragen derzeit im Rahmen eines Forschungsprojektes an der Bauhaus-Universität Weimar.[14]

Abbildungsnachweis

1   Verfasser

Anmerkungen

1   Siehe Bredenbeck: Martin: Vom Schätzen und Schützen. Ein Versuch über Perspektiven für das Fach, in: der architekt, H. 4, 2015, S. 24–29, hier S. 28.

2   Siehe Bauwelt, H. 14, 1982, S. 556f.

3   Pressemitteilung (vermutl. Februar 1982), Archiv des AKTLD an der Professur Denkmalpflege und Baugeschichte, Bauhaus-Universität Weimar.

4   Thesen zum Problem der Lehre für Architekten im Fach Denkmalpflege (1981), Ebenda.

5   Ebenda.

6   Ebenda.

7   Ebenda.

8   Will, Thomas: Denkmalpflege. Dresden, in: Ausbildung und Lehre in der Denkmalpflege. Ein Handbuch, hg. v. Achim Hubel, Petersberg 2001, S. 68–74, hier S. 72 (Veröffentlichungen des Arbeitskreises Theorie und Lehre der Denkmalpflege e.V., 11).

9   Siehe Hädler, Emil: Denkmalpflege im Projektstudium. Resümee der Diskussion am 29. September 2006, in: Schrumpfende Städte und Dörfer. Wie überleben unsere Baudenkmale?, hg. v. Birgit Franz, Holzminden 2006, S. 96f.

10   Für eine Übersicht der postgradualen Masterstudiengänge im deutschsprachigen Raum mit Gewichtung der inhaltlichen Schwerpunkte vgl. Kurapkat, Dietmar / Spiegel, Daniela: denk × 10 + x. Interuniversitärer Workshop zur Entwicklung der Masterstudiengänge Denkmalpflege am 14. Februar 2009 in der TU Berlin, in: Masterstudium Denkmalpflege an der TU Berlin.

Ab dem Wintersemester 2016/17 wird an der Hochschule RheinMain auch erstmals ein spezialisierter sechssemestriger Bachelor-Studiengang „Baukulturerbe – Erhalten und Gestalten" angeboten. Siehe www.hs-rm.de/fileadmin/Home/Studium/Sonstige_Ordner/studiengangsflyer/B_Baukulturerbe.pdf (22. Juni 2016). Jahrbuch 2008–10, hg. v. Dorothée Sack u.a., Berlin 2010, S. 14–17, hier S. 17.

11   Die aktuellen Studienordnungen sind im Internet abrufbar unter www.uni-weimar.de/fileadmin/user/uni/universitaetsleitung/kanzler/mdu_akad/14/30_2014.pdf; www.beuth-hochschule.de/bat; www.ar.tum.de/fileadmin/w00bfl/www/05_Studiengaenge/alt_01_Bachelor/01_Bachelor_of_Arts/01_B.A._Architektur/02_Studienplan/Modulplan_Bachelor_FPSO2014.pdf (alle 15. Februar 2016).

12   Siehe Ammon, Sabine, Entwerfen. Eine epistemische Praxis, in: Long Lost Friends. Wechselbeziehungen zwischen Design-, Medien- und Wissenschaftsforschung, hg. v. Claudia Mareis / Christof Windgätter, Zürich 2013, S. 133–155, v.a. S. 146–153.

13   Siehe Hildebrandt, Toni: Die lineare Handzeichnung als Paradigma der Entwurfsforschung, in: Ebenda, S. 157–180, hier S. 157f.

14   „Denkmalschutz = Denkverbot? Untersuchungen zu Theorie und Lehre des Entwerfens im Bestand", Bauhaus-Postdoc-Stipendium 2015/16, siehe www.uni-weimar.de/de/architektur-und-urbanistik/professuren/denkmalpflege-und-baugeschichte/forschung/denkmalschutz-denkverbot/ (15. Februar 2015).

Ein Ort. Überall

Neuere Ansätze zu Baukultur und Denkmalpflege in Großbritannien

SABINE COADY SCHÄBITZ

ZUSAMMENFASSUNG

Ausgehend von Überlegungen zu Denkmalpflegeausbildung und Strukturwandel entwickelte sich dieser Beitrag von einem Impulsreferat im Rahmen eines Workshops zu einem Lage- und Erfahrungsbericht der Umwälzungen der letzten Jahre in Großbritannien. Er umreißt zunächst entscheidende Elemente des Strukturwandels im Bauwesen, vor allem in Bezug auf die erfolgte Planungsreform im Verein mit einem verschärften Sparkurs und deren Auswirkungen auf die Baukultur und Denkmalpflege. Die daraufhin folgenden Abschnitte widmen sich dann verschiedenen Ansätzen, die als Anregung und Aufruf zum Engagement verstanden werden. Schwerpunkte der Ausführungen beziehen sich auf die Bedeutung des Konzepts von Placemaking und die damit verbundene Rolle der richtungsweisenden Farrell Review of Architecture and the Built Environment, auf das Unbehagen in der Architektenausbildung und den Ruf nach Reform, auf die Möglichkeiten für die Denkmalpflege in diesem Prozess sowie auf die Neupositionierung der Universitäten in Stadt und Region, dargestellt am Beispiel von Northampton.

Was all diese Bestandteile vereint ist der Fokus auf und die Bindung an den Ort, die wieder zunehmende Bedeutung des Ortes als lokaler Anker in einer sich immer stärker digitalisierenden und globalen Welt und die Kritik an der derzeitigen Planungs- und Baukultur. Dem historischen Baubestand, in seiner Einzigartigkeit, kommt dabei eine besondere Bedeutung zu. Die verschiedenen beschriebenen Ansätze versuchen aufzuzeigen, wie das Bewusstsein und der praktische Umgang mit Kulturerbe und der Denkmalpflege gestärkt werden könnten, aber auch unter welchen schwierigen Bedingungen das geschieht, und dass wir uns auf keine anderen Gewissheiten mehr verlassen können, als unser eigenes Engagement als Fachleute, Pädagogen und Mitbürger.

Einführung

Im April 2016 stellte man auf dem Trafalgar Square in London den Torbogen von Palmyra auf, nachgebaut aus Marmor mittels dreidimensionaler Scanner und Drucker. Dieser Akt wurde als Sinnbild gegen die Zerstörung gefeiert, und das Ziel ist, den Bogen schließlich wieder in Palmyra zu errichten. Viele Denkmalpfleger stehen solchen Kopien mit Skepsis gegenüber. Dennoch schaffen sie in ihrer Publikumswirksamkeit ein Bewusstsein für Bewahrung und Erhaltung, das andernorts und in mehr alltäglichen Umständen oft nicht existiert oder von pragmatischen Erwägungen ausgehebelt wird.

Dass sich alles wandelt ist eine Binsenweisheit und für den Großteil der Weltbevölkerung besteht das Leben grundsätzlich aus Unsicherheit. Dennoch empfinden wir in Europa unsere Situation prekärer denn je. Gewöhnt an Wohlstand und Sicherheit und in relativ ungebrochener Fortschrittsgläubigkeit lebend, sehen wir uns derzeitig mit Weltereignissen konfrontiert, die kollektive und individuelle Existenzängste hervorrufen, auch oder gerade in den wohlhabendsten Staaten der Welt. Im Ringen darum kommen längst überholt geglaubte Instinkte zum Vorschein, die darauf hinauszielen, kulturelle Spannungen und Spaltungen zu vertiefen.

Denkmalpflege und Kulturerbe kommen dabei auch ins Spannungsfeld, sind sie doch immer mit Identitätsfragen verbunden. Das Bemühen um Verwissenschaftlichung, auch was die sozialen Aspekte und die Wertegewichtung anbelangt,[1] stellt sich nun immer mehr als Illusion heraus, oder zumindest als fortwährendes Ringen, das zusätzlich erschwert wird vom grundlegenden Strukturwandel innerhalb der westlichen Gesellschaften. Viele Ressourcen werden abgebaut und nicht wieder ersetzt. Der Übergang von der industriellen Planungs- und Wohlfahrtsgesellschaft zur postindustriellen Wissensgesellschaft, in der dem Staat und anderen traditionellen Institutionen zunehmende Skepsis entgegengebracht wird, stellt sich auch in Großbritannien als schwierig heraus. In diesem Prozess werden neue Ansätze erwogen und erprobt.

Strukturwandel in Großbritannien

Der enorme gesellschaftliche und ökonomische Wandel wirkt sich auch auf das Bauwesen und die Denkmalpflege aus. Genannt werden muss hier vor allem die umfassende Planungsreform der letzten fünf Jahre, mit der die Regionalplanung faktisch abgeschafft wurde. Innerhalb der Kommunalplanung hat man eine neue kleinste Einheit eingeführt: die des Quartiers. Unter dem Titel Neighbourhood Planning wird damit einerseits Bürgerbeteiligung eingefordert, andererseits werden Planungsfragen an Privat- und Laieninitiativen wegdelegiert. Dies ging einher mit der systemischen Diskreditierung der Planungsbranche. 2015 veröffentlichte die Town and Country Planning Association (TCPA) ein Manifesto,[2] in dem sie ausdrücklich warnt, dass das über viele Jahrzehnte etablierte Planungswesen bald gänzlich verloren gehen könnte.

Zu diesen radikalen Veränderungen gesellt sich die kürzlich vorgenommene Umstrukturierung von English Heritage. Seit April 2015 ist English Heritage aufgesplittet in zwei getrennte Organisationen. Der Name English Heritage wird von einem Wohltätigkeitsverein weitergeführt, der für das Management der Bauten und Ensembles zuständig ist, die sich in öffentlicher Hand befinden. Der Teil von English Heritage der quasi die übergeordnete Fachbehörde darstellte wurde umbenannt in Historic England und ist nun weiterhin für Denkmalschutz und Denkmalberatung zuständig.

Der extreme Sparkurs ist gewollt – mit dem Ziel, die Staatsverschuldung drastisch zu reduzieren. Das hat zur Folge, dass staatliche und kommunale Ressourcen für alles, was mit Stadtplanung, Städtebau, Architektur und Denkmalpflege zu tun hat, immer rarer werden.

In der Ausgabenübersicht der Regierung von September 2015 wurde gefordert, dass alle nicht geschützten Budgets, wozu auch Denkmalpflege und Heritage gehören, Kürzungen bis zu vierzig Prozent hinnehmen werden müssen. English Heritage und Historic England haben bereits große Einschränkungen erfahren müssen und hinter der beschönigenden Floskel ,neue kommerzielle Freiheiten', die sie nun zum Einwerben von Drittmittelgeldern haben, verbirgt sich die zunehmende Privatisierung der Denkmalpflege, die ohnehin nie das Ausmaß öffentlicher Zuschüsse genossen hat wie zum Beispiel in Deutschland. In städtischen Behörden gibt es immer weniger Denkmalpfleger, Stadtplaner und Städtebauer, von Architekten gar nicht zu reden.

Dieser Trend spiegelt sich auch in der Hochschulpolitik der letzten fünf Jahre wider: Britische Universitäten sind de facto Privatunternehmen geworden, die sich über Studiengebühren[3] und Drittmitteln finanzieren müssen. Das hatte auch starke Auswirkungen auf die Nachfrage von branchenrelevanten Studiengängen. Studienangebote für Regionalplanung und Wohnungswesen sind fast ganz verschwunden, solche für Stadtplanung und Städtebau kämpfen ums Überleben, vor allem auch weil sie häufig als postgraduale Zusatzqualifikationen angesehen werden, die von öffentlichen Arbeitgebern nicht mehr gefördert werden. Studiengänge in der Denkmalpflege sind ebenfalls starken Schwankungen unterworfen. Nur die Architekturschulen haben sich nach anfänglichen Rückgängen schnell erholt, und die Zahl der Bewerbungen steigt stetig an.[4]

Placemaking und Denkmalpflege: Die Rolle der Farrell Review of Architecture and the Built Environment

Gesamtgesellschaftlich gesehen kommt Gestaltung in der gebauten Umwelt zu kurz. Zu dieser Schlussfolgerung gelangte The Farrell Review of Architecture and the Built Environment[5] (FAR) im Jahr 2014. Trotz der starken Popularität des Architekturstudiums und obwohl Großbritannien namhafte Architekten hervorbringt, die weltweit Prestigeprojekte akquirieren, lässt die Qualität der Alltagsarchitektur im Lande selbst zu wünschen übrig.

The National Planning Policy Framework (NPPF), die staatliche Rahmenordnung für Planungsangelegenheiten, ist die einzige nationale Gesetzgebung, die „Design" erwähnt: Unter dem Abschnitt „Requiring good design" werden dem Thema Gestaltung knapp einhundert Zeilen gewidmet. Die Mechanismen und Organisationen jedoch, die dafür sorgen könnten, diesen Anspruch zu interpretieren und in der Praxis umzusetzen, wurden abgeschafft oder stark eingeschränkt, wie zum Beispiel die Commission for Architecture and the Built Environment (CABE), die von 1999 bis 2011 als Regierungsberater in Sachen Architektur und Gebauter Umwelt fungierte.

Die Farrell Review, 2013 vom damaligen Architekturminister beauftragt, stützt sich auf umfassende landesweite Konsultationen. Der Report, der Bestandsaufnahme und Programm zugleich ist, wurde veröffentlicht unter dem Titel: Our Future in Place. Dieser Fokus auf den Ort, diese buchstäbliche Verortung als Gegenstück zur Digitalisierung unseres Lebens wird in verschiedener Hinsicht interpretiert.

Zentraler Inhalt sind die englischen Begriffe Place und Placemaking, die in professionellen Kreisen immer stärker im Vordergrund stehen und deren Verständnis weit über architektonische und städtebauliche Qualität hinausgeht. Placemaking, die Schaffung guter Orte, ist weniger eine Frage professionellen Spezialistentums als eine gemeinschaftliche Anstrengung für den öffentlichen Raum: „As both an overarching idea and a hands-on approach for improving a neighborhood, city, or region, Placemaking inspires people to collectively reimagine and reinvent public spaces as the heart of every community. Strengthening the connection between people and the places they share, Placemaking refers to a collaborative process by which we can shape our public realm in order to maximise shared value. More than just promoting better urban design, Placemaking facilitates creative patterns of use, paying particular attention to the physical, cultural, and social identities that define a place and support its ongoing evolution."[6]

Der erste Grundsatz von Placemaking lautet „The community is the expert."[7] Mit dieser Postulierung wird – wie auch beim Neighbourhood Planning – einerseits Bürgerbeteiligung ermuntert und gefordert, andererseits jedoch auch – und unter Umständen gerechtfertigterweise – Fachkompetenz in Frage gestellt, was wiederum als Vorwand zum Abbau von entsprechendem Personal benutzt werden kann.

„Our Future in Place" ist allerdings weit entfernt davon, die professionellen Expertisen zu unterminieren, im Gegenteil, FAR plädiert für stärkere Kooperation unter den Bauexperten und für die Interpretation von Place als realem Ort mit realer Bedeutung. Um dem Begriff die oft abstrakte Aura zu nehmen, wird vorgeschlagen, PLACE als Abkürzung zu verstehen für die hauptsächlichen Kompetenzen von Planning, Landscape, Architecture, Conservation und Engineering. Das ist eingängig und beabsichtigt sowohl eine methodische Basis zu liefern, die entsprechenden Fachinstitutionen einzubinden, als auch eine Grundlage zu schaffen für die Wiederbelebung von Baukultur als interdisziplinäres Anliegen. Andererseits kann die Abkürzung auch für Politics, Life, Advocacy, Community und Environment stehen und somit den Wirkungskreis weit über die Fachwelt hinaus erweitern.

Der Report konzentriert sich auf folgende Hauptthemen: 1. Bildung und Ausbildung, Öffentlichkeitsarbeit und Kompetenzen, 2. Gestaltungsqualität, 3. Kulturerbe, 4. Ökonomischer Nutzen, 5. Grundsätze und Richtlinien des Bauwesens. Auch in die Kulturerbedebatte hat der Begriff Placemaking schon lange Eingang gefunden, nicht zuletzt auch um das Anliegen und die Tätigkeit der Denkmalpflege einem breiteren Publikum zugänglich zu machen und die Einbindung des baulichen Erbes in die Alltagskultur zu befördern.[8] Die Öffnung des Faches wird auch von FAR gefordert: „The process through which buildings are listed should be made less academic and more open, transparent and democratic."[9] Ein erheblicher Teil des Reports einschließlich der zahlreichen Empfehlungen konzentriert sich auf die Rolle von Gestaltungskommissionen – Design Review oder Place Review Panels, eine Tradition die unter verschiedenen Prämissen auf die 1920er Jahren zurückgeht. Sie bestehen aus multidisziplinären und unabhängigen Expertengremien, die einberufen werden, um die Bauprojekte im Planungsprozess zu bewerten. Sie sind gesetzlich zwar nicht verankert, aber empfohlen zur Unterstützung der Kommunalbehörden.[10] „Local planning authorities should have local design review arrangements in place to provide assessment and support to ensure high standards of design. They should also where appropriate refer major projects for a national Design Review."[11] Die Farrell Review fordert: „An English Heritage advisory arm[12] should be represented on all PLACE Review Panels where heritage is involved, and PLACE Review Panellists should be involved in English Heritage consultation. After each review, English Heritage and PLACE Review Panels should provide a single co-ordinated response to local planning authorities within an agreed timeframe."[13]

Die Tatsache, dass sich eines von den fünf FAR Themen speziell mit dem Kulturerbe befasst, ist ermutigend. „Now there is widespread recognition that preserving the old is no longer at odds with designing the new."[14] Diese recht optimistische Sichtweise durchdringt die Alltagsbaukultur jedoch keineswegs, was nicht zuletzt die Notwendigkeit der oben genannten Empfehlungen untermauert.

Eines der größten Hindernisse bei der Erhaltung von Denkmalen und des historischen Baubestands überhaupt ist die unsägliche Tatsache, dass auf alle Baumaßnahmen in bestehender Substanz zwanzig Prozent Mehrwertsteuer erhoben wird. Auf Neubau dagegen wird keine Mehrwertsteuer erhoben, was alle Erhaltungs- und Umbauprojekte von vornherein ökonomisch ins Hintertreffen katapultiert. Die Heritage Alliance[15] sieht das als die größte Bedrohung für den historischen Baubestand an.

Die Veröffentlichung von FAR im Jahr 2014 war sowohl das Ergebnis als auch der Ausgangspunkt einer landesweiten Diskussion. Aus ihr hervorgegangen ist die Place Alliance[16], die sich selbst als Bewegung versteht. Ohne einen institutionellen Anspruch zu haben, ist sie gewissermaßen das Ausführungsorgan der Farrell Review. In den letzten zwei Jahren sind von der Place Alliance vielfältige Initiativen und Impulse ausgegangen, von lokalen Diskussionsrunden über nationale Zusammenkünfte bis zu Gesetzesempfehlungen. Bisher haben sich acht Arbeitsgruppen gebildet, die sich mit speziellen Themen oder Anliegen befassen – Denkmalpflege gehört explizit noch nicht dazu.

Architektenausbildung und Denkmalpflege

Die Kritik und das Unbehagen am Zustand der gebauten Umwelt spiegeln sich auch in der sich beschleunigenden Diskussion um die Rolle und den Inhalt der Architektenausbildung wider.

Traditionell bestehend aus drei Abschnitten – Part 1, 2, 3 – Bachelor, Master oder Diplom sowie Praxisnachweis und -examen – dauert es theoretisch sieben Jahre von Studienbeginn bis zum Eintrag in die Architektenkammer; in der Realität jedoch sind das meistens neun oder zehn Jahre. Seit der letzten Studiengebührenerhöhung rechnet man damit, dass ein Absolvent am Beginn seiner professionellen Laufbahn bis zu £100.000 Schulden zu erwarten hat, um dann in einem Beruf zu arbeiten, der im Vergleich zu anderen Berufsständen in Großbritannien relativ schlecht bezahlt wird. Dies und die seit vielen Jahren schleichende und inzwischen manifestierte Marginalisierung[17] von Architekten im Planungs- und Bauprozess bewirkt, dass der Ruf nach Reform immer stärker wird.

Zu den schwerwiegendsten Vorwürfen, die sich die Architektenausbildung gefallen lassen muss, gehört der der Irrelevanz für die Praxis, „… driven neither by the needs of architecture as a product nor by those of architects as professionals."[18] Sich mehr zu den Künstlern als zu den Baumeistern zählend haben sich viele Architekturschulen auf abstrakte Kunst und theoretische Konzepte verlegt und dabei praktische Kompetenzen wie Baukonstruktion, Tragwerkslehre, technisches

Zeichnen und Detailausarbeitung sowie Betriebswirtschaft und Management[19] vernachlässigt. Das wird als die Aufgabe der Architekturtechniker angesehen, die einen von den Architekten unabhängigen Berufstand[20] darstellen mit einem eigenem Institut, dem Chartered Institute of Architectural Technologists (CIAT). Nach drei Jahren voll qualifiziert sind sie nicht nur praxistauglich, sondern auch höher bezahlt und sogar vorlageberechtigt, da zwar der Titel Architekt geschützt ist, aber nicht die Tätigkeit. An den Universitäten sind die Architekten und die Architekturtechniker oft an unterschiedlichen Fakultäten angesiedelt und haben sehr wenig miteinander zu tun, obwohl sie sich – zum Beispiel aus deutscher Perspektive – beide als Architekturstudiengänge darstellen.[21]

Eine ähnliche Spaltung trifft auf die Architekten und Denkmalpfleger an den Universitäten zu: Denkmalpflegespezialisten sind selten in Architekturschulen anzutreffen und wenn doch, so haben sie wenig Einfluss auf die Architektenausbildung.[22] Dies spiegelt sich auch im Lehrplan wider. Die Architektenausbildung, die stark von der Architektenkammer, dem Architects Registration Board (ARB), und vor allem vom Royal Institute of British Architects (RIBA) reglementiert wird, fordert zwar angemessene Kenntnisse in Architekturgeschichte und Architekturtheorie,[23] Denkmalpflege jedoch wird nicht explizit erwähnt. CIAT dagegen fordert Kompetenzen speziell für „conservation of existing buildings"[24]. Die Studierenden, die ein von ARB und RIBA akkreditiertes Studium absolvieren, wissen oft sehr wenig über Denkmalpflege und müssen sich für die Praxis über Zusatzstudiengänge[25] weiterqualifizieren. Eine Kritik an der derzeitigen Architektenausbildung ist, dass Part 2 oft eine Wiederholung von Part 1 darstellt, was sich auch darin widerspiegelt, dass die Kriterien dieselben sind, deren Erfüllung im Part 2 nur auf einem höheren Niveau erwartet wird. Das bedeutet, dass sowohl Bachelor- als auch Masterstudiengänge sich oft ähneln und wenig Raum für Spezialisierung bieten, was die Architektenausbildung sowohl homogenisiert als auch beschränkt.

Ein Reformvorschlag, der von mehreren Seiten kommt, geht davon aus, dass Architekten viel mehr Spezialwissen benötigen, da sie in der Praxis selten als Generalisten fungieren. Demzufolge könnten einem breitgefächerten Bachelorstudiengang an der Universität verschiedene spezialisierte Masterstudiengänge folgen, wie etwa unter anderem ein dreijähriger Teilzeitstudiengang Architectural Master of Business Administration (AMBA), aber auch in anderen Spezialisierungen wie Städtebau, IT und nicht zuletzt in der Denkmalpflege.[26] Solch eine Deregulierung würde die Architektenausbildung vielfältiger gestalten und die Denkmalpflege wieder in der Architektentätigkeit verankern. Es gäbe auch ein größere Chance Denkmalpflege und zeitgenössische Architektur stärker ins öffentliche Bewusstsein zu rücken, etwas was zwar in einigen hochkarätigen Prestigeprojekten akzeptiert wird, aber bei den Planungsbehörden in der Provinz noch immer auf erheblichen Widerstand stößt.

Die Neupositionierung der Universität in Stadt und Region: Das Beispiel Northampton

Die Globalisierung hat bei Universitäten hohe Erwartungen hervorgerufen, sowohl real als auch als Metapher: nach weltweiter Forschung, internationalen Studenten und grenzenloser Bildung. In dieser globalen Wissensgesellschaft besinnen sich seit einiger Zeit dennoch viele Universitäten wieder stärker auf ihre Verortung und damit auf ihre Rolle in der Stadt als Teil der lokalen und regionalen Wirtschaft, des kulturellen Lebens, und vor allem auch als Gestalter von Stadt. Mit der zunehmenden Abkehr von der autonomen Campus-Universität werden neue Fragen der baulichen Integration aufgeworfen.

Eine gute Universität braucht eine gute Stadt. ‚Stewardship of Place' wird zu einer Kernaufgabe der Universitäten. Das University College London hat gerade einen aufschlussreichen Forschungsbericht zum Thema University-led Urban Regeneration veröffentlicht.[27] Gerade in Klein- und Mittelstädten, die oft noch junge Universitäten beherbergen, werde diese durch große bauliche Investitionsprogramme zunehmend stadtprägend.

Die University of Northampton ist eine von diesen jungen Einrichtungen. 2005[28] wurde ihr der Universitätsstatus verliehen. Hervorgegangen aus vorhandenen Hochschul- und Weiterbildungseinrichtungen ist sie auf zwei Hauptstandorte verteilt; einer davon wurde als offener Campus auf der grünen Wiese angelegt. Die Universität hat sich entschieden diese beiden Standorte aufzugeben und in einen neuen und inzwischen im Bau begriffenen Campus auf einer ehemaligen Industriebrache in unmittelbarer Nähe zur historischen Innenstadt zu ziehen. Mit diesem Projekt ist sie damit der derzeit größte Investor in der Stadt. Die Umsiedelung geht einher mit einer kompletten internen Umstruk-

turierung sowie mit einem Überdenken der Rolle der Universität in der Stadt und der Region. Diese Wiederentdeckung der Civic University – der Bürgeruniversität – verbindet Northampton mit vielen anderen Universitäten, in Großbritannien, Europa und Nordamerika.

Das Collaborative Centre for the Built Environment (CCBE) an der Universität hat in diesem Rahmen ein Projekt ins Leben gerufen mit dem Titel: University Town Northampton[29], in dem das Konzept Universitätsstadt in Bezug auf Northampton weitergedacht wurde und wird. Unter anderem organisierten wir eine internationale Tagung zum Thema „The Urban University – Universities as place makers and agents of civic success in medium sized towns and cities"[30] und griffen damit ein aktuelles Thema auf.[31] Soziale Relevanz und gesellschaftlich engagierte Wissenschaft in Verbindung zur Universität als Ort und im Ort standen dabei im Vordergrund.

Die University of Northampton hat ein Programm[32] erarbeitet, in dem sie sich der Herausforderung stellt, in Northampton und der Region grundsätzliche gesellschaftliche Fortschritte zu bewirken. Einer dieser Programmpunkte lautet: „Build the cultural and heritage traditions of Northamptonshire into world class attractions." Um diesen recht hochgesteckten Anspruch zu erfüllen, unterstützt die Universität nun verschiedene Initiativen, wie zum Beispiel die Schaffung einer Denkmalpflegevertiefungsrichtung im Fach Geschichte[33], ein interdisziplinäres App-Projekt[34] zum baulichen Erbe in Northampton, in das auch Schulen und kommunale Einrichtungen eingebunden sind, und die Einrichtung eines Urban Room[35], einer öffentlichen Plattform für die gebaute Geschichte, Gegenwart und Zukunft einer Stadt – um nur einige zu nennen. Dies geschieht im Sinne eines Verständnisses, das Jonathan Schifferes wie folgt beschreibt: „Heritage is best understood at the local level, in people's neighbourhoods, where they can access it easily, get involved in shaping it, and where it affects the identity of a place and the identity of citizens..."[36] ... „Heritage activities are just as important as heritage assets... It is heritage activities... that account for the strength of the link between local heritage and wellbeing."[37]

Wir sind der Meinung, dass wir mit unserem Engagement zu Denkmalpflege und Kulturerbe zum Wohlbefinden und Bürgerstolz in der Stadt beitragen können und sehen das als einen integrierten

Teil unserer akademischen Tätigkeit. Die interdisziplinäre Basis des CCBEs ermöglicht es uns, mit verschiedensten Partnern innerhalb und außerhalb der Universität zu arbeiten und damit einen Beitrag zur Baukultur über den traditionellen Bildungsauftrag hinaus zu leisten.

Schlusswort

Strukturwandel betrifft alle Bereiche der Gesellschaft und jeder Bereich muss eigene Wege finden, damit umzugehen. ‚Business as usual' ist keine Option mehr. Da wo sich herkömmliche Institutionen zurückziehen und Ressourcen abgebaut werden, entstehen neue Ansätze und Wege. Die globale Weltlage bewirkt eine Besinnung auf den Ort, das birgt eine Chance für die Denkmalpflege und die Baukultur, im Bewusstsein, in der Stadt, in der Ausbildung von Architekten und Denkmalpflegern. Es ist ermutigend, dass das bauliche Erbe und die Denkmalpflege wieder in das Bewusstsein nationaler und lokaler Initiativen und Institutionen rücken. Dennoch ist offen, wie sich diese noch im Werden befindenden Ansätze entwickeln. Wir wissen nicht, ob sie wirklich zur Erhaltung, zur Weiternutzung von und zum Weiterbauen an Denkmalen führen werden. In jedem Fall dienen sie als Inspiration für an gebauter Umwelt und Denkmalpflege interessierte Akademiker, Studenten und Fachleute.

Der Strukturwandel in der Gesellschaft wird sich weiter vollziehen.[38] Unabhängig davon bleiben bestimmte Hauptthemen aktuell. Die Bestärkung und Ausdehnung der Denkmalpflege innerhalb der Architektenausbildung in Großbritannien, sowohl im Standardlehrplan als auch als Spezialisierungsoption, könnte sogar dazu beitragen, den Architektenberuf wieder stärker in der Baupraxis und im allgemeinen Bewußtsein zu verankern. Baukultur, Denkmalpflege und Kulturerbe brauchen ein erweitertes Verständnis, das über die Fachwelt hinausgeht. Hochschullehrer können und sollten sich jenseits ihres unmittelbaren Faches innerhalb und außerhalb der Hochschule einbringen und sich mit ihrer Arbeit in ihrer Universitätsstadt verorten. Je mehr wir uns selbst als Teil eines Ortes verstehen und das auf vielfältige Weise kommunizieren, desto stärker ist unsere Überzeugungskraft bei Kollegen, Studenten und der breiteren Öffentlichkeit.

Anmerkungen

1 Siehe hierzu auch Meier, Hans-Rudolf: Wertedebatten und Wertelehren in der spätmodernen Denkmalpflege, in: Werte. Begründungen der Denkmalpflege in Geschichte und Gegenwart, hg. v., Hans-Rudolf Meier, Ingrid Scheurmann und Wolfgang Sonne, Berlin 2013, S. 64.

2 The TCPA's Prospectus for Progressive Planning. www.tcpa.org.uk/data/files/TCPA_Manifesto_Embargoed_until_10_March_2015.pdf (27. April 2016).

3 Zurzeit betragen die Studiengebühren für einen Bachelorstudiengang £9.000 pro Jahr.

4 HEPI (Higher Education Policy Institute) Policy Briefing Paper April 2016.

5 www.farrellreview.co.uk/download (22. April 2016).

6 www.pps.org/reference/what_is_placemaking/ (22. April 2016).

7 www.pps.org/reference/11steps/ (22. April 2016).

8 Kulturerbe und Denkmalpflege werden durchweg unklar differenziert und oft synonym verwendet. Siehe dazu auch Coady Schäbitz, Sabine: Cultural Heritage and Social Cohesion. A Different Value in British Heritage Debates, in: Denkmale – Werte – Bewertung. Denkmalpflege im Spannungsfeld von Fachinstitutionen und bürgerschaftlichem Engagement, hg. v. Birgit Franz und Gerhard Vinken, Holzminden 2014, S. 112–119.

9 The Farrell Review 2014 (wie Anm. 5), S. 176.

10 In Anbetracht dessen, dass Fachpersonal in den Behörden immer rarer wird, besteht aber auch hier die Gefahr, dass diese potentiell als Vorwand für weiteren Ressourcenabbau dienen können.

11 www.designcouncil.org.uk/resources/guide/design-review-principles-and-practice (24. April 2016), S. 11.

12 Seit 2015 ist dies Historic England.

13 The Farrell Review 2014 (wie Anm. 5), Empfehlung 35, S. 177.

14 The Farrell Review 2014, www.farrellreview.co.uk/downloads/Executive%20Summary_The%20Farrell%20Review.pdf?t=143837 (24. April 2016), S. 24.

15 Vergleiche hierzu auch: www.theheritagealliance.org.uk/tha-website/wp-content/uploads/2014/07/Value-added-taxation-briefing.pdf (22. April 2016)

16 www.bartlett.ucl.ac.uk/placealliance (23. April 2016). Die Place Alliance ist zurzeit noch in der Bartlett School of Architecture zu Hause, steht jedoch allen interessierten Fachleuten und Laien offen.

17 „...the observation, that architecture, once a profession at the top of its industry, has fallen, with rare exception, to a commodity service, often bought on price and managed by others. Architects are not trusted to manage either clients' money or the process of projects ...", Pringle, Jack / Porter, Holly: Education to Reboot a failed Profession, in: Radical Pedagogies. Architectural Education and the British Tradition, hg. v. Daisy Froud und Harriet Harriss, Newcastle upon Tyne 2015, S. 146.

18 Pringle, Jack / Porter, Holly 2015 (wie Anm. 17).

19 Pringle, Jack / Porter, Holly 2015 (wie Anm. 17), S. 147

20 Architectural Technology hat sich aus dem Beruf des Technischen Zeichners entwickelt.

21 Der Unterschied ist am ehesten mit dem eines Architekturstudiums an einer Universität und einer Fachhochschule zu vergleichen.

22 Hier sei mir eine Anekdote gestattet: Ein Kollege, der maßgeblich in einen britischen Denkmalpflegemasterstudiengang als Bestandteil einer Architekturschule involviert ist, gab auf die Frage, ob er auch bei den Architekten lehre, die abwehrende und nachdrückliche Antwort: „No! They are the enemy!"

23 RIBA/ARB General Criteria at part 1 and part 2: GC2 Adequate knowledge of the histories and theories of architecture and the related arts, technologies and human sciences. www.architecture.com/files/ribaprofessionalservices/education/validation/ribavalidationcriteriafromseptember2011parts1,23.pdf (22. April 2016).

24 Architectural Technology Benchmark Statement www.ciat.org.uk/en/other/document_summary.cfm/docid/FE90BDA8-5F2D-4B1A-A385BE1F25991BA5 (25. April 2016), S. 11.

25 Ein Überblick über Denkmalpflegestudiengänge ist hier verfügbar: www.cotac.org.uk/pgcourses.php; www.ihbc.org.uk/learning/page35/index.html; www.architecture.com/RIBA/CPD/WhatcantheRIBAdoforme/AdvancingyourcareerthroughCPD/RIBAAdvancedCPD/AdvancedCPDConservationSkills/RIBAConservationCourse.aspx (alle 22. April 2016).

26 Pringle, Jack / Porter, Holly 2015 (wie Anm. 17), S. 148f.

27 www.ucl.ac.uk/urbanlab/research/university-regeneration (28. April 2016)

28 Northampton hatte schon einmal eine Universität: von 1261 bis 1265 und war damit die dritte englische Universität nach Oxford und Cambridge. Sie wurde so erfolgreich, dass sie für Oxford eine ernsthafte Bedrohung darstellte, worauf Oxford seine Beziehungen zum Königshaus spielen und den Konkurrenten in Northampton auflösen ließ.

29 www.utn.org.uk/ (22. April 2016).

30 Eine Tagungszusammenfassung finden sie hier: http://blogs.ucl.ac.uk/university-led-urbanregeneration/2015/07/08/do-cities-get-the-universities-they-deserve/ (20. April 2016).

31 Siehe hierzu auch: Goddard, John / Vallance, Paul: The University and the City, Abingdon and New York 2013; Duncan Sophie / Manners, Paul / Wilson, Caroline: Building an Engaged Future for UK Higher Education, Bristol 2014; Hambleton, Robin: Leading the Inclusive City. Place-based innovation for a bounded planet, Bristol 2015.

32 Sogenannte ‚Changemaker Challenges'. Siehe hierzu auch: www.ashoka.org/changemakercampus (24. April 2016).

33 Heritage Pathway: History with Heritage.

34 http://follownorthampton.co.uk/ (25. April 2016).

35 Einer Empfehlung der Farrell Review folgend: The Farrell Review 2014 (wie Anm. 14), S. 15.

36 Schifferes, Jonathan: Heritage, Identity and Place, London 2015, www.thersa.org/discover/publications-and-articles/reports/seven-themes-from-the-heritage-index/Download (28. April 2016), S. 10.

37 Schifferes, Jonathan 2015 (wie Anm. 36), S. 5.

38 Wenn dieser Artikel gedruckt ist, wird Großbritannien möglicherweise nicht mehr Mitglied der Europäischen Union sein. Auch die Konsequenzen dessen sind unabsehbar.

Studierendenprojekte

Ausstellung von Studierenden der TU Dortmund im Rahmen der Vorlesung
„Geschichte und Theorie der Denkmalpflege" von Ingrid Scheurmann

Einführung zur Ausstellung „Strukturwandel – Denkmalwandel" im Alten Museum Ostwall in Dortmund

INGRID SCHEURMANN

Im Sommersemester 2015 haben sich etwa 80 Studierende der Architektur an der TU Dortmund (6. Semester Bachelorstudium) im Rahmen meiner Vorlesung zur Geschichte und Theorie der Denkmalpflege mit dem Strukturwandel im Ruhrgebiet und dessen Auswirkungen auf die historische Kulturlandschaft, einzelne Denkmale und deren Wahrnehmung auseinandergesetzt. Exemplarisch haben sie sich nach einer Einführung in die Geschichte der Nachkriegsdenkmalpflege mit Denkmalen und historischen Ensembles auseinandergesetzt, anhand derer die Folgen oder auch Chancen aktueller Transformationsprozesse aufgezeigt werden können. Ihre Untersuchungen sollten selbst auszuwählende Beispiele zu den übergeordneten Themenkomplexen Migration und Integration, öko-

logischer, ökonomischer und demografischer Wandel, Veränderung der Lebenskonzepte, Identitäts- und Wertewandel zum Gegenstand haben.

In vierzehn unterschiedlich großen Arbeitsgruppen sind Fragestellungen erarbeitet, Beispiele eruiert und im Plenum vorgestellt worden. Die Ausarbeitung erfolgte als studentischer Beitrag zu der Jahrestagung 2015 des Arbeitskreises Theorie und Lehre der Denkmalpflege in Dortmund und dies in Form einer Plakatausstellung im Alten Museum am Ostwall. Katharina Geese, Maximiliane Wenige und Christoph Joester haben die Projekte ihrer Arbeitsgruppen im Rahmen der Ausstellungseröffnung vorgestellt, ergänzend ist der Beitrag von Samuel Harms in die Tagungsdokumentation aufgenommen worden.

Das ehemalige Museum fungiert bis zum Beginn der Sanierungsarbeiten als Ausstellungs- und Tagungsort. Zukünftig soll hier das Baukunstarchiv NRW untergebracht werden.

Schutzraum im Wandel der Zeit

KATHARINA GEESE

In der Charta von Venedig wird auf den Aspekt der Nutzung eines Denkmals eingegangen: „Die Erhaltung der Denkmäler wird immer begünstigt durch eine der Gesellschaft nützliche Funktion. Ein solcher Gebrauch ist daher wünschenswert, darf aber Struktur und Gestalt der Denkmäler nicht verändern. [...].“[1]

Man kann sicherlich sagen, dass die Wichtigkeit der Weiternutzung nicht bei jedem denkmalwürdigen Baukörper von gleicher Bedeutung ist. Des Weiteren möchte ich die Aussage wagen, dass der Aspekt der Weiternutzung von Denkmälern, die den allgemeinen gesellschaftlichen Vorstellungen von erhaltenswerten Gebäuden nicht entsprechen, stärker in den Vordergrund rückt als bei anderen. Zudem stelle ich mir die Frage, ob solche Denkmäler ihre Daseinsberechtigung nur erhalten, wenn ihnen ein rentierender Nutzen zugeschrieben wird?

In diesem Zusammenhang kann auch die Rede von „unbequemen Baudenkmalen“ (Norbert Huse) sein, zu denen unter anderem auch die zahlreichen Hochbunker Deutschlands zählen. Diese sind vor allem mit dem Schrecken und Leid des Zweiten Weltkriegs behaftet und stehen wie drohende Gesten, die uns unsere geschichtliche Vergangenheit nicht vergessen lassen wollen, in den Städten.

Doch warum sollte man diese Bauten nicht auch in den Wandel unserer Gesellschaft aufnehmen und integrieren? Schließlich sind auch sie durch ihre geschichtliche Bedeutung erhaltenswert und prägen einen wichtigen Teil der deutschen Geschichte. „Die Schwierigkeiten erwachsen daraus, daß Geschichte nicht nur eine Sequenz von Erfolgen ist, obwohl bei den Plädoyers für Erhaltung meist von ‚Werten‘ die Rede ist, die von früheren ‚Leistungen‘ zeugten und deshalb bewahrt werden müßten. Aber gehört nicht bei Teilen der Geschichte [...] auch Zerstörung, und zwar in allen Erscheinungsformen, als verursachte wie als erlittene, zu den zentralen Merkmalen?“[2]

Die Bunkerkirche

Ein gelungenes Beispiel für den Umgang mit einem negativ belasteten Baukörper des Zweiten Weltkriegs stellt die Umnutzung der Bunkerkirche in Düsseldorf-Heerdt da. Der Hochbunker trägt heute die Bedeutung eines Mahnmals und gilt gleichzeitig als ein Ort des Friedens. Die Menschen suchen diesen Bau nicht mehr auf, um vor den tödlichen Gefahren des Krieges zu fliehen, sondern weil sie ihren Glauben teilen wollen und sich für den Frieden einsetzen. Die Bedeutung eines Zufluchtsortes wurde dabei nicht aufgegeben, sondern von einer lebensbeschützenden Zuflucht zu einer Zuflucht im religiösen Sinne umgewandelt.

Nun könnte man kritisieren, dass versucht wird, unserer Geschichte entgegenzuwirken und das Schreckliche zu verdrängen, in dem man einem Ort der Angst eine religiöse Bedeutung zukommen lässt. Allerdings bleibt durch den offenen Umgang mit der Geschichte des Bunkers durch die Gemeinde nichts verheimlicht. Das Vergangene wirkt gerade dadurch allgegenwärtig. Zudem ist die Bunkerkirche gerade wegen ihrer Entwicklung bis über die Grenzen NRWs bekannt. Die Gemeinde hat einen Weg gefunden, aus dem Schatten der Vergangenheit herauszutreten, ohne diesen zu vergessen.

„Die Narben freilich werden bleiben: Sie wegschminken zu wollen, würde lediglich mangelndes Selbstbewußtsein verraten. Ebenso muß die Zeit des Niedergangs ihre Spuren hinterlassen können: allerdings als gelassen tolerierte Relikte inmitten optimistischer neuer Häuser und bunt gemischter Urbanität, keinesfalls als verbitterte Monumente einer gequälten Vergangenheit.“[3]

Die Geschichte des Bunkers beginnt 1926 mit dem Erwerb des Grundstücks durch die Gemeinde St. Sakrament. Nach Plänen von Prof. Dr. Clemens Holzmeister von der Kunstakademie Düsseldorf sollte hier ein Kirchenbau entstehen. Das Vorhaben konnte aus finanziellen Gründen vorerst jedoch nicht durchgeführt werden. 1940 wurde das Grundstück der Gemeinde durch die Nationalsozialisten beschlagnahmt. Diese errichteten 1941 auf dem Baugrund einen Luftschutzhochbunker nach Plänen des Architekten Philipp W. Stang. Dieser entwarf einen kirchenähnlichen Baukörper. Durch diese Formgebung sollte der Bunker zusätzlich vor Luftangriffen bewahrt werden. Nach Kriegsende wurde 1947 das Grundstück samt Bunkerbau wieder an die Gemeinde St. Sakrament überschrieben. Der neu eingeführte Pfarrer, Dr. Karl Klinkhammer, der sich während des Krieges stark gegen die Nationalsozialisten eingesetzt hatte, veranlasste umgehend den Umbau zu einer Kirche. Seine Idee war, den düsteren Bau in ein Friedensobjekt und Mahnmal gegen die Geschehnisse des Krieges umzuwandeln. Die Pläne für dieses Vorhaben stammten von dem Dombaumeister Dr. Willy Weyres.[4]

Im Zuge des Umbaus wurden drei 2,70 Meter dicke Betondecken des ehemals viergeschossigen Bunkers gesprengt. Zudem wurden fünf Öffnungen in die 1,20 Meter dicken Außenwände gesprengt, um dort bunte Kirchenfenster einzusetzen. Das Erdgeschoss blieb größtenteils unberührt. Dort bestehen bis heute die ursprünglichen Bunkerzellen, in denen sich die Menschen während eines Angriffs aufgehalten haben. Von diesen Zellen gab es ursprünglich 30 pro Etage. Sie waren sechs Quadratmeter groß und boten Platz für bis zu 10 Personen. Die Halterungen der Bettgestelle und einige andere Ausstattungsgegenstände sind bis heute erhalten und in den noch vorhandenen Zellen zu sehen. Auch der Bunkerturm wurde nur wenig verändert. Er wurde durch die Ergänzung zweier Kirchenglocken zum Kirchturm umfunktioniert. Der schneckenförmige Wendelgang des Bunkers ist ebenfalls erhalten. Durch Ihn gelangten die Menschen schneller in das schützende Innere. Nach zweijährigem Umbau konnte die neue Bunkerkirche 1949 eingeweiht werden. In den 1990er Jahren wurden weitere Umbauten vorgenommen, um einige Bauschäden zu beseitigen. Im Zuge dieser Modernisierungen wurde ein von außen nicht sichtbares Satteldach auf die Betondecke gesetzt, um diese vor einem weiteren Zerfall zu schützen. Zudem wurde auch der Altarraum neu gestaltet. Der Architekt Karl Josef Bollenbeck entwarf eine Holzdecke, die sich an der Wandstruktur des Altarraums orientiert. 1997 konnte die Bunkerkirche wieder eröffnet werden.[5]

Heute dient die Kirche zur Abhaltung liturgischer Gottesdienste. Zudem werden immer wieder Ausstellungen und Konzerte in den Kellerräumen, die noch die originalen Zellenstrukturen aufweisen, organisiert. Die Initiative „Friedensort Bunkerkirche" setzt sich für den Schutz der Umwelt und der Schöpfung ein und engagiert sich für den Frieden unter den Konfessionen und Religionen.

Auch wenn durch die großen Umbauten, insbesondere im Innern des Bunkers, einige Veränderungen vorgenommen wurden, sind die Maßnahmen der Umnutzung zu einer Kirche nicht weit hergeholt und keinesfalls fahrlässig der zu erhaltenden Bausubstanz gegenüber. Schließlich gehörte das Grundstück rechtmäßig einer Kirchengemeinde und ursprünglich sollte an diesem Ort ein Kirchenbau entstehen. Jedoch wurde der religiös angedachte Ort nicht von dem Krieg verschont, sondern unmittelbar zu einem Schauplatz der Ängste der Menschen. Nach Kriegsende erhielt die Gemeinde

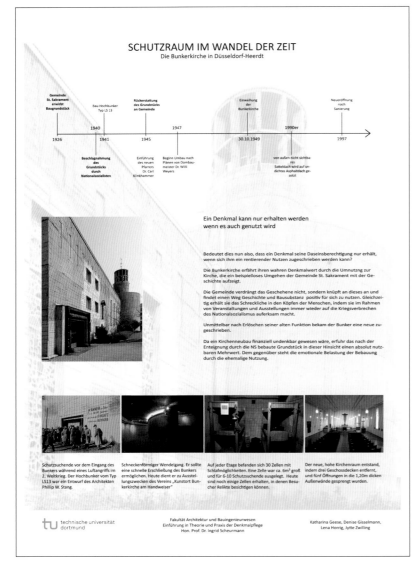

Plakat zum Thema „Kirchenumnutzung. Schutzraum im Wandel. Das Beispiel Bunkerkirche in Düsseldorf-Heerdt", erarbeitet von Katharina Geese, Denise Gisselmann, Lena Horrig und Jytte Zwilling

das Anrecht auf das Grundstück wieder. Anstatt den Bunkerbau zu verweigern und ihn als Gegner und Feind anzusehen, fand die Gemeinde einen Weg, das Denkmal zu akzeptieren und so mit der Geschichte umzugehen. Durch die Umnutzung zu einer Kirche erfährt der Ort seine eigentlich angedachte und vorgesehene Nutzung, ohne die Vergangenheit zu verdrängen. Im Gegenteil, die Geschichte des Gebäudes bleibt weiterhin im Vordergrund und wird weiter, vielleicht sogar zu Ende geschrieben. Allein die äußere Erscheinung, die den früheren Bunker nicht verkennt, wirft Fragen auf und lädt zum Nachdenken ein. Und durch den Begriff Bunkerkirche wird die Verschmelzung von Geschichte und Umnutzung erst recht verdeutlicht.

Der wirtschaftliche Aspekt bei einer solch schnellen Entscheidung und Vollziehung einer Umnutzung ist nicht zu verachten. Der Bunker wurde unmittelbar nach Erlöschen seiner alten Funktion umgebaut. So stand er nicht lange leer. Daher wurden sein Zerfall und somit große Bauschäden verhindert, die eine spätere Umnutzung aufwändiger gemacht hätten. Zudem hatte die Gemeinde durch den Umbau geringere Kosten als solche, die der Bau einer komplett neuen Kirche mit sich gebracht hätte.

Durch ihr schnelles Handeln setzte die Gemeinde zudem ein Zeichen gegen die Nationalsozialisten. Sie ließen sich nicht unterkriegen. Und anstatt nach dem Krieg ihr Grundstück aufzugeben, nahmen sie ihr Schicksal in die Hand und setzte endlich ihren Wunsch nach einer eigenen Kirche um.

Am Ende bleibt die Frage, ob nicht die Umnutzung der wichtigste Aspekt des Denkmals ist. Und ob nicht gerade die kirchliche Nutzung dazu beiträgt, dass das Denkmal erhaltenswert ist und bleibt. Denn „Nicht nur die Denkmale selbst sind Teil der Geschichte, der vergangenen wie der kommenden, auch ihr Schutz und ihre Pflege sind geschichtlich konditioniert."[6]

Durch die besonderen geschichtlichen Umstände verlor der Ort nie seine Verbindung zu seiner religiösen Bedeutung. Selbst die Nationalsozialisten machten sich die Bedeutung des Ortes zunutze, indem sie durch das kirchenähnliche Bauvolumen des Bunkers versuchten, den Eindruck eines religiösen Baus zu vermitteln. Fragwürdig ist, wie die Geschichte des Bunkers ausgesehen hätte, wenn er nicht zu einer Kirche geworden wäre, und wie die Zukunft des Baus aussieht, sollte diese Nutzung jemals erlöschen? Denn eine andere Nutzung könnte nicht die Bedeutung aufrechterhalten, welche die Bunkerkirche momentan nach außen trägt.

Anmerkungen

1   Charta von Venedig 1964, Abschnitt Erhaltung, hier Artikel 5.

2   Huse, Norbert: Unbequeme Baudenkmale. Entsorgen? Schützen? Pflegen?, München 1997, S. 43.

3   Huse, Norbert: Unbequeme Denkmale, in: Das Denkmal als Plage und Frage. Festgabe für August Gebeßler, hg. v. Georg Mörsch und Richard Strobel, München 1989, S. 96–101.

4   Siehe www.friedensort-bunkerkirche.de/_rubric/index.php?rubric=Bunkerkirche (31. Januar 2016).

5   Siehe www.friedensort-bunkerkirche.de (wie Anm. 4).

6   Huse, Norbert 1997 (wie Anm. 2), S. 113.

Transkulturalität als Grundlage für ein gemeinsames Erbe

MAXIMILIANE WENGE

In einer multikulturellen Gesellschaft ist die Definition eines gemeinsamen Erbes nicht einfach, sofern es ein solches überhaupt gibt. Doch gewisse Faktoren können ein einheiliges Verständnis für Gesellschaftswerte schaffen, indem sie ein Gefühl der Verbundenheit erzeugen. Denkmäler sind dazu in der Lage, sie prägen das Stadtbild und haben einen konstanten Bezug zur ‚Heimat'. Die Denkmalpflege bildet insofern eine Grundlage für ein gemeinschaftliches Kulturverständnis, auf das aufgebaut werden kann. Somit stellt die Denkmalpflege sogar einen wichtigen Integrationsfaktor dar.

Die Bevölkerung in Deutschland ist multikulturell. Nach dem Zweiten Weltkrieg, Mitte der 1950er Jahre, immigrieren angeworbene Arbeitskräfte aus verschiedensten Ländern nach Deutschland, da wegen des Wirtschaftsaufschwungs der Bedarf nach diesen sehr hoch ist. Bis zum Anwerbestopp im Jahr 1973 leben bereits vier Millionen Immigranten in Deutschland. Zwar kehren die meisten Gastarbeiter wieder in ihre Heimatländer zurück, viele bleiben aber auch, nachdem sie sich in ihrer Wahlheimat ein neues Leben aufgebaut haben und ihre Familien ihnen nachgefolgt sind. Im Laufe der Jahre gibt es immer mehr Zuwanderungen von Immigranten, Deutschland entwickelte sich von einem ‚Gastarbeiterland' zu einem Land mit gesteuerter Zuwanderung. 2014 leben 16,5 Millionen (20,3% der Gesamtbevölkerung) Menschen mit Migrationshintergrund in Deutschland.[1]

In einer solch komplexen Gesellschaft, in der viele verschiedene Kulturen aufeinandertreffen, sind ein homogenes kulturelles Bild und somit auch ein homogenes und gemeinsames Erbe schwer vorstellbar. Es entwickelt sich ein Bild des „Eigenen" und des „Fremden", das von jeder Bevölkerungsgruppe anders definiert wird, weil es eine Frage der Perspektive ist. Wie weit müssen nun das ‚Fremde' und das ‚Eigene' miteinander verschmelzen, damit gemeinsame Werte entstehen und geschätzt werden können? Oder ist das Anerkennen und Tolerieren des ‚Fremden' schon ausreichend für ein gemeinsames Erbe?

Wenn verschiedene Kulturen aufeinander treffen, interagieren sie mehr oder weniger stark miteinander. Diese verschiedenen Stadien lassen sich in Plurikulturalität, Multikulturalität, Interkulturalität und Transkulturalität differenzieren.[2] Plurikulturalität bezeichnet die gleichzeitige Existenz mehrerer Kulturen in einer Gesellschaft ohne ausgeprägte Formen von Interaktionen und Vermischung. In einer multikulturellen Gesellschaft kommt es ebenfalls nicht zu einer Vermischung der Kulturen, die Multikulturalität beschreibt lediglich das gleichzeitige Vorhandensein von unterschiedlichen Kulturen in einer Gesellschaft, die sich gegenseitig anerkennen und respektieren, sodass ein Gefühl der Gleichberechtigung unter allen Gruppen besteht. Jedoch kommt es nicht zu Interaktionen oder Austausch untereinander. Die Interkulturalität beschreibt das Aufeinandertreffen zweier oder mehrerer Kulturen, unter denen es zu einem Austausch und gegenseitiger Beeinflussung kommt, trotz unterschiedlicher ethnischer, sprachlicher oder religiöser Zugehörigkeit.

Transkulturalität beschreibt einen nahezu perfekten Zustand einer nicht homogenen Gesellschaft: Die einzelnen Kulturen sind nicht mehr klar voneinander abgrenzbar, sondern vermischen sich zunehmend. Die Globalisierung spielt dabei die wichtigste Rolle. Das Konzept der Transkulturalität versteht die Kultur als einen dynamischen Prozess, in dem das Individuum über eine komplexe Identität verfügt, welche von mehreren Kulturen geprägt ist. Eine Uniformierung der Gesellschaft wird dadurch aber nicht hervorgerufen, denn jeder Einzelne wird individuell geprägt, das heißt, dass jeder Einzelne die Gemeinsamkeiten unterschiedlich stark gewichtet und einordnet.

In einer transkulturellen Gesellschaft erhalten Werte wie Toleranz, Akzeptanz und Respekt mehr Gewicht, gleichzeitig werden soziale Barrieren gemindert. Eine transkulturelle Gesellschaft verfolgt das Ziel, dass alle Zugang zu Recht, Arbeit, Bildung und Gesundheit haben. Es ist eine offene Gesellschaft, die auf ständigem kommunikativen und kulturellen Austausch und Teilhabe aller basiert und in der man gleiche Grund- und Menschenwerte teilt. Die Identität jedes Einzelnen soll nicht eingeschränkt oder benachteiligt werden, sie sollte sich frei entwickeln können und alle Aspekte der eigenen und der fremden Kultur vereinen. Ist eine transkulturelle Gesellschaft ein erreichbarer Zustand oder doch utopisch?

In der bayerischen Stadt Fürth versucht man durch sogenannte ‚Interkulturelle Spaziergänge' ein Gefühl für Denkmalpflege und gemeinsames Erbe zu vermitteln. Der Fokus liegt hierbei zwar auf den Baudenkmälern, jedoch sollen durch die Projekte auch das Band zwischen der Stadt Fürth und ihren Bewohnern mit Migrationshintergrund sowie soziale Beziehungen untereinander gestärkt werden.

In der Stadt Fürth gibt es 2.000 Baudenkmäler, somit weist sie noch vor München oder Nürnberg die höchste Denkmaldichte Bayerns auf (17,84 Denkmäler pro 1.000 Einwohner)[3]. Hier sorgt der Wirtschaftsaufschwung in den 1950er und 1960er Jahren für eine Umwälzung der Bevölkerungsstruktur. Im Jahr 1999 beträgt der Ausländeranteil in Fürth 43%.[4] Vor allem bei nachkommenden Generationen der Immigranten wächst der Wunsch, eigenen Wohnraum zu erwerben. Der historische Stadtkern Fürths ist im Krieg nahezu unversehrt geblieben. Große Bürgerproteste in den 1970er Jahren sorgen dafür, dass die Umsetzung einer ‚autogerechten Stadt' und eine ‚Stadterneuerung durch Abriss und Neubau' verhindert beziehungsweise nur zu einem geringen Teil durchgeführt wird. 1973 wird das bayerische Denkmalschutzgesetz eingeführt.

Es kommt häufig vor, dass Bewohner (mit oder ohne Migrationshintergrund) wissentlich oder oft auch unwissentlich – da im Kaufvertrag nicht immer erwähnt – ein Haus kaufen, das unter Denkmalschutz steht. Das fehlende Wissen über Denkmalschutzauflagen und eigenständige Sanierungsarbeiten kann zu Fehlinvestitionen führen. Ein Beispiel ist das Einsetzen von falschen Fenstern, die dann wieder ausgetauscht werden müssen. Eine weitere Hürde sind oftmals die mangelnden Sprachkenntnisse beziehungsweise das Verstehen der auf Deutsch aufgesetzten Denkmalschutz-Auflagen.

So ergeben sich Probleme und vor allem Fragen auf Seiten der Bewohner. Was ist ein Denkmal? Welche Eigenschaften machen mein Haus zu einem Denkmal und wie erkenne ich sie? Welche Aufgaben und Pflichten habe ich als Eigentümer?

Um diese Fragen zu beantworten und vor allem um ein Bewusstsein für die Notwendigkeit der (richtigen) Denkmalpflege zu schaffen, werden im Jahr 2004 erstmals die ‚Interkulturellen Spaziergänge' angeboten, initiiert vom Quartiersmanagement der Stadt Fürth.

Die angebotenen Rundgänge, die beispielsweise auch vom Imam beworben werden, sollen Immigranten einen neuen Blick auf ihre Stadt und die wichtigsten kulturellen und politischen Gebäude zeigen, und vor allem offene Fragen über denkmalgeschützte Gebäude beantworten. Zusätzlich wird ein Sanierungsleitfaden in Form eines Flyers entworfen, der auch ins Türkische übersetzt wird. Ein weiterer Schritt ist das Projekt „Fürther Netzwerk Handwerk und Denkmalpflege" in Kooperation mit der Kreishandwerkerschaft und dem städtischen Baureferat.

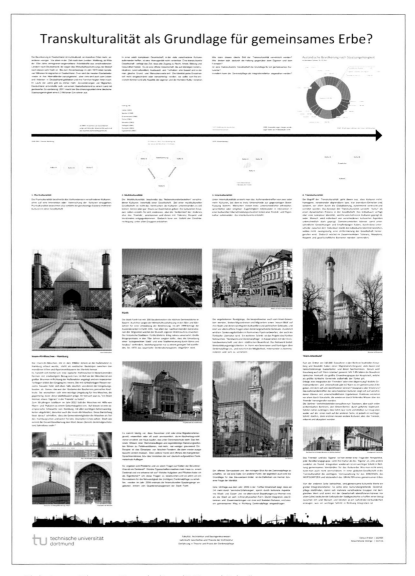

Plakat zum Thema „Transkulturalität und Erbe",
erarbeitet von Maximiliane Wenge und Derya Arslan

Das Netzwerk bietet Weiterbildungsmöglichkeiten in Form von Seminaren und Vorträgen über Denkmalpflege an, und natürlich die Möglichkeit, miteinander zu kommunizieren und sich zu vernetzen.[5] Ein offenes Bewusstsein und den richtigen Blick für die Denkmalpflege zu schaffen, ist die eine Seite. Ein anderer Punkt, der eigentlich auch erst die Grundlage für das Bewusstsein bildet, ist die Definition von Heimat bzw. eine Frage der Identität.

Eine Umfrage aus dem Jahr 2009 in der Fürther Innenstadt zeigt, dass ein Ort mehr durch sinnliche Erfahrungen, sprich durch kulturelle Aspekte wie Musik und Essen und vor allem durch soziale Beziehungen zur Heimat wird, als die Stadt an sich in ihrer physischen Form. Durch Integration, das Erkennen und Zusammenbringen von zwei sich fremden Kulturen, wird also ein gemeinsamer Weg in Richtung Denkmalpflege und gemeinsames Erbe eingeschlagen.

Ein anderes Beispiel von kulturübergreifender Denkmalpflege ist die Imam-Ali-Moschee in Hamburg, die in den 1960er Jahren an der Außenalster in Hamburg erbaut wurde. Zwischen den mondänen Villen und Apartmenthäusern des Viertels Uhlenhorst sticht die Moschee als exotischer Baukörper hervor. Es handelt sich um eine typische Hofmoschee in historisierenden Formen mit eindeutigem Bezug zum Iran. Im Hof vor der Moschee ist ein großer Brunnen in Richtung der Außenalster angelegt und ein imposanter Torbogen bildet den Eingang ins Innere. Die mit türkisfarbigen Fliesen verzierte Fassade hebt sich ebenfalls deutlich von denen der Umgebungsbauten ab. Genau das war der Gedanke der Bauherren, persischer Kaufleute. Sie wünschten sich eine würdige Umgebung für ihre Moschee, die gegenteilig dann diese städtebaulich prägt. Ihr Versuch war es, „ein Stück Heimat, etwas ‚Eigenes' in die ‚Fremde' zu holen".[6]

Zum 50-jährigen Jubiläum im Jahr 2012 lädt die Moschee mit Flyern und Plakaten zu einem Geburtstagsfest ein. Auf diesen ist eine exemplarische Silhouette von Hamburg mit allen wichtigen Sehenswürdigkeiten abgebildet, darunter auch die Imam-Ali-Moschee. Diese Darstellung lässt darauf schließen, dass die Gemeindemitglieder die Moschee als Teil des Hamburgischen Erbes und somit auch als Teil des deutschen Erbes sehen.

Ein gemeinsames kulturelles Erbe kann erst entstehen, wenn alle Kulturen einer Gesellschaft die anderen fremden Kulturen anerkennen und tolerieren. Das Fremde und das Eigene ist immer eine Frage der Perspektive, für jede Bevölkerungsgruppe ist das Neue und Ungewöhnliche zunächst fremd. Integration ist ein wichtiger Schritt in die Richtung eines gemeinsamen Verständnisses für das Kulturerbe. In einer globalen Gesellschaft ist die Transkulturalität eine wichtige, aber nicht in jedem Fall notwendige Voraussetzung für das Erkennen, das Wertschätzen und letztendlich das Erhalten eines gemeinsamen Erbes. Eine transkulturelle Gesellschaft scheint nur schwer erreichbar zu sein, doch genügen für eben genanntes gemeinsames Verständnis schon Interaktionen zwischen den verschiedenen Kulturen und eine Neugier und Offenheit für das Fremde. Diese Werte werden durch Projekte wie die in Fürth gefördert.

Gemeinsame kulturelle Werte sind ein großer Integrationsfaktor. Eine kulturübergreifende Denkmalpflege sollte immer stattfinden, sodass sich mehrere Bevölkerungsgruppen mit einem Wert (Baudenkmal) und somit mit der Gesellschaft identifizieren können. Vor allem ältere, bedeutende Gebäude der Stadtgeschichte schaffen einen Bezug zwischen Ort und Mensch, sie sind ein beständiger Anker in einer sich schnell wandelnden Gesellschaft, es entsteht ein Gefühl der Verbundenheit.

Anmerkungen

1   Siehe www.destatis.de/DE/ZahlenFakten/ GesellschaftStaat/Bevoelkerung/Bevoelkerung.html (31. Januar 2016).

2   Siehe www.ikud.de/glossar/multikulturalitaet-interkulturalitaet-transkulturalitaet-und-plurikulturalitaet.html (7. Februar 2016).

3   Höchste Denkmaldichte aller deutschen Großstädte, in: Fürther Stadtnachrichten Nr. 9, 2004, S. 5.

4   Schwab, Alexandra: Migration und Denkmalpflege am Beispiel der Fürther Innenstadt – Ein Praxisbericht, in: Die Denkmalpflege H. 1, 2013, S. 59–63.

5   Siehe www.fuerth.de/Home/stadtentwicklung/ newsarchiv/Archiv2013-Stadtentwicklung/Kleine-Projekte-mit-grosser-Wirkung.aspx (19. August 2013).

6   Schwab, Alexandra 2013 (wie Anm. 4).

Energieeffizientes Bauen in der Denkmalpflege – Wie viel Sanierung ist verträglich?

CHRISTOPH JOESTER

Besteht ein Gegensatz zwischen energieeffizienter und denkmalgerechter Sanierung? Auf der einen Seite soll die Energiebilanz eines Gebäudes verbessert und der Energiebedarf reduziert werden, auf der anderen Seite soll der Charakter im denkmalpflegerischen Sinne erhalten bleiben. Sanieren beschränkt sich allerdings nicht nur darauf, ein Gebäude in Wärmedämmung einzupacken, wie fälschlicherweise oft angenommen wird.

Die Metapher eines Oldtimers veranschaulicht die Thematik etwas greifbarer. Verglichen mit modernen, spritsparenden Autos sind diese wahre Spritfresser. Aber ist das nicht vor allem ein wesentliches Merkmal eines Oldtimers? Wer ein altes Auto restauriert, würde wohl kaum einen neuen Hybrid-Motor einbauen, da ein alter, viel Sprit verbrauchender Motor einfach zum Auto gehört und dessen Herz bildet. Übertragen auf ein Gebäude kann man sich also fragen: gehört ein hoher Energiebedarf zu einem Denkmal dazu?

Bezüglich des Ressourcenverbrauchs ist zu sagen, dass nicht die Bilanz eines einzelnen Gebäudes betrachtet wird, sondern die Gesamtenergiebilanz[1] einer Stadt oder Region entscheidend ist. Der hohe Energiebedarf eines alten Gebäudes kann also durch ein Niedrigstenergiegebäude ausgeglichen werden. Allerdings haben historische Bestandsgebäude – wenn man neben der Verbrauchsenergie auch die Erstellungsenergie hinzuzieht – eine gute Energiebilanz, da eine nachhaltige Nutzung gewährleistet ist. Zudem ist auf den Gebrauch regenerativer Energiequellen[2] zu achten. Da in Deutschland allerdings lediglich 3% aller Gebäude unter Denkmalschutz[3] stehen, ist vordergründlich die vorhandene Bausubstanz zu betrachten und möglichst zu erhalten. Jedoch kann man keinen allgemein gültigen Leitfaden bilden. Bei jedem Denkmal ist eine individuell zu fällende Entscheidung angebracht, um es bestmöglich zu sanieren.

Das gestaltete Gruppenplakat behandelt zwei Extrembeispiele unter dem Gesichtspunkt des Energiebedarfs, welche im Folgenden vorgestellt werden.

Das erste Beispiel beschreibt den Maximilianpark in Hamm, wo man dem Leitmotiv „Renaturieren statt Restaurieren" folgt. Die ehemalige Zeche Maximilian ist Anfang des 19. Jahrhunderts in Betrieb genommen worden und im Zuge einer Landesgartenschau wurde im Jahre 1984 auf dem Gelände ein Freizeitpark angelegt, in welchen die Gebäude integriert wurden. Diese werden allerdings nicht saniert, sondern im Originalzustand belassen. Das

Plakat zum Thema „Ökologischer Wandel. Energieeffizienz und Denkmalpflege", erarbeitet von Christoph Joester, Stefan Born, Ruth Fischer, Natalia Setman, Simone Wesoly und Amelie Zens

bedeutet, dass die Gebäude dem natürlichen Verfall überlassen werden, teilweise jedoch noch immer für Ausstellungen oder Konzerte genutzt werden können. Positiver Aspekt dieser Vorgehensweise ist der Erhalt der alten Bausubstanz und originalen Struktur, welche der Öffentlichkeit näher gebracht wird. Darüber hinaus sind die Gebäude weiterhin nutzbar, allerdings bedarf es bei der Nutzung der Räumlichkeiten eines sehr hohen Energieaufwandes, insbesondere der Heizungsenergie. Des Weiteren verfallen manche Gebäude bis zur Unnutzbarkeit.

Das zweite Beispiel ist das Hans-Sachs-Haus in Gelsenkirchen, welches 1924 erbaut und 2001 aufwändig saniert wurde. Bei der Sanierung wurde der Gebäudekern komplett entfernt und neu geplant, sodass ein energieeffizienter und moderner Bau entstand. Während des Prozesses wurde die stadtbildprägende Fassade aufwändig abgestützt und somit das ursprüngliche Erscheinungsbild unbeschadet erhalten. Dieser positive Aspekt wird durch den modernen Ausstattungsstandard des Gebäudes mit energieeffizienter Haustechnik ergänzt. Dem gegenüber steht die Tatsache, dass mit Ausnahme der Hülle die alte Substanz entfernt und ein neues, anderes Gebäude errichtet wurde, welches lediglich die Hülle wie eine Maske trägt und nicht den gesamten Charakter des ehemaligen Gebäudes widerspiegelt.

Zusammengefasst kann man festhalten, dass man ein Gebäude nicht nach einem bestimmten Leitfaden energieeffizient und denkmalgerecht sanieren kann, sondern es muss für jeden Einzelfall eine individuelle Lösung gefunden werden. Dementsprechend sind die hier aufgezählten Beispiele lediglich Extrembeispiele, dazwischen gibt es weitere vielfältige Lösungsansätze. Aufgrund der geringen Anzahl denkmalgeschützter Gebäude sollte der Erhalt der Bausubstanz und des Charakters im Vordergrund stehen. Denkmalpflegerisch am substanzschonendsten sind Kompromisse zwischen Energieeffizienz und Denkmalerhalt in Form von verschiedenen Einzelmaßnahmen der Sanierung anstelle der Ausschöpfung des gesamten Repertoires. So stehen neben Maßnahmen zur Veränderung des Gebäudes bzw. seiner Hülle (beispielsweise Wärmedämmung oder neue Fenster) auch Optimierungen der technischen Anlagen zur Verfügung, indem man als Primärenergieträger regenerative Ressourcen verwendet oder Erdwärme nutzt, was ein hohes Einsparpotenzial birgt.

Anmerkungen

1   Ergänzend sind quartiersbezogenen Lösungen zur Wärme- und Stromgewinnung mit einzubeziehen – z.B. Blockheizkraftwerke, Photovoltaik- oder Fernheizungsanlagen, wie in der Gemeinde Thüngersheim, vgl. www.stmi.bayern.de/assets/stmi/buw/staedtebaufoerderung/thuengersheim_energieleitplan.pdf (5. Februar 2016).

2   Beispielsweise Windkraft, Sonnenenergie oder Erdwärme; 2014 lag der Anteil erneuerbarer Energien am bundesweiten Brutto-Endenergieverbrauch bei über 13%, siehe www.umweltbundesamt.de/themen/klima-energie/erneuerbare-energien/erneuerbare-energien-in-zahlen (4. Februar 2016).

3   Vgl. http://denkmaldebatten.de/kontroversen/energetische-sanierung/ (4. Februar 2016).

Ensemble Zwillingspunkthochhäuser

Kielstraße 21 und Heiligegartenstraße 27 in Dortmund

SAMUEL HARMS

Im Norden Dortmunds, nahe zum Hauptbahnhof, stehen seit Ende der 1960er Jahre nahe beieinander zwei identische Wohnhochhäuser. Eines steht leer, und das Erdgeschoss ist seit 15 Jahren zugemauert, das andere ist frisch saniert, voll bewohnt und erfreut sich unter den Mietern großer Beliebtheit. Das erste soll bereits seit mehreren Jahren abgerissen werden. Dies gestaltet sich erstens als schwierig und ist zweitens vielleicht gar nicht nötig. Möglicherweise bietet dieses Ensemble eine Chance, Bauten dieses Typus vor dem offensichtlichen Für und Wider neu zu bewerten. Nicht nur im Sinne der historischen Wissenschaft, sondern auch zum Zweck der Zukunftsforschung.

Objekt und Anliegen

In der Dortmunder Nordstadt, dem gesamten innerstädtischen Bereich nördlich der Gleisachse, die die Innenstadt zerschneidet, befindet sich das städtebauliche Ensemble, bestehend aus dem „Horror-Hochhaus" in der Kielstraße 21 und dem gegenüberstehenden Dogewo-Zwilling in der Heiligegartenstraße 27. Das Ensemble ist Teil des Sanierungsgebietes NORD II, welches Anfang der 1960er Jahre beschlossen wurde, um die Wohnungsnot in den Griff zu bekommen. Damit ist es Zeuge der Nachkriegszeit, des neuen Reformbaus und des Umgangs mit der Wohnungsnot im Allgemeinen.

Die Gegenüberstellung des „Schandflecks" mit dem baugleichen Punkthochhaus der Dogewo veranschaulicht, wie unterschiedlich die Wertigkeit der Bausubstanz und der Adresse, ausgehend vom Umgang damit, ausfallen kann. Es zeigt sich zudem überdeutlich, wie gewinnorientierte Kurzsichtigkeit es in die völlige Unbrauchbarkeit treibt bzw. wie nachhaltige Planung ein Objekt dauerhaft lukrativ macht. Niemand will die Architektur als schön oder gar als Modell für die Zukunft anpreisen, aber das Ensemble hilft, diese Form des Wohnungsbaus neu zu bewerten und festzustellen, dass beim richtigen Umgang mit einem semantisch armen und optisch schwierigen Objekt auch nicht alles schlecht ist.

Darüberhinaus ist dieses Ensemble ein wichtiger Zeuge der deutschen Geschichte, der Boomjahre und des Wirtschaftswunders, das seinerseits immer mehr in den Mittelpunkt kritischer Betrachtungen von Seiten jüngerer Historiker rückt. Um die Erinnerung daran lebendig zu halten, ist es nötig, nicht nur besondere und schon als Denkmal geplante Bauten, sondern auch billige Sofortlösungen zu erhalten. Man mag natürlich meinen, dass unsere Städte ja jetzt noch davon überquellen, aber, wenn man genau hinsieht stellt man fest, dass der immer aggressiver werdende Rückbau dieser Epoche rapide voranschreitet und ehe man sich versieht, ist diese Epoche nicht mal mehr Geschichte – ‚weil weg'.

Bedeutung und Geschichte

Das Problem der Wohnungsnot beherrschte nicht nur alle zerbombten Städte Nachkriegsdeutschlands, sondern auch die bevorzugten Anlaufstationen der Flüchtlinge aus Schlesien und hatte die im Prinzip bis heute noch geltenden Gesetze zum sozialen Wohnungsbau bzw. zur Schaffung sozialen Wohnraums zur Folge. Schon in den 1970ern gerieten die Bauten des sozialen Wohnungsbaus in Verruf und der Begriff „Sozialbau" ist bis heute, trotz der hehren Ziele dahinter, überwiegend negativ behaftet. Abgesehen von manch zweifelhafter Designentscheidung war das Hauptproblem in den Augen der Kritiker der Umstand, dass diese Großstrukturen außerhalb des eigentlichen Stadtkerns errichtet wurden, wo die Bodenpreise ohnehin nur niedrige Gewinne versprachen. Gesetzliche Fallstricke vertrieben die Besserverdiener. In der Folge betitelten Stadtplaner diese Wohnkomplexe polemisch als „Asozialbauten", da sie die sozial Schwachen ausschlössen und ihnen das Vorbild der nacheifernswerten sozial Abgesicherten nähmen.

Das Dortmunder Projekt NORD II ist ein Gegenbeispiel und schon deshalb zumindest denkwürdig. Hier wird niemand vom städtischen Leben ausgeschlossen, sondern ganz im Gegenteil eher

Plakat zum Thema „Identität und Denkmalpflege. Die Zwillingshochhäuser in Dortmund-Nord", erarbeitet von Samuel Harms

hereingezogen. Fußläufig weniger als fünf Minuten vom Hauptbahnhof entfernt liegen die Gebäude direkt im Herzen der Stadt und in Sichtweite der südlich des Hauptbahnhofs gelegenen City. Mehrere Durchbrüche durch die Schienenachse, die die nördliche von der südlichen Innenstadt trennt, rücken Dortmunds Einkaufsmeile in direkte Erreichbarkeit. Da es schwierig wäre, ein solch großes innerstädtisches Gebiet unter die besondere Aufsicht des Denkmalschutzes zu stellen, sollte nicht das gesamte Sanierungsgebiet Nord II, sondern lediglich das Ensemble der beiden Türme unter Schutz gestellt werden. Die Begründung setzt die Kenntnis der Geschichte der Türme voraus.

Das Gebäude in der Kielstraße wurde 1969 fertig gestellt, das andere in der Heiligegartenstraße 1971. Beide waren im Besitz der Dortmunder Wohnungsgesellschaften Veba (später Viterra, heute Deutsche Annington) und Dogewo (heute Dogewo21). Sie enthalten jeweils 102 Wohneinheiten, verteilt auf 18 Stockwerke. 1993 begann die Veba die Besitzstrukturen in ihrem Haus hin zu Eigentumswohnungen zu verändern. Dann verkauften sie die Wohnungen bis 1995 an über 40 private Investoren aus dem süddeutschen Raum, die die Immobilie als Altersvorsorge erwarben. Da das Haus nicht die angekündigte Qualität und Lage hatte, wurde es für die Käufer zum Desaster. Die Mieteinnahmen waren zu niedrig und deckten längst nicht die notwendigen Investitionen ab, die daraufhin ausblieben. Mehrere Eigentümer gingen in Privatinsolvenz. Notwendige Modernisierungen blieben aus, der Leerstand hielt Einzug, und die Umsätze gingen ins Minus. Interessant: Viele derjenigen, die das Haus aufgrund des desolaten Zustandes verließen, versuchten nach Angabe der Dogewo zuerst im Zwilling gegenüber unterzukommen. Schon das ist ein Beleg dafür, dass das Haus an sich kein schlechter Lebensraum war und offenbar über die Fähigkeit verfügte, Identifikation zu stiften. 2001 legte die Hausverwaltung ihr Mandat nieder, da der Eigentümerverband sie nicht mehr bezahlen konnte. Heizung und Warmwasser wurden im selben Jahr abgestellt und zuletzt der Strom. Bis dahin war schon von offizieller Seite der Aufruf erfolgt, den Bau zur eigenen Sicherheit zu räumen. Der Turm verkam zu einem Palast der Obdachlosen und Junkies und von dem Gebäude und seiner zwielichtigen Klientel ging tatsächlich eine ernste Gefahr für die direkten Anwohner aus. Im 17. Stock wurde gar (vermutlich als Versicherungsbetrug) eine Wohnung abgefackelt. Das beschleunigte den bis dahin sukzessiven Auszug, und der letzte offizielle Mieter wurde 2002 qua Zwangsmaßnahme aus dem Haus entfernt. Im Anschluss wurde das Gebäude versiegelt, das Erdgeschoss zugemauert und der Eingang umzäunt. Das war die Geburt des Terminus „Horror-Hochhaus". Von diesem Zeitpunkt an nahm die Stadt sich vor, das Haus abzureißen. Das war vor 14 Jahren. Die Anwohner fürchten um ihre Kinder, die Stadt um ihr Image und die Dogewo um ihre Nachbarschaft.

In ihrem Haus in der Heiligegartenstraße geschah derweil nichts Außergewöhnliches. Das Haus wurde instandgehalten und ist bewohnt. Sicherlich war auch hier nicht alles eitel Sonnenschein. Die Nordstadt war und ist Dortmunds sozialer Brennpunkt. Aber eine nach Möglichkeit breite soziale Vermischung innerhalb des Hauses schafft ein ausgeglichenes Klima. 2007 wurden umfangreiche

Sanierungsmaßnahmen unternommen. Das Haus wurde energetisch auf den neuesten Stand gebracht und der dunkle und zurückgesetzte Eingang erhellt und mit Sicherheitstechnik ausgestattet. Um die Identifikation der Mieter mit dem Bau zu steigern, durften sich Geschossnachbarn eine eigene Flurfarbe wünschen, und im Foyer befindet sich ein Glaskasten, der den ganzen Tag von einem ansprechbaren Hausmeister besetzt wird. 2010 wurde das Haus Teil der „Route Wohnkultur", einer Aktion im Rahmen der „Kulturhauptstadt 2010". Somit war es von der Architektenkammer, sowie verschiedenen Mieterbünden als vorbildlich ausgezeichnet worden. Auch heute ist in diesem Turm bestimmt nicht alles perfekt, aber der Leerstand tendiert gegen Null. Die Dogewo fasst das Ergebnis des pfleglichen Umgangs mit dem Haus, sowie des Umbaus mit selbstbewusster Bescheidenheit zusammen: „Niemand muss sich schämen, dort zu wohnen". Offensichtlich stimmt das, denn die Mieter mögen ihr Haus, sind stolz auf ihre Mitgliedschaft in der Route Wohnkultur und scheinen sich tatsächlich ein Stück weit mit ihrem Zuhause zu identifizieren.

Unterdessen versprach Dortmunds OB Ulrich Sierau im Jahre 2009, dass das Horror-Hochhaus bis 2012 abgerissen würde. Das Problem: die Ermittlung der 42 Besitzer, die ihre Anteile nicht nur im Rahmen der Insolvenz verloren hatten, sondern sich auch fast unerreichbar im Ausland aufhalten. Darüber hinaus befindet sich unter dem Haus eine Tiefgarage, die bis heute an die Anrainer des Hauses vermietet wird. Das bedeutet, dass die Stadt zunächst alle 102 Wohneinheiten aufkaufen muss, um sie dann abreißen zu können. Sierau veranschlagte dafür zwei Millionen Euro. Das ist fraglich. Immerhin ist das Spekulantentum zwischen den 1990ern und heute nicht ausgestorben und die Tatsache, dass bekannt ist, dass die Stadt die Immobilie um beinahe jeden Preis haben will, wirkt sich kaum positiv auf den Kaufpreis aus. 2012 kam die Nachricht, dass nun alle Besitzer ermittelt seien, der Rückkauf begänne und das Objekt 2013 fallen werde und (Überraschung) der Voranschlag von zwei Millionen Euro kaum zu halten sei und nun angepasst werde. Geplant sei eine Grünanlage. Nun ist es 2016, das Haus steht nach wie vor, und es gibt keine neuen Meldungen. Das wird bis zum nächsten Wahlkampf wohl auch so bleiben. Es stellt sich auch die Frage, warum ausgerechnet dort eine weitere Grünanlage hin soll. Dortmund sieht von oben ohnehin eher aus wie ein Wald als wie eine Stadt. Das ist zwar ganz nett, allerdings bei einem Mangel an günstigem Wohnraum in einer Stadt mit so viel Armut auch reichlich absurd, wenn gleichzeitig ständig neue Neubaugebiete in den Vororten die verbliebenen tatsächlichen Wälder langsam aber unaufhaltsam auffressen.

Warum Denkmal?

Das Ensemble vereint mehrere Aspekte, die es denkwürdig machen. Zum einen wäre da die eingangs erwähnte Negierung von Kritikpunkten des sozialen Wohnungsbaus. Dann wäre da der marktwirtschaftliche Aspekt. Es zeigen sich in der direkten Gegenüberstellung der beiden Bauten die Vorzüge einer regulierten sozialen Marktwirtschaft gegenüber einem ungehemmten Kapitalismus. Das gilt nicht nur für Wohnraum – wir haben hier ein drastisches Mahnmal gegen die Kapitalisierung menschlicher Grundbedürfnisse im Allgemeinen. Darüber hinaus ist das Ensemble Zeuge einer wichtigen Epoche deutscher Geschichte. Auch verfällt die Gesellschaft aktuell zuweilen in panikartige Zustände angesichts der Flüchtlingsströme, die auf beinahe 2% der deutschen Bevölkerung angestiegen sind. Dabei wird gern vergessen, dass das nichts ist im Vergleich zu den Millionen, die aus den Ostteilen des vormaligen Deutschen Reiches in den Westen kamen. Die Bauten zeigen, dass viele Menschen schnell eine sichere Unterbringung benötigten und ganz bewusst auf die tradierten Leitbilder des Städtebaus verzichtet wurde, um in einer neuen Zeit Platz für die neuen Ideen der Utopisten der Vorkriegszeit zu schaffen. So eröffnet die Beschäftigung mit diesen Gebäuden dem interessierten Laien unter Umständen gar den Zugang zu den heute schwer nachzuvollziehenden Ideen Le Corbusiers oder des Bauhauses.

Das führt dann auch direkt zum didaktischen Aspekt. Die beiden Türme beeindrucken in ihrer Prägnanz. Wie sie einander über die Heiligegartenstraße hinweg belauern, bedienen sie hervorragend den menschlichen Wunsch nach einem Narrativ – es gibt zwei klar getrennte Seiten: Schwarz und weiß, gut und schlecht, verwahrlost und gepflegt, ruiniert und saniert, heruntergewirtschaftet und aufgewertet, Horror-Hochhaus und Route Wohnkultur. Genau so präsentieren sie sich auch optisch: zugemauertes Erdgeschoss mit vergittertem Eingang gegen beleuchtetes Erdgeschoss mit verglastem Eingang, dunkle Farbe und Kohlenstaub gegenüber hell gestrichener Fassade, dunkler Norden gegenüber des sonnigen Südens, die Liste ist beliebig erweiterbar. Das trifft, wie gesagt, unser Bedürfnis nach klaren Grenzen, passt aber auch gut in popkulturelle Schablonen, die wir im Kopf haben. Man denkt schnell an die zwei Türme in „Der Herr der Ringe" oder selbige in der Killerkomödie „Lucky Number Slevin". Auch das kann diese und folgende Generationen dazu animieren, sich damit auseinanderzusetzen. Man kommt beim Anblick ja kaum umhin, sich zu fragen, was dazu führte, dass zwei identische Gebäude sich in so unterschiedlichen Zuständen befinden.

Zuletzt sollte das Ensemble als Mahnmal für die Stadtplaner einer mittelfristigen Zukunft erhalten werden. Man weiß, dass alles, was die Menschheit entwickelt, sobald es da ist, immer mal wiederkommt, und es ist klar, dass die Zukunft unklar ist. Was passiert mit der Menschheit? Werden wir immer mehr? Schon heute sind der Rückgang der Natur, die Zersiedelung des Kulturlands, unsäglich große Suburbias, und die Umweltbelastung durch den Verkehr Probleme – wohin soll das führen? Eine Lösung wäre, Städte wieder deutlich kleiner und kompakter zu gestalten und dafür sehr viel höher als sie es jetzt sind. Die Menschen kämen in die Stadt, das Kulturland käme in die Vororte und die Natur bekäme einen Teil des Kulturlandes zurück. Wie die Menschen der Zukunft das Problem angehen, und ob es sich überhaupt in der prognostizierten Form darstellen wird, muss sich zeigen. Aber falls es so kommt, wäre es praktisch, wenn sie direkt Beispiele, wie das hier vorgeschlagene hätten, um zu wissen, worauf sie achten müssen und was man richtig und was man falsch machen kann. Und das einzige, was besser ist als ein Beispiel, das man zufällig nach langen Recherchen in alten Büchern findet, ist ein Beispiel, das sich einem jeden Tag aufs Neue aufdrängt. Das ließe sich von den Spekulanten der Zukunft auch weitaus schwieriger wegdiskutieren.

Umgang mit der zerstörten Altstadt Frankfurts

Ist es möglich, mit dem Wiederaufbau der Altstadt ihre Seele und ihre Identität wiederzubeleben?
Sind die Rekonstruktionen Denkmalpflege oder ein neuer Anziehungspunkt für Tourismus?

1877
- Altstadt seit 1860 verwahrlost, da Verlegung des wirtschaftl. Zentrums in neue Stadtgebiete
- Wirtschaftlicher Aufschwung geht an der Altstadt vorbei
- Der Krönungsweg, eine kleine, eher schmutzige Gasse, verlor seit letzter Krönung gänzlich an Bedeutung (1)

1911
- Straßendurchbruch Braubachstr. für eine autogerechte Stadt (1) und Straßenbahnbau (1904-08)
  → Abriss von mehr als 100 Altstadthäusern
  → historisierende Neubauten (2)
- Bau der Dompfarrei am Dom (3)

1942
- Ergänzende Bebauung an der Braubachstraße (1)
- Fachwerkfreilegung und Entschandelung(2) im Sinne des nationalsozialistischen Heimatschutzgedanken
- Neue Funktion der Altstadt als Veranstaltungsort der "Römerbergfestspiele"(3)

1950
- Zerstörung der Altstadt durch Luftangriff im März 1944
- Wiederaufbau wichtiger Bauten als Rekonstruktionen
- Restauration des Römers (1), des Doms(2) und anderen Kirchen
- Neubauten (3) in modernem Stil
- Dom-Römer-Areal Brachland

1974
- Bau von Wohnbauten am Rand des Areals (1)
- Erbauung des technischen Rathauses 1972-74 in brutalistischem Stil (2)
- Ensemble und Stadtgrundriss unbeachtet, da das Gebiet noch immer Brachland war

1986
- Neubau Samstagsberg als Rekonstruktionen mit Veränderungen (1), Anzugspunkt für Tourismus
- Neubau Kunsthalle Schirn 1983-86 als monumentaler Großbau (2)
- Keine Rücksicht auf historische Straßenführung
- Erste Pläne für neue Altstadt

2015
- Abriss technisches Rathaus 2010
- Postmoderne Neubauten: Parallelgebäude Samstagsberg (1) Wohnhäuser südlich der Schirn (3) Das Stadthaus nördlich der Schirn (2)
- Bau der neuen Altstadt Frankfurts (4) (Baustelle siehe Bild links, Stand 03.07.2015, Foto vom Dom aus)

2017 (voraussichtlich)
- "Dom-Römer-Projekt": Fertigstellung der neuen Altstadt auf historischem Stadtgrundriss

Überlagerungsplan (siehe oben):
- Vergleich der 1877 verwahrlosten Altstadt mit dem geplanten Stadtgrundriss 2017

Mit dem Wiederaufbau wird die Seele der Frankfurter Altstadt nicht wiederbelebt, sie wird mit postmoderner Romantik neu erschaffen. Die rekonstruierten Gebäude haben eine historische Anmutung, sind jedoch nicht originalgetreu und teilweise nicht am Originalstandort wiedererrichtet. Vor Ort sollte dem Betrachter verdeutlicht werden, dass es sich nicht um historische Bausubstanz handelt. Die Rekonstruktionen haben keinen denkmalpflegerischen Ansatz. Die Denkmalpflege hätte sich unmittelbar nach der Zerstörung für einen richtigen Umgang mit der zerstörten Altstadt einsetzen müssen.
Heute handelt es sich lediglich um ein postmodernes Quartier, dass als neues Zentrum für Touristen und Bürger, Gastronomie und Verwaltung dient.
Der Wunsch nach einer neuen Altstadt resultiert aus dem Umdenken der Gesellschaft in Folge jahrelanger Versiegelung der Kulturlandschaft mit Großbauten und wird zu einem neuen Wertmaßstab.

Das öffentliche Interesse an der frankfurter Altstadt führte im Zuge des Nationalsozialismus zur Altstadtgesundung (Entschandelung, Neubauten, Rekonstruktionen, Fachwerkfreilegung). Ziel war das Erbauen der Altstadt als Gesamtdenkmal, wodurch die historische Substanz größtenteils zerstört wurde.

Die historische Bebauung des Römerbergs wurde 1944 bei Luftangriffen und Bränden weitesgehend zerstört. Das heutige Erscheinungsbild ist das Ergebnis vielfältiger Rekonstruktionen und Neubauten, und weicht von vorherigem Zustand ab. Lediglich der Römer konnte weitesgehend erhalten bzw. repariert werden.

Das technische Rathaus war ein notwendiger Neubau, der auf den ehemals kleinen Parzellen der Altstadt großflächig errichtet wurde. Sowohl in der Gestaltung als auch im Grundriss passte er sich in keiner Hinsicht an die zerstörte Bebauung an. Unter anderem wurde der historische Krönungsweg überbaut. Kurz nach der Errichtung des Rathauses wurde Kritik an dem brutalistischen Baustil und der Dimension laut, die zu Überlegungen führte, das Gebäude umzunutzen oder abzureißen. Zugunsten einer neuen Planung für die Altstadt im Zuge des Dom-Römer-Projektes wurde das technische Rathaus 2010 abgerissen.

Der Samstagsberg umfasst Gebäude mehrerer Epochen und Baustile, dessen ältester Bau bereits 1481 urkundlich erwähnt wurde. Die Originalfassaden besaßen kein sichtbares Fachwerk. Die Naubauten sind lediglich Rekonstruktionen dessen, was durch den Nationalsozialismus entstanden ist.

2004: erster Ideenwettbewerb für das Dom-Römer-Areal
2005: politischer Beschluss:
Kleinteilige Bebauung, passende Dachformen
Wiederherstellung des Krönungsweges, Abriss des Technischen Rathauses
Antrag der freien Wähler:
Annäherung an historisches Straßennetz
Rekonstruktion städtebaulich bedeutender Gebäude
→ Ablehnung des bereits gekürten Siegesentwurf mit Großbauten
→ Gegenentwurf „Eine Altstadt für Frankfurts Seele" in Zusammenarbeit mit frankfurter Bürgern
2009: Gründung der Dom-Römer GmbH (Tochterunternehmen der Stadt) für Planung und Realisierung
2010: Abriss technisches Rathaus
12. Juni 2010: Gestaltungssatzung Dom-Römer-Areal
2012: Ergebnisse des Architekturwettbewerbs:
15 Rekonstruktionen und 20 Neubauten
Der Hühnermarkt als zentraler Platz der neuen Altstadt
Neubauten im Modernen Stil, Abgrenzung von den Nachbauten
2017: Geplantes Bauende

Ungefähre städtebauliche Darstellungen   Beschreibung städtebaulicher Änderungen   Alle Aufnahmen mit Blick vom Dom zum Römer

technische universität dortmund

Lehrstuhl Theorie und Geschichte der Architektur
Denkmalpflege

Ramona Kebekus
Ann-Katrin Urbas

Plakat zum Thema „Denkmalpflegewandel. Ist Geschichte rekonstruierbar?",
erarbeitet von Ramona Kebekus und Ann-Katrin Urbas

Zum (notwendigen) Wandel des Denkmalbegriffs

Nachgedanken zu einer Tagung

GERHARD VINKEN

Ob der Strukturwandel, der dynamische Wandel der Gesellschaft und der damit einhergehende Veränderungsdruck Konsequenzen hat für die Denkmalpflege und insbesondere auch in Bezug auf die Denkmalwerte: dies formulierte Ingrid Scheurmann einleitend als die Leitfrage der Dortmunder Tagung – und ob der Strukturwandel auch als eine Chance begriffen werden könne. Dieser Text ist weniger eine Zusammenfassung oder ein Resümee dieser produktiven und dichten Tagung, als ein sehr provisorischer, unmittelbar unter dem Eindruck der vielfältigen Vorträge entstandener Versuch, in das Gehörte durchaus individuelle Linien zu legen, Zusammenhänge zu befragen, oft fragmentarische Nachgedanken festzuhalten.

Strukturwandel – Denkmalwandel

Für den hohen Veränderungsdruck und auch für vielfältige und produktive Wege mit dem Wandel umzugehen, boten viele Tagungsbeiträge eindrückliche Beispiele: von Dortmund und dem Ruhrgebiet bis zu Sizilien.

Wie sind diese Beobachtungen zu gewichten? Bedeutet die Deindustrialisierung für das Ruhrgebiet (Michael Höhn, Stefan Thabe, Oliver Karnau) tatsächlich einen ähnlichen Epochenbruch wie seine Industrialisierung? Ist für Sachsen-Anhalt, mit der von Tobias Breer konstatierten großflächigen Entchristianisierung und Entvölkerung, für viele ländliche Bereiche gar der Begriff des Strukturverlustes angemessen? Die Denkmalpflege ist ein Kind des Wandels, hervorgegangen aus den Brüchen um

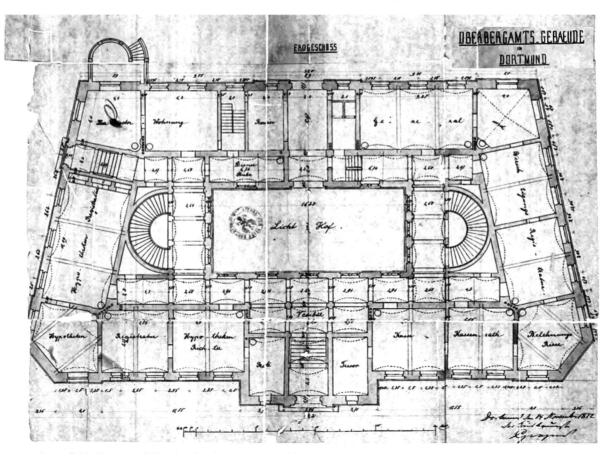

Ostwall 7 in Dortmund, Landesoberbergamt, Grundriss, 1875

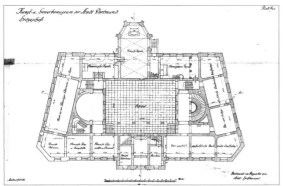

Ostwall 7 in Dortmund, Museum für Kunst und Gewerbe, 1911, oben Grundriss, unten Lichthof

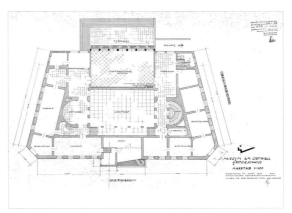

Ostwall 7 in Dortmund, Museum am Ostwall, 1957, oben Lichthof, unten Grundriss

1800, die in industrieller und politischer Revolution ihre Triebfedern hatten, und der Wunsch des Bewahrens – oder auch des Wiederhabenwollens – ist kompensatorisch motiviert durch die in diesen dynamischen Umbruchzeiten erlittenen Verluste.

Braucht nun der dynamische Wandel das wandelbare Denkmal? Und: ist die Transformation des Denkmals grenzenlos möglich? Wolfgang Sonne hat darüber gesprochen, mit einem Plädoyer für das Monument, ‚wie es war‘, am Beispiel des Tagungsortes im ehemaligen Museum am Ostwall, das ein tatsächlich bemerkenswertes Beispiel sukzessiver Aneignungsprozesse ist; so zeichnet sich der erste Bau des späten 19. Jahrhunderts nur mehr schwach in dem modern wiederaufbauten Museum ab, das derzeit wiederum neuen Funktionen angepasst wird. Droht durch fortwährenden Gestaltwandel Denkmalverlust? Oder ist durch sukzessive und ablesbare Aneignungsprozesse auch ein Bedeutungs-

zuwachs zu verzeichnen? Eine Zuspitzung erfährt diese Problematik an Denkmalen, die den Wandel sozusagen in ihrem Code tragen, wie die Kaufhäuser (Silke Langenberg). An diesem Beispiel tritt ein Dilemma der Denkmalpflege in der Moderne besonders plastisch hervor. Kaufhäuser sollen als Orte des Konsums ihrer Bestimmung nach Anreize schaffen durch Neuheit, sie sind auf ständige Wandlungen ausgelegt. Wie eine strukturell dem Neu-Sein und dem Wandel verpflichtete Gattung als Denkmal ‚schützen‘? Den Wandel – verwalten? – gestalten? – erhalten? Ein Paradoxon möglicherweise.

Umnutzung und Weiterbauen

Eine Möglichkeit dem Wandel zu begegnen, scheint das ‚Weiterbauen' zu bieten, ein Begriff, der im Städtebau allerdings oft mit harmonisierenden Vorstellungen verbunden ist und der der Präzisierung bedarf, will man nicht so unterschiedliche Phänomene, wie die Fertigstellung des Kölner Doms im 19. Jahrhundert und die kritische Rekonstruktion der Postmoderne in einen Topf werfen. An modernen Großstrukturen wie dem Ihme-Zentrum in Hannover jedenfalls, das ist in Olaf Gisbertz Vortrag klar geworden, bedeutet Weiterbauen keinen formalen ästhetischen Rekurs (wie in der Heimatschutzarchitektur oder auch beim New Urbanism), sondern einen komplexen Aneignungsprozess, der sich auf sehr unterschiedlichen Ebenen (der Form, der Struktur, der Nutzung, der Bedeutungszuweisung) vollziehen kann.

Umbau von Stadt und Land

Transformationen hat Carmen Enss die anstehende Aufgabe für den Städtebau benannt: mit einem Rekurs auf Theodor Fischer und den Städtebau der vorletzten Jahrhundertwende, der seine Ziele durch Arrondierung, Homogenisierung und die Kunst ‚kleiner' Interventionen erreichen wollte. Ihm galten historische Strukturen als Leitlinien für einen historisch informierten Städtebau und Monumente wie die Münchner Augustinerkirche als ‚Anker' und Maßstab für das Neue. Aber taugen auch die Denkmale der Moderne (wie die von Paul Kahlfeld vorgestellten Luftschutzbunker in innerstädtischen Lagen) als solche Anker? Ihr städtebauliches Störpotential ist so radikal wie andauernd. Hilfreich scheint hier das von Enss ins Spiel gebrachte, dem Architekten Wilfried Kühn entlehnte Wort von der ‚Sammlung und Anordnung' auch heterogener Bestände. Unterschiedliche Erfahrungspotentiale neu zu ordnen, ohne sie zu harmonisieren, das hieße in Bezug auf die zunehmend von Abriss, Umbau und Zerstörung bedrohte moderne Stadt, ihre spezifischen Qualitäten zu integrieren (gegebenenfalls zu verbessern oder auch einfach zu tolerieren), auch da, wo das Moderne andere Elemente stört, beschädigt, einschnürt oder durchschneidet. Heterogenität, oder, um die Schlagworte der Postmoderne zu benutzen, Komplexität und Widerspruch (Robert Venturi), als mögliche Leitfiguren einer den Wandel moderierenden Denkmalpflege?

Deutung und Umdeutung

Wie umgehen mit komplexen und heterogenen Erbe-Komplexen, deren Werte oft unterhalb der Schwelle der gelisteten Denkmale angesiedelt sind, dieser Frage ging Johanna Blokker am Beispiel der baulichen Hinterlassenschaften der American Community in Berlin nach. Es zeichnet sich hier eine Verlagerung professioneller wie öffentlicher Aufmerksamkeit vom Objektschutz zur Erfahrbarkeit und zum Narrativ ab. Nicht das bestimmte und bestimmbare Alter oder Form und Material sind Träger spezifischer Denkmalwerte als vielmehr Präsenz im Stadtraum und ablesbare Differenz. Offen bleibt die Frage der konkreten Handlungsanweisung aus diesem Befund. Die in manchen Bundesländern im Gesetz verankerten ‚Denkmalpflegerischen Interessengebiete' oder die Möglichkeit einer kommunalen Ausweisung erhaltenswerter Objekte jenseits der Denkmalliste bieten praktische Möglichkeiten. Doch ist hier eine der Zukunftsfragen unserer Disziplin benennbar: wie reagieren auf den Turn vom historischen Monument zum Narrativ, der sich international seit längerem abzeichnet? Wie in der Praxis, in der Verschiebung der denkmalpflegerischen Aufgabenstellung vom Erfassen eines ‚Denkmalbestands' zum Aneignen eines Kulturerbes, dessen Grenzen zwischen materiell und immateriell fluktuieren?

Bis heute nimmt die Denkmalpflege im deutschsprachigen Raum eine schwer auflösbare Zwitterstellung ein. Auch wenn kaum jemand bestreiten wird, dass alle Werte als Bewertungen sozial produziert werden, ist die Praxis erstaunlich stabil, in den Inventarlisten der Denkmalpflege die Geschichte des Bauens nachzubilden und zwar in immer neuen Verästelungen und in immer größerer Vollständigkeit. Mehr oder weniger alles Gebaute hat in dieser Logik seinen Wert: als historische Quelle. Aus dieser Perspektive lässt sich aber die eingeforderte Wertedebatte nicht wirklich führen. Wenn wir Kulturerbe als kollektives Gedächtnis ernst nehmen, ist die Frage nicht, was ‚historische' (ästhetische, städtebauliche etc.) Bedeutung hat, sondern: ‚was ist wem wichtig?' oder auch: ‚wer spricht?'.

Ein neues Problem ergibt sich mit der Unterschutzstellung moderner ‚Riesen', solcher Denkmale und Großstrukturen, die beträchtliche Stör- und Zerstörungspotentiale besitzen. Eine besondere Pointe der heute aktuellen Debatten ist, dass sich die Denkmalpflege einst im Widerstand gegen funktionalistische Großprojekte, denen oft ganze Stadt-

Sammlung und Anordnung sehr heterogener Bestände? Blick von der Lübecker Petrikirche

teile zum Opfer fallen sollten, erfolgreich in der Mitte der Gesellschaft etabliert hat. In der Bewertung moderner Strukturen stehen oft sehr unterschiedliche Werte gegeneinander: ihre oft unbestreitbaren architektonischen und räumlichen Qualitäten gegen Fragen der Lebensqualität, der Entwicklungsmöglichkeiten und Raumqualitäten von Quartieren. Die Frage, ob es sich im architekturgeschichtlichen Sinne um ‚bedeutende' Zeugnisse handelt, ist für sich genommen wenig zielführend. Wird mit der Unterschutzstellung der Hochhäuser der Siegener Stadtverwaltung (Christian Steinmeier) tatsächlich eine wichtige Zeitschicht deutschen Städtebaus dokumentiert – und reicht das aus? Gewicht gewinnen die Erhaltungsbemühungen, wenn die Siegener Bürger (oder die Besucher der Stadt?) das Hochhaus als Erinnerungsmarke auffassen, wenn identitätsstiftende Potentiale daran geknüpft sind. In diesem

Sinne verstehe ich Ingrid Scheurmanns Forderung an die Denkmalpflege, sich von fixierten Wertkriterien hin zu einer diskursiven kulturellen Praxis und zu partizipativer Mitgestaltung zu bewegen.

Vom Denkmalwandel also zum Denkmalpflegewandel? Die Denkmalliste soll nicht eine Entwicklungsgeschichte der Architektur in ihrer Spitze oder Breite sein. Sondern was: das, was (wem?) lieb und teuer ist? Noch gibt es zweifellos eine (mehr oder weniger exklusive) Liste ‚kanonischer' Denkmale; noch sind die Prinzipien der historischen Wissenschaften fest genug in unserer Kultur verankert, um Kategorien wie Seltenheit, Vollständigkeit oder hohes Alter als Wertkriterien für Kulturerbe zu privilegieren. Mir scheint aber, dass diese Übereinkunft an Verbindlichkeit verliert – falls sie jemals außerhalb der Bildungseliten bestanden hat. Vermutlich wird die Reichweite jeder kanonischen Wertung mit der zunehmenden Pluralisierung der Gesellschaften kleiner. Nicht nur, weil Menschen aus verschiedenen Kulturen unterschiedliche Vorstellungen von Kanon haben, sondern weil die Bedeutung des Kanonischen überall nachzulassen scheint – in der Kunst oder der Popmusik fällt es zunehmend schwer, Strömungen zu bewerten, Entwicklungen zu benennen, Verläufe zu identifizieren. Jede Nische findet ihr Angebot. Für die derzeit viel beschworene Integrationsfähigkeit einer pluralistischen Gesellschaft andererseits ist die Bedeutung eines orientierenden Wertekanons vermutlich zentral.

Mehrfach wurde diskutiert, ob der Begriff des Kulturerbes einen Ausweg bietet. Bereits Hegel hat das Erben als Arbeit verstanden – insofern ist der Prozess notwendiger Aneignung im Begriff des Kulturerbes deutlicher artikuliert als im statischen Begriff des Denkmals. Doch droht auch Gefahr aus dem Verlust eines etablierten Begriffs und der daran hängenden rechtlich ‚bewehrten‘ und bewährten Verfahren und Handhaben (Gabi Dolff-Bonekämper; Hans-Rudolf Meier). Es kann auch eine gute Strategie sein, sich in der Krise auf seine Kernmarke zu besinnen.

Grundlegend hat sich jedenfalls die Rolle der Denkmalpflege seit dem späten 20. Jahrhundert gewandelt. Von der Industrialisierung bis zur Kernzeit der Moderne und die 1960er Jahren war Denkmalpflege Anwalt des von der entfesselten Dynamik der Moderne Bedrohten, Zerstörten und Ausgelieferten. Die Fronten schienen klar: Auf der einen Seite Wachstum, Effizienz, Profitmaximierung, auf der anderen die Werte der Tradition, der Kunst, der Schönheit (auch die des Unfunktionalen, Fragmentarischen, Ausgemusterten). Die Debatten der 1960er Jahre in den USA, ob eine Gemeinde im öffentlichen Interesse allein aus ästhetischen Gründen („the right to be beautiful") Eigentumsrechte einschränken kann, wirken heute befremdlich.

Kultur, darauf hat Heike Oevermann zurecht hingewiesen, ist inzwischen weithin als ein wichtiger Faktor der Stadterneuerung akzeptiert. Modernisierung wird heute als ein orchestrierter Wandel wahrgenommen, in dem viele Akteure auch explizit qualitative Ziele verfolgen (ökologische Nachhaltigkeit, soziale und kulturelle Vielfalt, um nur einige zu nennen), wenn auch mit ganz unterschiedlichen Parametern. Das erleichtert nicht unbedingt die Rolle der Denkmalpflege, die als eine Stimme unter vielen – und eher als Verhinderer – wahrgenommen wird. Auch hier sind neue Wege der Überzeugungsarbeit (und neue Formen der Partizipation) vermutlich alternativlos, um den spezifisch denkmalpflegerischen Zielen mehr Legitimation zu verleihen.

Größer denn je ist heute das Bedürfnis nach Historischem, nach Altersgeadeltem, nach Objekten, die nicht in ihren Funktionen aufgehen.

Ungebrochen ist auch der Zug zum Spektakulärem, Ungewöhnlichen, wie sich auch am großen Erfolg des UNESCO-Welterbe-Labels ablesen lässt. Wenn ‚die Historie‘ zum Lifestyle gehört, wird Denkmalpflege notgedrungen weniger elitär. Heute finden Investoren, Besitzer, Nutzer und Besucher oft da einen Kompromiss, wo es schmuck ist und irgendwie alt (oder besser vertraut?) wirkt. In vielen ‚historischen‘ Städten macht sich die Ästhetik des Vorgartens breit: aufgeräumt, ordentlich, adrett und winterfest – und alle sind zufrieden. Wichtig wäre aus meiner Sicht, das Kulturerbe und die Denkmale wieder deutlicher auf ihre kritischen, widerständigen und sperrigen Potentiale hin zu befragen. Das hieße, die Wertedebatte ernst zu nehmen, Spannungen und Widersprüche zuzulassen und auszuhalten; sich nicht hinter einem Kanon mit (angeblich) vorgegebenen Werten zu verstecken. Das hieße auch, sich dafür zu engagieren, die Sinnstiftungsprozesse offener und pluraler zu gestalten, als es eine behördlich geprägte Kultur zulässt.

Abbildungsnachweis

1–5 Sonja Hnilica, Das Alte Museum am Ostwall. Das Haus und seine Geschichte, Essen 2014

6   Michael Brix

Akteure der Jahrestagung 2015 in Dortmund

Arbeitskreis Theorie und Lehre der Denkmalpflege e.V.: „Wir über uns"

KIRCHE(NBAUTEN) IM WANDEL DER ZEIT
Umnutzung als Möglichkeit zur Erhaltung ?

Die Gesellschaft befindet sich stets im **Wandel** und mit ihr ihre **Werte** und die daraus resultierende Identität. Die christliche Religion war lange Zeit fester Bestandteil dieser **Identität**, doch heute beeinflusst sie immer weniger die Wertvorstellungen der Menschen. So spielt sie im alltäglichen Leben weniger eine entscheidende Rolle. Sonntags besucht kaum noch jemand regelmäßig die Gottesdienste, die Kirchenaustritte mehren sich. Stattdessen muss die christliche Kirche mit einer Vielzahl von kulturellen, spirituellen und religiösen Angeboten konkurrieren.

Was aber bleibt, sind die Kirchenbauten mit ihren atmosphärischen Innenräumen und ihrem Stadtbild prägenden Außencharakter. So gilt es sich heute immer mehr damit zu beschäftigen, wie mit den vorhandenen baulichen Strukturen umgegangen werden kann.

Müssen wir Kirchenräume heute noch schützen und erhalten, wenn die Religion in der Gesellschaft keine große Rolle mehr spielt ?

Wie können wir Kirchenbauten schützen und sinnvoll erhalten?
Welche Umnutzungskonzepte gibt es bereits ?

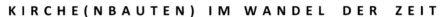

KIRCHEN IM STADTBILD

KIRCHEN ALS HERAUS-STECHENDE BAUWERKE

KIRCHEN ALS ZEUGNIS DER GESCHICHTE

EIN ERHALTENSWERTES GUT!

Was sagt die Denkmalpflege dazu ?
Inwieweit darf in den Bestand eingegriffen werden, um dieses Gut zu erhalten?

John Ruskin — Eugène Viollet-le-Duc — Georg Dehio — Alois Riegl

Kirchen prägen das Stadtbild, sind Zeugnis der Geschichte und herausstehende Bauwerke. Das alles macht sie zu erhaltenswerten Gebäuden einer jeden Stadt. Bei ihrer Erhaltung stellt sich aber die Frage, inwieweit man überhaupt den Bestand verändern darf, ohne dass das Bauwerk den Erinnerungswert und die Prägung des Stadtbildes verliert.

In der Denkmalpflege gibt es dazu verschiedene Auffassungen. Während Ruskin das Eingreifen verurteilt und den Verfall alternder Denkmäler als geschichtsrelevant sieht, hat Viollet-le-Duc eine andere Sichtweise. Er steht Veränderungen des Bestandes zur Erhaltung des schützenswerten Gebäudes grundsätzlich offen gegenüber.

Unserer Meinung nach ist die Umnutzung von Kirchen eine gute Möglichkeit, genau das aufrecht erhalten zu können. Die Vielfalt der möglichen Umstrukturierungen zeigen die vorgestellten Konzepte, ob sie nun nah an der Kirche und ihren Grundgedanken, wie zum Beispiel das Kolumbarium in der Dortmunder Liebfrauenkirche, wo zwar keine Gottesdienste mehr stattfinden dafür aber Beerdigungen, die Teil des christlichen Glaubens sind; oder radikalere Herangehensweise, wie zum Beispiel der Supermarkt in der Helmonder St. Bernadet Kirche, wo Merlot im Regal statt Messwein im Tabernakel steht.

Im Vordergrund bei der Realisierung einer Umnutzung sollte allerdings immer der Erhalt des für den Kirchenbau typischen Charakter stehen, sodass man ihn auch mit einer veränderten Nutzung immer noch als solchen erkennt. Der Stadtbild prägende Außenraum und der atmosphärische Innenraum sind bei der Umstrukturierung immer zu berücksichtigen und möglichst aufrecht zu erhalten. Dies gilt unabhängig von der Radikalität der Umnutzungen, die in Zukunft immer weiter zu steigen scheint.

tu technische universität dortmund

Architektur und Städtebau
Einführung in die Theorie und Praxis der Denkmalpflege

Hannah Brand
Mona Ebelt

Plakat zum Thema „Umnutzung von Kirchen als Folge gesellschaftlichen Wandels", erarbeitet von Hannah Brand und Mona Ebelt

Referenten/-innen, Autoren/-innen, Organisatoren/-innen

Begrüßung der Tagungsgäste

Prof. Dr. Hans-Rudolf Meier
(Weimar) Bauhaus-Universität Weimar,
Professur für Denkmalpflege und Baugeschichte;
1. Vorsitzender Arbeitskreis Theorie und Lehre
der Denkmalpflege e.V.

Dr. Holger Mertens
(Münster) LWL-Denkmalpflege, Landschafts-
und Baukultur in Westfalen; Landeskonservator
für Westfalen-Lippe

Prof. Dr. Wolfgang Sonne
(Dortmund) TU Dortmund, Lehrstuhl Geschichte
und Theorie der Architektur, Lehrstuhlinhaber

Vorbereitung der Tagung vor Ort

Prof. Dr. Ingrid Scheurmann
(Dortmund / Berlin) TU Dortmund, Lehrstuhl
Geschichte und Theorie der Architektur, Honorar-
professur; Deutsche Stiftung Denkmalschutz;
Leitung DenkmalAkademie & Denkmalkunde
Vorbereitung gemeinsam mit:
Heike Koenders, Sekretariat
Samuel Harms, studentische Mitarbeit

Moderation

Prof. Dr. Gabi Dolff-Bonekämper
(Berlin) Technische Universität Berlin,
Institut für Stadt- und Regionalplanung,
Fachgebiet Denkmalpflege, Fachgebietsleitung

HR Dr. Bernd Euler-Rolle
(Wien) Fachdirektor Bundesdenkmalamt (BDA)

Prof. Dr. Valentin Hammerschmidt,
(Dresden) Hochschule für Technik und Wirtschaft
(HTW) Dresden, Professur für
Architekturgeschichte und Denkmalpflege

Prof Dr. Christian Raabe
(Aachen) Rheinisch-Westfälischen Technischen
Hochschule (RWTH) Aachen,
Lehr- und Forschungsgebiet Denkmalpflege
und Historische Bauforschung

Prof. Thomas Will
(Dresden) Technische Universität Dresden,
Institut für Baugeschichte, Architekturtheorie
und Denkmalpflege, Professur für Denkmalpflege
und Entwerfen

Tagungsvorträge

Dipl.-Ing. Michael Höhn
(Münster) LWL-Denkmalpflege, Landschafts- und
Baukultur in Westfalen; Referat Städtebau und
Landschaftskultur, Kulturlandschaftsentwicklung
(michael.hoehn(at)lwl.org)

Regina Schrader
(Herdecke) Arbeitsgemeinschaft Koepchenwerk
e.V., 1. Vorsitzende, www.ag-koepchenwerk.de
(kontakt(at)koepchenwerk.de)

Dr.-Ing. Katja Strauss-Köster
(Herdecke) Hauptamtliche Bürgermeisterin der Stadt
Herdecke, Promotion zum Thema „Städtenetze – Erwartungen und Wirklichkeit aus ökologischer Sicht"
(stadtverwaltung(at)herdecke.de)

Autorinnen und Autoren mit Tagungsvortrag

Dr. Johanna Blokker
(Bamberg) Otto-Friedrich-Universität Bamberg,
Institut für Archäologie, Denkmalkunde und
Kunstgeschichte (IADK), Wissenschaftliche
Mitarbeiterin am Lehrstuhl für Denkmalpflege/
Heritage Sciences
(johanna.blokker(at)uni-bamberg.de)

Dipl.-Ing. Tobias Breer
(Halle an der Saale) Landesamt für Denkmalpflege
und Archäologie Sachsen-Anhalt – Landesmuseum
für Vorgeschichte, Gebietsreferent der Bau-
und Kunstdenkmalpflege
(tbreer(at)lda.mk.sachsen-anhalt.de)

Dipl.-Ing. Arch. Sabine Coady Schäbitz
(Northampton/Großbritannien) The University
of Northampton, Director Collaborative Centre
for the Built Environment (CCBE)
(sabine.coadyschaebitz(at)northampton.ac.uk)

Prof. Dr. Ralph-Miklas Dobler
(München) HM, Hochschule für angewandte
Wissenschaften München, Professur für Kunst-
und Medienwissenschaften
(rdobler(at)hm.edu)

Dr.-Ing. Carmen M. Enss
(Bamberg) Otto-Friedrich-Universität Bamberg,
Institut für Archäologie, Denkmalkunde und
Kunstgeschichte (IADK), Wissenschaftliche
Mitarbeiterin am Lehrstuhl für Denkmalpflege/
Heritage Sciences
(carmen.enss(at)uni-bamberg.de)

Prof. Dr.-Ing. Birgit Franz
(Hildesheim) Hochschule für angewandte
Wissenschaft und Kunst (HAWK),
Fakultät Bauen und Erhalten, Fachgebiet
Bauwerkserhaltung und Denkmalpflege
(birgit.franz(at)hawk-hhg.de)

Katharina Geese
(Dortmund) TU Dortmund,
Bachelor-Studentin im Modul „Einführung
in Theorie und Praxis der Denkmalpflege",
Seminarleitung Prof. Dr. Ingrid Scheurmann

Dr. Olaf Gisbertz
(Braunschweig) Technische Universität
Braunschweig, IB – Institut für Baugeschich-
te, Leiter ZBKD – Zentrum Bauforschung +
Kommunikation + Denkmalpflege als Teil der
Innovationsgesellschaft der TU Braunschweig
(o.gisbertz(at)tu-bs.de)

Dr. sc. techn. ETH Isabel Haupt
(Aarau) Kantonale Denkmalpflege Aargau,
Stellvertretende Denkmalpflegerin
(isabel.haupt(at)ag.ch)

Christoph Joester
(Dortmund) TU Dortmund,
Bachelor-Student im Modul „Einführung in
Theorie und Praxis der Denkmalpflege",
Seminarleitung Prof. Dr. Ingrid Scheurmann

Prof. Dr.-Ing. Paul Kahlfeldt
(Dortmund) Technische Universität Dortmund,
Fakultät für Architektur und Bauingenieurwesen,
Lehrstuhl Grundlagen und Theorie
der Baukonstruktion
(mobil(at)kahlfeldt-architekten.de)

Dr. Oliver Karnau
(Münster) LWL-Denkmalpflege, Landschafts-
und Baukultur in Westfalen, Wissenschaftlicher
Referent, Lehrbeauftragter der Westfälischen
Wilhelms-Universität Münster
(oliver.karnau(at)lwl.org)

Prof. Dr.-Ing. Silke Langenberg
(Zürich / München) Hochschule für angewandte
Wissenschaften München, Fakultät Architektur,
Professur für Bauen im Bestand,
Denkmalpflege und Bauaufnahme
(silke.langenberg(at)hm.edu)

Prof. Dr. Hans-Rudolf Meier
(Weimar) Bauhaus-Universität Weimar,
Professur für Denkmalpflege und Baugeschichte
(hans-rudolf.meier(at)uni-weimar.de)

Dr. Holger Mertens
(Münster) LWL-Denkmalpflege,
Landschafts- und Baukultur in Westfalen;
Landeskonservator für Westfalen–Lippe

Dr.-Ing. Heike Oevermann M.A.
(Berlin) Georg-Simmel-Zentrum für Metropolen-
forschung der Humboldt Universität zu Berlin
(heike.oevermann(at)gsz.hu-berlin.de)

Prof. Dr. Ingrid Scheurmann
(Dortmund / Berlin) TU Dortmund, Lehrstuhl
Geschichte und Theorie der Architektur, Honorar-
professur; Deutsche Stiftung Denkmalschutz;
Leitung DenkmalAkademie & Denkmalkunde
(ingrid.scheurmann(at)tu-dortmund.de)

Dr. Arch. Laura Sciortino
(Palermo) Università degli Studi di Palermo,
Dipartimento di Architettura
(laura.sciortino(at)gmail.com)

Prof. Dr. Wolfgang Sonne
(Dortmund) TU Dortmund, Lehrstuhl Geschichte
und Theorie der Architektur, Lehrstuhlinhaber
(wolfgang.sonne(at)tu-dortmund.de)

Dr.-Ing. Daniela Spiegel M.A.
(Weimar) Bauhaus-Universität Weimar,
Wissenschaftliche Mitarbeiterin an
der Professur Denkmalpflege und Baugeschichte
(daniela.spiegel(at)uni-weimar.de)

Dipl.-Ing. Architekt Christian Steinmeier
(Münster) LWL – DLBW; Landschaftsverband
Westfalen-Lippe – Denkmalpflege, Landschafts-
und Baukultur in Westfalen, Referat Praktische
Denkmalpflege, Wissenschaftlicher Referent
(christian.steinmeier(at)lwl.org)

Dipl.-Geograph Stefan Thabe
(Dortmund) Stadt Dortmund,
Bereichsleiter Stadtentwicklung
im Stadtplanungs- und Bauordnungsamt
(sthabe(at)stadtdo.de)

Prof. Dr. Gerhard Vinken
(Bamberg) Otto-Friedrich-Universität Bamberg,
Institut für Archäologie, Denkmalkunde
und Kunstgeschichte (IADK), Lehrstuhl für
Denkmalpflege / Heritage Sciences
(gerhard.vinken(at)uni-bamberg.de)

Dr.-Ing. Johannes Warda
(Weimar) Bauhaus-Universität Weimar,
Fakultät Architektur und Urbanistik,
Wissenschaftlicher Mitarbeiter an der Professur
Denkmalpflege und Baugeschichte
(johannes-christian.warda(at)uni-weimar.de)

Maximiliane Wenge
(Dortmund) TU Dortmund,
Bachelor-Studentin im Modul „Einführung
in Theorie und Praxis der Denkmalpflege",
Seminarleitung Prof. Dr. Ingrid Scheurmann

Dr. Arch. Flavia Zaffora
(Palermo) Università degli Studi di Palermo,
Dipartimento di Architettura
(flavia.zaffora(at)gmail.com)

Weitere Autorinnen und Autoren

HR Dr. Bernd Euler-Rolle
(Wien) Fachdirektor Bundesdenkmalamt (BDA)
(bernd.euler(at)bda.at)

Samuel Harms
(Dortmund) TU Dortmund,
Bachelor-Student im Modul „Einführung in
Theorie und Praxis der Denkmalpflege",
Seminarleitung Prof. Dr. Ingrid Scheurmann

Katharina Ilmberger M.A.
(München) Hochschule für angewandte
Wissenschaften, Fakultät Architektur,
Masterabsolventin Wintersemester 2015/16
(katharina.ilmberger(at)gmx.de)

Prof. Dr.-Ing. Georg Maybaum
(Hildesheim) Hochschule für angewandte
Wissenschaft und Kunst (HAWK),
Fakultät Bauen und Erhalten, Fachgebiet
Geotechnik, Bodenmechanik und Grundbau
(georg.maybaum(at)hawk-hhg.de)

Prof. Arch. Emanuele Palazzotto, Ph.D.
(Palermo) Università degli Studi di Palermo,
Dipartimento di Architettura,
Associate Professor of Architectural Design
(emanuele.palazzotto(at)unipa.it)

Herausgeberinnen

Prof. Dr.-Ing. Birgit Franz
Prof. Dr.-Ing. Birgit Franz
(Hildesheim) Hochschule für angewandte
Wissenschaft und Kunst (HAWK),
Fakultät Bauen und Erhalten, Fachgebiet
Bauwerkserhaltung und Denkmalpflege
(birgit.franz(at)hawk-hhg.de)

Prof. Dr. Ingrid Scheurmann
(Dortmund/Berlin) TU Dortmund, Lehrstuhl
Geschichte und Theorie der Architektur, Honorar-
professur; Deutsche Stiftung Denkmalschutz;
Leitung DenkmalAkademie & Denkmalkunde
(ingrid.scheurmann(at)tu-dortmund.de)

Working Group on Theory and Education in Heritage Conservation

Arbeitskreis Theorie und Lehre der Denkmalpflege e.V.

About Us

The Working Group is an association of academics and other professionals active in the field of heritage conservation at universities and colleges of applied sciences in Europe. In keeping with the interdisciplinary character of conservation work, the Group brings together representatives of a range of different areas, including architecture and building archaeology, history and art history, restoration sciences, landscape architecture, construction engineering, jurisprudence and urban planning, among others.

The Working Group's nearly 130 members are drawn primarily from the German-speaking countries – in addition to Germany, also Austria, Switzerland and Luxemburg – but also from Italy, Belgium, the Netherlands, England, Slovakia, Croatia and Romania. Since the 1970s it has been dedicated to the exchange of ideas and experience on the theory and teaching of heritage conservation among colleagues at institutions of higher education. The Group sees itself as representing the interests of heritage professionals and as such is a member of the German National Committee for Monuments Protection (DNK).

Wir über uns

Der Arbeitskreis ist der Verband der HochschullehrerInnen und anderer Fachleute, die auf dem Gebiet der Denkmalpflege an Universitäten und Fachhochschulen lehren und forschen. Dem interdisziplinären Charakter der Aufgaben in der Denkmalpflege folgend, sind darin unterschiedliche berufliche Fachrichtungen vertreten: Architektur und Bauforschung, Kunst-, Geschichts- und die Restaurierungswissenschaft, Landschaftsarchitektur, Bauingenieurwesen, Rechtswissenschaft, Stadtplanung und andere.

Der Arbeitskreis mit derzeit gut hundert Mitgliedern hauptsächlich aus den deutschsprachigen Ländern Bundesrepublik Deutschland, Österreich, Schweiz und Luxemburg aber auch aus Italien, Belgien, den Niederlanden, England, Slowakei, Kroatien und Rumänien widmet sich seit den 1970er Jahren dem kollegialen Erfahrungs- und Gedankenaustausch zur Theorie und Hochschullehre der Denkmalpflege. Der Arbeitskreis versteht sich als ein Vertreter denkmalpflegerischer Fachinteressen und ist Mitglied des Deutschen Nationalkomitees für Denkmalschutz (DNK).

Vorstand

Prof. Dr. Hans-Rudolf Meier, 1. Vorsitzender; Bauhaus-Universität Weimar, Geschwister-Scholl-Straße 8, D-99423 Weimar

Prof. Dr. Gerhard Vinken, 2. Vorsitzender; Otto-Friedrich-Universität Bamberg, Am Kranen 12, D-96045 Bamberg

HR Dr. Bernd Euler-Rolle, 3. Vorsitzender; Fachdirektor Bundesdenkmalamt (BDA), Hofburg, Säulenstiege, A-1010 Wien

Prof. Dr.-Ing. Birgit Franz, Schriftführerin; HAWK Hochschule für angewandte Wissenschaft und Kunst, Hildesheim/Holzminden/Göttingen, Hohnsen 2, 31134 Hildesheim

Prof. Dr. Ingrid Scheurmann, Schatzmeisterin; TU Dortmund / Deutsche Stiftung Denkmalschutz, Brüderstraße 13, 10178 Berlin

Veröffentlichungen des Arbeitskreises Theorie und Lehre der Denkmalpflege e.V.

Aktuelle Bände sind über den Buchhandel zu beziehen oder bei der Schriftführerin des Arbeitskreises. Mitglieder des Arbeitskreises erhalten die jeweils aktuelle Publikation kostenlos bzw. weitere bzw. ältere Exemplare mit 30% Rabatt.

E-Mail: birgit.franz[at]hawk-hhg.de | Bestellformular unter www.ak-tld.de

50 Jahre Charta von Venedig. Geschichte, Rezeption, Perspektiven. Jahrestagung 2014 in Wien, Bd. 24 (= Österreichische Zeitschrift für Kunst- und Denkmalpflege, Heft 1/2, 2015, hg. v. Österreichischen Bundesdenkmalamt), ISBN AUT 0029-9626, 20 EUR

Denkmale – Werte – Bewertung / Monuments – Values – Assessment. Denkmalpflege im Spannungsfeld von Fachinstitution und bürgerschaftlichem Engagement / Heritage conservation between professional institutions and popular engagement. Jahrestagung 2013 in Cottbus, Bd. 23, hg. v. Birgit Franz und Gerhard Vinken, Holzminden 2014, ISBN 978-3-940751-95-9, 29,80 EUR

Umstrittene Denkmale / Monumenti controversi. Der Umgang mit dem Erbe der Diktaturen / Come gestire l'eredità delle dittature. Jahrestagung 2012 in Bozen / Südtirol, Bd. 22, hg. v. Birgit Franz und Waltraud Kofler Engl, Holzminden 2013, ISBN 978-3-940751-72-0, 29,80 EUR

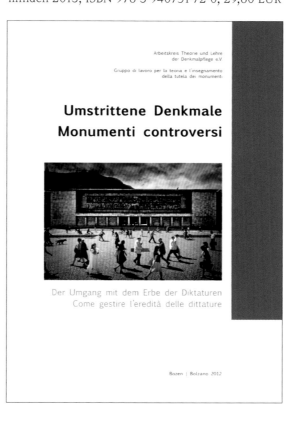

**Kulturerbe und Denkmalpflege transkulturell –
Grenzgänge zwischen Theorie und Praxis.**
Jahrestagung 2011 in Heidelberg, Bd. 21, hg. v.
Michael Falser und Monica Juneja, Bielefeld 2013,
ISBN 978-3-8376-2091-7, 34,80 EUR (ausschließ-
lich im Buchhandel oder beim Verlag)

**Zerstörung und Wiederaufbau. Stadtplanung
nach 1945. Denkmalpflegerische Probleme aus
heutiger Sicht.** Jahrestagung 2010 in Utrecht,
Bd. 20, hg. v. Birgit Franz und Hans-Rudolf Meier,
Holzminden 2011, ISBN 978-3-940751-37-9,
23,50 EUR

**Historische Kulturlandschaft und Denkmal-
pflege. Definition – Abgrenzung – Bewertung
– Elemente – Umgang.** Jahrestagung 2009 in
Bamberg, Bd. 19, hg. v. Birgit Franz und Achim
Hubel, Holzminden 2010,
ISBN: 978-3-940751-27-0, 24,80 EUR

**Grenzverschiebungen, Kulturraum, Kultur-
landschaft. Kulturerbe in Regionen mit wech-
selnden Herrschaftsansprüchen.** Jahrestagung
2008 in Straßburg, Bd. 18, hg. v. Birgit Franz und
Gabi Dolff-Bonekämper, Holzminden 2009,
ISBN 978-3-940751-17-1, 19,80 EUR

**Sozialer Raum und Denkmalinventar.
Vorgehensweisen zwischen Erhalt, Verlust,
Wandel und Fortschreibung.** Jahrestagung 2007
in Leipzig, Bd. 17, hg. v. Birgit Franz und
Gabi Dolff-Bonekämper, Dresden 2008,
ISBN 978-3-940319-42-5, 15 EUR

**Schrumpfende Städte und Dörfer – Wie über-
leben unsere Baudenkmale?** Jahrestagung 2006
in Holzminden, Bd. 16, 2. Aufl., hg. v. Birgit Franz,
Dresden 2007, ISBN 978-3-940319-12-8;
2. unveränderte Aufl. Dresden 2010, 18 EUR

**Das öffentliche Denkmal. Denkmalpflege
zwischen Fachdisziplin und gesellschaftlichen
Erwartungen,** Jahrestagung 2002 in Dessau,
Bd. 15, hg. v. Thomas Will, Dresden 2004,
ISBN 3-937602-22-4, 18 EUR

Denkmale als Zeitgenossen. Ihre Rolle in der Baukultur der Gegenwart. Jahrestagung 2001 in Graz, hg. v. Valentin Hammerschmidt, Dresden 2004, vergriffen

Außenraum als Kulturdenkmal. Umfeld historischer Bauten – Stadtgrün – Parklandschaften. Jahrestagung 1999 in York, hg. v. Thomas Will, Dresden 2000, vergriffen

Ausbildung in der Denkmalpflege. Ein Handbuch. Jahrestagung 1998 in Bamberg, Bd. 11, hg. v. Achim Hubel, Petersberg 2001, ISBN 3-935590-23-7, 16,80 EUR (ausschließlich im Buchhandel oder beim Verlag)

Dokumente und Monumente. Positionsbestimmungen in der Denkmalpflege. Jahrestagung 1997 in Dresden, hg. v. Valentin Hammerschmidt, Erika Schmidt und Thomas Will, Dresden 1999, ISBN 3-930382-41-5, 12 EUR (ausschließlich im Buchhandel oder beim Verlag)

Wiederaufgebaute und neugebaute Architektur der 1950er Jahre – Tendenzen ihrer »Anpassung« an unsere Gegenwart. Jahrestagung 1996 in Köln, hg. v. Achim Hubel und Hermann Wirth, Weimar 1997 (= Thesis, Wiss. Zeitschr. der Bauhaus-Universität Weimar, 43. Jg., Heft 5/1997), ISSN 1433-5735, 12 EUR

Denkmale und Gedenkstätten. Jahrestagung 1994 in Weimar, hg. v. Achim Hubel, und Hermann Wirth, Weimar 1995 (= Wiss. Zeitschr. der Hochschule für Architektur u. Bauwesen Weimar – Universität, 41. Jg., Doppelheft 4-5/1995), ISSN 0863-0712, 18 EUR

Erhaltung und Umnutzung von Industriebauten des 19. Jahrhunderts in Nordwestengland. Jahrestagung 1993 in Manchester und Liverpool, hg. v. Achim Hubel und Robert Jolley, Bamberg 1998, ISBN 3-9802427-3-0, 10 EUR

Denkmalpflege zwischen Konservieren und Rekonstruieren. Jahrestagung 1989 in Hildesheim, hg. v. Achim Hubel, Bamberg 1993, ISBN 3-9802427-2-2, 10 EUR

Bauforschung und Denkmalpflege. Jahrestagung 1987 in Bamberg, hg. v. Achim Hubel, Bamberg 1989, ISBN 3-9802427-0-6, 10 EUR

Probleme des Wiederaufbaus nach 1945. Jahrestagung 1986 in Danzig, hg. v. Ingrid Brock, Bamberg 1991, ISBN 3-9802427-1-4, 12 EUR

Von der Burg zum Bahnhof – Monumentale Baudenkmäler an der Meir, der Hauptachse Antwerpens. Jahrestagung 1984 in Antwerpen, hg. v. André de Naeyer, Antwerpen 1990, vergriffen

Dokumentation der Jahrestagungen in Aachen 1978 und Darmstadt 1979, hg. v. Jürgen Eberhardt, München 1984, vergriffen

Dokumentation der Jahrestagungen in Münster 1976 und Köln 1977, hg. v. Enno Burmeister, München 1980, vergriffen